U0038411

就能不避繁艱，這種鍥而不捨的精神，是我對吳光教授的著作留下較深印象的另一原因。

一九八九年，吳教授的《古書考辨集》在臺灣出版，其中約三分之二部分，是對黃老道家文獻的考證，很顯然，這是長期研究黃老之學的副產品。另外三分之一，是他在黃老之學外，新開闢的研究領域，對黃宗羲的文獻整理與文獻考證的記錄。從文獻整理到文獻考證，然後在這個基礎上再提昇到黃宗羲的哲學思想、政治思想和史學理論的研究，無疑的，這是處理在明末清初學術思想的承先啓後上，起過極大影響的一代大儒，最澈底最理想的研究進路。吳教授這一領域的工作，仍在發展中，最新的研究成果，可在這本《儒道論述》中看到。

書中〈論黃梨洲對陽明心學的批判繼承與理論修正〉，是吳教授於一九九三年九月，應中央研究院文哲所之邀，來臺訪問講學所做的學術報告之一，此文對黃梨洲、劉蕺山、王陽明思想的內在關連，以及梨洲如何針對陽明的「致良知」、「四句教」等核心思想加以修正，都做了相當精細的疏通與分析。如配合〈黃宗羲與清代學術〉一文來讀，對黃梨洲思想的傳承、轉化，及其在政治思想、史學、哲學等三方面的學術成就，已可獲得雖屬概括但相當廣面的了解。

從黃梨洲出發，吳教授的研究工作，又不斷向上延伸，向外開拓。陽明心學、宋明理學的特質、儒家思想的基本特點的探討，代表前者，〈試論「浙學」的基本精神〉代表後者。探討陽明心學，追本溯源到孟子、陸象山，自然有其必要。但也不可不知，陽明建立其獨特的心學，心中最大的壓力，乃來自朱熹的「格物致知」說，這一點，在〈萬化根源在良知——陽明心學論綱〉

一文中，似乎還沒有充分意識到。〈論「浙學」〉一文，除了發掘其基本精神，追溯其淵源之外，也可使我們了解浙江學界近十年來，對此一課題的研究現況與已取得的成果。如能在此基礎上繼長增高，將可使「浙學」在中國學界重放異彩，同時也使「浙學」在中國學術思想的大傳統中，更加凸顯其地位。

在黃梨洲與浙學之外，黃老道家仍是《儒道論述》中的一大重點，多篇論黃老之學文章的內容，與《黃老之學通論》雖有不少重複，但為了在報章雜誌推銷自己研究的成果，這是無法完全避免的。邱漢生教授在《黃老之學通論》的序文中說：「吳光同志一反〈漢志〉之說，否定《呂氏春秋》、《淮南子》為雜家，而定為黃老學派著作。其言甚辯，可以討論」。我當初讀此書，也有同感。「可以討論」即表示此說尚難成定論。而吳教授於收入《儒道論述》中的〈論黃老學派的形成與發展〉、〈論《呂氏春秋》為道家黃老學之著作——兼駁雜家說〉兩文，仍堅持己見，堅持的「證據」之一是：「所謂雜家之「雜」，按〈漢志〉所說是『兼儒、墨，合名、法，……漫羨而無所歸心』，就是將各家理論拼湊起來，沒有主導思想。而黃老道家之「雜」，則是以道家理論為基礎，雜採各家學說之「長」而構成新的理論體系，如司馬談所說是『因陰陽之大順，採儒、墨之善，撮名、法之要』。《呂氏春秋》和《淮南子》就屬於後一種「雜」。」（頁二四）如此說來，也僅是對「雜」的理解不同，並非推翻雜家說之理由（「理解」只能作為「理由」，不能作為「證據」）。

在這裏，吳教授所堅持的一點，一個是「雜而有章」（見頁六一——二），一個是雜而無章，其實，雜而能言家，如何能沒有主導思想（〈漢志〉之言，不能看得太死），問題在其主導思想，究竟是黃老道家或其他，這才是「可以討論」的重點所在。據我的了解，《呂氏春秋》引用鄒衍的五德終始說（〈應同篇〉），作為全書開宗明義之章，同時在殘存的自序中，特別解釋了十二紀的意義是在法天地、紀治亂存亡、知壽夭吉凶、定是非之標準，這說明《呂氏春秋》接受了陰陽家的世界觀（見拙著《中國思想史》上册，頁四二一）。據此，如果說陰陽家便是《呂氏春秋》的主導思想，似乎也一樣可言之成理。

在臺灣出版的中國思想史著作中，對上述問題，也有兩種不同的看法，順便一併提出來，供吳教授參考。其一是胡適先生的看法，他認為「雜家是道家的前身，道家是雜家的新名。漢以前的道家可叫做雜家，秦以後的雜家應叫做道家」（見《中國中古思想史長編》，頁八三），這與吳教授的主張很接近。其二是徐復觀先生的看法，他指出「《淮南子》中的道家思想，與當時流行的道家思想，有一個很大的界域。漢初所承繼的戰國中期以後的道家思想，乃屬於『黃老』並稱的這一系。……但《淮南子》中，不僅未將黃帝與老子，並稱對擧；且除在〈泰族訓〉一引《呂氏春秋》所引的『黃帝曰』以外，全書中援黃帝以伸張政治理想的，僅一、二見。在本書中，由黃帝所代表的政治理想，還不及伏羲所代表的分量」（見《兩漢思想史》卷二，頁一八四——五）。這就與吳教授主張《淮南子》乃黃老道家的著作之說，完全不同。我雖然比較贊同徐先生的說法，但認為這個問題還是「可以討論」的。

我讀《儒道論述》，給我印象最深刻的，是貫串各篇無所不在的批判意識：在黃老道家的文獻考證上做翻案文章，是這種意識的表現。一九八〇年作者還是研究生時，便開始撰文批判「哲學的黨性」；到一九八五年撰〈「哲學的黨性」一說之弊〉時，更指摘此說不僅「妨礙對真理的探索」，「實際上變成了為錯誤的政治尋找論據、對個別領導人的隻言片語作郢書燕說式發揮的辯護學」。一九八八年作者應聘到新加坡東亞哲學研究所擔任客座研究員，研究儒家思想，在陸續發表的文章中，不論是對原始儒家、宋明理學、或是當代新儒家，都是既有肯定也有批判。由於這種批判意識，使他衷心激賞王充「實事疾妄」的治學精神。我想也是由於他能將這種治學精神，化為生命中道德與知識的力量，才使他在教條橫行，政治主宰學術的環境裏，仍能使工作不受嚴重的干擾，在獨立思考中對學術做出一定的貢獻。

當然，書中一些用語，和教條式的觀念，使大陸以外的讀者讀起來，不但不習慣，而且很刺眼。關於這一點，須知在共黨統治下的社會成長的學者，很少能例外，如果我們換一個眼光，把這類文字，當作共黨社會的學術題材來看，也不是全無意義的。

韋政通

一九九四年三月於
臺北市內湖碧湖之濱

自序

一九八八年九月，我在新加坡東亞哲學研究所擔任客座研究員時，有感於東道國多元文化結構所顯示的社會活力，遂反思中國歷史，著重以戰國時期「百家爭鳴」和盛唐時期儒、佛、道文化互動及中外文化交流所導致的繁榮景象為例，為新加坡《聯合早報》的「文化與生活」專欄寫了一篇題名〈漫說多元勝一元〉的短論。其後幾年，我在中國哲學與文化的研究工作中，一直在思考這個一元與多元的關係問題，認識到任何社會都不是一元化的存在，而是多元並存的，但這種並存又非齊頭並進，而是某一元占主導地位的多元互補又互斥（即所謂「互動」）的關係。如果統治階級或領導集團能夠自覺認識並正確處理社會各個領域的一元與多元關係，就有可能造就一個「一元主導，多元輔補」的良性結構，從而推動社會的發展，引致經濟文化的繁榮昌盛。

於是，我在一九九一年夏提交國際中國哲學會慕尼黑年會的論文〈論宋明理學的特質及其現代意義〉中，結合中國現代化實際，明確提出並申述了「一元主導，多元輔補」的理論觀點。然而在理論宣傳部門某些「左」得要命的「理論家」大唱「反和平演變」高調的當時氣候下，我的一些理論見解被視為「資產階級自由化」觀點而受到批判，那篇論文也兩易其地而不能發表。後來終於獲得《河北學刊》一位編輯及主編的欣賞而於一九九二年夏發表，並且由《新華文摘》全文轉載。看來，至少這個觀點是不屬「自由化」的了。

事實上，本人是伴隨著中國社會主義現代化新時期的到來而步入學術研究之林的。我在政治上一貫擁護「以經濟建設為中心」的基本路線和改革開放政策，在理論上也渴望為中國現代化建設和改革開放作些探索。但我不願講假話而想講真話，不擅搞政治而愛做學術。在學術上，雖喜好哲學却不具哲學家的才智，熱愛歷史而缺少史學家的博識，幸而還有點「肯坐冷板凳」的持久精神，於是在這十多年中，盡力在中國思想史領域做了些具體而微的研究工作。若有一孔之見、真心之得，便形諸文字，登諸報刊，積累起來，也超過百篇。其中半為考證，半為論說。有關古籍考證的論文，我選了約二十篇，結集為《古書考辨集》，已於一九八九年由臺灣允晨文化出版社出版。而討論義理的文章，大多是研究道家與儒家思想的，少數是闡發本心之「道」與「理」的。我從五十多篇論理文中挑選出自認為有保存價值的篇章，分類編為一卷，題名《儒道論述》，布冀名副其實吧。

收入本集的論文凡三十一篇，分編五個欄塊：第一欄八篇，專論道家而以黃老學為中心。我在中國人民大學做研究生時，寫的碩士論文是〈論道家黃老之學〉，論文通過後入選《中國人民大學一九八一屆研究生碩士學位論文選》，由中國人民大學出版，後來經修改擴充為二十萬字的

《黃老之學通論》，由浙江人民出版社於一九八五年出版。此書出版後在學界頗有一些反響：國內有十多家報刊發表了書評，香港《讀者良友》和日本《東方》雜誌作為「精選新書」向讀者介紹，臺灣則出了盜版。收入本集的八篇論文，主要是反映了我在黃老學研究方面的一點心得。

第二欄五篇，是討論漢代兩大思想家董仲舒和王充的哲學思想及其政治思想的。王充是一位好學深思、博學善疑、亦道亦儒、非道非儒的理論批判大師，也是我接觸中國哲學以來最早令我肅然起敬的思想家。我在中學時代，一位村秀才送給我一部三〇年代出版的《論衡》，粗讀之下，便為王充那種實事求是、痛砭一切虛妄迷信的反潮流精神所感動。一九七三年，在「文化大革命」批林批孔、尊法反儒高潮中，我卻利用到黨校學習馬列著作之空隙，偷偷地寫了一篇長達兩萬字，題為〈論王充的唯物主義學說〉的文章，由於文內有直接批駁當時流行的楊榮國「法家論」的內容，所以當時無法發表，卻沒想到倒成了我後來報考研究生的敲門磚和研究生期間發表的第一批學術論文的基礎。但要真正了解王充，就必須了解董仲舒和《淮南子》，必須了解先秦陰陽、儒、墨、名、法、道諸子百家，由此引發了我對整個中國思想史的研究興趣。在董仲舒研究方面，我在一九七九年寫了篇〈「天不變，道亦不變」辨——論董仲舒的政治學說及其進步歷史作用〉的翻案文章，後來由方立天先生推薦到《中國哲學》，主編通知我將發表於該刊第七期。但卻被一位副主編扣壓和剽竊，於是我一怒之下，將文章索回並改副題為正題，交給《浙江學刊》發表。但這已經過了兩年，那位剽竊者儼然是漢代思想史「專家」了。

第三欄六篇，其中有關黃宗羲的四篇，有關近代思想史的二篇。黃宗羲也是我十分崇敬的人物，我在高中作文競賽的得獎論文〈談志〉中便引用過《明夷待訪錄》中批判劉邦的那句話。一九八一年研究生畢業後我回到浙江，便著手推動浙江學術界的黃宗羲研究。一九八三年，我和同行李明友、夏瑰琦諸君在著名學者沈善洪先生支持下，發起成立了「浙江省中國哲學史研究會」，大家推選沈先生任會長，我為主持實際事務的副會長。我們開展的第一項工程就是編輯點校《黃宗羲全集》，由沈先生任主編撰序，我任執行主編，負責編目、搜集遺著佚作、版本考辨、組織點校和統稿等具體工作。一九八六年我擔任浙江省社會科學院哲學研究所所長時，又發起並組織舉辦了首屆「國際黃宗羲學術討論會」，會後主編出版了《黃宗羲論》一書。後來，我又主持了名為「王陽明、黃宗羲和浙東學派研究」的省社會科學「七五規劃」的重點研究課題，主編了《王陽明全集》，並撰寫發表了一系列探討陽明學與梨洲學的論文，本集選收了其中三篇。至於我對近代中國哲學的興趣，則應歸功於我的良師益友——中國社會科學院歷史研究所中國思想史研究室主任黃宣民教授的啓發開導。我本來想寫一組文章，著重探討近代一些一度叱咤風雲的思想家如龔自珍、魏源、康有為、嚴復、章太炎等在晚年思想傾向保守的原因，試圖總結一點歷史教訓，可惜用心不專，迄未如願，而只寫了嚴復、章太炎和有關靈學的幾篇。

第四欄七篇，是我近年來從宏觀角度研究儒家思想與文化的一點成果。對於構成中國傳統文化主要支柱的儒學，我是從青年時代虔誠而偏激的批評轉向近年的客觀性研究和同情式理解的。

有人因此將我劃入「新儒家」或者「文化保守主義」之列，我却不敢苟同。因為我在哲學上還是信奉唯物辯證法和「(社會)存在決定意識」的歷史唯物論基本觀點的。但我同那種僵化的「意識形態一元論」者確有不同，而具有「文化多元主義」的傾向。我認為，無論在當代，在未來，在中國，在世界，凡是作為人類文明之精神成果出現的哲學理論和文化類型，都有其永存的意義與價值，中國的儒、佛、道，阿拉伯的伊斯蘭教，西方的基督教，以及西方人文主義、科學主義、自由主義、馬克思主義等等，概莫能外。如果有人試圖用一種主義去統治或消滅其他所有的主義，在歷史上已被證明是荒謬，在現實上則如拔著自己頭髮試圖離開地球一樣不可能。中國傳統的儒家文化體系，儘管有這樣那樣的缺陷和問題，儘管曾經與封建專制政體沆瀣一氣而衍生許多罪惡，但儒家文化中最本質最精采的東西並非是某些儒學批判家或淺薄「新儒家」(不是全體)所誤解的外在禮儀與人倫關係(所謂「三綱五倫」)，而是由孔子首揭、孟子强調、歷代真儒所補充闡明的以「仁」為核心範疇的道德人文主義價值觀。揭示儒學的精華，研究歷代真儒的道德人文主義學說及其演變軌跡，探討儒家文化在現代多元社會中存在的意義和價值——這就是我在新加坡寫作《儒家哲學片論——東方道德人文主義之研究》一書和近年發表的一系列儒學論文中的主旨。

最後一欄五篇，附錄兩篇，既非談道家，也非論儒學，而是本人有關中國哲學史與東西方文化比較研究方法論以及中國文化出路問題的個人見解，這也是我十多年來不時被「左家店」伙計們目之為「自由化分子」的部分「歷史證據」，是耶，非耶？讀者自有公論，我不想在此辯解。我將它們收入本書，無非錄此存照之意。其中〈談「哲學的黨性」概念〉是八〇年九月我在一次學術會議上的發言摘錄，〈「哲學的黨性」一說之弊〉則是我讀研究生時的同學唐合儉君當時根據我的發言稿加以修改補充而後成文的，但當時難以發表，直到兩年以後才以二人合作的筆名「唐光」署名發表於《中國社會科學未定稿》。批評《河殤》的一篇，最初以〈「河殤」的誤導〉為題摘要發表於新加坡《聯合早報》（一九八八年十二月二十一日），國內《參考消息》曾予轉載，後來則全文發表於臺灣《中國論壇》。儘管我因此而招致左、右兩邊的批評，但我迄今尚無收回成說之意，大概今後也不會的。

本集的編排原則，基本上不以論文發表時間為序，而是按專題分欄塊編排，本欄各篇則按思想史次序排列。各篇發表的時間刊名，已在文末注明；正文則除個別字詞外一概未改，以便存真。雖然收入本書的某些論文猶未擺脫教條束縛，亦無驚人之筆，但卻是我十多年的心血結晶，至少本人是珍視的。我也曾想到結集出版，但未遇機緣。今年五月，我所敬重的忘年老友韋政通先生來杭訪問，表示願意推薦在臺灣出版，我自樂意從命。九月，我又將應臺灣中央研究院文哲研究所戴璉璋先生之邀赴臺訪問講學，於是，我將有關論文彙為一帙，並請韋公撰序一篇以記友情，自序一通以明背景，倘蒙出版，則祈讀者諸君不吝賜教。

作者謹識　一九九三年九月九日於赴臺遊學前夕

儒道論述

韋政通

目次

序
自序
關於《老子》中三句話的解釋……一
論黃老學派的形成與發展……一五
試論黃老之學的理論特點與歷史作用……三一
關於黃老哲學的性質問題——對《黃老帛書》和《淮南子》道、氣理論的剖析……四七

論《呂氏春秋》爲道家黃老學之著作……六一
道家道教異同論
——兼駁雜家說……七九
略評《帛書老子注譯與研究》……八五
道家思想研究中的一流成果
——評崔大華著《莊學研究》……九一
論董仲舒的政治學說及其進步歷史作用
——兼論其王道理論與天道觀的關係……一〇七
王充學說的根本特點
——實事疾妄……一二五
王充「效驗論」淺析……一三九
王充是唯物主義的「元氣自然」論者……一四九
王充的無神論與五四時期的反迷信鬥爭……一五三

萬化根源在良知……一六七
論黃梨洲對陽明心學的批判繼承與理論修正
——陽明心學論綱……一八一
黃宗羲與清代學術……二〇七
國際黃宗羲學術討論會概述……二三七
改革思想家嚴復落伍的悲劇
——嚴復後期思想研究……二四五
試論章太炎哲學思想的折變……二七五
試論「浙學」的基本精神
——兼談「浙學」與「浙東學派」的研究現狀……二九三
論宋明理學的特質及其現代意義……三一三
略論儒學的衰落與轉型
——從清代實學到現代新儒學……三二七
論儒學對知識分子性格的塑造及其利弊……三六一

儒家思想的基本特點與發展前景……三七一
儒家文化在東方社會現代化中的作用……四一九
儒學研究的新契機
——新加坡國際儒學研討會述要……四三一
附嚴書翔：儒學、新儒家與中國文化和現代化的展望
——訪歸國學人吳光先生……四四三
對中國哲學史研究方法論若干問題之管見……四五五
附一：「哲學的黨性」一說之弊……四七三
附二：談「哲學的黨性」概念……四八一
唯有探索最可貴
——評《中國倫理學說史》上卷……四八三
東西方比較研究的方法論思考……四九三
民族傳統與文明出路的誤導性反省
——對《河殤》的批評性反思……四九九

反思、轉化與創新
——我對九十年代中國文化趨勢的展望 …… 五一三
後記 …… 五一九

關於《老子》中三句話的解釋

《老子》一書是道家學派最早問世而且價值最高的一部經典，也是道教的「聖經」。由於該書言簡意賅，哲理深奧，後人在理解和解說上便產生種種分歧。這本不足爲奇，它正是後世學派林立、百家爭鳴的根源之一。儘管如此，我們今天研究老子思想，還是應當以文獻爲依據盡可能作出符合原意的解釋而避免望文生義、主觀臆想的。本文僅舉三例試作辨正，求教方家。

一 是「自是者不章」還是「自視者不章」？

通行《老子》各種舊注本，如王弼本、傅奕本、河上公本，第二十二章和第二十四章有關段落文字，大體是一樣的。如王弼本第二十二章：

曲則全，枉則直，洼則盈，敝則新，少則得，多則惑。是以聖人抱「一」，為天下式。

不自見，故明；不自是，故彰；不自伐，故有功；不自矜，故長。夫唯不爭，故天下莫能與之爭。

古之所謂曲則全者，豈虛言哉！誠「全」，而歸之。

第二十四章：

企者不立，跨者不行，自見者不明，自是者不彰，自伐者無功，自矜者不長。其在道也，曰：「餘食、贅行。」物或惡之，故有道者不處。

對於上述「不自見，故明；不自是，故彰」、「自見者不明，自是者不彰」兩句話，今注本或有據舊本參照帛書本改「見」為「視」者，但幾乎所有今注本都不願依據帛書本改動後面那半句話。在譯解時都將「自是」一語釋作「自以為是」。例如，張松如先生的《老子校讀》（吉林人民出版社版，一九八一年）對這兩句話校改為「不自見，故明；不自是，故彰」、「自視者不明，自是者不彰」，譯作「不專靠自己的眼睛，所以事事物物看得明；不總是自以為正確，所以是是非非斷得清」、「單靠自已眼睛事物看不明，總愛自以為是是非斷不清」。許抗生先生的《帛書老子注譯與研究》（浙江人民出版社初版，一九八二年，八五年增訂版）則據舊本校改帛書本爲「不自是故章；不自見故明」、「自是者不章，自見者不明」，譯作「不自以爲是所以自己就能彰明，不自以爲有見識所以自己就能聰明」、「自以爲是的不能使自己聰明，自以爲有見識的並不聰明」。陳鼓應先生的《老子注譯及評介》（北京中華書局版，一九八八年）依舊本未改，釋「自見」爲「自現，自顯於衆」，釋「明」爲「彰明」，兩句譯作「不自我表揚，反能顯明；不自以爲是，反能彰顯」、「自逞己見，反而不得自明；自以爲是的，反而不得彰顯」。

就這兩句話的解釋而言，我認爲陳許二注本比張注本要貼切些，也更符合舊注本的原意。因爲張注本將「見」等同於「視」，並在後一句中以「視」代「見」，又解「自見」「自視」爲「單靠自己眼睛」看「事物」，這就不夠貼切了。我對舊注本這兩句話的理解與陳、許二先生的理解本來也沒有多少歧異，卻爲何要提出來討論商榷呢？因爲這關係到一個研究方法論的問題，即：帛書本《老子》的原文可不可信？應不應當確認？是否可以因爲它在文字上與衆不同而據衆本修改它的原文？另一個問題是，究竟是帛書本還是河上公、王弼注本或以後的注本更接近於《老子》原本？爲便於弄清這個問題，我將帛書甲乙本有關章節移錄如下（缺文用方塊□代替）：

帛書《老子》甲本〈道篇〉

炊者不立自視不章□見者不明自伐者無功自矜者不長其在道曰粽食贅行物或惡之故

有欲者□居

曲則金枉則定洼則盈敝則新少則得多則惑是以聲人執一以為天下牧不□視故明不自見故章不自伐故有功弗矜故能長夫唯不爭故莫能與之爭古□□□□□□語才誠金歸之

帛書《老子》乙本〈道篇〉

炊者不立自視者不章自見者不明自伐者無功自矜者不長其在道也曰粽食贅行物或亞之故有欲者弗居

曲則全汪則正洼則盈槃則新少則得多則惑是以耶人執一以為天下牧不自視故章不自見也故明不自伐故有功弗矜故能長夫唯不爭故莫能與之爭古之所胃曲全者幾語才誠全歸之

用甲乙兩本互校，改正其錯別字並加標點，則正確的校訂本應當是：

炊者不立，自視者不章，自見者不明，自伐者無功，自矜者不長。其在道也曰：「餘食、贅行。」物或惡之，故有欲者弗居。

> 曲則全，枉則正，洼則盈，敝則新，少則得，多則惑。是以聖人執一，以為天下牧。不自視，故章；不自見，故明；不自伐，故有功；弗矜，故能長。夫唯不爭，故莫能與之爭。古之所謂「曲全」者，幾語哉！誠全歸之。

我們從帛書甲乙本的原文可以看出，「自視者不章，自見者不明」與「不自視，故章；不自見，故明」兩句話，其前半句與後半句都是對應的，而且「視」與「見」、「章」與「明」是可以互換的。它們在文義上也完全可以疏解得通：「視」即看，「自視」即自己看自己（不是看外界的「事物」），這裏有自我觀照、自我欣賞之意；「見」即現，「自見」即自我表現、自我炫耀；「章」同「彰」，意即彰顯；「明」即彰明，這裏也含有明智、光彩之意。這兩句話可意譯爲：「自我欣賞的人是不會彰顯的，炫耀自己的人是不明智的」、「不自我欣賞，所以會彰顯，不炫耀自己，所以光彩」。這樣的解讀，我想是符合帛書《老子》的原意，也符合《老子》「反者道之動」的辯證思想的。而如果將「自視」改爲「自是」，解作「自以爲是」，則文義雖然可通，但終究不如遵從帛書原本更好。況且，「自是」與「彰明」之間的詞語搭配畢竟有點勉強。所以我認爲，《老子》舊注本的「自是者不章」與「不自是，故章」不如帛書本的「自視者不章」與「不自視，故章」優勝，今人不應當盲目信從舊注本而擅改帛書本。

二 是「無爲而無不爲」還是「無爲而無以爲」？

「無爲而無不爲」一語，一直作爲老子與整個道家學派的主要思想範疇被人們引用或闡述，幾乎沒有人提出異議。因爲《韓非子》的〈解老〉、〈喩老〉是這樣引的，《莊子》、《文子》等道家古籍也引了這句話，司馬談那篇著名的〈論六家要指〉論道家特點時也說「道家無爲，又曰無不爲」，而更主要的是，各種《老子》舊注本原文都有這句話，即使是被公認具有權威性的王弼注本儘管有一處寫作「無爲而無以爲」（第三十八章），但畢竟有兩處是寫作「無爲而無不爲」的，於是人們便不注意兩句話的含義區別，也不懷疑老子「無爲無不爲」思想的眞實性。

十年前，我在做黃老學研究時注意到這個問題，於是便在論文和著作裏提了出來❶，但當時沒有引起重視，近年才有學者在學術會上或論著裏討論這個問題，但影響面還不夠廣，反響不夠大。我認爲，弄清這個問題很重要，因爲它關係到老子整個思想體系的詮釋以及如何認識道家思想發展演變史的問題，因此感到有舊話重提的必要。

從文獻根據上說，自從馬王堆帛書《老子》出土以後，我們有理由懷疑《老子》原本是否有

---

❶ 參見拙文，〈略評帛書老子注譯與研究〉，載《光明日報》「哲學」副刊，一九八三年一月十日；拙著，《黃老之學通論》第二章，頁五〇，浙江人民出版社，一九八五年六月版。

「無不爲」的文字，我的看法是否定的。因爲：

第一，帛書《老子》甲乙本的全部文字（缺文不算），沒有一處出現「無不爲」或者「無爲而無不爲」的詞句。至於後來的整理者在帛書原本的缺損部分塡補上這類詞句，那只是塡補者的主觀行爲，而非原本所有，不足爲據。

第二，儘管先秦至漢代有不少道家著作中引用或闡述了「無爲而無不爲」的思想，但一則傳世古籍已經後人整理可能有所改動，二則即使完全可靠也只能證明老子以後的道家有此思想，而不能確切證明《老子》原本有這句話。例如韓非是站在法家立場上解老、喻老的，司馬談所講的「無爲無不爲」的道家，顯然不是老莊，而是後起的黃老道家。

第三，從與出土的帛書《老子》的文字比較可以看出，無論是河上公注本，還是王弼或傅奕的注本，都確實已經加工過的，焉知「無爲無不爲」的「不」字不是加工者改出來的？

事實上，《老子》舊注本提到「無不爲」一共三處，即：第三十七章「道常無爲而無不爲，侯王若能守之，萬物將自化」一處，第三十八章「上德無爲而無不爲」，第四十八章「爲學日益，爲道日損，損之又損，以至於無爲，無爲而無不爲」。而其中「上德無爲而無不爲」一句聚訟已久，因爲宋代以前的《老子》傳本，只有傅奕本這樣寫，河上公、王弼本和景龍碑本都寫作「上德無爲而無以爲」。現在有兩千年前成書的帛書《老子》爲證，證明確實寫作「上德無爲而無以爲」，看來這場筆墨官司不用再打了，但另兩處的官司還才開頭。舊本第三十七章，在帛書

《老子》的下篇即〈道篇〉(原題篇名爲〈道〉)的最後一段，甲乙二本都沒有「無爲而無不爲」文字，而且首句文字都寫作「道恒無名，侯王若能守之，萬物將自化」，可見「無爲而無不爲」云云是後來的整理者修改添加的。至於舊注本第四十八章那段話，則在帛書本上篇即〈德篇〉(原題作〈德〉)，但甲本缺損嚴重，只剩下「爲……取天下也恒……」六個字，無從探究，乙本則缺損關鍵性的十多個字，原文是這樣的：

> 為學者日益聞道者日云云之有云以至於無□□□□□□□□□取天下恒無事及其有事也□□足以取天□□

有的校訂本依據舊注本在殘缺部分填補上「爲無爲則無不爲將欲」「又不」「下矣」數字❷，雖然從古籍整理角度而言無可指責，但就學術研究而言是值得商榷的。因爲我可以質疑：爲什麼不能將你填補的「無爲則無不爲」一語改成「無爲而無以爲」呢？因爲就在這段話的前面，即帛書〈德篇〉的首段就有「無爲而無以爲」這句話呀！

再從《老子》的思想邏輯來說，我認爲，「無爲而無以爲」要比「無爲而無不爲」更符合

---

❷ 許抗生著，《帛書老子注譯與研究》(增訂本)，頁二〇、二五〇，浙江人民出版社，一九八五年三月版。

《老子》純任自然、不雜人爲的「自然無爲」思想。這種「自然無爲」思想在《老子》書中隨處可見。例如，帛書本〈德篇〉開宗明義第一章（舊注本第三十八章）就說：

> 上德不德，是以有德；下德不失德，是以無德。上德無為而無以為也，上仁為之而無以為也，上義為之而有以為也，上禮為之而莫之應也，則攘臂而乃之。故失道而後德，失德而後仁，失仁而後義，失義而後禮。夫禮者，忠信之薄而亂之首也。

可見在老子眼裏，道是最高層次的，然後下降而爲德、仁、義、禮，禮是最下流的。而不居德的「上德」都已入「無爲而無以爲」的境界，何況最高層次的「道」！當然是純粹自然無爲的了。再如〈德篇〉之「天下之物生於有，有生於無」、「無爲之益，天下希能及之」、「道之尊也，德之貴也，夫莫之爵也，而恒自然也」，〈道篇〉之「道可道也，非恒道也」、「聖人居無爲之事，行不言之教，萬物昔（措）而弗始，爲而弗恃也，成功而弗居也」、「成功遂事，而百姓謂我自然」、「道恒無名……萬物將自化……天地將自正」等等，都是自然無爲思想的體現。

那麼，「無爲而無以爲」與「無爲而無不爲」有什麼區別呢？有人認爲是差不多的，我卻不以爲然。從詞義上訓釋，「以」可訓「用」訓「因」，「無以爲」即「無用爲之」或「無所因而爲之」，意卽無須主觀人爲而完全聽憑自然，這符合《老子》的一貫思想；而「不」則訓「不能」、「不可」、「不是」，已包含了某種主觀意志的否定，「無不爲」便是主觀意志的肯定，應訓爲「無不能爲」、「無不可爲」。「無爲而無不爲」一語的整個含義，是說「道」是自然無爲的，又是無所不能爲的，這雖然仍有聽憑自然之意，但卻已不純粹聽任自然了，其思想深層已包含了某種主觀目的和主觀能動性。而這是不很符合老子的思想傾向的，倒是很符合後起的道家黃老學派的思想。因爲黃老道家的道，正是「應動靜之化，順四時之度」（見帛書〈經法·論〉）的道，是「靜作得時」、「作爭者凶，不爭亦無以成功」（帛書〈十六經·姓爭〉）的道，是「循理而舉事，因事而立功」（《淮南子·修務訓》）、「能執無爲，故能使衆爲」（《呂氏春秋·分職》）的道，也正是司馬談所謂「以虛無爲本，以因循爲用」、「與時遷移，因物變化，立俗施事，無所不宜」的「無爲而無不爲」的道❸。所以我認爲，「無爲而無以爲」是老子思想，「無爲而無不爲」則是黃老思想，人們不應將黃老思想加在《老子》書中。

三　是「沖氣以為和」還是「中氣以為和」

通行的《老子》王弼注本有三個「沖」字，分見於第四、四十二、四十五章，如下：

❸ 參見《黃老之學通論》第七章，頁二二五～二三一。

第四章：「道沖而用之，或不盈。」

第四十五章：「大盈若沖，其用不窮。」

第四十二章：「萬物負陰而抱陽，沖氣以為和。」

前兩句中的「沖」字，有的舊注本寫作「盅」（如傅奕本、范應元本），遂有注家認爲「沖」是假借字（如俞樾），甚至有人認爲「作沖非是」，這實際上是個誤解。因爲出土帛書《老子》甲本（抄成於先秦）寫作「⿰氵盅」，乙本（抄成於漢初）則寫作「沖」。顯然，「沖」和「盅」都是「⿰氵盅」的簡化字，而非假借字或錯字。它們的詞義也都相同，即《說文解字》所說「盅，器虛也」的意思，包括王弼在內的古今注家的解釋也沒有錯，這裏不必贅述。

但《說文解字》沒有「⿰氵盅」字，而在「水部」另立了一個「沖」字，解曰：「沖，湧搖也，從水、中，讀若動。」於是後代（特別是當代）一些《老子》注家遂據此誤解了《老子》那句「萬物負陰而抱陽，沖氣以爲和」的「沖」字含義。例如，高亨先生的《老子正詁》說：「沖氣以爲和者，言陰陽二氣湧搖交蕩以成和氣也。」陳鼓應先生的《老子注譯及評介》則說：「『沖』，交沖，激蕩。『沖氣』，指陰陽兩氣相激蕩。」「沖氣以爲和：陰陽兩氣互相交沖而成均調和諧狀態。」❹我覺得，這些解釋是值得商榷的。

❹ 陳鼓應，《老子注譯及評介》，頁二三四，北京中華書局，一九八八年二月版。

我認爲，「沖氣以爲和」之「沖」字，在《老子》古本中本來是「中」字，由於古字通假而寫作「沖」字，其含義並非「湧搖」、「激蕩」，而是「會通」；「中氣」，卽會通上下、陰陽之氣；「萬物負陰而抱陽，中氣以爲和」，意卽「天下萬物都包含陰陽兩個方面，陰陽會通而成爲和諧的氣。」這樣解說的根據有四：

一是版本根據。馬王堆出土的帛書《老子》甲本原文，就是「中氣以爲和」（乙本字殘不可讀），這是古本原作「中氣」的有力證據。

二是通假證明。《文子・精誠篇》有「懷天心，抱地氣，執沖含和」一語，其「沖」字音義與「中」字相同，而且「執沖」一詞，先秦古籍一般都寫作「執中」，可見二字是可以通假的。

三是字義之證。據《說文解字》：「中，內也，從口丨，上下通。」可知「中」字有「上下會通」之意。

四是古人訓解之證。魏源《老子本義》第四十二章注引吳澄之言曰：「三，謂陰與陽會和之氣，卽所謂沖氣也。」這個「會和」也卽「會通」之意，與「湧搖」、「激蕩」之意相差很遠。魏源自注也說：「此章原弱所以爲道之用者，全在『沖氣爲和』一言。蓋沖和之氣，未有不柔弱者。」這裏所謂的「會和之氣」或「沖和之氣」，豈不正是「中和之氣」嗎?!我認爲魏源之注是深體《老子》之本義的。

綜上所述，我認爲舊本《老子》的「沖氣以爲和」本應寫作「中氣以爲和」，至少「沖」應作「中」解；而在校訂帛書《老子》時，尤應保留「中氣以爲和」一語，不應依從後來的注本把它改爲「沖氣以爲和」。這樣，或許能避免一些不必要的混淆或誤解吧。

（原載《浙江學刊》，一九九三年第三期）

論黃老學派的形成與發展

黃老學派屬於道家，這是學術界比較一致的認識。但它在道家學派演變過程中處於什麼地位？它形成於什麼時代？它有那些代表人物和著作？對這些問題，人們的看法還很不一致。本文擬著重討論道家學派發展中的階段劃分、黃老學派的形成時代及其流派著作等問題。

一　古代道家的歷史演變

道家作爲一個學派，它有一個發生、發展、演變、衰落的歷史過程。自從漢武帝時期採取「抑黜百家，獨尊儒術」的思想統制政策以後，道家——當時是黃老學派，便走上了由盛而衰的道路。東漢至魏晉時期，古代道家學說已隨著時代條件的改變而蛻變爲道教和玄學，這已非本文討論的範圍了。因此，我們所謂的古代道家，是指西漢中期以前包括黃老學派在內的道家學派。

古代道家在其發展演變過程中，大致可分爲兩大階段，即早期道家發生發展階段和黃老學派的形成發展階段。前一階段包括了幾乎整個戰國時期，後一階段則只包括戰國末期至西漢初期這段歷史時期。其中自不免有某些時間上的交錯。

早期道家學派的理論奠基人是生活在戰國時期的老聃❶。在老聃之前，有范蠡、老萊子、楊朱一類人物，其思想對後來的道家學說影響很大，可視作道家的先驅。與老聃同時或較晚的，有關尹、列御寇、莊周及其後學，形成一個老莊學派，其思想傾向消極保守，是早期道家中的右翼；另有孕育於戰國中後期的齊國的稷下學宮中的一批道家學者，如彭蒙、田駢、愼到、接子等人，形成一個稷下道家學派。他們是闡發老學旨意並吸收了「法理」思想的道家，在政治上有一定進步性，哲學上則提出了具有唯物論傾向的「精氣」學說，可以說是早期道家中的左翼。後來的道家黃老學派，主要是從稷下道家學派發展而來的。

雖然早期道家的理論奠基人是戰國時期的老聃，但是，道家作爲一種社會思潮的出現，則應從春秋戰國之際的社會大變動和思想領域的「百家爭鳴」形勢中得到說明。

春秋戰國時代的社會變革，是生產力發展的必然結果。根據現有文獻和實物資料可知，大約在春秋初葉，我國古代勞動人民已掌握了冶鐵技術。春秋中葉以後，鐵製工具逐步推廣到農業和

❶ 老聃卽老子，關於其人其書的時代，學術界分歧很大。我們認爲，老子是戰國時期人，其著作《老子》成書於戰國中期，本文不詳論。

手工業生產。到了戰國時期，各大國都普遍推廣了鐵器。這大大推動了生產力的發展，必然引起生產關係和上層建築領域的變革。儘管人們在古代史分期問題上持有各種不同的見解，對這種變革的性質作出了不同的分析和結論。但大家都承認，這種變革在春秋戰國時代確實發生了，而且對於當時及後世的政治、經濟、思想、文化發生了極其巨大而深遠的影響。

與當時的社會大變革的動盪歷史形勢相適應的是，從春秋末期到整個戰國時期，在社會意識形態領域內出現了複雜而活躍的「百家爭鳴」的局面。其實所謂「百家爭鳴」，主要是陰陽、儒、墨、名、法、道六家，而從政治思想方面說，又主要是儒、墨、道、法四家之間的「爭鳴」。這種爭鳴的具體表現，在春秋末戰國初是所謂「儒墨顯學」之爭，在戰國初、中期則是儒家與墨家、楊朱之爭，在戰國中期至後期則主要是道家、法家與儒家、墨家之爭。

必須指出，諸子百家中無論那個學派，都有一個歷史的演變過程。在不同歷史時期，各家爭論的主題也不相同。爭論各方，既有相互對立相互批判的一面，也有相互影響、相互滲透的另一面。在爭論發展過程中，即使同爲一家一派，雖然在學派淵源、理論內容方面有著前後繼承的關係，但在不同時期，同一學派的不同思想家所代表的階級、階層或集團的利益也可能完全不同，他們的政治傾向、倫理標準、哲學性質不僅會有區別，甚至可能根本對立。對此，應當根據歷史實際，實事求是地進行具體分析，不能用一個僵死的公式到處亂套。

以老聃爲創始人的早期道家學派的出現，反映了在社會變革中日趨沒落的奴隸主舊貴族及破產的自由民階層要求恢復昔日「小國寡民」社會的願望，代表了在社會階級鬥爭中敗北的舊勢力的利益。他們無法抗拒歷史的進步，卻又不甘心失敗和淪落，因此希望有本階級的「聖人」出來收拾殘局，希望用一套貴柔守弱的政治權術去對付生氣勃勃的強者，以挽救本階級的沒落。由於他們在現實鬥爭中連連敗北，所以懷著陰暗的心理詛咒強者，甚至幻想逃避現實的鬥爭去尋求精神上的安慰。因此，他們極力宣揚「無爲」、「不爭」、「全性保眞」、「輕物重生」的自然無爲主義，提出反對仁義、鄙視功利、要求絕棄智慧、廢除法令、實行「結繩而治」等等消極落後的主張。所以，這一學派實際上是社會變革中消極社會力量的思想代表。

隨著時代的發展和階級鬥爭形勢的變化，早期道家學派也處在變動和分化之中。其中有些人仍然是新興政治力量及其政權的反對派或抵制者（如列御寇、莊周之流），有些則被代替奴隸主舊貴族而起的新貴族政權所網羅，變成爲新政權服務的文化人了（如稷下道家田駢、愼到之流）。在學術思想上，由老聃創立的早期道家學說也隨著時代的發展而被改造、被揚棄，老學在被它的繼承者改造或揚棄之後變成了新老學，並且逐步從玄妙之門跌入世俗塵埃之中。直到戰國末期至秦漢之際，在從「百家爭鳴」到「百家合流」的思想潮流中，老學就轉化爲黃老之學，早期道家學派也發展爲道家黃老學派了。

二　形成黃老學派的歷史條件

我們認爲，黃老學派屬於道家，但卻是古代道家發展中的新階段；它在理論內容上對早期道家學說有所繼承，但更重要的是改造和發展，並且吸收了陰陽、儒、墨、名、法諸家學說的重要主張；它作爲一個獨具風格的道家新流派，形成於戰國末期、秦漢之際而發展興盛於西漢初期。

爲什麼說道家黃老學派（包括所謂「黃老之學」）是形成和發展於戰國末至漢初這一歷史時期呢？

歷史唯物主義認爲，人們的社會存在決定人們的意識，「隨著經濟基礎的變更，全部龐大的上層建築也或慢或快地發生變革。」❷戰國秦漢之際，我國古代社會出現了新的發展趨勢，即由奴隸制社會向封建制社會轉變的趨勢❸。而道家黃老學派及其學說，就是伴隨著當時的社會變動和思想變化的新形勢而走上歷史舞臺的。以下從三個方面略作分析：

第一，由於君主專制奴隸制在各大國的確立，各國國君的地位得到了加強，政權日益集中於

❷《馬克思恩格斯選集》卷二，頁八二～八三。

❸筆者在古代史分期問題上，不同意戰國封建論，而傾向秦漢之際封建論，因此在分析古史發展的觀點上，與通常說法略有不同。

國君一人之手。這時，「尊君」思想成為一種普遍性的思潮。例如儒家的荀況，雖然有「載舟覆舟」的比喻和「愛民重民」的說教，但他強調的是「君子者，法之原也」、「君者民之原也」、「君者……能羣也」❹。荀子理論中的「君」或「君子」，就是專制集權的帝王，是理天地、統禮義、總萬物、治萬民的最高統治者。可見其「尊君」思想之強烈。又如法家韓非理論中的「聖王明君」，實卽獨攬大權、專靠嚴刑酷法與陰謀權術立威的專制君主。他說：「所謂明君者，能畜其臣者也。所謂賢臣者，能明法辟、治官職以戴其君者也。……臣事君，子事父，妻事夫。……此天下之常道也。」❺這種尊君思想，不僅為秦漢之際的黃老道家所吸收，而且為西漢的儒家（如董仲舒）所吸收，成為維護封建專制主義統治的重要思想武器。

戰國末期，隨著全國統一趨勢的明朗化，尊君思潮也日益顯露其專制主義傾向，至高無上的專制帝王的理論偶像也自然地樹立起來。當時的思想家們往往使用「托古」的辦法宣傳變革的理想，卽假托和美化古代的「聖王」（如五帝三王）以塑造未來的理想君主的形象。因此，在戰國中後期，有關黃帝的傳說日益流行，出現所謂「百家言黃帝」❻的熱鬧場面。到戰國末期和秦漢之際，黃帝的形象也發生著質的變化，從一個與諸侯爭霸的盟主形象變成了「擅四方」、「操度

❹《荀子・君道篇》。

❺《韓非子・忠孝》。

❻《史記・五帝本紀》。

量以割其下」❼的專制君主形象，又進而演變爲「唯余一人，兼有天下」❽的統一國家的專制君主形象。所謂「黃老之學」中的「黃帝之言」以及各種假托的「黃帝書」，也就在這種社會變動及社會思潮的演變過程中形成和發展起來。

第二，戰國末期，伴隨著全國統一趨勢的明朗化乃至統一帝國的出現，在思想領域也出現了「百家合流」、要求思想「定於一尊」的趨勢。當時，各派思想家都試圖以某家思想爲基礎，採合別家別派的思想以建立新的理論體系。有的思想家試圖通過總結百家學說的優劣短長而獨尊本派本家的理論。於是，帶有總結性的思想史專著便出現了（如《荀子·非十二子篇》、《韓非子·顯學》等）；所謂「兼儒墨、合名法」的「雜家」也出現了。有的卽使不屬雜家（如法家韓非），其思想也明顯地吸收了別家的思想資料。

道家也是如此。《莊子·天下》篇就是戰國末期的道家批判地總結先秦思想的思想史專著，其內容反映了以道家爲主、兼採儒、墨、名、法思想的傾向。

在這種思想合流趨勢的影響下，早期道家向著「雜」的方向轉變，成爲黃老道家。被後人視爲「雜家」的《呂氏春秋》，被稱爲「若散亂無家」的《鶡冠子》，在地下被埋沒兩千多年的

❼《韓非子·揚權》。

❽《黃老帛書·經法·果童》。

《黃老帛書》❾，實際上是在這種時代條件下形成的黃老之學著作。從古代思想史發展的自身邏輯來說，黃老學派與黃老之學，是戰國末期百家合流趨勢的產物。

第三，黃老學派與黃老之學之所以形成於戰國末期而發展於漢初，是同秦漢之際生產關係的變化和階級力量的消長密切相關的。

秦漢之際，封建生產關係已在奴隸制社會內部萌芽成長，新的階級——封建地主階級也在舊社會的階級分化中誕生和壯大。隨著地主階級力量的增長，必然要求改革現存的統治秩序，也必然要求以一種新的意識形態取代舊的意識形態。然而，春秋戰國「百家爭鳴」時代的各家學說，基本上是為維護或改革奴隸制社會的經濟基礎和上層建築服務的，並沒有明確要求發展封建生產關係的內容。各家理論中雖然都有能為新階級利用和吸取的部分內容，但每一家又都不完全適合新興地主階級的利益和理想。而這個新興的階級，在當時力量還不夠強大，與奴隸主貴族階級在政治上思想上還有許多聯繫，它還提不出一個嶄新的理論體系（如後來董仲舒的新儒學體系那樣）以取代舊的意識形態，而只能在吸收和改造舊思想的過程中逐步建立起自己的理論體系。於是，一種既綜合舊思想，又加添新內容，即所謂「因陰陽之大順，採儒、墨之善，撮名、法之

❾ 一九七三年底，長沙馬王堆漢墓中出土了一批帛書資料，其中有一種是「老子書」和「黃帝書」的合卷本，屬於黃老學著作，故稱作《黃老帛書》。

要，與時遷移，應物變化，立俗施事，無所不宜」⑩的黃老之學理論體系，就在這樣的歷史條件下應運而生了。這樣，戰國時期的早期道家，到戰國末期至秦漢之際，也就在新的時代條件下改變了原來的面貌，而變成爲新的道家學派，卽黃老學派。可以說，黃老學派與黃老之學，是奴隸制向封建制社會過渡時期的產物，是新舊思想交替時期的理論上的「混血兒」。

三　黃老學派的流派與著作

如上所述，黃老學派形成和發展於戰國末期至西漢初期，那麼這一時期有些什麼代表人物和著作呢？

實際上，黃老學派在其形成初期及以後的發展時期，其流派和著作是比較多的，《漢書·藝文志》道家類所著錄的《黃帝四經》、《黃帝銘》、《黃帝君臣》、《雜黃帝》、《力牧》等五種「黃帝」書，大體都屬黃老學派的著作，可惜現已散佚，不能確考。

馬王堆漢墓出土的《黃老帛書》，是目前比較公認的黃老學派代表作。拿它與其他傳世的秦漢之際的有關道家或「雜家」著作相比較，再用司馬談〈論六家要指〉所論「道家」（實卽黃老

⑩ 司馬談，〈論六家要指〉，見《史記·太史公自序》。

道家）的學說特點去衡量，我們發現，還有一些成書於戰國末至西漢初的古籍，如《鶡冠子》、《呂氏春秋》、《淮南子》，也應屬於黃老之學的著作。

關於《鶡冠子》，因爲還有一個書的眞僞之爭，我已另有專文考辨⓫，在此不擬討論。這裏，主要想討論爲什麼說過去被視作「雜家」的《呂氏春秋》和《淮南子》應歸屬於黃老道家的著作問題。證據主要有三點：

第一，所謂雜家之「雜」，按〈漢志〉所說是「兼儒、墨，合名、法，……漫羨而無所歸心」，就是將各家理論拼湊起來，沒有主導思想。而黃老道家之「雜」，則是以道家理論爲基礎，雜採各家學說之「長」而構成新的理論體系，如司馬談所說是「因陰陽之大順，採儒墨之善，撮名法之要」。《呂氏春秋》和《淮南子》就屬於後一種「雜」。呂不韋在回答編寫〈十二紀〉的宗旨時，就表明他編書目的是要「學黃帝之所以誨顓頊」⓬的一套理論。高誘的〈呂氏春秋序〉也指出：「此書所尚，以道德爲標的，以無爲爲綱紀。」這正是抓住了該書的主導思想的。《淮南子・要略》也敍述了作者著書的目的，旨在「紀綱道德，經緯人事」，既要「言道」，又要「言事」。這都說明，它們在理論上雖然有「雜」的特色，但卻是「雜而有章」，以道家宣傳的「道德之意」和「無爲」理論爲根本宗旨的。因此，這樣的「雜家」，只能說是道家中的雜家，

⓫ 參見拙著，〈鶡冠子非僞書考辨〉，載《浙江學刊》，一九八三年第四期。

⓬ 見《呂氏春秋・序意》。

也卽黃老道家。

第二，老子哲學之「道」，是《呂氏春秋》和《淮南子》的最高哲學範疇，只不過後者比前者更豐富多彩，有所發展罷了。《呂氏春秋．大樂》說：「道也者至精也，不可爲形，不可爲名，強爲之(名)，謂之太一。」〈圜道〉說：「一也者至貴，莫知其原，莫知其端，莫知其始，莫知其宗，而萬物以爲宗。」顯然，這個無形無名、無始無終的萬物之源——所謂「太一」或「一」，與老子哲學之「道」，並沒有根本性的區別。而「一」和「太一」這兩個範疇，本來就是從道家那裏來的，「一」來自於《老子》，「太一」則來自於《莊子．天下》。《淮南子．原道訓》說：「夫道者，覆天載地，廓四方，柝八極，高不可際，深不可測，包裹天地，稟授無形……。」〈道應訓〉說：「道不可聞，聞而非也；道不可見，見而非也；道不可言，言而非也。孰知形之不形者乎？」顯然，它是站在道家立場上論「道」的，與老子哲學之「道」，在哲學性質上並無二致。

第三，《呂氏春秋》和《淮南子》，都以道家的「無爲無不爲」哲學命題作爲其理論的基石。

《呂氏春秋》多處闡述了「無爲而無不爲」的思想。〈分職〉說：「夫君也者，處虛素服而無智，故能使衆智也；智反無能，故能使衆能也；能執無爲，故能使衆爲也。」〈任數〉說：「因者君術也，爲者臣道也。爲則擾矣，因則靜矣。……故曰君道無知無爲。」這些話的中心意思，是說君道無為而臣道有為，表面看似乎是無所作為，實際上卻達到了無不能為的目的。這正是道家的辯證邏輯。〈君守〉說：「天之大靜，既靜而又寧，可以為天下正。……故曰：天無形而萬物以成，至精無象而萬物以化，大聖無事而千官盡能。此乃謂不教之教，無言之詔。」這類語言，簡直是《老子》所謂「清靜可以為天下正」、「聖人居無為之事，行不言之教」等言論的重複。

《淮南子》對「無為無不為」的理論講得更清楚。〈原道訓〉說：「所謂無為者，不先物為也；所謂無不為者，因物之所為。所謂無治者，不易自然也；所謂無不治者，因物之相然也。」〈修務訓〉說：「若吾所謂無為者，私志不得入公道，嗜欲不得枉正術，循理而舉事，因資而立功，推自然之勢，而典故不得容者；事成而身弗伐，功立而名弗有；非謂其『感而不應，攻而不動』者。」這種對「無為無不為」的解釋，與司馬談〈論六家要指〉所說「道家無為，又曰無不為」那段話的含義是正相符合的。而這樣的「無為無不為」主張，又同早期道家老莊之流的消極無為主義大不一樣了。它是屬於後起的黃老道家的積極無為理論。

從以上三點可以引出一個結論：《呂氏春秋》和《淮南子》，應當屬於黃老學派的著作。

除了上述《黃老帛書》、《鶡冠子》、《呂氏春秋》和《淮南子》的作者或編者屬於黃老學派之外，在秦漢之際，還有一些於史有徵的黃老學派的理論大師或推崇黃老之學的政治家、歷史學家。

例如，從河上丈人到蓋公這一學派，就是秦漢之際活動於齊國的黃老學者。《史記．樂毅列傳》記載說：「華成君，樂毅之孫也。而樂氏之族有樂瑕公、樂臣公，趙且爲秦所滅，亡之齊高密。樂臣公善修黃帝、老子之言，顯聞於齊，稱賢師。」該傳「贊語」說：「樂臣公學黃帝、老子，其本師號曰河上丈人，不知其所出。河上丈人教安期生，安期生教毛翕公，毛翕公教樂瑕公，樂瑕公教樂臣公，樂臣公教蓋公。蓋公教於齊高密、膠西，爲曹相國師。」據此，我們可將這一學派列出其師承關係：

（本師）河上丈人→安期生→毛翕公→樂瑕公→樂臣公→蓋公。

這裏明確講「樂臣公善修黃帝、老子之言，顯聞於齊，稱賢師」，「樂臣公學黃帝、老子」，可見他是個黃老學者。而樂臣公的「本師」是河上丈人，當然河上丈人以下的整個學派，都屬於黃老學派了。

這一學派活動於什麼時代呢？也是有年代可考的。據〈樂毅列傳〉，蓋公是曹相國即曹參之師。再據《史記．曹相國世家》所記：漢惠帝元年（公元前一九四年），「以參爲齊丞相……聞膠西有蓋公……使人厚幣請之。」即使蓋公當時年逾花甲，則其生年也在公元前二五五年前後，尚屬戰國末期。〈樂毅列傳〉說樂瑕公、樂臣公是在「趙且爲秦所滅，亡之齊高密」的，秦滅趙在公元前二二八年，可知這二人的學術活動時間也在戰國末年。安期生是與蒯通同時代人。《史記．田儋列傳》說：「蒯通者，善爲長短說，……通善齊人安期生。安期生嘗干項羽，項羽不能用其策。已而項羽欲封此兩人，兩人終不肯受，亡去。」項羽有權封官，當在公元前二〇六年滅秦之後，如果這時安期生已有五十歲，則其生年當在公元前二五六年左右。安期生之師卽河上丈人，無論年壽多高，也要在安期生十五歲後才能授以學業，則其學術活動之年也還是在戰國末期。

由上可證，從河上丈人到蓋公這派黃老學者，活動時代在戰國末期至西漢之初。這與上節所論黃老學派與黃老之學形成時代的看法是一致的。有的人不顧歷史事實，而隨意將河上丈人的活動時代上推到公元前四〇〇年前後，並由此斷定黃老學派形成於戰國早期至中期之交，是毫無根據的臆斷。

西漢初期，由於黃老之學主張的一套「無為」政治學說，適應著統治階級積蓄力量的需要，因此受到統治階級的尊崇而盛行一時。這時，從統治集團的頭面人物，到一般官僚、學者，乃至民間士人和卜者，許多人都成了黃老之學的信徒，有的本身就是黃老學派的理論家。例如：

漢文帝和竇皇后（後稱竇太后），就尊崇黃老之學。《史記·儒林列傳》說「孝文帝本好刑（形）名之言，及至孝景，不任儒者，而竇太后又好黃老之術。」《漢書·外戚傳》說「竇太后好黃帝、老子言，景帝及諸竇不得不讀《老子》，尊其術」；

先當齊相後當漢相國的曹參，以蓋公為師，「其治要用黃老術，故相齊九年，齊國安集，大稱賢相」⑬；

在惠帝、文帝時都當了丞相的陳平，「少時，本好黃帝、老子之術」，臨死，尚自悔平生行爲不合道家準則而擔心後世遭譴⑭；

此外，文帝時有個王生，「善爲黃老言，處士也」（《史記・張釋之馮唐列傳》）；景帝時有個田叔，「學黃老術於樂臣公所」（《史記・田叔列傳》）；長安卜者司馬季主，「通《易經》，術黃帝老子」（《史記・日者列傳》）。

作爲皇家史官的司馬談，曾「習道論於黃子」⑮，其子司馬遷也受乃父影響，「論大道則先黃老而後六經」⑯，也是推崇黃老之學的。〈論六家要指〉實際上是一篇站在黃老道家立場總結先秦至漢初學術發展史的理論著作。

這些事例說明，黃老之學在漢初已是蔚然成風，成了當時社會思潮的主流。

道家黃老之學，雖然形成於戰國末期，但它的流行並在政治上發揮實際作用之時，卻主要是在漢初。它對漢初社會的發展是起過一定促進作用的。它在哲學史和思想史上，起了由先秦諸子之學向董仲舒新儒學轉變的中間環節的作用。其中某些包含唯物主義因素的哲學主張（如「元

⑬《史記・曹相國世家》。

⑭《史記・陳丞相世家》。

⑮⑯《漢書・司馬遷傳》。

氣」論、「精氣」說、天道「自然無為」論等），則為東漢的王充最終完成對道家哲學的唯物主義改造方面提供了寶貴的思想資料，從而對中國古代哲學的發展也作出了一定的貢獻。但是，到了漢武帝執政以後，隨著社會矛盾的發展和統治階級實力的增強。黃老學派的「無為」政治理論便不再適合統治階級的需要。於是，漢武帝便採納丞相田蚡及董仲舒等人的政策建議，「絀黃老刑名百家之言」而「延文學儒者」⑰，實行「抑黜百家，獨尊儒術」的思想專制政策，並把繼續鼓吹黃老道家理論的淮南王劉安君臣殺掉了。於是，黃老學派和黃老之學也就走上了由盛而衰的道路。

（原載《杭州大學學報》，一九八四年第四期）

⑰《史記·儒林列傳》。

試論黃老之學的理論特點與歷史作用

道家黃老學派是戰國末至西漢初期出現的道家新流派，這個學派建立的學說體系就是所謂「黃老之學」，它是當時政治、經濟發展和思想演變的產物。那麼，黃老之學作爲道家新流派的理論「新」在哪兒，具有什麼特點？它在思想史和社會史上起了什麼作用？本文試作探討。

一　黃老之學的理論特點

首先，黃老之學最基本的特點，是以道家思想爲基礎，雜採衆家之言。

司馬談在〈論六家要指〉中評論道家的理論特點是「因陰陽之大順，採儒墨之善，撮名法之要，與時遷移，應物變化，立俗施事，無所不宜，指約而易操，事少而功多。」（《史記・太史公自序》）在他看來，陰陽、儒、墨、名、法五家理論各有短長優劣，唯獨道家能兼各家之長而避其短。他所謂的各家之長是：陰陽家「序四時之大順，不可失」；儒家「序君臣父子之禮，列夫婦長幼之別，不可易」；墨家「彊本節用，不可廢」；法家「正君臣上下之分，不可改」；名家「正名實，不可不察」。而這些「善」「長」，都被道家採撮去了。

司馬談所說的道家特點，是否包括了早期道家學派（主要是老、莊）呢？顯然不能包括。因為老子是反儒、非墨、摒法的，陰陽家和名家的理論在老子學說中也無跡可尋。在《莊子》一書中，雖然有受儒家、名家思想影響的方面，並表現出由早期道家向新道家轉化的傾向，但從基本傾向看，它還是直接繼承和發揮老子學說的。我們看〈盜跖〉篇借盜跖之口大罵孔丘的言論，以及〈天下〉篇對儒、墨、道、名各家的評論，可知《莊子》最推崇的是老聃之學，而對別家則取批評態度。至於陰陽家和法家，在莊學中也沒有什麼影響。這說明，以老莊為代表的早期道家並不具備司馬談所謂道家的特點。

黃老之學的著作則不然，無論是《黃老帛書》還是《鶡冠子》、《呂氏春秋》、《淮南子》（筆者認為這幾本書均屬黃老學派著作，另有專文論述，本文不擬詳論），都具有司馬談所說的道家特點。這些著作雜採衆說，是大家都承認的。問題在於這種「雜採」是「漫羡而無所歸心」，即漫無宗旨的拼湊各家思想呢，還是力圖以道家思想為基礎，將各家之言納入一個思想體系的呢？學術界對此有很多分歧，我們認為是後者而非前者。這裏，我們就拿被大多數人視作「雜家」的《呂氏春秋》和《淮南子》加以說明。

先看著書宗旨。《呂氏春秋．序意》論寫作〈十二紀〉的宗旨時說：「良人請問〈十二紀〉，文信侯（呂不韋）曰：『嘗得學黃帝之所以誨顓頊矣。』」這表明，《呂氏春秋》的主編，是要學習和闡述「黃帝」治理國家的一套理論的。而傳說中的黃帝之言，絕大多數是由戰國末期以後的道家編造出來的，它與老子之言一起構成所謂「黃老之言」、「黃老道德之術」。儒、法等家雖然也講黃帝，但只講黃帝之事而無黃帝之言，這正說明《呂氏春秋》所尊的黃帝，是道家的黃帝。東漢高誘的〈呂氏春秋序〉也指出：「此書所尙，以道德爲標的，以無爲爲綱紀。」這一評論，正是抓住了該書的根本宗旨卽道家所提倡的「道德」和「無爲」。《淮南子．要略》也自我聲明說：「夫作爲書論者，所以紀綱道德，經緯人事，上考之天，下揆之地，中通諸理……故言道而不言事，則無以與世浮沉，言事而不言道，則無以與化游息。故著二十篇。」又說：「若劉氏之書，觀天地之象，通古今之事，權事而立制，度形而施宜。原道之心，合三王之風……統天下，理萬物，應變化，通殊類。非循一跡之路，守一隅之指，拘繫牽連之物，而不與世推移也。」這表明，該書作者是既要「言道」又要「言事」的。作者認爲，如果只言道不言事，就不能隨著變化了的世事而相應變化；但若單純「言事」，而不懂得「道」的奧妙哲理，便不能順應自然變化而變通人事。所以，最根本的是要「原道之心，合三王之風」，卽推原「道」的根本規律，以求符合古代聖王統治天下的好風氣。但所謂「原道之心」，卻並非要拘泥一家之言，恪守某條陳規，爲具體事物所牽累而不能順應時勢的變化，而要兼採衆說和「與世推移」。這些都說明《呂氏春秋》和《淮南子》的「雜」，是「雜而有章」而非「漫無歸心」。

再看書中的具體內容。《呂氏春秋》和《淮南子》都是將「道」作為最高哲學範疇的。《呂氏春秋．大樂》說：「道也者至精者也，不可為形，不可為名，強為之（名），謂之太一。」〈圜道〉寫道：「一也者至貴，莫知其原，莫知其端，莫知其始，莫知其終，而萬物以為宗。」顯然，這個「太一」或「一」就是老子那個無形無名、無始無終的「道」的修訂版。《淮南子．原道訓》說：「夫道者，覆天載地，廓四方，柝八極，高不可際，深不可測，包裹天地，稟授無形……約而能張，幽而能明，弱而能強，柔而能剛，橫四維而含陰陽，紘宇宙而章三光……。」總之一句話，道是萬物之源，無所不能，但又不可捉摸。這也是老子之「道」的修訂版。在「無為」政治理論方面，二書都繼承和發揮了老莊「無為而無不為」的哲學命題，這從《呂氏春秋》的〈分職〉、〈圜道〉、〈君守〉諸篇、《淮南子》的〈原道訓〉、〈修務訓〉諸篇中可以看得很清楚。從二書在「道」論和「無為」理論方面與老莊哲學的一致，說明它們同屬道家。它們的雜採衆說，並非漫無宗旨的拼湊，而是力圖在道家思想基礎上，將各家之言納入一個思想體系之中。如果從雜採衆家之言這個意義上說它們是「雜家」，它們也應該是道家學派中的「雜家」。

其次，黃老之學的另一個重要特點，是由早期道家老莊之學的消極「無為」理論轉變為黃老道家的積極「無為」理論，適應了漢初緩和社會矛盾、恢復和發展經濟的要求。《老子》和《莊子》中雖然也有「無為」、「有為」、「無為而無不為」的話，但他們重點是講「無爲」，而不是強調「有爲」或「無不爲」。他們的「無爲」理論是消極避世哲學。黃老道家則不然。他們雖講無爲，但並不逃世，也不廻避現實社會的矛盾，並且更多地強調「有爲」、「無不爲」的重要性。《呂氏春秋．分職》等篇認爲君道無爲而臣道有爲，認爲人君處虛靜之位，「能執無爲，故能使衆爲」。《淮南子》所說的「無爲無不爲」，是「以虛無爲本，以因循爲用……有法無法，因時爲業；有度無度，因物與合」，是要做到「與時遷移，應物變化，立俗施事，無所不宜」，是一種因時制宜、待時而動的積極無爲思想。《黃老帛書》所主張的「無爲無不爲」理論，是要人們「應動靜之化」、「順四時之度」（〈經法．論〉），也即順應自然變化的規律而有所作爲，待時而動。〈十六經．姓爭〉章說：「作爭者凶，不爭亦毋（無）以成功。」又說：「靜作得時，天地與之；靜作失時，天地奪之。」就是說，雖然主動去「爭」有危險，但消極無爲地「不爭」也是不會成功的，因此，只要時機到了，就得去爭。如果適合時宜地行動，天地就能使他成功，如果錯過天時，不合時宜地行動，天地就會使他喪失成果。由此可見，黃老道家的「無爲」理論，不是消極的無所作爲，而是積極察看時機，待時而動，順應客觀形勢和自然規律的發展變化，從而做到有所作爲。

總之，在思想淵源和理論形態上雜採衆家的特點，以及在「無爲」理論方面對早期道家理論的改造和發展，是道家黃老之學的兩個主要特點。當然，黃老之學還有其它一些特點，例如比較注重討論實際的政治和人事，較少談論玄妙深奧的哲理等等。並且，黃老學派的各家著作由於時代、條件的不同，他們與早期道家各派的理論淵源關係也各有不同，因此又各具有自身的特點。這是一個複雜的問題，需要一一作出具體的分析和比較，本文就不詳論了。

二 黃老之學的歷史作用

道家黃老之學，一度成爲西漢初期對統治階級和整個社會影響最大的思想學說，它不但對漢代社會的發展，而且對古代思想史的發展都起了重要的促進作用。

(一) 促進了漢代社會的發展

黃老之學在漢初成了當時占統治地位的思想，究其根本原因，一是黃老之學適應了當時緩和社會矛盾、恢復和發展經濟的需要，二是黃老之學適應了漢初統治階級除秦弊政、積蓄力量以鞏固新王朝統治的需要。

戰國末期，人民長期遭受戰亂之苦，迫切需要和平與安寧。統一的秦王朝建立後，不但沒有給人民帶來休養生息的機會，反而嚴刑峻法、繁徭苛賦，實行極端專制主義的法家政策，結果大大加劇了社會矛盾。短暫的秦王朝很快就在農民起義的風暴中瓦解了。其後，又經歷三年激烈的楚漢戰爭，社會生產力遭到了嚴重破壞。正如《漢書·食貨志》所記載：「漢興，接秦之弊，諸侯並起，民失作業，而大饑饉。凡米石五千，人相食，死者過半。……天下既定，民亡（無）蓋藏，自天子不能具醇駟，而將相或乘牛車。」在這種形勢下，國家當務之急是恢復經濟、發展生產，人民急需休養生息、安居樂業。人心思定，是當時歷史發展的要求。而道家黃老之學的基本宗旨，就是主張「無爲而治」，主張「治道貴清靜而民自定」（《史記．曹相國世家》）；要求統治者「省苛事，節賦斂，毋奪民時」和「節用民力」（〈經法．君正〉），以及強調「應動靜之化」、「順四時之度」（〈經法．論〉）、「靜作得時」、「毋逆天道」（〈十六經．姓爭〉）等等。總之一句話，要求減輕人民負擔，統治者少加干涉。這就有利於緩和社會矛盾，使人民安定下來，發揮生產積極性，恢復和發展遭受嚴重破壞的社會經濟。這些基本主張既符合人民休養生息的願望，也適合統治階級鞏固統治的需要。所以，黃老之學就在這樣的時代條件下得到蓬勃發展。

另一方面，經過長期戰亂之後剛剛建立的西漢封建王朝，力量還非常薄弱，不但對內沒有足夠力量實行極端專制主義的高壓政策，而且對外也不能有效防禦北方匈奴族的侵擾。新王朝的統治者需要一個相對穩定的發展時期，以便逐步積蓄自己的力量。再者，人民經過長期戰亂，已經極端窮困，不可能提供很多財富供統治者享樂，只能實行較爲寬簡的政策，使人民安居樂業，力務稼穡，才能達到衣食滋殖，國富民足。在這種形勢下，統治階級很需要一種既有利於社會安定又有一定進取性的意識形態爲自己鞏固統治服務。當時的歷史已經表明，秦王朝實行的法家的極端專制主義政策導致了「二世而亡」，先秦儒家孔孟之流的學說又並不適合西漢新統治者的胃口，但他們又來不及建立一整套新型理論體系爲西漢新王朝服務。於是，具有兼採各家學說之「善」的特點的道家黃老之學也就應時而興。黃老之學的理論主張，既不像法家極端專制主義那樣「嚴而少恩」，又包含了維護君主專制的封建等級制度的內容；既不像儒家的「禮義」制度那樣「博而寡要」，又吸取了儒家的「愛民」、「德治」政策和「仁義禮智聖」之類的倫理觀念；既不像道家老莊之學那樣消極厭世，又吸取和發揮了他們的「無爲無不爲」理論。此外，它還吸收並進一步闡發了老子哲學中「知雄守雌」、「柔弱勝剛強」等戰略和策略思想，很符合漢初統治者積蓄力量、轉弱爲強的願望以及內外政策的需要。所以，黃老之學在漢初被奉爲官方哲學並非偶然，它是當時政治形勢發展的必然結果。

黃老之學既然在漢初應時而興，就必然對統治階級的內外政策產生重大影響。漢初幾位皇帝，從高祖直至竇太后干政時的武帝初年，在統治政策上都一反秦代苛政，採取了「霸、王道雜之」實即道、法、儒兼有的「黃老之術」，作爲制訂政策的理論依據。高祖即位以後，變更秦政，「約法省禁，輕田租，什五而稅一，量吏祿，度官用，以賦於民」（〈食貨志〉），採取了與民休息，減輕剝削的政策。惠帝、呂后時期，繼承高祖政策，實行與民休息、無爲而治，收到了良好效果。太史公贊揚說：「孝惠皇帝、高后之時，黎民得離戰爭之苦，君臣俱欲休息乎無爲。故惠帝垂拱，高后女主稱制，政不出房戶，天下晏然；刑罰罕用，罪人是希；民務稼穡，衣食滋殖。」（〈呂太后本紀〉）好黃老刑名之言的漢文帝卽位後，繼續執行漢初政策，寬刑簡政。《史記》記文帝「以示敦樸，爲天下先。治霸陵皆以瓦器，不得以金銀銅錫爲飾，不治墳，欲爲省，毋煩民。……專務以德化民，是以海內殷富，興於禮義。」（〈孝文本紀〉）說明漢文帝的政策不離黃老宗旨，也頗收成效。景帝時，雖有七國之亂，但平亂之後，「天下晏然，大安殷富」（〈太史公自序〉），這也得力於他繼續實行了黃老道家所主張的「無爲而治」、「與民休息」的基本政策。

正如一切事物無不具有二重性一樣，黃老之學的社會作用也有二重性：一方面，漢初實行黃老無爲政治的結果，促使了社會基本安定、經濟恢復發展、國家逐步富強、人民得到休養生息的政治局面的形成。另一方面，中央政權實行無爲政策，使地方諸侯王勢力乘機發展，乃至構成對中央政權的嚴重威脅；地方豪族勢力也在「無爲」政策掩護下大大膨脹起來，以至武斷鄉曲，侵漁百姓。隨著物質財富的增長，統治階級日益驕奢腐化。正如《漢書·食貨志》形容的，武帝初年，一面是繁榮治平，另一面卻是「罔疏而民富，役財驕溢，或至并兼豪黨之徒，以武斷於鄉曲；宗室有土，公卿大夫以下爭於奢侈，室廬車服僭上亡（無）限。物盛而衰，固其變也。」在經濟發展過程中件隨著社會矛盾的發展，在一片昇平景象下潛伏著危機和動亂。文帝時淮南王劉長的驕溢逾制，景帝時的吳楚七國之亂，武帝時淮南王劉安和衡山王劉賜圖謀與中央政權分庭抗禮，從某種意義上說是實行黃老無爲政治的消極結果。在統治階級力量日益強大和社會矛盾日益尖銳化的形勢下，統治階級必然要求不斷強化和集中權力，不可能長期安於「清靜無為」的自由放任狀態，於是，西漢初期一度盛行的黃老之學，到西漢中期也就隨著國家由弱到強的變化，走上了由盛而衰的道路，最後讓位於為漢武帝「有為」政治服務的董仲舒新儒學。

(二) 古代思想發展與轉變的中間環節

從對古代思想史發展的影響看，黃老之學起了由先秦諸子學向董仲舒代表的漢代儒學（或稱董仲舒新儒學）過渡的中間環節的作用。

先秦諸子之學產生於「百家爭鳴」的戰國時代。它的許多內容，成了黃老之學的理論來源並為後者繼承、改造和發展。例如，黃老之學吸取了早期道家（主要是老子）的「道」論以及「無為而無不為」、「柔弱勝剛強」等樸素辯證法思想，吸取了陰陽家的「陰陽刑德」理論，吸取了儒家的「愛民」、「德治」理論和「仁義禮智聖」的思孟學派道德五行說，吸取了墨家的「兼愛」、「尚賢」理論，還吸取了名家的「形名」理論和法家的「法治」理論，然後加以綜合性的改造，發展成為自具一格的新道家理論體系。

黃老之學雖然自具體系，其體系卻是比較粗糙、鬆散甚至雜亂的。它的哲學理論具有某種古代二元論的色彩，存在著體系與方法的矛盾；它的政治學說雖然反映了新興地主階級的利益和要求，但畢竟繼承了奴隸主階級政治思想的遺產，沒有明確反映出廢除奴隸制生產關係的歷史要求。由於其理論體系受到早期道家消極無爲思想的影響，黃老之學的「無爲無不爲」理論和「靜作得時」之類的有爲主張並不能滿足羽翼豐滿的西漢統治階級的欲望。因此，當西漢統治者強大到足以施展其「雄圖大略」時，黃老之學便喪失了思想統治地位，而讓位於董仲舒新儒學。

董仲舒的新儒學思想體系，並不是像有些學者理解的那樣，直接從早期儒家——孔子學說的基礎上發展而來的，而是經過黃老之學這一環節，吸取黃老之學的思想資料，「托孔改制」地借用了孔子學說的某些思想資料以及先秦諸子之學的其他資料，加以批判性的改造以後而建立起來的一整套內容比較完備的地主階級新型思想體系。

我們只要將董仲舒的哲學思想和政治學說與先秦儒家特別是孔子學說稍作比較分析，就可看出其間的巨大差別。例如，孔子是很少講「天道」、「天命」的，董仲舒卻系統地建立了以「天人感應」目的論爲核心的唯心主義哲學體系；孔子是維護奴隸制的，董仲舒卻主張「去奴婢，除專殺之威」；孔子的最高政治理想是恢復「周禮」，董仲舒卻主張「改制」、「更化」、「少損周之文致，用夏之忠」；孔子只提過「唯上智與下愚不移」，而董仲舒進一步將人性分爲三等，即所謂「聖人之性」、「斗筲之性」和「中民之性」……這些，可以看出董仲舒思想與孔子思想的本質差別。

然而，我們如將董仲舒的思想與黃老之學相比較，則幾乎在每一方面都可找到兩者相同或相似之處。例如，董仲舒的「天人感應」目的論和陰陽五行思想，可以從《呂氏春秋》的〈十二紀〉中找到思想淵源，也可在《黃老帛書》的〈十六經〉中找到理論種子；董仲舒的「陽尊陰卑」、「陽爲德、陰爲刑」、「天之任德不任刑」的理論是對〈十六經〉的「陰陽刑德」理論及〈稱〉篇「陰陽之大義」的繼承和發揮；董仲舒的「三綱」理論與帛書〈稱〉篇所說「主陽臣陰」、「父陽子陰」、「男陽女陰」的思想基本一致；董仲舒說：「爲人君者，居無爲之位，行不言之教，寂而無聲，靜而無形」（《春秋繁露．保位權》），主張君王「以無爲爲道，以不私爲寶」（《春秋繁露．離合根》），這些話簡直是人們熟知的道家語言的照搬；董仲舒的「省徭役，薄賦斂」、「省宮室、恤黎元」（同上書，〈五行變救〉）等政策主張與《黃老帛書》的「省苛事，節賦斂」等主張也很相近；董仲舒的「五行變救」理論可說是直接從《呂氏春秋》的〈十二紀〉中演化出來的。類似情況很多，不能一一列舉。這些說明董仲舒的思想與黃老之學的聯繫。但後人評價董仲舒時，往往只看他向漢武帝提出「抑黜百家，獨尊儒術」的建議，就認爲他直接繼承了孔子學說，是什麼「資質純良」的「純儒」，其實這是曲解。董仲舒是不純的漢儒，他的學說受到了道家黃老之學的直接影響，這有董仲舒和黃老之學的著作可證。

在對古代哲學史的影響方面，由於黃老哲學本身具有某種古代二元論傾向這一特點，因此它起了雙重的橋梁作用：一方面，它起了由道家唯心主義向王充唯物主義發展的橋梁作用；另方面，它又起了由先秦唯心主義的陰陽五行說向董仲舒「天人感應」目的論的唯心主義哲學轉變的橋梁作用。

先秦時期，以老莊爲代表的早期道家的哲學理論，屬於客觀唯心主義的理論體系。在老莊哲學中，作爲世界本原的「道」具有二重性。從根本上說，他們所論的「道」是類似於絕對原則的抽象觀念，但他們又賦予「道」以客觀規律的屬性，因而在其「道」論中又包含了一些唯物論的因素。經過黃老道家的改造和發揮，老莊之「道」的二重性特點更爲明顯，唯物論的成分更多了，使得黃老哲學具有了比較明顯的古代二元論色彩。例如《鶡冠子》，雖然還沒有完全擺脫老子唯心主義「道」論的束縛，但它在中國哲學史上，第一次提出了唯物主義的「元氣」範疇，並把物質的「元氣」而不是抽象觀念的「道」作爲世界本原去認識，降低了「道」作爲最高哲學範疇的地位。《黃老帛書》、《呂氏春秋》、《淮南子》在回答世界本原問題時，雖然沒有跳出老子客觀唯心主義「道」論的藩籬，但這些著作在闡發其「道」論時，更多地賦予它以客觀規律的屬性。尤其是作爲集道家思想之大成的《淮南子》，也同先秦古籍《管子》書中的道家著作一樣，把「氣」或「精氣」的範疇引進其宇宙觀中，認爲「道始於虛霩，虛霩生宇宙，宇宙生氣」（〈天文訓〉），並認爲由於氣的運動，變化出了天地、日月、萬物、人類。這一觀點，比起老子所謂「道生一，一生二，二生三，三生萬物」的渾沌說法要具體細緻得多了。

黃老哲學體系中所包含的某些唯物論的因素和萌芽，成了東漢傑出思想家王充的哲學唯物主義理論體系的重要思想資料。王充吸取了道家關於「道」具有「自然無爲」屬性的思想，繼承並發展了黃老哲學中關於「氣」、「精氣」、「元氣」的論述，從而創立了「元氣自然」論的唯物主義學說。王充對道家（包括黃老道家）是採取批判繼承態度的。他批評說：「道家論自然，不知引物事以驗其言行，故自然之說未見信也。」（《論衡・自然篇》）但他沒有數典忘祖，還是認爲自己的「元氣自然」論「雖違儒家之說，合黃老之義也」（同上）。由此可見，黃老道家的哲學理論，起了由道家唯心主義向王充唯物主義轉變的中間橋梁作用。這是具有積極意義的歷史作用。

另一方面，黃老之學在哲學史上的歷史作用，還表現在對董仲舒唯心主義哲學的影響上。在先秦，陰陽學說與五行學說是分家的，還沒有統一到一個完整的理論體系之中。五行學說又分爲物質五行說（卽水、火、土、木、金五種基本物質）和道德五行說（卽仁、義、禮、智、信五種道德倫理觀念）這兩個系統，它們之間起初也沒有有機地統一起來。黃老道家的著作，例如《黃老帛書》、《呂氏春秋》和《淮南子》，由於兼採各家學說加以改造後形成一個新的理論體系，所以已經透露出統一陰陽、五行理論的端倪。特別是《呂氏春秋・十二紀》和《淮南子・時則訓》，已開始將陰陽說和五行說揉爲一體，並表現出「天人感應」論的思想傾向。但黃老哲學體系還是比較粗糙和鬆散的，以後經過董仲舒的精心改造，終於將陰陽學說和五行學說統一到了「天人感應」目的論的哲學唯心主義體系中去。由此可見，黃老哲學在這方面起著從先秦陰陽、五行學說向董仲舒「天人感應」目的論轉變的中間橋梁作用。當然這方面的作用是比較消極的。

綜上所述，我們認爲道家黃老之學的歷史作用，雖然也有消極保守的一面，但其主流是積極進步的，應當給予歷史的肯定。這不僅因爲它對王充唯物主義哲學提供了重要思想資料，並對古代思想史的發展作出了有益貢獻，而且更重要的是，它在政治上基本上適應了漢初社會發展的需要，爲漢初統治者提供了變革秦政、興利除弊的理論武器，從而促進了歷史的發展和社會的進步。

（原載《浙江學刊》，一九八四年第三期）

關於黃老哲學的性質問題

——對《黃老帛書》和《淮南子》道、氣理論的剖析

學術界對黃老哲學性質的評價，存在著截然相反的兩種意見：一是認為黃老哲學屬於唯物主義的哲學體系❶；一是認為黃老哲學是客觀唯心主義的哲學體系❷。我們基本傾向後一種意見，但又不完全相同。現提出一孔之見，就教於專家學者。

一

對黃老哲學性質的分歧，首先在於對黃老哲學之「道」、「天地」、「氣」等範疇的性質分

❶ 以任繼愈先生主編的《中國哲學史》（一九七九年版，第二册）的觀點為代表。

❷ 以侯外廬先生主編的《中國思想史綱》（一九八一年版，上册）的觀點為代表。

析上。

任繼愈先生主編的《中國哲學史》第二册附錄〈漢初流行的黃老哲學〉一文說，《黃老帛書》中的「道」，「主要是指客觀的自然規律，有時被稱爲『天道』，作『天地』的同義語」；又說，《黃老帛書》「大量地把『道』作爲『天地』的同義語，當作自然規律來使用，與《老子》將『道』看成是『先天地生』的精神本體是根本不同的，表現了鮮明的唯物主義傾向。但是，有些論點卻仍然殘留了《老子》中的某些客觀唯心主義雜質」。

我們認爲，《黃老帛書》所論之「道」，雖然有時候指的就是「天道」或「天地之道」，但它絕非「天地」(自然界)的「同義語」。它在基本性質方面，同老子哲學的客觀唯心主義「道」論是一樣的，當然又有其自身的特點。

首先，《黃老帛書》所謂的「道」，是存在於虛無世界的觀念性本體，是產生世界萬物的「神明之原」。

〈經法・道法〉章說：

> 虛無刑(形)，其裻(寂)冥冥，萬物之所以生……故同出冥冥，或以死，或以生，或以敗，或以成。禍福同道，莫知其所從生。

〈經法・名理〉章說：

> 道者，神明之原也。……有物始生，建於地而洫（溢）於天，莫見其刑（形），大盈，冬（終）天地之間而莫知其名。

〈道原〉篇說：

> 恒無之初，迥同大（太）虛，虛同為一，恒一而止。……故無有刑（形），大迥無名，天弗能覆，地弗能載。

這裏所說的「冥冥」、「太虛」是「道」的原始境界；「無形」、「無名」是「道」的狀態；「神明之原」、「恒無之初」是「道」作爲世界本原的功能。在帛書作者看來，「道」本身是一種存在，但卻是沒有任何物質內容的「虛無」的存在。而客觀世界——天地萬物，人間社會，都是從冥冥之「道」產生出來的。可見，黃老哲學之「道」，並不是「天地」的同義語，也不等於就是「客觀的自然規律」，而是凌駕於客觀物質世界（包括天地萬物）之上的最高本原。這樣的本原，當然不會是眞實的物質存在，而只能是一種抽象觀念的化身。

其次，《黃老帛書》所謂的「道」，既是無時不在、無處不有的，又是高深莫測、不可認識的。

〈十六經・行守〉章說：

無刑（形）無名，先天地生，至今未成。

〈道原〉篇說：

盈四海之內，又包其外，在陰不腐，在陽不焦，……人皆以之，莫知其名；人皆用之，莫見其刑（形）……是故上道高而不可察也，深而不可則（測）也。

〈經法・道法〉章說：

絶而復屬，亡而復存，孰知其神？死而復生，以禍為福，孰知其極？

這都是講「道」的神妙作用和不可捉摸的性質。大意是說，「道」既無形狀，也無名稱，在天地未有之前已經存在，至今沒有圓滿形成。「道」充塞於四海之內，又包裹在四海之外，在暗處不會腐朽，在明處不會枯焦。人人都依傍著它，卻不知其名；人人都用得上它，卻不見其形。所以，「道」是高遠而不能細察，深奧而無法測知的。「道」的神妙作用在於：它似乎斷絕了卻又能接續起來，似乎消失了卻又重新出現。誰能知道它的神妙變化呢？它死亡了又轉化爲新生，把禍患當作福祐，誰能知道它變化的終極呢？

顯然，在帛書作者看來，道是萬能的，又是神秘不可知的。既然是「先天地生，至今未成」，那麼它就不是「天地」的同義語了。這樣的「道」，並不能引導人們正確認識客觀世界的規律，而只能把人們的認識引入不可知論的迷宮。

從以上兩點可以看出，《黃老帛書》的「道」，從其基本性質看，是屬於唯心主義的哲學範疇的。

然而，正如老子哲學之「道」具有二重性一樣，黃老哲學之「道」也具有明顯的二重性。在《黃老帛書》中，「道」雖然歸根結底是一種觀念性的本體（實質上是精神本體），但按照道家的辯證邏輯論述「道」的屬性和作用時，確是把「道」或具體的「天地之道」當作自然界的客觀規律的「同義語」的。

《經法．道法》章說：「見知之道，唯虛無有。虛無有，秋毫成之，必有形名。」這個「虛無有」，是指「道」的作用，是虛無中有爲。唯其「有爲」，卽客觀上起著作用，所以能「秋毫成之」，化生出有形有名的萬物來。

帛書作者在〈經法·國次〉章提出了「天地無私，四時不息」的命題。這一命題承認了天道的運行具有客觀必然性，如果不從黃老哲學的整個體系去把握，則它同荀況的「天行有常，不爲堯存，不爲桀亡」的唯物主義哲學命題幾乎沒有區別。然而我們應當看到，儘管這一命題本身包含了唯物主義的理論傾向，但帛書作者並沒有從這一命題出發走向唯物論，卻反而向唯心論倒退了。因爲它寫道：

天地無私，四時不息。天地立，聖人故載（則）。過極失當，天將降央（殃）。……故唯聖人能盡天極，能用天當。天地之道，不過三功。功成而不止，身危有央（殃）……陽竊者天奪其光，陰竊者土地芒（荒），土敝者天加之以兵。

這段話，道出了黃老哲學的矛盾性。一方面，它認爲「天道」公正無私，四時運轉不息，這顯然是把「天道」作爲不以人們意志爲轉移的自然規律去看，應當說具有唯物論傾向。但另一方面，它又認爲人事如果違背天道，天就要降下禍殃：不察陰陽之變，「天」就要懲罰人們，不僅會使統治者失去權位，使其土地荒蕪，還會把戰爭加於其上。這樣的「天」或「天道」，就不單純是客觀自然規律的同義語，而是被賦予了某種主觀的意志了。

綜上所述，《黃老帛書》的「道」論，從基本傾向說，仍然屬於客觀唯心主義的哲學理論。但從它認爲「道」又具有某種客觀必然性的意義上說，則反映了這一唯心主義哲學體系中還包含了一些唯物論的因素。似乎可以說，《黃老帛書》反映的哲學思想，是帶有古代二元論色彩的客觀唯心主義哲學。如果把它稱作唯物主義的哲學，則顯然是不恰當的。

二

那麼，《淮南子》所反映的黃老哲學，特別是它的「道」論和「氣」論，是否就是唯物主義哲學呢？我們試圖通過對其「道」論和「氣」論性質的分析提出一些看法。

「道」是老子哲學和黃老哲學的最高範疇，是道家之所以成爲道家的主要標誌。《淮南子》作爲道家黃老學派的著作，也同樣是把「道」作爲其最高範疇和理論核心的。

《淮南子．要略》在申述作者著書宗旨時說：

> 夫作為書論者，所以紀綱道德，經緯人事，上考之天，下揆之地，中通諸理。……故言道而不言事，則無以與世浮沉；言事而不言道，則無以與化游息。故著二十篇。

這表明，《淮南子》的作者是既要「言道」又要「言事」的。所謂「言道」，就是以「道」爲「紀」，「上考之天，下揆之地」，也就是把「道」作爲最根本性的東西，考察和研究天地(自然界)變化運動的規律；所謂「言事」，就是以「德」爲「綱」，「中通諸理」，也就是把「德」作爲治國綱領，具體掌握社會人事變化之「理」。在他們看來，如果單純言「道」而不通人事之「理」，就不能隨著變化了的世事而相應變化；但若只講具體的人事之理而不懂根本之「道」的奧妙哲理，也就不能順應自然界的變化規律而變通人事。可見，在《淮南子》哲學體系中，「道」是最根本的東西，而「德」(卽人事之「理」)是略次於「道」的東西。

《淮南子》哲學之「道」究竟是什麼東西？具有怎樣的性質和作用？

《原道訓》說：

> 夫道者，覆天載地，廓四方，柝八極，高不可際，深不可測，包裹天地，稟授無形，……植之而塞於天地，橫之而彌於四海，施之無窮而無所朝夕，舒之幎於六合，卷之不盈於一握。約而能張，幽而能明，弱而能强，柔而能剛，橫四維而含陰陽，紘宇宙而章三光。

《道應訓》也說：

道之可以弱，可以强；可以柔，可以剛；可以陰，可以陽；可以窈，可以明；可以包裹天地，可以應待無方。

這些話的中心意思，是講「道」是一種客觀的、絕對的「存在」，無所不能，主宰一切；可以任意變化，使人高深莫測。這種「無所朝夕」、高深莫測，無法認識的道，只是作者想像中的抽象的存在，是觀念形態的絕對「法則」罷了。如〈齊俗訓〉所說「往古來今謂之宙，四方上下謂之宇，道在其間而莫知其所」，即認爲「道」是存在於宇宙之間而又無法把握的抽象法則。這實際上是講了「道」的神秘不可知性。對這一屬性，〈道應訓〉講得很明白：

道不可聞，聞而非也；道不可見，見而非也；道不可言，言而非也。孰知形之不形者乎？故《老子》曰：「天下皆知善之為善，斯不善矣！」故知者不言，言者不知也。

這樣的「道」，同《老子》所謂「道，可道也，非恒道也。名，可名也，非恒名也」，以及「視之而弗見」，「聽之而弗聞」、「捪之而弗得」❸一類說法基本一致。因此我們認爲，《淮南

❸ 引自《馬王堆漢墓帛書〔壹〕・老子・道篇》。以下《老子》引文同此。不另注。

子》哲學的「道」論，同《老子》的「道」論一樣，都屬於客觀唯心主義的哲學理論。

然而，在《淮南子》的哲學體系中，特別是在其宇宙生成論中，「道」儘管是一個最高、最重要的範疇，卻並不是唯一的範疇。它的宇宙生成論，比起老子所謂「道生一，一生二，二生三，三生萬物」的宇宙生成論要複雜和進步得多。這種進步，主要表現在它繼承和發展了《管子．內業》篇、《呂氏春秋》、《鶡冠子》等道家著作中關於「氣」、「精氣」、「元氣」的理論觀點，把物質性的「氣」的範疇引進了它的宇宙生成論中。《精神訓》說：

> 古未有天地之時，惟象無形，窈窈冥冥，芒芠漠閔，澒濛鴻洞，莫知其門。有二神混生，經天營地（高誘注：二神，陰陽之神也。混生，俱生也。），孔乎莫知其所終極，滔乎莫知其所止息。於是乃別為陰陽，離為八極，剛柔相成，萬物乃形。煩氣為蟲，精氣為人。

這是說，「道」在未生天地之前，處在渾渾沌沌、無形無物的狀態。後來在「道」的支配下，出現了「經天營地」的陰陽「二神」。在天地形成之後，整個宇宙就分別出陰陽二氣，在陰陽二氣相互作用下，萬物就有了具體的物質形態。濁渾之氣變爲蟲豸，精淸之氣化爲人類。我們可以將這段話表達的宇宙生成論，畫出一個示意圖：

道→陰陽二神→天地→陰陽二氣→萬物、蟲、人

在這裏，「道」和「二神」，都還不是指實有的物質存在，而只能是抽象觀念形態的「存在」。而在「二神混生，經天營地」之後，就產生了化生萬物的物質之氣了。〈天文訓〉的宇宙生成論則更精緻。它說：

道始於虛霩，虛霩生宇宙，宇宙生氣（莊逵吉按：《太平御覽》作「宇宙生元氣」），氣有涯垠，清陽者薄靡而為天，重濁者凝滯而為地。清妙之合專易，重濁之凝竭難，故天先成而地後定。天地之襲精（高誘注：襲，合也。精，氣也。）為陰陽，陰陽之專精為四時，四時之散精為萬物，積陽之熱氣生火，火氣之精者為日；積陰之寒氣為水，水氣之精者為月；日、月之淫（氣）為精者，為星辰。

為了有助於理解該篇所述的這個複雜而精緻的宇宙生成論，我們也畫出兩個示意圖。

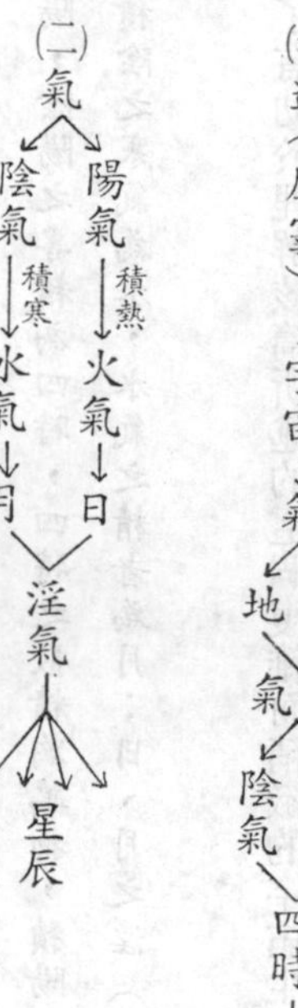

從圖㈠可以看出：「道」是產生宇宙萬物的最終本原，「氣」是由「道」派生的；從圖㈠和圖㈡又可看到，由「道」派生的「氣」又是構成物質世界（天、地、日、月、星辰、萬物）的基本元素，是具體的物質之氣，物質世界是「氣」運動變化（分合）的產物。這就表明，《淮南子》的宇宙生成論比它以前的道家著作中的宇宙生成論要細緻具體得多了。按現代科學的標準去衡量，《淮南子》關於「氣」的理論概括並不科學，但從古代哲學的歷史發展邏輯去看，它是從早期道家的客觀唯心主義「道」論最終向王充的唯物主義「元氣自然」論轉化的一個重要環節。在王充唯物主義哲學體系中，「道」不再具有世界本原的意義，而「氣」（即「元氣」）則取代了道家哲學之「道」的地位而成為構成整個物質世界的基本物質元素。王充提出的「天地，含氣之自然也」、「天地合氣，萬物自生」、「萬物之生，皆稟元氣」、「物之變，隨氣也」等觀點，顯然是受到《鶡冠子》、《淮南子》等黃老學著作的啟發的，所以他不諱言自己的學說「雖違儒家之說，合黃老之義也」❹。

由上可見，《淮南子》的哲學從總體上說屬於客觀唯心主義的理論。但不可否認，在這一唯心主義的理論體系中是包含著唯物主義的理論成分的。特別是作爲其世界觀的宇宙生成論，「道」和「氣」的關係雖然是本原和派生的關係，但二者在構成物質世界的運動變化過程中，又都具有「本原」的意義，它們是其整個宇宙生成論中不可或缺的「本原」。

因此，我們認爲，《淮南子》的宇宙生成論，同《黃老帛書》的自然觀一樣，是帶有古代二元論性質的客觀唯心主義哲學體系。把黃老哲學僅僅概括爲唯心主義的「道」一元論或唯物主義的「氣」一元論的觀點，並不能眞實地反映黃老哲學性質的全貌。

（原載《學術月刊》，一九八四年第八期）

❹ 見王充，《論衡》之〈談天篇〉、〈自然篇〉、〈言毒篇〉、〈無形篇〉。

論《呂氏春秋》爲道家黃老學之著作

——兼駁雜家說

秦始皇當政之初，統一全國之前，相國呂不韋指示其門客「人人著所論，集論以爲〈八覽〉、〈六論〉、〈十二紀〉」，從而編成一部名爲《呂氏春秋》（簡稱《呂覽》）的書。今存《呂氏春秋》二十六卷，一百六十篇，是東漢學者高誘的注解本。

過去對於此書，大多數人沿襲劉歆《七略》和班固《漢書．藝文志》所謂「雜家」之說。今人也有謂之爲儒家或陰陽家著作的。筆者不同意這些看法，而認定它是戰國末期道家黃老學派形成時期的黃老學著作。現作辨正，並述其宗旨，以就教方家。

一 「雜家」說質疑

爲什麼說《呂氏春秋》不是「雜家」而是道家黃老學派的理論著作呢？最根本的一點，在於

《呂氏春秋》是「雜而有章」、自成體系，有一個明確的主導思想的。

「雜家」之名，蓋由劉向首創、劉歆闡明、最後由班固記錄在史。《漢書・藝文志》說：

雜家者流，蓋出於議官，兼儒、墨，合名、法，知國體之有此，見王治之無不貫，此其所長也。及蕩者為之，則漫羨而無所歸心。

且不說雜家「出於議官」之說不能成立，僅就其對雜家理論特點的概括來看，也不適用於《呂氏春秋》。

首先，《漢書・藝文志》所謂雜家之「雜」，是「兼儒、墨，合名、法」，但並沒有說明它以那家思想爲主去「兼」去「合」。而「兼」者「合」者，無所選擇、兼容並包之謂也。實際上，在劉歆、班固看來，不只是雜家中的「蕩者」在理論上「漫羨而無所歸心」，而且包括所有雜家都是「無所歸心」的。這也就是後代的人們往往曲解《呂氏春秋》、《淮南子》等書的緣由之所在。黃老道家則不然。它的理論在形式上看也是「雜」的，但卻是以道家理論（主要是老子學說）爲基礎，雜採先秦各家學說之「長」而構成自己的理論體系的。也就是說，是有選擇有批判地吸取各家的主要理論主張，並非不加區別的兼容並包。按照司馬談的說法，道家「因陰陽之大順，採儒、墨之善，撮名、法之要，與時遷移，應物變化，立俗施事，無所不宜」。這是道家黃老之學的一個基本特點。

如果我們拿《呂氏春秋》與《漢書・藝文志》所謂的雜家之「雜」及司馬談所說的道家之「雜」對比一番，可以明顯看出，《呂氏春秋》之「雜」屬於後者而非前者。例如，《呂氏春秋》吸取了陰陽家的「五德終始」說以及「春生夏長，秋收冬藏」的四時「教令」，也受到陰陽家「天人感應」思想的影響，但並不像鄒衍之流講得那樣荒誕不經，使人「拘而多畏」；它吸取了儒家的「民本」思想、「德治」主張，以及仁、義、孝、忠、信等倫理觀念和教育思想，但對儒家那套「博而寡要」的繁瑣禮儀制度不但不加吸取，而且有所批評；它吸取了墨家的「尚賢」、「兼愛」、「非攻」、「貴義」、「節葬」一類主張，但並未採取墨家迷信鬼神的思想主張；它吸取了法家「因時變法」、「尊君卑臣」、重視耕戰的主張，但對法家「嚴刑峻法」的極端專制主義卻加以批評；它吸取了名辯家的「正名實」、「審名分」的思想主張，但對其詭辯的危害卻加以揭露批評。這都說明，《呂氏春秋》對先秦主要學派陰陽、儒、墨、名、法各家的「雜採」是有所選擇而並非無原則的兼容並包。

其次，《呂氏春秋》的理論體系，並非如《漢書・藝文志》說的「無所歸心」，而是有其明確的主導思想的。這就是道家的「道」論及其「無為無不為」的理論。

該書〈序意〉論寫作宗旨時說：

維秦八年……良人請問〈十二紀〉，文信侯曰：嘗得學黃帝之所以誨顓頊矣！爰有大圜在上，大矩在下，汝能法之，為民父母。蓋聞古之清世，是法天地。凡〈十二紀〉者，所以紀治亂存亡也，所以知壽夭吉凶也。上揆之天，下驗之地，中審之人。若此，則是非、可不可無所遁矣。

這篇序文表明：《呂氏春秋》的主編呂不韋，是要學「黃帝」治國之道，也卽假托黃帝以立說。他之所以主編〈十二紀〉，是爲了「紀治亂存亡，知壽夭吉凶」，也就是說，爲了總結歷史上國家治亂存亡的經驗教訓，了解人生壽夭吉凶的變化情況，以更好地維護和鞏固本階級的統治。

假托黃帝等「古聖人」立言，正是初期黃老之學的一個特點。《黃老帛書》就塑造了一個執道行法、兼併天下的理想君主——黃帝的形象，《鶡冠子》則設計了一個完美社會制度的代表者「成鳩氏」的形象。《呂氏春秋》中搜集的古聖王故事最多，有伏羲氏、神農氏、黃帝……等等，但講得最多並且奉爲精神領袖的還是黃帝。如〈孟春紀・貴公〉引管仲對桓公言，講隰朋「醜不若黃帝」，〈離俗覽・上德〉說「以德以義，不賞而民勸，不罰而邪止，此神農、黃帝之政也」；〈孝行覽・本味〉說「故黃帝立四面，堯舜得伯陽、續耳然後成」。又如〈有始覽・應同〉在講了以黃帝土德爲開端的「五德終始」說之後，又引黃帝之言曰「芒芒昧昧，因天之威，與元同氣」。顯然，這裏的黃帝言論，是道家之言。黃帝的形象，也是道家的理想聖人形象。由此可以看到，呂不韋要學的「黃帝誨顓頊」之「道」，正是經過改造並吸收了其他各家主張的道家學說。

序文還表明，《呂氏春秋》整個理論的基礎，是「法天地」的道家「自然無爲」哲學。序文說：「爰有大圜在上，大矩在下，汝能法之，爲民父母。蓋聞古之清世，是法天地。」這裏的「大圜」指天，「大矩」指地。能夠效法天地的人，才能擔當民之父母（統治者）之職能。古代聖人治理下的「清世」，是效法天地變化的自然之理的。這其實是《老子》「人法地，地法天，天法道，道法自然」及「聖人法天」思想的翻版。序文又說：「天曰順，順維生；地曰固，固維寧；人曰信，信維聽。三者咸當，無爲而行。行也者，行其理也」。這聽來很像是《黃老帛書》中的語言（參見〈經法〉的〈論約〉、〈四度〉等章），只不過帛書講得零散而〈序意〉講得集中罷了。這裏所說的「天順」、「地固」、「人信」，是指以人道順應天地自然界四時變化的穩固寧靜之「理」，三者協調了，就能實行「無爲」而治。所謂「無爲而行」，也就是效法天道的「無爲」，遵行自然之理的意思。這些思想主張，都是從早期道家理論中發揮出來的，再次說明了呂不韋所謂的「黃帝誨顓頊」之「道」，是以道家自然無爲理論爲基礎的。

高誘的〈呂氏春秋序〉指出，《呂氏春秋》「以道德爲標的，以無爲爲綱紀」，這正反映了該書的主導思想是以道家的基本理論爲基礎。而稱其「以忠義爲品式，以公方爲檢格，與孟軻、孫卿、淮南、揚雄相表裏」，則又反映了該書兼採衆家之言以鑄新說的理論特點。

《呂氏春秋・用衆》說：「善學者假人之長以補其短，故假人者遂有天下。」又說：「天下無粹白之狐而有粹白之裘，取之衆白也。夫取於衆，此三皇五帝之所以大立功名也。」《呂氏春秋》的主編者，卽試圖取衆家之長以補道家之短，造出一張學術思想上的「粹白之裘」，以像三皇五帝那樣大立功名於後世。這張「粹白之裘」，也就是雜採衆家之長而建立的道家黃老之學的理論體系，它是貫穿全書的主導思想。

二　從主要哲學範疇看其道家傾向

《呂氏春秋》的哲學思想，集中表現在它對「道」、「一」、「太一」、「精氣」等哲學範疇的論說上，而這些範疇正是從道家著作中來的。例如，「道」與「一」，是《老子》提出的，「太一」是《莊子・天下》提出的，「精氣」則首見於《管子・內業》。《呂氏春秋》繼承了這些範疇，並且著重改造和發展了「太一」說和「精氣」說。

《呂氏春秋》中的「道」，有時又稱爲「一」或「太一」，它們之間並沒有層次上的高低之分，都是作爲淩駕於物質世界之上的絕對原則出現的。如〈圜道〉說：「一也者至貴，莫知其原，莫知其端，莫知其始，莫知其終，而萬物以爲宗。」

在〈論人〉中，呂氏學派對「一」作了較多的論述。它說：

> 知精則知神，知神之謂得一。凡彼萬形，得一後成。故知一，則應物變化，闊大淵深，不可測也。……故知知一，則復歸於樸。……故知知一，則可動作當務，與時周旋，不可極也。……故知知一，則若天地然，則何事之不勝，何物之不應。

這個「一」，也就是生天地、成萬物、無所不能、高深莫測的「道」。「知一」即「知道」，「得一」即「得道」。

有時候，《呂氏春秋》又用「太一」的概念去說明「道」。〈大樂〉說：

> 道也者，視之不見，聽之不聞，不可為狀。有知不見之見、不聞之聞、無狀之狀者，則幾於知之矣。道也者，至精也，不可為形，不可為名，強為之〔名〕，謂之太一。

這一段話，完全是《老子·道篇》思想的闡述。所不同的是，《老子》之「道」，強爲之名曰「大」；而《呂氏春秋》之「道」，已受到了《易傳》思想的影響，吸收了「易有太極，是生兩儀」(〈繫辭上〉)的思想，以《老子》之「道」(「大」)揉合了《易傳》的「太極」，使得「太一」成爲「大」與「太極」的混血兒。但其母體，還是老子哲學之「道」。

〈大樂〉對「太一」的性質與作用論述甚詳。它說：

太一出兩儀，兩儀出陰陽。陰陽變化，一上一下，合而成章。渾渾沌沌，離則復合，合則復離，是謂天常。天地車輪，終則復始，極則復反，莫不咸當。日月星辰，或疾或徐，日月不同，以盡其行。四時代興，或暑或寒，或長或短，或柔或剛。萬物所出，造於太一，化於陰陽。

這可以說是《呂氏春秋》宇宙觀的集中概括。這裏的「太一」，也就是「道」；「兩儀」，當指天地；「陰陽」即指陰氣、陽氣。整個自然界(即物質世界)都是從「太一」(即「道」)中產生出來的。「太一」是造就天地、日月、星辰、萬物的最終本原，而「萬物」的合離聚散，則是陰陽二氣變化的結果。顯然，在《呂氏春秋》的宇宙生成論中，「太一」是先於物質世界而存在的最終本原，儘管它不是「神」，也不是「上帝」，但也不是物質存在，而是某種抽象的存在，即觀念上的「客觀存在」。這樣的說法，雖然比《老子》所謂「道生一，一生二，二生三，三生萬物」，在思維形式上要複雜一些，但畢竟還是從老子哲學中脫胎而來的。

有人認爲，《呂氏春秋》所說的「道」、「一」、「太一」，指的就是「精氣」，並以「精氣一上一下，圜周復雜(匝)，無所稽留，故曰天道圜」(〈圜道〉)作爲論據。我認爲，這種見解是不能成立的。所謂「精氣一上一下」這句話，是講「精氣」充盈於天地之間，循環運動，從而化生萬物。這是「道」的運動規律在起作用的表現，所以說，天道的運動是循環往復的。這裏的「精氣」雖然是指極細微的物質之氣(相當於陰陽之氣，又不完全等同於「陰陽」)，卻並不等於「天道」，更不能等同於「道」。應當看到，在《呂氏春秋》的哲學術語中，「道」是最高範疇，「天道」是同「地道」、「人道」對應的範疇，充其量只是「道」的外化，是用以說明「道」在自然界的屬性和表現的。而陰陽、精氣又都是「道」的派生物。

《呂氏春秋》的「精氣」說，主要反映在〈季春紀〉的幾篇說解辭中，除上引〈圜道〉一段話之外，還有〈盡數〉、〈先己〉的幾段話。〈盡數〉說：「天生陰陽，寒暑燥濕，四時之化，萬物之變，莫不爲利，莫不爲害。……故凡養生莫若知本，知本，則疾無由至矣。精氣之集也，必有入也。集於羽鳥歟？爲飛揚……集於聖人歟？爲敻明。」〈先己〉也說：「精氣日新，邪氣盡去，及其天年，此之謂眞人。」這裏的精氣，明明是指「養生」之本，而不是「天地」、「陰陽」之「本」。當然它就不等於「道」了。「精氣」與「道」之間的關係是：「道」生天地，天(地)生陰陽，陰陽化而爲精氣，精氣集而成萬物，精氣集於「聖人」，「聖人」就很聰明。因此，《呂氏春秋》所講的最終本原是「道」而不是「精氣」，人們是不應當將它所說的「精氣」

與「道」等量齊觀的。當然，《呂氏春秋》的「精氣」說，在中國哲學發展史上並不是毫無意義的。它的意義在於，它進一步將屬於稷下道家著作的《管子．內業》所提出的「精氣」說闡發得更加明確、系統化，同與它同時代的黃老學派著作《鶡冠子》所提出的「元氣」論一起，架起了一條從難以捉摸、神秘萬能的「道」通向有形有名、可見可識的「萬物」之間的哲學橋梁，從而為東漢時代的王充建立比較系統嚴密的「元氣自然」論哲學提供了重要的思想資料。

從以上分析，我們可以看到，《呂氏春秋》中作為最高哲學範疇的「道」或「一」或「太一」，實際是老、莊之「道」的同義語，只不過其內涵較之老、莊更加豐富、充實，並吸收了《易傳》的「太極」論和「陰陽」說。它的「精氣」說，也主要是從早期道家著作中發展出來的。因此，《呂氏春秋》的哲學傾向，仍然屬於道家而非儒家或陰陽家，也不是「漫羨而無所歸心」的「雜家」。

三　「無為」政治思想的黃老學特徵

《呂氏春秋》編寫者所建立的政治學說體系，適應著戰國末期所出現的國家統一、思想合流的歷史趨勢，在道家「無為而無不為」的根本思想指導下，有選擇、有批判地吸取了先秦陰陽家、儒家、墨家、名家、法家等學派的政治思想主張，構築了一個黃老新道家的政治學說體系。

《呂氏春秋》政治思想的主要內容是什麼？

（一）主張以「義兵」統一天下

老子對用兵是持消極態度的，他主張「以道佐人主，不以兵強天下」，認為「兵者非君子之器也，兵者不祥之器也」（《老子・道篇》）。黃老學則不然，它雖然受到老學消極「不爭」的一些影響，但卻對這種「不爭」進行了改造。例如《黃老帛書》就認為「作爭者凶，不爭者亦無以成功」、「今天下大爭，時至矣，后（君）能慎毋爭乎？」表現了以武力爭天下的積極傾向。《呂氏春秋》也是這樣，在「天下大爭」的戰國末期，提出了「古聖王有義兵而無偃兵」的主張。它認為，戰爭這個東西，從有生民以來就已經產生了，「未有蚩尤之時，民固剝林木以戰矣，勝者為長。長則猶不足以治之，故立君。君又不足治之，故立天子。天子之立也出於君，君之立也出於長，長之立也出於爭。」（《呂氏春秋・蕩兵》）當然，這樣的戰爭起源觀也許並不正確，但它看到了古代社會中「爭」的普遍性和絕對性，則與《老子》不同。怎麼「爭」呢？《呂氏春秋》主張以「義兵」去爭，認為「義兵」是拯救天下的「良藥」。它說：「兵誠義，以誅暴君而振苦民。民之說（悅）也，若孝子之見慈親也。」（《呂氏春秋・蕩兵》）它堅決反對那種消極的「禁兵」、「偃兵」之說，認為「夫攻伐之事，未有不攻無道而罰不義也。攻無道而伐不義，則福莫大焉，黔首利莫厚焉。禁之者，是息有道而伐有義也。」（《呂氏春秋・振亂》）所以，它認爲「攻無道而伐不義」是正義的，有利於化民，而籠統主張「禁兵」則是非正義的。在它看來，施行「攻伐」也好，「救守」也好，可不可行的唯一標準，就看戰爭是否正義，「兵苟義，攻伐亦可，救守亦可；兵不義，攻伐不可，救守不可。」（《呂氏春秋·禁塞》）它說，「義兵」的任務，就是「將以誅不當爲君者也，以除民之仇而順天之道也。」作爲統治者的「君主」，如能用「義兵」去施行征伐，就必然能使人民歸服，統一天下。

《呂氏春秋》的「義兵」理論，顯然是吸取了儒家荀況的「仁義之兵」的主張。荀況生當戰國末世，他看到了秦將以武力統一天下的大勢，認爲秦「四世有勝，非幸也，數也」。但他是批評秦國過分迷信暴力而不行「仁義」的，認爲齊軍的作戰技巧和魏軍的勇武兵卒固然敵不過「秦之銳士」。但「秦之銳士」比起齊桓、晉文的善於節制以及商湯、周武的「仁義之兵」來又略遜一等了。《呂氏春秋》的作者身處秦國將要一統天下之際，也覺得光靠武力不能使天下人民歸服，所以強調以「義兵」去攻伐「無道」、「不義」之君，以使人民「歸之若流水」、「望之若父母」。儘管其主張後來並沒有貫徹到秦始皇統一全國的實踐中去，但秦王朝很快滅亡的歷史教訓卻證明了《呂氏春秋》作者的政治遠見。

(二)「以民爲本」、「重農務耕」的政策主張

《呂氏春秋》的作者，是懂得民心向背對於統治者奪取政權和鞏固統治的利害關係的，所

以，從總結歷史上國家治亂興亡的經驗教訓中，提出了「順應民心」、「以民爲本」、「重農務耕」、「不奪民時」等一系列比較切合時宜的政策主張。〈順民〉說：

先王先順民心，故功名成。夫以德得民心以立大功名者，上世多有之矣。失民心而立功名者，未之曾有也。……故凡舉事，必先審民心，然後可舉。

這裏講了順應民心的重要。爲什麼先王舉事必先審民心呢？因爲人民是立國的根本。《呂氏春秋》多次強調了「民本」思想。〈務本〉說：

安危榮辱之本在於主，主之本在於宗廟，宗廟之本在於民，民之治亂在於有司。

〈愛士〉說：

人主其胡可以無務行德愛人乎？行德愛人，則民親其上，民親其上，則皆樂為其君死矣。

這些「以民爲本」的思想主張，實際上都是從儒家那裏接受來的，是儒家孔子的「仁者愛人」、孟子的「民為貴」思想以及「仁政」、「德治」一類政治主張的發揮。「宗廟之本在於民」，那麼「民」之本在於什麼？《呂氏春秋》認為，在於「務農」、「務耕織」。〈上農〉說：

古先聖王之所以導其民者，先務於農。民農非徒為地利也，貴其志也。民農則樸，樸則易用，易用則邊境安、主位尊。民農則重，重則少私義，少私義則公法立，力專一。民農則其產復（厚），其產復則重徙，重徙則死其處而無二慮。民舍本而事末則不令……是故丈夫不織而衣，婦人不耕而食。男女貿功以長生。此聖人之制也。

這裏雖然是講「古先聖王」之制度，但實際上是「托古改制」，反映了作者設計的未來社會的藍圖和統治者應實行的政策。這一政策，就是以農為本的政策。作者認為，只有使人民致力於農耕，使農民緊緊依附於土地上，產業不斷增多，不輕易遷徙他鄉而安於男耕女織的生活，人民才會變得純樸易用，服從統治者的號令。這樣，就會做到「邊境安，主位尊」、「公法立」，統治也就穩固了。

在「以農為本」思想指導下，《呂氏春秋》的作者一再強調了「審時」、「因時」、「無奪民時」的重要性。（參見〈上農〉、〈任地〉、〈辯土〉、〈審時〉諸篇，恕不詳引。）

有人說，《呂氏春秋》的〈上農〉以下四篇著作係戰國宗本「神農之言」的「農家」著作。我認為這種看法是片面的。因為所謂「農家」，在先秦本不足以獨立成為一個學派，儒家、法家等學派也有許多談論農事與治亂關係的主張或著作。《呂氏春秋》上述「重農務耕」思想，其實主要是吸收了儒家孟軻的「不奪民時」及法家商鞅的「重本抑末」一類思想主張，而溶入了黃老道家「因時制宜」的理論體系之中。

(三) 君道「無為而無不為」的思想

「無為而無不為」，是早期道家所提出的哲學命題，而為黃老道家所強調。將這一命題運用於政治人事就是所謂「君無為而臣無不為」的思想，它是《呂氏春秋》政治學說的理論基礎。《呂氏春秋》是從最高的「道」的「虛靜無為」原則出發去論證「君道」的。〈君守〉說：「得道者必靜，靜者無知，知及無知，可以言君道也。……天之大靜，既靜而又寧，可以為天下正。」只有懂得「道」的「虛靜」原理的人，才有資格談君道，才可以充當天下人的官長。《呂氏春秋》中有許多篇章都論證了「君道無為而無不為」的道理。僅舉數例：

〈先己〉說：

故反（返）其道而身善矣；行義則人善矣；樂備君道而百官已治矣，萬民已利矣。三者之成也，在於無為。

〈任數〉說：

古之王者其所為少，其所因多，因者君術也，為者臣道也。為則擾矣，因則靜矣。因冬為寒，因夏為暑，君奚事焉？故曰：君道無知無為，而賢於有知有為，則得之矣。

〈分職〉說：

夫君也者，處虛素服而無智，故能使衆智也；智反（返）無能，故能使衆能也；能執無為，故能使衆為也。無智、無能、無為，此君之所執也。

〈有度〉說：

> 先王不能盡知，執一而萬物治。使人不能執一者，物感（惑）之也。……正則靜，靜則清明，清明則虛，虛則無為而無不為也。

這些話的中心意思，就是講最高統治者的君主，應處在虛靜無爲的地位，而讓臣民各守其職，各盡其能。表面看來似乎是無所作爲，實際上是有所作爲，叫做「君無爲而臣有爲」、「無爲而無不爲」。這正是道家的辯證邏輯，是「道」的理論在政治上的運用。

由上可見，《呂氏春秋》政治學說的理論基礎，是早期道家的「虛靜無爲」理論。但它的「無爲」理論，並不像老、莊哲學那樣消極，而是像《黃老帛書》的「無爲」理論一樣具有積極的傾向。之所以會有性質的不同，從理論來源說，是由於它吸取了儒、墨、名、法各家學說之長，並改造和豐富了道家自身的理論體系。例如〈察今〉論述了賢主「因時變治」的思想，就是吸取了商鞅等法家的「變法」主張；〈當染〉引用「墨子見染素絲者而嘆」的故事說明治國也像染絲一樣，染於賢者「故王天下，立爲天子」，染於佞者「故國殘身死，爲天下僇」，是對儒、墨「尚賢」、「任賢」思想的吸取；〈用民〉說：「凡用民，太上以義，其次以賞罰」，又說：「威不可無有，而不足專恃……必有所托然後可行。」又說：「君利勢也，次官也。處次官，執利勢，不可而不察於此。夫不禁而禁者，其唯深見此論邪！」〈適威〉說：「故禮煩則不莊，業煩則無功，令苛則不聽，禁多則不行。桀紂之禁不可勝數，故民困而身爲戮，極也，不能用威適也。」表現了批判性地吸取儒、法思想的傾向。再如《呂氏春秋》論述的「審名定分」、「執一不二」、「貴生重己」、「貴公去私」、「因勢愼小」、「處靜、任德、執要」等等政治哲學理論，都反映了該書作者企圖批判地吸取先秦各家思想以建立新道家理論體系的思想傾向。從這方面看，《呂氏春秋》所反映的道家黃老之學，確是具有折衷傾向，但這樣的折衷傾向卻正是學術思想發展歷史中必然會出現而且是很有價值的。唯一值得批評的是，《呂氏春秋》在裁取衆狐之白以製粹白之裘的主觀努力中，儘管取得了一定成功，製成了一張近白之裘，卻未能做到粹白無瑕。它的理論，還不夠精緻嚴密，還有許多拼湊混雜的痕跡。它之被後人誤作雜家，也不是毫無根據、憑空揑造的。

（原載香港《法言》，一九九〇年第二期）

道家道教異同論

同華人文化傳統乃至現實生活有密切聯繫的，不僅有儒家思想與佛教，而且有道家思想與道教。但今人往往容易將道家與道教混爲一談，故有必要論其異同，作出區別。

道家與道教之最基本的區別在於：道家是一個學術派別，而道教是一種宗教。

中國古代所謂「諸子百家」，其實主要是陰陽、儒、墨、名、法、道六家。六家中又以儒、墨、道、法最重要。道家作爲六家之一，形成於春秋戰國之際的社會大變革之中；其創始人姓老名聃，俗稱老子；其第一部經典是《老子》，原名《上下篇》，後稱《道德經》。關於老子其人與《老子》其書的時代，歷來爭論不休：或主春秋說，或主戰國說，或主人在春秋、書在戰國說。我認爲戰國說較有道理，卽老子生在孔子之後、孟子之前的戰國早期，《老子》的作者是老聃。但不管有多大分歧，有一點是肯定的，卽後人講老子思想並把老子當作道家創始人的主要依據是《老子》這部書。

道家學派形成於戰國初期，到漢武帝「罷黜百家，獨尊儒術」以後漸趨衰落。中間出現許多派、許多家，但基本上可分爲早期道家學派和後期黃老學派兩大派，前者貫串了整個戰國時代，後者則形成於戰國末期而興盛於西漢初期。早期道家著作有《老子》、《莊子》、《列子》、《關尹子》等，黃老學著作有《鶡冠子》、《文子》、《黃老帛書》、《淮南子》等。《史記・太史公自序》記載的司馬談〈論六家要指〉文中所說的「道家」或「道德家」，從思想特點說，主要是指黃老學派而非老莊等早期道家❶。

道教是中國土生土長的宗教，形成於東漢後期。雖然其教義與道家哲學有聯繫，但它不是直接從道家學派發展而來的，而是淵源於古代流行的巫術和神仙方士。道教創始人是張道陵，於東漢順帝時首創「五斗米道」，尊老子爲教主，稱「太上老君」，以《道德經》爲主要經典，稱《老子五千文》。同時，又有所謂「太平道」，其創教人一說是于吉、一說是張角。張角借行醫秘密組織農民，發動了黃巾起義，失敗後，「太平道」也被禁止。太平道的經典叫《太平經》，又稱《太平青頌書》，是第一部眞正的道教經典。

「五斗米道」在東晉末期演變爲「天師道」，至宋末元初演變爲正一道、全眞道。明代中期以後道教漸趨衰落，但民間一直有流傳。近代又有「天仙道」、「一貫道」等派別。

道教實際上是多神教，它除尊「太上老君」老子爲教主外，後來又同時並尊「元始天尊」、

❶ 關於道家學派的起源，演變及各家各派的思想特點諸問題，請參閱拙著《黃老之學通論》一書，本文恕不評論。

「靈寶天尊」、「道德天尊」爲教主。從黃帝、老子、莊子到張道陵、關雲長、呂洞賓等傳說人物或歷史人物都成了道教尊奉的神仙。

道教的經典可以分爲兩類：一類是假借古代道家著作和神仙方士之書爲道經，如《道德眞經》、《南華眞經》（卽《莊子》）等；另一類是東漢以後的道士自撰或改編的道經，如《太平經》、《抱朴子》、《周易參同契》、《玉皇經》、《靈飛經》等，內容龐雜，難以盡舉。

道家與道教雖然都很尊重老子、莊子及其著作，但前者所尊，是作爲思想家的「人」和作爲哲學家著作的「書」，而後者所尊，則是作爲教主的「神」和作爲修煉教材的「經」。這中間就顯示了哲學與宗教的分野。

道家與道教的另一點異同是，它們都以《老子》的「道」論作爲理論指南或信仰基礎，但在其「道」論的具體內容和基本性質上，卻又有著根本性的區別。

在道家那裏，「道」是「先天地而生」並產生和主宰天地萬物的至高無上的法則。它無名無形、難以捉摸、不可言說，所謂「道可道，非常道」、「玄之又玄，衆妙之門」，因而有一定神秘性。但道家之「道」的主要特性，是「自然無爲」性，如《老子》所說「道法自然」、「獨立而不改，周行而不殆」、「無爲而無以爲」、「侯王若能守之，萬物將自化」等等，是說「道」是不以人們意志爲轉移的客觀規律，它運行無窮不息，在自然無爲中化生出天地萬物。因此，道家之「道」並不是上帝或鬼神，而是客觀存在的自然力量。

而道教的「道」論，卻是老莊玄妙之道與《易經》陰陽之道，黃老之學的元氣論，讖緯神學的「天人感應論」等理論的混合體，像個大拼盤，實無一貫之體系。其基本特點，是宣揚「道」的神秘性，賦予「元氣」以永恒生命性質，並由此而引出煉氣化形、得道成仙的宗教修養理論。

在修道、修身方面，道家與道教有同也有異。如老子主張「絕聖棄知」，主張通過「爲道」而做到清心寡欲，從而達到自然無爲境界。老子也講「長生」，但與後來道教所謂「長生」大不一樣。他不是要「人」通過修道而長生不死做神仙，而是講「道」不生不死，或說天地長生，所謂「天地所以能長且久者，以其不自生，故能長生」。所以，整部《老子》書，只有「執道」的「聖人」，而沒有成仙的「眞人」。莊子與老子稍有不同，他一方面講道的永恒性，另一方面又塑造了作爲道之化身的長生不死的「眞人」或「神人」。如講黃帝「修身千二百歲矣，吾形未嘗衰」，就是神仙了。但這樣的「神仙」是通過潛修默識而體道、悟道的「眞人」，而非道教所說的通過導引化氣，服食仙藥而長生不老的神仙。

而道教的「修養」論，則主張通過煉精化形、性命雙修，以得長生不死，羽化登仙之「道」。其理論雖與道家的《莊子》、《淮南子》有一定淵源，但主要來自於秦漢間的神仙方術。如道教內丹派強調修養「聖胎」，外丹派強調「服食燒煉」之法，都與道家修養論根本不同。

道家與道教的第三點異同是在政治觀、歷史觀方面。二者雖然都有厭惡人生、廻避現實社會矛盾的「出世」傾向，但道家的主要傾向是「入世」的，而道教則是「出世」主義。

如老子嚮往「小國寡民」，莊子美化「至德之世」，都立足於救治現實社會的弊端，只是救治的方法是「無為不爭」，未免消極。而黃老學派更強調「待時而動」，用逐步積蓄力量的「柔弱」手法達到戰勝「剛強」的目的。故道家是要用「道治」理想因應歷史變化，是「入世」的。而道教的神仙王國只是宗教幻想，脫離現實生活。它特別強調的是個人的修煉和得道成仙，表現了強烈的出世傾向。這也是道教不能吸引羣衆、日益衰落的原因之一。

還有一點區別是，道家哲學基本是無神論，因而與世俗迷信聯繫較少；而道教則是有神論宗教，設想了一整套神仙系統，如三天尊、三十六洞天、七十二福地等，還有許多清規戒律和忌諱迷信，所以與世俗迷信關係密切。如煉丹術、招魂術以及占卜問卦、符籙治病、扶乩問鬼等，都與道教方術有關。雖然，道教方術中並非沒有一點符合科學的因素（如煉丹術曾有助於中國化學的發展，陰陽五行說和服食導引術有助於中醫發展），但總的說來是迷信成分多，科學因素少。在現代生活中，我們應當使科學擺脫迷信，而不應當讓迷信束縛科學。

（原載新加坡《聯合早報》，一九八九年一月一日、八日）

略評《帛書老子注譯與研究》

隨著長沙馬王堆漢墓帛書《老子》甲、乙本及其卷前卷後古佚書的出土和發表，學術界對於《老子》的校注和老子思想的研究，大大推進了一步。繼吉林人民出版社出版了張松如先生的《老子校讀》以後，現在又由浙江人民出版社出版了許抗生先生的新著——《帛書老子注譯與研究》（以下簡稱許注本）。這是《老子》研究中一項富有特色的新成果。

許注本的特點之一，是以帛書甲、乙本爲藍本，參考諸本，擇善而從。它基本上恢復了《老子》漢抄本的原貌，同時也避免了帛書本抄寫中的衍、脫、誤、漏之弊，有利於研究者了解《老子》古本的原型和演變。

我們過去熟悉的《老子》河上公注本、王弼注本和傅奕古本，都是比較嚴格的韻文詩，但帛書《老子》抄本卻有許多「也」、「矣」、「呵」、「而」一類句尾語氣詞和句中連詞，其體裁近於散文詩，這就證明《老子》的成書有一個歷史演變過程。魏晉以來的通行本是經過後人修改加工而成，甚至《韓非子》的〈解老〉、〈喻老〉和《淮南子·原道訓》中所引老子之言，也未免後人刀斧。因此，我們現在研究《老子》，應當主要依據帛書抄本及其校訂本，其他諸本只能作爲參考輔助之用。並且，《老子》上、下篇的名稱，也應當像許注本那樣稱爲〈德篇〉和〈道篇〉，而不應沿襲舊稱叫〈道經〉、〈德經〉而總稱《道德經》了。

許注本的特點之二，是有注釋、有譯文。注釋簡明扼要，避免了煩瑣考證；譯文通俗易懂，不使用晦澀詞語。今譯的方法，重在意譯而非硬譯。這樣做的長處，能夠較好地把握住老子哲學思想的內涵，有利於初學者理解老子的哲理。例如〈德篇〉「道生一」章（河上本四十二章），經作者意譯之後，就使老子關於「道」與「一」、「二」、「三」的關係以及一、二、三的哲學含義，明白揭示於讀者面前。然而意譯也有其短，容易滲入譯者的主觀認識，如不注意避免臆測，就可能曲解原意。例如〈德篇〉中「與物反矣，乃至大順」句（許注本頁四五），作者譯爲「它與萬物相反，然而它卻能最大地順應自然」，看來是通的，實際是誤譯，這個「反」，只能譯爲「回復」，同「返」。意譯爲「相反」，就違背原意了。但從全書看，許注本各章譯文，還是比較準確而且成功的。

許注本的特點之三，是注譯和研究的有機結合。作者在老子思想的研究方面，不落前人蹊徑，敢發前人之未見。例如，關於老子其人和《老子》一書的時代，歷來衆說紛紜、莫衷一是。作者在前人研究的基礎上，補充了自己的新論據和新見解。他從春秋戰國時代稅制的產生與發展、從「萬乘之王」出現的時代特點等方面，肯定了「《老子》成書於戰國中期，《老子》的作者是戰國中期的一位老子，他建立了道家思想體系，是道家學派的眞正創始人」的結論。這一結論否定了把老子其人和《老子》書割裂開來的見解，比較符合歷史實際。尤其是作者對老子哲學思想的「二重性」、「矛盾性」的認識和論證，頗有獨到精闢之見，值得老子研究者的重視。而對於老子在整個中國哲學史上的地位和影響，作者作了系統的分析、探討和評價，有些地方雖不免受到陳說的影響（如沿襲了《管子》的〈心術〉等四篇爲「稷下的黃老學著作」的說法），但從整個分析看，它對深入探討中國哲學發展的特點和規律，是有促進作用的。

上述三個特點，也是許注本優長所在。然而，該書也有某些值得商榷的問題。

(一) 校注方面的問題

如〈德篇〉校訂本的「上德無爲而無不爲」句（許注本頁五），帛書甲本原文是「上德無□□無以爲也」（殘「爲而」二字），乙本原文是「上德無爲而無以爲也」。許注本據《韓非子·解老》和傅奕本將「無以爲」改爲「無不爲」，並解釋了改動的理由。筆者認爲，這一改動是值得斟酌再三的。「無以爲」和「無不爲」含義大不相同，究竟此句用「以」還是用「不」，關係到全章的訓釋，也是治老學者一樁學術疑案。在帛書本出土以前，就有不同的版本和訓釋，今傳《韓非子·解老》和傅奕本此句均作「無不爲」，而王弼本、河上公本、景龍碑本此句均作「無以爲」。今人高亨、馬敍倫先生以「不」爲是，而朱謙之先生以「以」爲是。我認爲，帛書本此句作「上德無爲而無以爲」是對的，於義亦通。據《康熙字典》和《辭源》、《辭海》，「以」可訓爲「用」、「因」、「依」。此句之「以」，似乎訓「用」訓「因」皆可。則「無以爲」當釋爲「無用爲之」或「無所因而爲之」，意卽無需主觀人爲而完全聽憑自然。這樣解釋，似乎更符合老子的消極無爲思想傾向。而「無不爲」，則應釋爲「無不能爲」，它不僅有聽憑自然之意，而且包含了某種主觀目的和主觀能動作用，這是不大符合老子思想傾向的，倒應該是後起的道家黃老學派的思想，因爲黃老之學改造了老子的消極無爲思想，而發展爲積極的「無爲而無不爲」的思想。

再如〈道篇〉校訂本的「自是者不章，自見者不明」和「不自是故章，不自見故明」（見許注本頁九七、九八）兩句話，帛書甲本原文分別是「自視不章，□見者不明」、「不□視故明，不自見故章」（二句均殘一「自」字），乙本原文分別是「自視者不章，自見者不明」、「不自視故章，不自見也故明」。許注本均據通行本校訂帛書本，將「視」改爲「是」，注云「『視』應作『是』，音近而誤」，進而將「自是」譯爲「自以爲是」，這也是値得商榷的。我認爲其實不誤。根據帛書本可知，視與見相應，章（彰）與明對稱，上下兩句文意相近而思想一致。「自視」應釋爲「自己看自己」，而非「自以爲是」。如改「視」爲「是」，義雖可通，卻曲解了原意。這也是帛書本優於通行本之一例。

(二) 統一體例方面的問題

許注本基本上改正了帛書本的錯別字、異體字，但有的地方未作改正，致使體例上不很統一。如頁七二「浴神不死」句，「浴」應改爲「谷」；頁二三「物刑之」、頁六七「長短之相刑也」二句，「刑」應改爲「形」；頁三七「治大國」句、頁七五「愛民治國」句，甲本雖缺文，但據甲本體例，「國」應改爲「邦」。諸如此類，不必盡舉，建議再版時連同印刷中的誤脫文字一併改正。

許抗生先生的新著，雖有不完善和可商榷的地方，但瑕不掩瑜，仍不失爲一本頗有價值的學術專著。它既可資專家研究參考之用，亦可作青年入門必讀之書。

（原載《光明日報》「哲學」副刊，一九八三年一月十日）

（二）統一體例方面的問題

許注本基本上改正了帛書本的錯別字、異體字，但有的地方未作改正，致使體例上不統一。如頁七二「浴神不死」句，「浴」應改為「谷」；頁一二一「谷之」、頁六七「浴之」相通也」句，「刑」應改為「形」；頁三七「治大國」句、頁九五「愛民治國」句，甲本殘缺文、但據甲本體例，「國」應改為「邦」。請加斟酌，不必遷就。建議再版時連同印刷中的錯誤文字一併改正。

許抗生先生的新著，雖有不完善和可商榷的地方，但瑕不掩瑜，仍不失為一本頗有價值的學術專著。它既可資專家研究參考之用，亦可作青年入門必讀之書。

（原載《光明日報》「哲學」副刊，一九八三年一月十日）

道家思想研究中的一流成果

——評崔大華著《莊學研究》

自八十年代至今，在中國哲學和中國傳統思想文化研究領域，人們對莊子與莊學的研究發生了強烈的興趣並給予高度的重視，研究者從考據學、史學、哲學、倫理學、美學、文學、語言學、政治學乃至自然科學等等不同的角度，周密地考辨莊子其人的時代與事跡、《莊子》其書的特點及內外雜篇的時代、歸屬以及莊子後學的學派劃分等問題，深入地探索莊子及其後學之學說（統稱「莊學」）的理論結構、哲學範疇、思維方式、人生目標、生活情趣的特色與內涵，並以之與道家諸子、先秦諸子、儒釋道諸派乃至西方哲學大師的思想（如尼采的唯意志論、薩特的存在主義）作比較研究，從而使莊學研究呈現了前所未有的生動活潑、多姿多彩景象，並湧現出了一批內容充實、水平較高的優秀學術論著，例如，張恒壽的《莊子新探》（湖北人民出版社，一九八三年版）、劉笑敢的《莊子哲學及其演變》（中國社會科學出版社，一九八八年版）、陳鼓應的《莊子今註今譯》（中華書局，一九八三年版）和《老莊新論》（上海古籍出版社，一九九二年版）等專著，便是其中有代表性的佳作；而崔大華的兩部專著——《莊子歧解》（中州古籍出版社，一九八八年版，五十七萬字）和《莊學研究》（人民出版社，一九九二年十一月版，四十四萬字），則堪稱這批佳作中的力作。我認爲，就研究的深度和廣度而言，近十年來國內學術界對莊子與莊學的研究，實在可以說是超過了對老子與老學的研究的。本文擬對崔著《莊學研究》作一簡略的評介，並就其中一兩個問題提出討論，求教於著者和讀者。

一

《史記・老子韓非列傳》中的「莊子傳」雖不像「老子傳」那樣撲朔迷離，而且可與《莊子》書中所述莊子生平事跡互相印證，但畢竟語焉不詳，述而不全，而傳世的《莊子》一書又非原本，而是裁定於魏晉郭象之手，所以仍然爲後人留下了許多疑問和爭論。爭論較多而且較有意義的問題是莊周「嘗爲蒙漆園吏」、莊子與孟子及楊朱的關係，特別是《莊子》三十三篇的作者歸屬與學派傾向問題。

《莊學研究》引證了大量的歷史文獻和文物考古資料，並運用嚴密的邏輯論證和思想分析，對有關莊子其人其書的上述疑問作了令人信服的考辨。著者徵引《睡虎地秦墓竹簡・秦律雜抄》

中有關「漆園、嗇夫」的記載，以及《左傳》等書關於「嗇夫」一職的記載，《尚書》、《詩經》以及《莊子》本書有關漆樹栽培、漆的生產管理的記載，考定莊子確實「是一位熟悉當時的手工生產、曾任宋國管理漆園種植和漆器製作的吏嗇夫」，從而排除了以往研究者的某些猜測想像之辭。著者又據文獻資料對前人的考證作了精到的辨析，得出了莊子與孟子生活年代大體同時而互不相知的結論，並否定了所謂「莊周卽楊朱」、「莊周卽子莫」之類似是而非的說法。尤其可貴的是，著者通過對《莊子》書中有關莊子貧窮、清高、交友、誨徒等事跡的鈎稽，揭示出形成莊子性格和思想特色的生動背景，使讀者頗有身臨其境之感，可見歷史事實的考辨也並非一件枯燥無味的事。

有關《莊子》各篇的作者歸屬及其眞僞問題，是歷代學者爭議最多，也是治莊學者第一個必須解決的問題。否則，其莊學研究便無所適從、不知所云。而如果學者對這個問題的判斷取捨是錯誤的，則他的研究不是南轅北轍式的遠離目標，便是海市蜃樓式的虛無飄渺了。可喜可敬的是，《莊學研究》的著者是一位既有深厚理論素養又有廣博歷史知識的嚴謹學者，他在本書上編用了一大半篇幅詳盡綿密地考辨了這個必須弄清的首要問題。著者首先考述了《莊子》一書從古本到今本的歷史演變過程，並且分析比較了散見於各種古籍並由晚近諸家輯佚補遺而不見於今本三十三篇的佚篇佚文的邏輯性與眞實程度，指出：「據司馬遷說，莊子著書十餘萬言，而今本《莊子》不及七萬字，可見被刊落和被郭象删削的《莊子》佚文是相當可觀的」，這些佚文「大都是一些片段的歷史故事和粗糙的博物知識……可能正是被郭象視爲是迂誕、鄙背的蕪雜材料而刪削的。但現在看來，它們仍具有珍貴的學術價值」，而從佚文的內容駁雜、記聞廣泛、所反映的年代推測，又可證明古本《莊子》（五十二篇）絕不是成於一人之手，也非成於一時，其中「有些篇章可能是莊子死後多年才由莊子後學創作出來」（引文見《莊學研究》，頁五〇、五一、五二，以下只注頁碼）。顯然，這一結論是順理成章的。

那麼，今本《莊子》三十三篇（內篇七，外篇十五，雜篇十一）的成書時代和作者歸屬是否有所區分、應當怎樣區分、區分的標準是否合理呢？歷來對這些問題的看法也是見仁見智，衆說紛紜。崔著在前人研究基礎上，對其中重要而且關鍵的資料和見解作了客觀的辨析和細緻的梳理，從而得出了比較符合實際的解釋和結論。

首先，著者考證了《莊子》內、外、雜各篇篇名的形成歷史，以可靠證據否定了所謂「今本《莊子》內外雜篇之名，定於郭象」的傳統偏見，而提出了著者自己的「先有內、外篇之分然後有外、雜篇之分」的「兩階段分篇」說。著者根據漢今文經學家劉向曾經校理《莊子》以及《莊子》內七篇篇名特色與緯書篇目風格相似、內蘊相通的事實，推斷「《莊子》內篇篇名最有可能是劉向在校理《莊子》時擬制的」（頁六〇），又根據唐陸德明的《經典釋文．序錄》等資料，推斷《莊子》「由外篇中分出雜篇的劃分，是在魏晉時期由司馬彪開始、郭象完成的」（同上）。

其次，著者從評介歷代治莊學者所論劃分內外雜篇的標準入手，進而系統討論了《莊子》各篇的作者歸屬和成書先後（包括所謂「眞僞」）問題。著者基本上同意「《莊子》內篇屬於莊周本人著作，外雜篇則係莊子後學所著」、「《莊子》是先秦莊子學派的著述彙集」的見解，但作了重要的補證，特別是用列表比較形式從思想觀念的邏輯發展與演變論證《莊子》內篇與外雜篇在思想演變中的源與流、寫作年代上的先與後的關係，指出「《莊子》內篇所反映的思想，特別是人生哲學思想，是莊子思想的核心部分，是莊子本人的思想，是莊學之源……《莊子》外雜篇中超出內篇核心思想之外的思想觀念，是莊子後學在他家思想影響下變異了、發展了的莊子思想，是莊學之流。由《莊子》內篇到外雜篇，構成了莊子學派在先秦的歷史發展，表現爲在理論內容上向莊子核心思想以外的範圍擴展和吸收儒、法思想的折衷傾向」（頁八九）。應當說，這一論斷是很精闢的。

再次，著者特別將《莊子》雜篇中的〈說劍〉、〈天下〉二篇提出來單獨討論，因爲這二篇（主要是〈天下〉）在以往疑問最多，分歧也最大。關於〈說劍〉，著者不同意錢穆指其爲莊辛著作的看法，而認爲是莊子後學模擬戰國策士之文。關於〈天下〉，著者從思想觀念的異同比較中，確認它「不可能是莊子自著」，而是「莊子後學中受到儒家思想影響較多的人所作；而且，其寫成可能在《莊子》諸篇之後」（頁九九、一〇三）。

總之，《莊學研究》的著者在有關莊子其人其書的考辨方面是持之以故、深見功力的，而且大多言之成理、令人信服。當然，也並非毫無可議可商之處。例如，著者僅據〈黃氏日抄〉中一段話和莊子性格有「清高孤傲」這一面，就否定莊子拒聘爲相這件事並批評司馬遷「錯把寓言當史實」（頁一四），這未免有證據不足之嫌，我倒是寧可信其有的。又如《莊子》各篇篇名問題，倘如著者所考，內外篇之分始於劉向，內篇之名也定於劉向而且與當時的讖緯思想有關，那麼，我們便有理由提出如下質疑：劉向在校理《莊子》時，爲什麼不爲統一體例起見也依讖緯思想爲外篇定名呢？我認爲崔君此說是值得商榷的。從《史記》「莊子傳」所舉〈漁夫〉等篇名可知，古本《莊子》至遲在司馬遷以前已有篇名了，今本《莊子》的篇名應當主要來自古本，而改訂於劉向、最終確定於郭象之手，其內篇名稱與漢代讖緯思想恐怕也無多大關係。但這是需要深入考辨的問題，在此不擬贅言。

二

但考辨只是莊學研究的起點，還算不上是登堂入室。作爲莊學研究，最主要的是對莊子思想本身及其影響的理論分析。而崔著《莊學研究》的主體部分也是最精采、最有價值的部分，正在於該書〈中編——莊子思想述評〉和〈下編——莊子思想與中國歷代思潮〉部分，在這裏，顯示了著者深厚的理論修養和精闢的理論創見。

本書在評述莊子思想體系及其歷史影響時，提出了許多前人未論或論之不詳的理論見解，舉其重要者大抵有四：

第一，認爲莊子的自然哲學「主要是由構成萬物基始的『氣』、萬物生成和存在形式的『化』以及宇宙根源的『道』三個範疇組成」（頁一〇五）。著者指出，在莊子的自然觀中，「氣」是彌漫宇宙的普遍的存在，是「虛無」的顯現，又是萬物的基始；「氣」在具體事物的存在狀態中的顯現是多樣的（如「天氣」、「地氣」、「人氣」等等），但都可以歸結爲陰陽的對立與合成；「通天下一氣耳」——這就是莊子對世界統一性的理解。而莊子哲學的「化」，是指宇宙萬物的運動變化，「化」的動因是「自化」；這個「自化」觀點的理論意義，不僅在於否定了宇宙事物的運動有一個推動者的存在，而且在於它與儒家「爲仁由己」的觀點一起，「共同築成了中國傳統思想中防範宗教的、主宰世界的神或上帝觀念越入的觀念屏障」（頁一一八）。應當說，這一見解是很深刻的。

在討論了莊子的「氣」、「化」範疇之後，著者重點地、細緻地分析了「道」範疇在莊子哲學中的多種涵義、功能和地位，確認它在莊子自然哲學中是作爲宇宙最後根源而在其人生哲學中是作爲最高境界的核心觀念或具有本體論意義的最高哲學範疇，並把莊子的「道」放在中國哲學和世界哲學的大背景下分析其思想史意義。這是一種視野廣濶、具有開拓性意義的理論研究。

第二，在評述莊子人生哲學的內容、結構和意義時，著者精闢地指出，莊子基於對種種人生困境（自然的死生之限、社會的時命之限、自我的情慾之限）的洞察，而追求理想人格的精神境界——絕對自由的精神狀態，從而建立起獨特的自由觀；莊子所追求的「自由」是對人生困境的超脫，是在「精神上無任何負累」的「情態自由」，這種「情態自由」主要是指「個人的無負累的心境狀態、或逍遙自在的心情感受」；莊子的「情態自由」觀儘管有認識的局限並缺乏現實的基礎，且與近代西方哲學家闡述的「意志自由」、「理性自由」不可同日而語，但「畢竟表明他發現了作為必然性的具體形態的人生困境，提出了一種超脫方法，描述了一種自由的心境或情態」；這在中國哲學中，標誌著「一種人的自我覺醒，一種重要的精神覺醒……因此，莊子對自由的理想應該被視為中國文化中的進步現象」（頁一六五）。著者如此高度地評價莊子「自由」觀的歷史意義，是頗具理論勇氣的。它同某些論著的嚴厲批判乃至全盤否定形成了鮮明的對照，而表明了著者理性思維的深刻。

第三，在莊子認識論研究中，某些哲學史教科書或論文著作往往摘引《莊子》的片言隻語而武斷地批判莊子的「相對主義認識論」和「神秘主義體道論」。但本書著者卻能完全擺脫傳統評價的束縛，而給予莊子相對主義認識論以及莊子認識論中那些被誤以為非理性的、神秘主義的觀念、範疇以理性的解釋。本書第六章逐一地從三個層面（具體事物：感知的相對性；天理固然：理性觀念的確定性；道：理性直覺的整體性）細緻地剖析了莊子的認識論結構。著者指出，在莊子認識論的第一個層面上，作為認知對象的具體事物是通過感覺認知的，它既具有感性的實在性又具有表象的相對性，由此引起的困惑則採取相對主義的方法予以消解；第二層面上的「理」（或「天理」、「固然」、「常然」），則是具有確定性的一類事物所共同的內在秩序或規律，它是通過歸納推理、理性思辨被抽象出來的；第三層面上的「道」，是一種關於世界總體或本質的理性觀念，而所謂「聞道」、「體道」或「守道」，非指對世界總體或本質的感性認知或理性思辨，而是一種「在理性認識基礎之上的以實踐體驗爲本質內容的理性直覺」（頁三〇二、三〇三、三九二）。對莊子認識論作這樣的理解，儘管還不免存在某些難解之處，但卻是一種可貴的嘗試，是一種透過莊子哲學語言撲朔迷離的表象以揭示其合理內核的方法。

第四，本書下編〈莊子思想與中國歷代思潮〉對莊子思想如何影響並滲透於從先秦到近現代的中國儒墨道佛思潮問題作了宏觀的鳥瞰和微觀的考察，其中討論最詳細最有新意的是莊學與儒學、莊學與佛教天台、華嚴、南禪三宗的關係問題。

關於莊學與儒學的關係，前人多有論及，但缺乏系統周密的學術考察。本書則系統考察了莊學與先秦儒學、漢代經學、魏晉玄學、宋明理學、現代新儒學的關係。著者在批駁了從韓愈到郭沫若所謂「莊子之學出於儒（子夏或顏淵）」的觀點後指出，莊子思想在本質上是與先秦儒學對立的，「莊子先前的儒家思想、隱者觀點只是構成了莊子思想的觀念背景（指對儒家思想資料的借用和對儒學某些範疇的對立性改造）而不是理論淵源」，但莊子後學的思想卻「受到儒家思想影響而具有折衷的色彩」（頁三六四），而在莊子之後，儒家的荀子在批判莊子「蔽於天而不知人」的同時，卻「接受了莊子自然哲學的基本觀念」而形成「迴異於其他先秦儒者的自然觀」（頁三六七），「儒家思想在《易傳》、《禮記》中所發生的精神境界的昇華（倫理道德的形上追求），是在莊子思想影響下發生的」（頁三七四）。莊學對漢代經學的影響，一方面表現在「他的某些思想觀念滲透進了今文經學家的『大義微言』中」，另一方面表現在「《莊子》中豐富的博物歷史材料常爲經學家的『章句訓詁』所援用」（頁四一七）。莊學對於魏晉玄學和士風的影響，明顯地反映在玄學家對有與無、生與死、言與意、名教與自然等主題與範疇的辯論中，著者的研究結論是：儘管玄學在本質上不是莊學而是一種儒學思潮，但它「深深地烙印著莊子思想的痕跡」（頁四二九），魏晉名士的「放達」作風既有與莊子的自由精神一致相通的一面，又有深深紮根於儒家「名教」土壤的一面，它表現了玄學具有「引進道家莊子思想以補充儒學的某種缺弱」的特色（頁四五六）。著者又從宋明理學的宇宙圖景（如張載的「太虛」說，周敦頤、朱熹的「無極而太極」說）、理論主題（如本體與工夫問題、天理人欲問題）方面考察莊子思想對宋明理學的影響與滲透，並列舉宋明理學家批評、援用莊子思想的具體表現，論證了莊學在使傳統儒學理論體系更趨成熟、高深的過程中的作用。至於莊子思想對現代新儒學思潮的影響，著者主要是通過對其思想代表——馮友蘭的「新理學」體系和熊十力的「新唯識論」體系——的範疇涵義分析中實現的，著者認爲，「熊十力新唯識論的『本體』（或稱『獨體』）觀念實際上孕育於莊子思想之中」、「與莊子『道』的觀念完全吻合」（頁五七四），而馮友蘭「新理學」體系中「所充盈著的對世界本體的追求，與莊子思想有十分密切的觀念聯繫」，例如，「在新理學中，對於『道體』的『流行』和『大全』的『一切有』性質，馮友蘭也正是援引《莊子》中的語言和思想來加以說明的」（頁五七七）；並且，馮氏用以界定和說明「最高人生境界」的主要觀念也來源於《莊子》（頁五七九）。

著者在詳細研究和具體分析《莊子》與莊學在佛教中國化過程中的中介作用和借鑒作用之後，作了一個很重要的結論。他認爲，在佛學作爲一種從印度傳入的異質文化在中國思想文化土壤裏生根、發芽、結果的過程中，「從最初的概念、觀念取同，到進一步的思想觀念的釋義，和最後的具有中國特色的佛學思想的創造，莊子思想都起了主要的作用。這是中國文化和思想對異質文化和思想的消化、改造能力的具體表現。莊子思想所具有的這種能力，此後在理解、吸收近代逐漸傳入的西方文化和思想中又一次卓越地表現出來」（頁五三七）。我想，這個結論不僅對於我們深入研究莊學有很大的啓示作用，而且對於我們從更廣濶的角度考察中國文化與異質文化的關係，也有普遍的方法論意義。

然而，當我們高度評價《莊學研究》對莊子及其後學思想的精確把握和理論創見時，不能不就書中一個重要的而且實際已成爲著者理論研究前提之一的觀點提出一點異議請著者作進一步思考與研究（限於篇幅和本文體例，在此不擬詳細討論或具體商榷）。這就是老子之學與莊子之學的形成時代（或曰發生次序）及其關係問題。實際上，在老子（卽老聃）其人的時代問題上，筆者與本書著者的觀點是一致的，都認定老聃是晚於孔子百年左右而早於莊子的戰國早期人，或即《史記·老子韓非列傳》中的太史儋。但在《老子》其書問題上，我們的觀點略有分歧。筆者認爲《老子》爲老聃所著，人書不能分開（參見拙著《黃老之學通論》第二章，浙江人民出版社，一九八五年版），而本書著者則認爲「老聃其人確實在莊周之前，但《老子》其書則可能在《莊子》中的早期篇章（指內篇）之後，後期篇章（指外雜篇）之前」（頁一三一），「《莊子》內篇可能先於《老子》一書」（頁三九四）。其根據主要有三：一是內篇中的莊子思想「完全是離開《老子》而獨立地、甚至是在《老子》之先形成」，而外、雜篇中「《老子》的語言和思想烙印則每每可見」，二是對於「道」之類範疇觀念的表述，內篇比較模糊而表象，《老子》比較清晰而抽象，三是內篇沒有稱引《老子》之言，外雜篇則多所稱引（參見頁三九一～三九五）。筆者所要獻疑的是：(1)人們用以斷定老聃之爲道家的最可靠、最主要的證據是《老子》書中之言，如果將其人其書的時代分開，則何以肯定老聃之爲道家？《老子》的著者又是誰呢？(2)如果肯定老聃死於莊周之前，《莊子》內篇又係莊周本人所著並寫成於《老子》之前，則除非另找老聃之外的《老子》著者，否則在老、莊其人其書的時代問題上豈非前後矛盾？(3)如果以表述上的模糊與清晰、表象與抽象作爲標準區分二書的成書時代，難道存疑者不能從《老子》中找出許多模糊、表象化的語句，或從《莊子》中找出許多清晰、抽象的語句來嗎？(4)《莊子》內篇雖沒有稱引《老子》之言，卻有記載老聃教訓陽子居「學道不倦」是「勞形怵心」的寓言故事（見〈應帝王〉），其思想不正是符合《老子》所謂「爲學者日益，聞道者日損」的「自然無爲」思想的嗎？是否也可用作莊子發揮老子思想的證據呢？

公正地說，本書著者在《老》、《莊》二書的成書時代問題上的觀點還是愼重的，只是用了「可能」、「推測」之辭說明內篇成於《老子》之先。但問題在於具體評價莊子思想的歷史貢獻時，就將或然之辭變成肯定之辭了。這或可算是「千慮之失」、「大醇小疵」吧？

三

本書在理論思考和研究方法方面也顯示出獨立的風格和啓廸學者的力量，這主要表現在以下三點：

第一，此編在具體而微地分析、解剖莊子思想的核心範疇和各個具體範疇時，始終是把莊學作爲一個有機的、發展著的理論整體看待的，因此在分章分節論述莊子及其後學的自然哲學、人生哲學、社會思想、認識結構、寫作風格、科學背景時，力求保持各個章節之間以及各章節內部的內在邏輯關係和思想聯繫，而不是把莊學割裂成幾大塊進行互不照應的孤立研究。而要形成這樣的邏輯結構和研究境界的前提，就是對研究對象——客觀資料——能熟練把握和融會貫通，需要有點庖丁解牛的眞本領。本書在寫作結構上能達此境界，恰正反映了著者對莊子思想體系的融會貫通。

第二，著者在分析莊子思想體系及其各個理論範疇時，並不取教條式的、先入爲主的批判態度，而是以實事求是的調查研究態度，甚至可以說是抱著某種同情共鳴式的理解態度，深入到莊子思想體系的內部核心中去發掘其思想的內涵和精義。我認爲，在哲學史、思想史的研究中，這種實事求是、同情理解的研究態度是絕對必要的。唯其如此，才能使研究者眞正深入歷史的殿堂勘察思想文化的寶藏，才能眞正揭示研究對象的本質以做好「取其精華，剔除糟粕」的整理工作，也才能避免那種隔靴搔癢式的遠離本質的主觀主義批判。無庸隱諱，在以往的莊學（乃至老學、儒學、佛學、西學等等）研究中，確實有一些學者是抱著先入爲主的主觀主義態度去充當批判家的。例如，某些哲學史、思想史論著對莊子「唯心主義」、「相對主義」、「倒退史觀」、「避世哲學」的批判就顯得十分簡單武斷和蒼白無力。而《莊學研究》在探討莊子認識論時，並不是爲了給它貼上「唯心主義」或「相對主義」的標簽，而是對其認知結構逐層次地展開了具體的分析。著者卽使承認莊子認識論的相對主義特色，也不是對這種相對主義作簡單的否定和武斷的批判，而是在揭示莊子發現認識的相對性的理性意義及由此帶來的認知困境之後，著重探討莊子是怎樣用相對主義的理論範疇（卽「萬物殊性」、「萬物皆一」觀念）去消解這種困惑的，從而對那個既不同於不可知論又不同於辯證法的莊子相對主義及其理論歸宿——折向對「天理」、「道」的事物本質和萬物根源的理性認識（頁二八四）——作了全新的理解和重新評價。

第三，著者在研究分析莊子思想時，採取了嚴謹而科學的比較研究方法，既注意把莊子哲學放在整個中國哲學和世界哲學的觀念背景下進行比較研究，又注意在比哲學視角更爲寬廣的文化視角下進行理論分析，從而把莊學的研究提高到更高的層次上。例如在中編〈自然哲學〉章分析作爲莊子本體論最高範疇的「道」的思想史意義時，著者指出，《莊子》的「道」，是中國「先秦思想中第一個具有本體論意義的哲學範疇」（頁一三〇），它與儒家（孔子）的「仁」範疇「共同構成中國哲學的完整境界」（頁一三二），並與古印度哲學的「大梵」概念及古希臘哲學的「理念」範疇相比較而「顯出中國哲學的特色」（頁一三四～一四一）。在〈人生哲學〉章分析莊子人生哲學的獨特性時，著者從人生追求的本質、途徑和歸宿等方面比較了莊子人生哲學與儒家、墨家和道家貴生派思想的差異（頁二〇五～二〇九），又從人生困境、困境的性質、人生追求和追求的實現等方面比較了莊子哲學與原始佛教、薩特存在主義之人生哲學的差異（頁二一〇～二一七），從而揭示了莊子人生哲學獨特風格和理論價值。在運用比較研究方法時，著者輔之以提綱挈領的表格加以補充說明，使人一目了然。這種列表比較的研究方法也構成了本書的一大特色。

總之，本書在歷史考證上持之以故，系統地歸納並正確地解答了歷史遺留的有關莊子其人其書及其與先秦諸子關係上的存疑問題，廓清了重重迷霧；在思想研究中視野廣濶，在整個中國哲學和思想文化的發展背景下，系統地分析研究了莊學理論體系及其基本範疇，具體考察了莊子思想對中國傳統文化和歷代思潮的影響，提出了重要的理論創見；在研究方法上務實求新，摒棄教條主義，堅持實事求是，進行科學比較，採用表格歸納，使人耳目一新。因此，我們肯定《莊學研究》是道家思想研究方面的一流學術成果，是並不爲過的。我相信，隨著《莊學研究》及其他更多的優秀學術著作的出版，將能把這一領域的研究推向新階段。同時我也衷心期望，我們的出版社在講求經濟效益的同時，多講求一點文化效益，給孜孜不倦地從事學術文化研究的學者多一點支持和鼓勵，多出版一些確有眞知灼見的高水平的學術著作——但這已經是題外話了。

（原載《中國哲學史》，一九九三年第三期）

論董仲舒的政治學說及其進步歷史作用

——兼論其王道理論與天道觀的關係

長期以來，學術界對董仲舒及其政治學說的評價很不公正，否定的多，肯定的少；嚴加批判者多，具體分析者少。批判者們似乎共同遵循著一個奇怪的公式：董仲舒提出了「天人感應」的唯心主義目的論和「天不變，道亦不變」的形而上學思想，在哲學上是荒謬的，在政治上是爲封建制度的永恒性作論證，因此，他是個反動思想家。所謂「批儒評法」時，對董仲舒的「口誅筆伐」也達到頂點。粉碎「四人幫」以後，才有學者發表重新評價董仲舒及其學說的歷史作用的文章，對董仲舒學說的進步歷史作用方面作了具體的分析和一定的肯定。但是這種重新評價，存在著一個明顯的偏向：即把董仲舒主要作爲一個哲學家而不是政治思想理論家加以分析評價，於是，討論便只是圍繞「董仲舒的唯心主義哲學有無進步作用」的問題，而不是著眼於「董仲舒的政治思想有無進步作用」的問題。結果出現了兩種看來完全對立但癥結卻是同一的觀點：一種觀點是看到了董仲舒政治思想的進步歷史作用這一面，但卻由此導致他們不恰當地肯定「唯心主義的進步作用」這一命題。他們的邏輯是：因爲董仲舒的某些政治主張是進步的，所以，爲這種進步政治主張作論證的唯心主義哲學也有進步性；另一種觀點是只看到董仲舒的哲學思想具有唯心主義和形而上學性質這一面，而看不到或者抹殺了他的政治主張的進步性一面，因而對董仲舒及其學說作了完全否定的評價。他們的邏輯是：因爲董仲舒的哲學思想是唯心主義和形而上學的，這種哲學被統治階級奉爲官方哲學，在歷史上起了惡劣的影響，因而董仲舒在政治上也是反動的。這兩種觀點的共同癥結，是把哲學思想與政治思想混爲一談，缺乏具體的歷史唯物主義的分析。重新評價董仲舒及其學說的歷史作用的討論，實際上陷入了新的困境。

本文試圖結合當時的歷史背景，通過對董仲舒的天道觀和王道政治理論的內容及其相互關係的分析，從而透過董仲舒唯心主義哲學的外衣，揭示其進步政治思想的內核，對董仲舒及其學說的歷史作用作出新的評價，以就正於方家。

一 「秦亡漢興」的歷史教訓與董仲舒的「變政」「更化」主張

董仲舒（約公元前一七九～一〇四年）的一生，經歷了漢文帝、景帝和武帝三代，他所處的歷史時代，正是西漢新王朝剛剛站住腳跟，然而尚需進一步除秦弊政以鞏固其統治的歷史轉折時期。當時的人們，對於「秦亡漢興」的歷史教訓記憶猶新。曾經建立了統一全國的豐功偉績的秦王朝，由於實行「嚴刑峻法」、「繁徭苛賦」的法家極端專制主義政策，激起了大規模的人民起義，很快被推翻而由西漢新王朝取而代之。漢初幾位統治者，從高祖、呂后至文、景二帝，基本上接受了歷史教訓而實行與民休息、無爲而治、約法省禁、輕徭薄賦等一系列與秦不同的政治經濟政策，對促進社會歷史的發展作出了積極的貢獻。當時的思想家們，如陸賈、賈誼、鼂錯、司馬遷等人，也紛紛上疏對策或者著書立說，總結秦亡漢興的歷史經驗教訓，提出了許多旨在鞏固西漢新王朝統治的辦法和建議。例如，賈誼曾經總結說：「秦之盛也，繁法嚴刑而天下震；及其衰也，百姓怨望而海內叛矣。」指出秦的滅亡是由於「仁義不施」的結果❶。所以，他極力主張漢代要「悉更秦之法」，要「改正朔，易服色，法制度，定官名，興禮樂」❷。司馬遷同意賈誼的看法，在《史記・高祖本紀》中批評秦政說：「周秦之間可謂文敝矣，秦政不改，反酷刑法，豈不謬乎！」處在賈誼和司馬遷之間的思想家董仲舒，也同樣地認眞總結了歷史教訓，批評秦政說：「至周之末世，大爲亡(無)道，以失天下。秦繼其後，獨不能改，又益甚之：重禁文學，

❶《史記・秦始皇本紀》。

❷《史記・屈原賈生列傳》。

不得挾書，棄捐禮誼而惡聞之。其心欲盡滅先王之道，而顓爲自恣苟簡之治，故立爲天子十四歲而國破亡矣。自古以來，未嘗有以亂濟亂，大敗天下之民如秦者也。」❸又說：「（秦）師申商之法，行韓非之說，憎帝王之道，以貪狼爲俗，非有文德以教訓於下也……又好用憯酷之吏，賦斂亡（無）度，竭民財力，百姓散亡，不得從耕織之業，羣盜並起。是以刑者甚衆，死者相望，而奸不息，俗化使然也。」❹董仲舒在這裏總結的秦王朝「敗民」政策的主要內容是：丟棄了先王以禮義、文德治理天下人民的傳統，而實行申不害、商鞅、韓非的法家政策，用嚴刑、酷吏統治人民，實行文化專制政策，無節制地向人民徵收賦稅，耗盡人民的財力。這些「敗民」政策，在他看來，既破壞了經濟，也破壞了社會秩序的安定，使得民不聊生，鋌而走險，最後釀成了大亂，導致「立爲天子十四歲而國破亡」的結果。在總結歷史教訓的基礎上，董仲舒向漢武帝提出了變更秦代弊政的政治理論。他認爲，「聖王」繼承亂世，必須「掃除其跡而悉去之，復修教化而崇起之」❺，但是如今漢承秦大亂之後，猶如「朽木糞牆」，雖欲善治而不得，必須解弦更張，重新教化人民，才能達到善治。他說：「譬之琴瑟不調，甚者必解而更張之，乃可鼓也；爲政而不行，甚者必變而更化之，乃可理也……今臨政而願治七十餘歲矣，不如退而更化，更化則可善治，善治則災害日去，福祿日來。」❻這些思想一方面反映了董仲舒維護封建統治的根本政

❸❹❺❻《漢書·董仲舒傳·舉賢良對策》（以下簡稱〈舉賢良對策〉）。

治立場，另一方面說明董仲舒是一個主張實行政治改革的思想家。在當時歷史條件下，董仲舒主張掃除秦代酷暴政治的痕跡而實行相對寬簡的「文德」之治，是有利於緩和社會矛盾，安定民生，促使社會經濟的恢復和發展的，因而符合歷史的潮流而表現出進步的政治傾向。

有人說，董仲舒提出了「天不變，道亦不變」的哲學命題，這是典型的形而上學思想，怎麼又說他是主張「變」的呢？其實，只要我們聯繫董仲舒所說「天不變，道亦不變」一語的上下文內容全面進行分析，就可看出董仲舒的理論既有主張「不變」的一面，又有主張「變」的一面了。《漢書．董仲舒傳》載錄的董仲舒上漢武帝的〈舉賢良對策〉中說：

> 臣聞夫樂而不亂、復而不厭者謂之道。道者，萬世亡（無）弊，弊者道之失也。先王之道，必有偏而不起之處，故政有眊而不行，舉其偏者以補其弊而已矣。三王之道所祖不同，非其相反，將以捄（救）溢扶衰，所遭之變然也。故孔子曰：「亡（無）為而治者，其舜乎！」改正朔，易服色，以順天命而已，其餘盡循堯道，何更為哉！故王者有改制之名，亡（無）變道之實。然夏上（尚）忠，殷上（尚）敬，周上（尚）文者，所繼之捄當用此也。孔子曰：「殷因於夏禮，所損益可知也；周因於殷禮，所損益可知也；其或繼周者，雖百世可知也。」此言百王之用以此三者矣。夏因於虞，而獨不言所損益者，其道如一而所上同也。道之大原出於天，天不

變，道亦不變，是以禹繼舜，舜繼堯，三聖相受（授）而守一道，亡（無）救弊之政也，故不言其所損益也。由是觀之，繼治世者其道同，繼亂世者其道變。今漢繼大亂之後，若宜少損周之文致，用夏之忠者。

從這整段話中可以看出，董仲舒確有主張「不變」的一面。他心目中的「道」，是本可以行之萬世而無流弊的絕對原則。這個「道」，在天爲「天道」，在人間爲「王道」，王道源出於天道。如果「天命」不變，王道的基本原則也就無需改變。從這個意義上說，董仲舒提出的「天不變，道亦不變」顯然是唯心主義和形而上學的觀念，應該批判。但另一面，董仲舒之所以提出一個「樂而不亂復而不厭」、「行之萬世而無弊」的「道」，是爲了說明三代（指堯、舜、禹時代）以上存在著理想的「聖王之道」，但三代以降，「道」就有失、有弊、有亂，就需要新王出來「救溢扶衰」、「舉偏補弊」以恢復古道了。在這裏他提出了「變」的觀念。他認爲三代都是治世，三聖同守一道而無政治弊亂，天命沒有改變，王道也無需損益；但殷繼夏，周繼殷，卻是承亂世而治，天命改變了，王道也必須損益變通。這就叫「繼治世者其道同，繼亂世者其道變」，這是董仲舒總結歷史經驗以後得出的根本結論。因此，董仲舒論「道」的政治目的，是爲了「托古改制」，變更秦政，重點是在講「變」，而不是強調「不變」。這一基本思想，同前面所述董仲舒的「變政」、「更化」政策主張是一致的。

爲董仲舒論「道」之「變」作注解的，還有他本人在《春秋繁露·竹林》（下引該書均只注篇名）中所說的話：「《春秋》之道，固有常有變，變用於變，常用於常，各止其科，非相妨也……故說《春秋》者，無以平定之常義疑變故之大義。」毋庸贅述，董仲舒論道，是既講「不變」（常）也講變的，變與不變的內容（義），都統一在他所講的「道」之中，而且在他看來，「變故之大義」比「平定之常義」還要重要。董仲舒實在是個主張改革的進步思想家，而不是墨守成規的保守思想家。

二　董仲舒的天道觀和王道理論的內容及其關係

有人認爲，董仲舒的王道理論是其天道觀在社會領域中的運用和延伸，他的政治思想是在其唯心主義哲學理論的指導下建立起來的，因而都是反動的。又有人認爲，董仲舒的天道觀是爲他的王道理論作哲學論證的，而他的王道理論中的某些政治主張是進步的，因而說明唯心主義哲學有進步的社會歷史作用。筆者不同意上述兩種看法，因爲它們實際上都將哲學與政治、哲學思想與政治思想混爲一談了。

首先，唯心主義和唯物主義主要是思想路線上的正確與錯誤之分，而不是政治路線上的進步與反動之分。不能說所有唯心主義哲學家都是反動思想家，也不能說所有唯物主義思想家都是進步思想家，而當一個思想家在政治思想上是進步的而在哲學上是唯心主義時，也不能因爲肯定他的政治思想的進步性而連帶肯定唯心主義在政治上也有什麼「進步性」。

其次，哲學思想與政治思想的關係，是既有聯繫又有區別的。就聯繫而言，哲學思想爲政治思想體系的建立提供了一般方法論的指導，而政治思想也總要昇華到哲學理論的高度才能形成比較完整的理論體系；就區別而言，哲學思想是概括自然界、人類社會、人類思維最一般規律的理論，它比較遠離經濟基礎，需要通過一些中間環節才能曲折地反映經濟基礎和社會關係，而政治思想則是揭示人類社會發展趨勢和規律的理論，是最直接地反映社會經濟基礎、階級關係、階級的利益和意志的，它直接爲維護或者變革現存的經濟基礎、維護或者反對現存的階級關係和階級統治服務。因此，評價一個思想家在歷史上所起的作用是進步或者反動，主要應看他的政治思想是順應還是違背社會歷史發展的趨勢，是正確還是錯誤地回答了當時社會發展所提出的歷史任務，是代表進步階級或階層的利益還是代表反動階級或階層的利益，而主要不是看他的哲學傾向屬於唯物主義還是唯心主義。

從董仲舒整個學說體系的結構來看，他的哲學理論與其說是他的政治思想的理論基礎，毋寧說是其政治理想和倫理觀念的理論外衣，是其社會政治思想的顛倒意識。董仲舒作爲一個封建時代的思想家，爲了給統治階級解決社會問題和維護本階級的統治提供合理解釋和「良藥妙方」，以「三年不窺園」的精神，「精思冥想，探究和闡發所謂「聖人之言」和《春秋》等經典的「微言大義」，建立了一個有別於先秦儒學的漢代新儒學體系，而王道理論便是他這個思想體系的核心。然而，有鑒於秦王朝「師申商之法，行韓非之說」而致敗亡的歷史教訓，再加上傳統的儒家「天命」論、陰陽五行家的「天人感應」說等思想的影響，他雖然在實際上也吸取了法家的某些理論主張，但在思想形式上並不像商鞅、韓非那樣赤裸裸地宣傳極端專制主義的理論，而是抓住先秦和漢初思想家們爭論不休的「天人關係」問題，以人間社會結構爲模式，以本階級的政治理想和道德觀念爲內容，精心塑造了一個天上社會，從而給自己的王道理論披上了一件神秘的哲學外衣，建立了一個唯心主義的天道觀。因此，董仲舒的所謂天道觀，並不是對自然界的科學解釋，而是人間社會的顚倒意識，是他的王道理論的裝飾品。我們認爲，只有了解這一點，才是掌握了一把打開董仲舒理論迷宮、披露其本質內容的鑰匙。

董仲舒的天道觀，首先爲人們樹立了一個至高無上的天神的絕對權威，同時對「天人關係」問題作出了理論上的回答。他說：「天者，百神之君也，王者之所最尊也。」❼又說：「天者萬物之祖，萬物非天不生。」❽「天亦人之曾祖父也。」❾他又聲稱：天有意志，春、夏、秋、冬四時，是其愛、樂、嚴、哀四種意志的表現；天有目的，它按自己的意志創造了人，使人生義、

❼《春秋繁露・郊義》（以下引用該書，均只注篇名）。

❽〈順命〉。

❾〈爲人者天〉。

利之性，利以養體，義以養心，並且又爲人民立了君王以施行教化，使民性從善❿。至於天人關係問題，董仲舒一再強調了三個方面的內容：第一，「王權天授」說，認爲人受命於天，王者承天意而行事；天是人間君王的最高尊長，王者是天之子，是代表天意去統治人民的⓫；第二，「天人感應」說和「災異譴告」說，認爲「人之所爲，與天地流通而往來響應」，人間的君王如果順從天意而修飭德政，天就會降祥瑞庇祐他；如果違背天意，而失道廢德，天就會降災異譴告他，直至收回天命，使之傷敗⓬；第三，「屈民伸君，屈君伸天」說，認爲「《春秋》之法，以人隨君，以君隨天……故屈民而伸君，屈君而伸天，此《春秋》之大義也」⓭。所以，董仲舒一再鼓吹人們要「奉天」、「尊天」、「敬天」和「畏天命」。

董仲舒塑造這麼一個「天神」權威的目的，一方面是要人民絕對服從專制君主的統治，要求「尊君」，因爲人間君王是「天之子」，是秉承「天意」行事去統治臣民的，尊君就是尊天，尊君也就順天命。所謂「屈民而伸君」，正是適應了當時統治者要求加強君主集權的「大一統」封建國家的要求。用了這種理論，既可防範和鎮壓人民的反抗，也可作爲削弱地方豪族勢力、平定

❿ 參見〈天辨在人〉、〈身之養重於義〉、〈深察名號〉等篇。
⓫ 參見〈舉賢良對策〉、〈堯舜湯武〉。
⓬ 參見〈舉賢良對策〉、〈堯舜湯武〉。
⓭ 〈玉杯〉。

類似「吳楚七國之亂」的諸侯王叛亂的理論依據。另一方面，董仲舒的所謂「屈君而伸天」，又有借著天威約束人君行爲的一面。他說：「國家將有失道之敗，而天乃先出災害以譴告之，不知自省，又出怪異以警懼之，尚不知變，而傷敗乃至。以此見天心之仁愛人君而欲止其亂也。」⑭所以他希望人君「彊勉行道」、「修飭德政」以防止敗亂。他又說：「天之生民非爲王也，而天立王以爲民也。故其德足以安樂民者，天予之；其惡足以賊害民者，天奪之。」⑮這是在其天道觀掩蓋下所闡發的「仁德」和「愛民」的政治思想。行德安民之君可以得天福祐，行惡害民之君則要受天懲罰，這在客觀上是符合人民願望的。儘管董仲舒「屈君而伸天」和「災異譴告」之說對約束專制君王的權威的實際效用並不大，但畢竟是輿論上的一種警懼，一種約束，因而具有積極的歷史意義。

董仲舒繼承並改鑄了先秦陰陽家和秦漢之際黃老道家的「陰陽刑德」之說⑯，按照西漢王朝統治者的需要，編織了一套系統的「陰陽刑德」理論，作爲其天道觀的重要組成部分。他在〈舉賢良對策〉中說：

---

⑭〈舉賢良對策〉。

⑮〈堯舜不擅移湯武不專殺〉。

⑯參見馬王堆漢墓《黃老帛書》的〈經法〉、〈十六經〉。

王者欲有所為，宜求其端於天。天道之大者在陰陽，陽為德，陰為刑，刑主殺而德主生。是故陽常居大夏而以生育養長為事，陰常居大冬而積於空虛不用之處，以此見天之任德不任刑也。天使陽出，布施於上而主歲功；使陰入，伏於下而時出佐陽。陽不得陰之助，亦不能獨成歲終。陽以成歲為名，此天意也。王者承天意以從事，故任德教而不任刑。刑者不可任以治世，猶陰之不可任以成歲也。為政而任刑，不順於天，故先王莫之肯為也。

他在《春秋繁露．陽尊陰卑》中也論證說：

陰陽，理人之法也。陰，刑氣也；陽，德氣也。陰始於秋，陽始於春……是故春喜、夏樂、秋憂、冬悲……是故先愛而後嚴，樂生而哀終，天之當也。而人資諸天，大德而小刑也。是故人主近天之所近，遠天之所遠，大天之所大，小天之所小。是故天數右陽而不右陰，務德而不務刑。刑之不可任以成世也，猶陰不可任以成歲也。為政而任刑，謂之逆天，非王道也。

這兩段話，集中地反映了董仲舒的「陰陽刑德」理論，也典型地表明了他的天道觀與王道理論的緊密關係。他表面上講的是「天道」變化原則，實際是爲了闡述王道政治理論。我們透過董仲舒談論所謂「天道陰陽」的外表，就可清楚看到他的王道政治理論的基本原則是「任德教而不任刑」，確切地說，應當是德教爲主、刑罰爲輔。這一基本原則，是對秦政「嚴刑峻法」的批判和否定，是歷史經驗的總結。雖然它從本質上說是爲鞏固漢王朝的封建統治服務的，但在當時歷史條件下，人民還剛從長期戰亂之後的短暫休養生息中恢復元氣，還需要繼續發展生產，求得安居樂業，而且秦王朝「敗民」政策的「遺毒餘烈至今未滅」，致使漢統治者「常欲善治而至今不可善治」⓱，董仲舒提出了「王者任德而不任刑」的政治主張，不能不說是歷史的進步。它既符合封建統治階級的利益，也在一定程度上反映了人民羣衆的要求與呼聲。

與「陰陽刑德」理論相輔相成的是「五行」學說。董仲舒繼承並發揮了先秦以來的「五行」相生相剋的唯心主義理論，從維護封建統治的政策需要出發，構造了一個「五行」之間相生、相勝、變救的理論系統。他從自然界的木、火、土、金、水五種物質的性質，臆想出它們之間相生、相勝的關係，再用以比附四時氣候的變化，又用自然界各種災異現象比附五行失序造成的結果，用以象徵人間政治得失的變化，最後提出了所謂「五行變救」的理論。他說：「五行變至，

⓱〈舉賢良對策〉。

當救之以德，施之天下則咎除；不救以德，不出三年，天當雨石。」⑱就是說，「五行」的運動出現了異常變化，就必須用德政去補救，德政實行於天下，災害就會消除，不用德政去補救，不到三年，天就要落下石塊，降下大災害了。董仲舒通過闡述「五行」的「變」和「救」，提出了「省徭役，薄賦斂，出倉穀，賑困窮」、「舉賢良，賞有德，封有功」、「省宮室，去雕文，舉孝悌，恤黎元」、「舉孝廉，立正直，隱武行文束甲械」、「憂囹圄，案奸宄，誅有罪，蓃五日」⑲等一系列政策主張。這些主張，固然有鎮壓人民反抗、維護封建統治的一面，但從基本方面看，還是強調統治者應當節制貪欲、愛惜民力和施行德政。它對於減輕人民負擔、安定民生、發展生產有著一定的積極作用。

董仲舒還吸取了先秦道家的「天道無爲而無不爲」的思想資料，融合到自己的天道觀和王道理論體系之中。他說：「天高其位而下其施，藏其形而見其光」⑳，這就是說天從表面看來似乎無所作爲，但實際上卻布施萬物，光耀宇內，無不能爲的。他認爲：「故爲人主者，法天之行……以無爲爲道，以不私爲寶，立無爲之位而乘備具之官……莫見其爲之而功成矣。」㉑主張人君效法天道，實行無爲而治，自己處在無爲之位，通過百官去治國理民，就自然能做到功成名

⑱⑲〈五行變救〉。

⑳㉑〈離合根〉。

立。這種主張人君「居無爲之位，行不言之敎」㉒，「無爲無不爲」的思想，顯然是漢初黃老「無爲」政治思想的繼續，實際上是對漢武帝好大喜功行爲的批評。對於「內多欲而外施仁義」的漢武帝來說，這種批評就有點背時了，因此，漢武帝並沒有採納這種政治主張。

董仲舒的天道觀以及在天道觀外衣掩蓋下的王道政治理論，是一個龐大而複雜的政治思想體系和唯心主義的哲學體系。除了上述內容之外，還有：⑴「聖人配天」說，認爲聖人之德與天之道相配合，人君的慶、賞、罰、刑這「四政」是與天之春、夏、秋、冬「四時」相副相配的㉓；⑵「官制象天」說，把人間社會的等級制度搬到天國，再用天氣四時變化的必然性去論證封建等級制度的合理性㉔；⑶「王道三綱」說，從「陰陽相合」的「天道」去論證王道「三綱」的合理性，認爲「君臣、父子、夫婦之義，皆取諸陰陽之道：君爲陽，臣爲陰；父爲陽，子爲陰；夫爲陽，妻爲陰……王道之三綱，可求於天」㉕；⑷「五行五事」說，用君王之貌、言、視、聽、思五種行爲去附會自然界的木、金、火、水、土五種物質的變化，主張君王修此五事，做到治理人

㉒ <保位權>，參見《老子》第二章。
㉓ <四時之副>。
㉔ <官制象天>。
㉕ <基義>。

民的政策要清明，法度要端正㉖。諸如此類的政治主張，都是在他論證天道原則時闡明的王道政治理論，其中有合理、進步的因素，也有荒謬、消極的成分，本文限於篇幅，恕不詳論。

三 如何認識和評價董仲舒及其學說的歷史作用

綜上所述，董仲舒的王道論，雖然從根本上說是爲了維護封建王朝的統治，但仍有許多符合歷史發展的積極進步而且合理的內容。尤其值得強調和肯定的是，《漢書・食貨志》中記載董仲舒針對當時重大社會問題所提出的「四大政策」，是基本上符合歷史發展和社會進步的趨勢的，它表現了董仲舒政治思想的進步傾向。當時，隨著奴隸制的衰亡和封建制的發展，地主豪強兼併土地和農民大量破產成爲流民甚至淪爲奴婢的現象，形成了西漢社會中一個新的重大社會問題。對此，董仲舒提出了「限民名（占）田，以澹不足，塞併兼之路」㉗的政策，明確表示了反對土地兼併，要求限制占有土地數量的態度。當時，手工業、商業部門普遍使用奴隸勞動，農業中的地主莊園也使用奴隸勞動，這種狀況阻礙著封建生產關係的確立和生產力的進一步發展。對此，

㉖〈五行五事〉。

㉗《漢書・食貨志》。

董仲舒提出了「去奴婢，除專殺之威」㉘的政策。在董仲舒之前，中國歷史上還沒有任何政治家或思想家明確提出過這樣的主張。這一政策的提出，代表了解放社會生產力的歷史要求，是具有重要的進步意義的。還有，在漢武帝執政後，一反漢初「與民休息」、「無爲而治」的寬簡政策，實行鹽鐵官營、酒茶收稅，並且「外事四夷，內興功利，役費並興，而民去本」㉙，大大加重了人民的負擔，弄得民不聊生，流民大增。對此，董仲舒提出了兩條政策，一是「鹽鐵皆歸於民」㉚，卽反對國家壟斷鹽鐵經營，主張官不與民爭利；二是「薄賦斂，省徭役，以寬民力」㉛。董仲舒上述「四大政策」，難道能說成是一個「反動思想家」提出的「反動政策」嗎？我們認爲，這些政策儘管當時沒有被好大喜功的漢武帝採納而付諸實踐，但從歷史發展的要求來看，它們是順應歷史發展趨勢的進步政策，這正是董仲舒進步政治思想的精華。

根據以上分析，我們總的認爲，董仲舒雖然是個唯心主義和形而上學的哲學家，但卻是初期封建社會中地主階級的進步的政治思想理論家。他的政治學說，儘管存在歷史的、階級的局限，有維護封建專制主義統治、反對農民起義和反抗的一面，並且其中的某些內容在以後歷史的發展中日益成爲腐朽反動的東西。但其主流方面，在當時歷史條件下代表了解放生產力的方向，順應了社會發展的歷史要求，因而是具有進步歷史作用的。這就是我們對董仲舒及其學說的歷史作用

㉘㉙㉚㉛ 同㉗。

的基本評價。

東漢時代的唯物主義思想家王充，雖然是董仲舒唯心主義哲學理論的激烈反對派，也是正確的批評者，但他卻贊揚了董仲舒的政治倫理學說，認爲「仲舒之言道德政治，可嘉美也」㉜，又說：「董仲舒表《春秋》之義，稽合於律，無乖異者。」㉝王充的評價並不盡是，有著他的階級偏見。但王充這種「實事疾妄」的精神是值得借鑒和發揚的。我們在評價董仲舒及其學說的歷史作用時，應當採取歷史唯物主義的態度，作出科學的實事求是的分析。

（原載《浙江學刊》，一九八二年第四期）

㉜《論衡·案書篇》。

㉝《論衡·程材篇》。

王充學說的根本特點

——實事疾妄

對王充學說的根本特點，過去往往只強調它「疾虛妄」的一面，忽略其「定眞是」的另一面。筆者認爲，正確評價王充的學說及其歷史作用，只有緊緊抓住「實事疾妄」這一根本特點，才能作出較爲全面深刻的分析。而正確認識和解剖這一特點，對於我們在哲學史、思想史研究中，堅持科學的辯證的方法論，也具有一定的重要性。

一

王充的學說，是一個龐大而複雜的思想體系。對自己的學說，以什麼「一以貫之」呢？他在《論衡》中作了精闢的概括。

論在《論衡·佚文篇》（以下凡引《論衡》，只注篇名）中，王充曾經談到：「『《詩》三百，一言以蔽之，曰：思無邪。』《論衡》篇以百數（按：此處「百數」，古本原文是「十數」，似誤。今據劉盼遂〈王充「論衡」篇數殘佚考〉之意見校改），亦一言也，曰：疾虛妄！」有些人據此將「疾虛妄」作爲王充學說的根本特點，有一定道理；但失之片面，因爲光講「疾虛妄」是不足以全面反映它的特點的。

王充在《論衡》書末的〈對作篇〉中，闡述了自己著作的宗旨和特點。他寫道：

是故《論衡》之造也，起衆書並失實，虛妄之言勝真美也。故虛妄之語不黜，則華文不見息；華文放流，則實事不見用。故《論衡》者，所以銓輕重之言，立真偽之平，非苟調文飾辭為奇偉之觀也。其本皆起人間有非，故盡思極心，以譏世俗。……人君遭弊，改教於上；人臣愚惑，作論於下。下實得，則上教從矣。冀悟迷惑之心，使知虛實之分。實虛之分定，而華偽之文滅。華偽之文滅，則純誠之化日以孳矣。

由此可知，王充著書立說，是有感於當時各種經書傳文荒唐失實，混淆與蒙蔽了歷史與現實的眞相；有感於各種華文虛言製造了迷信，顚倒了是非曲直，迷亂了世俗人心；有感於當政者遭蔽遇惑，不懂治國理政之道。總之，是為了評定虛實，匡正是非，啓蒙解惑，治國化民；換言之，是為了東漢新王朝的長治久安。這吐露了一個封建知識分子憂國憂民、希圖進取的一片苦心。

在闡明寫書的動機目的之後，王充在〈對作篇〉篇末畫龍點睛地指出：「《論衡》實事疾妄……無誹謗之辭。」這句話，點明了全書的宗旨大綱，也恰當地概括了他的學說的根本特點。其「實事疾妄」，包括兩個基本方面：「實事」是立的方面，「疾妄」是破的方面。這一命題在認識論上是既符合唯物論的反映論，又具有辯證認識的特點的。

二

王充的《論衡》一書，貫徹了這種「實事疾妄」的原則精神，在揭露和批判各種迷信虛妄的同時，建立起進步的政治學說和唯物主義哲學的理論體系。

在政治上，王充對身處的東漢時期的社會亦褒亦貶。對劉漢王朝的重建帶來的比較發展的生產力和安定的社會生活是重視的，肯定了漢代社會在歷史上的進步作用。他反對當時一些儒生「好高古而下今，貴所聞而賤所見」（〈齊世篇〉）的崇古非今態度，批評他們「漢有實事，儒者不稱；古有虛美，誠心然之」（〈須頌篇〉）。他要站出來「為漢平說」，肯定漢之「實事」。他大力歌頌漢代的「功德」和「治世」，「漢高於周」、「漢國在百代之上」（〈恢國篇〉）；指出：「周時僅治五千里內，漢氏廓土，牧荒服之外。……古之戎狄，今爲中國；古之裸人，今被朝服；……夫實德化則周不能過漢，論符瑞則漢盛於周，度土境則周狹於漢，漢何以不如周？」（〈宣漢篇〉）他還寫道：「漢家三百歲，十帝耀德，未平如何？夫文帝之時，固已平矣，……光武中興，復致太平。」（同上）王充對漢代社會在歷史上的進步的評論，是同他的「實事疾妄」精神一致的。

但是王充並不是盲目歌頌漢代社會的。對當時社會黑暗腐敗的一面，他持的正是「疾虛妄」態度。他揭露一些官僚們通過政權機構貪贓枉法、壓榨人民的行徑：

文吏幼則筆墨，手習而行，無篇章之誦，不聞仁義之語；長大成吏，舞文巧法，徇私為己，勉赴權利，考事則受賂，臨民則採漁，處右則弄權，幸上則責將。一旦在位，鮮冠利劍；一歲典職，田宅並兼。（〈程材篇〉）

淋漓盡致的揭露，是王充對現實政治陰暗一面的不滿和反抗的表現。

在思想史的研究中，王充也是根據「實事疾妄」的原則，總結、評論和揚棄先秦、兩漢各家學說，建立自己以進步政治思想、唯物主義哲學爲主體的理論體系的。

首先是對先秦諸家思想的批判總結。

王充對先秦儒家學派的主要代表孔、孟、荀，既有肯定也有否定，對儒家學說既有批判也有繼承。他承認孔子是「聖人」，但反對神化孔子，反對迷信「聖人之言」，認爲孔子的話不一定都對，有許多矛盾，可以問難和批評。他在〈問孔篇〉、〈知實篇〉舉了許多例子，證明孔子不能「生而知之」或「神而先知」；對孔子所稱「死生有命，富貴在天」的天命論提出懷疑；對孔子「去食存信」的政治主張加以責難。但王充從根本上說是不反孔不反儒的。他繼承了許多儒家的政治、倫理主張。他認爲，儒家提倡的「禮義」是治國的「綱紀」，不能拋棄。他主張，「治國之道」首要一條是「養德」，而這就是從儒家的「仁政」、「德治」主張發展而來的。他承認孟軻是「賢聖」、是「大才」，但在〈刺孟篇〉中，卻尖銳批評了孟軻空談仁義不講功利的虛僞性，還批評了孟軻所謂「五百年必有王者興」的循環論唯心史觀。對於荀況，王充發揮了《荀子·天論》中的唯物主義思想，但對「性惡」論則既有肯定又有批評。他認爲孟軻、荀況和揚雄關於人性善惡的主張，都只講對了一部分，但又都「不能得實」，於是提出自己的「人性三品」說：

余固以孟軻言人性善者，中人以上者也；孫卿言人性惡者，中人以下者也；揚雄言人性善惡混者，中人也。若反經合道，則可以為教；盡性之理，則未也。（〈本性篇〉）

對法家，王充在〈非韓篇〉嚴厲批評了他們「以吏爲師」、「以法爲敎」、「貴耕戰而賤儒生」等主張的片面性，但也吸取其「貴耕戰」、「明賞罰」、「善用兵」等有利於鞏固統治的方面。他對商鞅、韓非「獨任刑法」的政治主張深加非難，視之爲「危亡之術」，但對《管子》的〈明法〉、商鞅的〈農戰〉、韓非的〈四難〉等法家著作則加以肯定和推崇。他提出「養力」思想，就是對韓非政治思想的繼承發展。

王充提出：「治國之道，所養有二：一曰養德，二曰養力……此所謂文武張設，德力具足者也。」並在舉了很多實例說明「德力兼養」的道理之後指出：「德不可獨任以治國，力不可直任以御敵。」（〈非韓篇〉）這種具有辯證認識的政治思想，是他從歷史經驗出發，對先秦儒、法兩家政治思想兼收並蓄，批判繼承的表現，是其「實事疾妄」原則的具體運用。

對道家，王充雖以「天道自然無爲」繼承先秦道家之說，但他的自然觀與老莊的天道觀卻有本質區別。王充以「元氣」爲認識前提而表現爲唯物主義傾向，老莊則以「道」和「無」之類觀念性的東西爲最高哲學範疇，表現爲唯心主義傾向。他還批評道家「論自然，不知引物事以驗其言行，故自然之說未見信也。」（〈自然篇〉）不贊成道家消極無爲的自然主義，指出「雖自然，亦須有爲輔助。」（同上）這樣的認識，顯然是具有辯證因素的。

對墨家，王充認爲墨翟與孔丘一樣是「古之聖賢」，並多次孔、墨並提，但他並不迷信他們。對墨家「尚賢」、「節葬」的政治主張及其唯物主義認識論，他予以肯定，同時也批評墨家理論「乖違」、「難從」，如「節葬」和「明鬼」，就是自相矛盾，是「術用乖錯，首尾相違」（〈薄葬篇〉），他認爲只有承認「死人不爲鬼，無知，不能害人」（〈論死篇〉），即提倡無鬼論，才能使「薄葬」主張眞正實行。又如，王充認爲墨家的認識論雖然重視感覺經驗和客觀「效驗」，但忽視了理性認識，因此判斷是非眞僞時仍不免發生錯誤。他精闢地指出：「是故是非者不徒耳目，必開心意。墨議不以心而原物，苟信聞見，則雖效驗彰明，猶爲失實。」（〈薄葬篇〉）由此可見，王充的唯物主義哲學思想，比起其前輩來，前進了一大步。

對漢代各家學說的批判總結也同樣體現了「實事疾妄」的特點。

黃老之學是秦漢之際的思想家們依托黃帝之言，改造老子學說，兼採陰陽、儒、墨、名、法各家思想建立起來的新道家學說，它符合於或反映著漢初統治階級的利益和要求。黃老之學的哲學理論，雖然包含一些樸素唯物主義和辯證法觀點，但從基本傾向看，仍然同老、莊一樣屬於客觀唯心主義體系，算不上唯物主義哲學；其政治思想，則與老莊有本質不同，不再是消極避世的「自然無爲」主義，而是適合漢初社會發展的「無爲無不爲」的主張，一方面爲了恢復並發展生產力而採取「與民休養生息」的寬簡政治，另一方面爲了維護新王朝統治，吸取了秦「獨任刑法而亡」的歷史教訓，改取「德刑兼用」的兩手政策。黃老之學對古代思想的發展貢獻了新內容，對漢初社會發展起了進步歷史作用。

王充對先秦道家思想與秦漢黃老之學並沒有加以區分，但他所說的道家，主要還是指黃老道家。王充對黃老之學既有吸取，又有改造。在自然觀方面，他吸收了黃老學派「天道自然無爲」的思想，認爲「黃老之家，論說天道，得其實矣」（〈譴告篇〉），但他摒棄了其中的「道」的唯心主義成分，建立了自己的唯物主義的「元氣自然」論。在政治思想方面，他繼承了黃老之學「刑德相養」之說，提出了自己的「文武張設，德力具足」的政治主張。

黃老之學在漢初半個多世紀曾占居統治地位，在漢武帝以後走向衰落，神仙方術之士們把黃帝和老子加以神化，奉爲偶像，宣傳「修道成仙」的迷信理論。王充在〈道虛篇〉專門駁斥了他們的「老子之術，以恬淡無欲，延壽度世」的說法，指出「世稱黃帝騎龍升天，此言蓋虛。」他還揭破了所謂淮南王劉安修道成仙、鷄犬升天之類虛誕傳說，表現了他的「實事疾妄」態度。西漢中期的董仲舒是一位出色的政治思想理論家，但卻是一位十分蹩腳的哲學家，他的哲家思想，以「天人感應」目的論爲核心，荒謬虛誕，異常神秘，很適於統治者用作欺騙人民的工具，被漢代統治者和今文經學家們尊爲「正宗」理論，並在以後的發展過程中，日益增加迷信色彩，形成了盛極一時的「讖緯神學」。王充所處時代，董仲舒的「天人感應」目的論和讖緯神學占著統治地位，「虛妄顯於眞，實誠亂於僞，世人不悟，是非不定」（〈對作篇〉）。王充「心漬湧，筆手擾」，以「實事疾妄」的精神對此加以堅決批駁。

董仲舒說：「天者，百神之大君，王者之最尊也」❶，又說：「天之生人也，使之生義與

---

❶《春秋繁露》，〈郊義〉、〈身之養重於義〉、〈服制象〉。

利，利以養其體，義以養其心」❷，「天地之生萬物也，以養人」❸。其他目的論者也大講「天地故生人」、「故生萬物」。王充駁斥說，天不是神，而是含氣之自然，既不能言，亦無知覺：「儒者論曰『天地故生人』，此言妄也。……人生於天地也，猶魚之於淵，蟣虱之於人也，因氣而生，種類相產。萬物生天地之間，皆一實也」（〈物勢篇〉）。又說：「春觀萬物之生，秋觀其成，天地爲之乎？物自然也！如謂天地爲之，爲之宜用手，天地安得萬萬千千手，並爲萬萬千千物乎？」（〈自然篇〉）對董仲舒的「人之所爲，與天地流通而往來響應」，王充則批駁說：「寒溫之氣，繫於天地而統於陰陽，人事國政安能動之？」「（人）以七尺之細形，感皇天之大氣，其無分銖之驗，必也！」（〈變動篇〉）王充認爲，天道自然無爲，不可能有目的地降災異譴告人君；譴告說泛濫的原因是「末世衰微，上下相非，災異時至，則造譴告之言矣」（〈自然篇〉），揭露了目的論在理論上的荒謬性和實踐中的欺騙性。

王充對董仲舒的唯心主義觀點多所批評，但對董仲舒思想中許多符合封建統治階級利益的政治、倫理主張則是肯定的。他說：「仲舒之言道德政治，可嘉美也。」「言君臣政治得失，言可採行，事可美觀。」（〈案書篇〉）又說：「董仲舒表《春秋》之義，稽合於律，無乖異者」（〈程材篇〉）。這些評論反映了他評價古人也以「實事疾妄」精神爲準，進行辯證分析。

對桓譚，在兩漢思想家中，王充是最推崇的，甚至比之爲「素丞相」。他說：

❷❸ 同❶。

世間爲文者衆矣，是非不分，然否不定。桓君山論之，可謂得實矣。論文以察實，則君山漢之賢人也。……孔子不王，素王之業在於《春秋》，然則桓君山不相，素丞相之跡，存於《新論》者也。（〈定賢篇〉）

他之所以推崇桓譚，有著深刻原因：一是桓譚的唯物主義無神論思想給予王充以深刻影響和啓發。桓譚是堅決反對讖緯迷信的思想家。光武帝信讖，桓譚敢於上疏反對，講圖讖「欺惑貪邪，詿誤人主，焉可不抑遠之哉!……而乃欲聽納讖記，又何誤也」❹，甚至公然以「臣不讀讖」，冒犯君顏，致使劉秀大怒，罵他「非聖無法」，差點處死。這種名士高節，使王充深爲欽佩。桓譚又是無神論者，〈形神〉一文以燭火比喻形神關係，提出了「精神居形體，猶火之燃燭矣」、「燭無，火亦不能獨行於虛空」的著名命題，爲王充所肯定和繼承。王充所謂「人之死，猶火之滅」、「天下無獨燃之火，世間安得有無體獨知之精」，就是桓譚理論的發揮。二是王充在〈超奇篇〉中說，桓譚「又作《新論》，論世間事，辯照然否，虛妄之言，僞飾之辭，莫不證定」。由此可見，王充、桓譚二人可謂志同道合。三是桓譚的生平遭遇與人格品行與王充有許多相似之處（如懷才不遇、遭受壓抑、不對權貴阿諛逢迎等），使王充頗有同類相知之感。從王充對於桓譚的高度評價中，我們可以看到他的「實事疾妄」方法論的形成，是有一定思想淵源的。

❹《後漢書・桓譚傳》。

過去評價王充學說的傾向性，有的認爲屬道家，有人說是法家，也有說是儒家，似乎不把王充列入某家某派就無法評價他的學說。我認爲，不能簡單將其學說歸屬於先秦諸子某家某派行列，而應具體分析。每個歷史時期的思想意識雖然繼承了以往的思想遺產，但主要還是該時代的產物，是同時代的政治、經濟和科學技術水平的反映。王充學說也是如此，主要是對漢代政治、經濟、科學文化發展成果的理論概括；但從思想發展的繼承性來看，它與先秦諸子和漢代諸家的思想有一定的淵源關係。從上述王充對各家學說的揚棄可以看到，王充的學說，是在批判地總結了先秦儒、墨、道、法諸家思想以及漢初黃老之學、董仲舒新儒學、桓譚無神論思想資料的基礎上，經改造和發展建立起具有自己特點的新型思想體系。如果一定要給王充劃類歸派的話，那就只能劃歸「古代進步思想家」或者「唯物主義哲學家」這樣的大陣營去，而很難塞進道家、法家或儒家的框框裏面。

三

王充是我國思想史上第一個自覺地運用思想批判的武器——建立在唯物主義理論基礎上的「實事疾妄」方法論——批判各種無知妄說，總結歷史經驗的思想家。

王充的「實事疾妄」方法論，當然遠遠落後於我們今天所提倡的「實事求是」的唯物辯證法，帶有不少直觀的、形而上學認識論的雜質，但它卻是我國古代樸素唯物主義宇宙觀和樸素辯證法思想在哲學方法論上的理論概括，是當時比較科學的哲學方法論。這一方法論是王充以畢生精力凝聚的思想結晶，是我國古代思想寶庫中的一顆明珠。它對後代一些傑出的唯物主義哲學家如范縝、柳宗元、王夫之等人學說體系的建立都產生了重要的影響。直到近現代的章炳麟、陳獨秀，都曾運用王充的唯物主義無神論思想和「實事疾妄」的方法論，進行過批判封建主義、反對鬼神迷信、宣傳唯物主義的鬥爭。章炳麟曾高度評價說：「王充……作爲《論衡》，趣以正虛妄，審鄉背，懷疑之論，分析百端，有所發擿，不避孔氏，漢得一人焉，足以振恥！」❺這個評價是並不過分的。正由於王充學說及其「實事疾妄」精神具有進步性質和鬥爭鋒芒，它遭到了歷代封建正宗思想衞道者的攻擊。尤其是清代乾隆皇帝，讀了《論衡》之後，揮筆大罵王充是「背經離道，好奇立異之人」，把王充學說誣爲「非聖無法」、「亂世惑民」的「邪說」❻，這充分暴露了沒落腐朽的封建統治者對歷史上科學思想的仇視。如果王充生在清代，無疑要作文字獄的祭品了。

過去哲學史、思想史的研究中有一種偏見，似乎唯物主義者的思想方法論都具有形而上學的特徵，似乎中國的樸素辯證法思想都是唯心主義者所發展起來的。這是不符合中國思想史發展的

❺《訄書・學變》。

❻見《四庫全書》乾隆御批，〈讀王充「論衡」〉。

實際的。我們並不否認古代一些唯心主義哲學家具有樸素辯證法的思想（如《老子》、《易傳》的作者），也不否認有些唯物主義哲學家的方法論具有形而上學的特點（如荀況），但我們應當實事求是地承認並且認眞發掘古代一些重要的唯物主義思想家的樸素辯證法思想（特別是像王充、柳宗元、王夫之的辯證法思想，過去發掘得很不夠），應當總結他們的辯證方法論對其學說體系的建立所起的作用和對後世的影響。這並非有意將古人拔高，而是尊重歷史的實際。

誠然，由於歷史的和階級的局限，王充的學說以及反映這種學說根本特點的「實事疾妄」方法論還有著很大缺陷。王充學說的許多方面都存在著矛盾：他的自然觀是唯物主義的，但其社會歷史觀則是唯心主義的；他的認識論是唯物主義的，並具有樸素辯證法的特點，但又有直觀認識論的傾向；他的絕大多數文章勇敢批判了「天人感應」目的論和讖緯神學，但有時又承認「符命」、「瑞應」的存在而與目的論者殊途同歸；他的政治思想，既有揭露社會黑暗、不滿官僚豪強、同情人民疾苦的進步一面，又有歌頌封建統治秩序、否定人民反抗、宣傳安貧守命的落後一面。究其原因，主要是當時生產力和科學技術發展水平對人們認識客觀世界造成的局限，以及王充所處社會地位的二重性等等。正因如此，王充的「實事疾妄」方法論在實踐中就沒有、也不可能得到徹底的貫徹。他所「實」的「事」有時就不一定是客觀存在的事實，有的是傳聞，有的甚至是假象，如〈宣漢篇〉、〈恢國篇〉等文所舉漢代「祥瑞」便是道聽途說的假事；他所「疾」的「妄」有時也不一定是虛妄，或者確是虛妄而他批評錯了，違背科學的道理，如〈談天篇〉、

〈說日篇〉、〈言毒篇〉對當時天文學觀點批評和對自然現象的分析方面都有錯誤。綜觀《論衡》全書，凡是眞正貫徹了「實事疾妄」方法論的篇章，唯物主義觀點就表述得清楚，反之就出現謬論成爲糟粕了。對此，我們應作歷史唯物主義的具體分析，而非苛責前人。

（原載《學術月刊》，一九八三年第六期）

王充「效驗論」淺析

王充，是我國古代一位傑出的唯物主義思想家，他的唯物主義認識論思想，集中地反映在他的效驗論上。今天用歷史唯物主義的態度剖析王充的認識論思想，將有助於我們加深對實踐是檢驗眞理的唯一標準這一馬克思主義的基本觀點的理解。本文試就這個方面作一簡單剖析。

哲學上兩種認識論——唯物主義反映論與唯心主義先驗論——之間長期鬥爭的基本問題之一，是關於認識的起源和檢驗認識的標準問題。早在我國「百家爭鳴」的春秋戰國時代，就有「孔墨顯學」之爭。當時，以孔子爲代表的儒家學派，提出「生而知之者上也」，並以所謂「正名」論（《論語・子路》）作爲檢驗認識的標準，代表了唯心主義先驗論的一派。而墨家的認識論，則以客觀存在的世界爲認識對象，以人們的感官爲認識工具，從「必以衆之耳目之實知有與無」（《墨子・明鬼下》）和「非以其名也、以其取也」（《墨子・貴義》）的取實予名的觀點出發，進而提出以「三表立儀」作爲檢驗認識的標準（按：墨家的「三表」，即「本」、「原」、「用」）。其具體含義是：「上本之於古者聖王之事」；「下原察百姓耳目之實」；「發以爲刑政，觀國家人民之利」。墨家認爲這三者，是辨別「是非利害之言」的「儀」，卽標準。見《墨子・非命上》）。墨家這種主張是符合唯物論的反映論的，是在人類認識史上前進了一步。到了兩漢時代，董仲舒以及後來的讖緯迷信經學家們，繼承和發展了先秦儒家學派的「生而知之」論和「正名」論，給唯心主義先驗論又蒙上了一層神學迷信的外衣。而唯物主義者王充，就是在批判各種唯心主義無知妄說（特別是董仲舒的神學唯心主義和漢代讖緯學）的戰鬥中建立了唯物主義宇宙觀，並用唯物主義認識論去反對唯心主義先驗論。

王充「效驗論」的基本內容，概括起來有二：一是在認識起源問題上，主張認識來源於客觀世界的「實事」，人們認識世界、獲得知識的道路，必須從「耳聞」、「目見」、「口問」等感性認識開始，經過理性的「心意」加工推察，才能達到正確的認識，獲得眞實的知識；二是在檢驗認識的標準上，認爲檢驗一切認識是否正確，辨別各種知識的眞僞標準，必須是客觀實事的「效」和「驗」。

關於認識的起源，卽人們的認識是怎樣產生的？知識是怎樣得來的？對這個問題，先秦儒家學派提出了「聖人生而知之」的唯心論觀點，漢代神學唯心主義者董仲舒及《白虎通》經學大師們進一步加以發揮，胡說「聖人」就是「神人」，是「與神通精」，「皆天所生」的「生而知之者」，能夠「前知千歲，後知萬世，有獨見之明，獨聽之聰，事來則名，不學自知，不問自曉。」（轉引自《論衡・實知篇》）王充痛斥了這些「虛妄之言」。他寫道：「天地之間，含血之類，無性（生）知者。」又說：「兒始生產，耳目始開，雖有聖性，安能有知？」（《論衡・實知篇》）這就告訴人們：天下並沒有生而知之的人，卽便是所謂「聖人」，他剛出生時，沒有同外界接觸，雖然有聰明的資質，也不會有天生的知識。王充還在〈實知篇〉中舉出十六例，駁斥了所謂聖人「神而先知」的胡謅，驗證他的「聖人不能先知」（《論衡・實知篇》）的道理。例如，顏淵燒飯時，發現灰塵落進飯裏，出於尊敬老師的好意而把髒飯吃掉，但孔夫子卻誤以爲自己的學生在偸飯吃；又如孔子遭遇匡人圍困之事，他不能預料災禍進行躲避，結果弄得狼狽不堪，如此等等，都證明「聖人不能先知」。王充的結論是：不學自知、不問自曉的聖人，是古往今來從未見過的。這就根本否定了唯心主義的「生知」論。

但是，王充並沒有不加分析地全盤否定儒家的認識論觀點。他在反對「生而知之」論的同時，卻正確地繼承和發揮了孔子的「學而知之」主張。王充認爲，後天的「學」和「問」對於人們知識的獲得具有決定性作用。他說：「人才有高下，知物由學，學之乃知。」「知無以知，非問不能知也。」（《論衡・實知篇》）也就是說，人們對事物的了解，人們的知識才能，並非先天就有，而是通過學和問以後獲得的；要想知道原來不了解的東西，如果不去請教別人是無法知道的。因此，王充斷言：「可知之事，思慮所能見也，不可知之事，不學不問不能知也……故智能之士，不學不成，不問不知。」（同上）

既然一切認識都不是「生而知之」，而是學之問之而後知的，那麼，認識過程又是怎樣呢？

王充的效驗論，非常重視感覺經驗對於認識事物的重要意義。他認爲，耳聞、目見等感覺現象是人們認識事物的首要條件，是認識的基礎；人們要獲得知識，首先要靠耳、目等感官與外界接觸，才能了解事物眞相。他說：「聖賢不能性知，須任耳目以定情實」，「如無聞見，則無所狀」，「不目見口問，不能盡知也。」（同上）他舉例說：如果叫一個人站在牆東，而叫聖人立於牆西默聽，聖人能講得出此人的黑白短長、姓名籍貫嗎？顯然不能，因爲「聖人」同普通人一樣，認識事物需要耳聞、目見、口問才能了解事物全貌。光是耳聞還不行，還要目見、口問，才能知道一個人的黑白、短長、姓名、籍貫等全部實際情況。王充舉出這個生動例子，這就充分肯定了感性認識的重要。

但是，王充的效驗論，並沒有到此止步。它還包括了認識過程中的第二階段，即理性認識階段。王充已經正確認識到，人們的認識不但要「用耳目論」，還要「以心意議」，即認識不能停留在感覺經驗上，還必須經過思維加工才能認識事物的眞實面目，認識事物的本質。他在批評墨家唯物認識論的片面性時指出：「夫論不留精澄意，苟以外效立事是非，信聞見於外，不詮訂於內，是用耳目論，不以心意議也。夫以耳目論，則以虛象爲言，虛象效則以實事爲非。是故是非者，不徒耳目，必開心意。墨議不以心而原物，苟信聞見則雖效驗彰明，猶爲失實。」（《論衡・薄葬篇》）這段話非常重要，可以說是王充唯物認識論的精華部分，它既概括了王充認識論的基本觀點，又劃清了同墨家直觀認識論的界限，證明了王充對於唯物認識論的理論水平，已經遠遠超出了他的前人。這裏所說的「留精澄意」是指透過事物的表象去提取事物的本質，是去僞存眞、去粗留精的理性認識過程；所說「外效」「虛象」就是事物的表面現象或假象；所說「用耳目論，不以心意議」是指單純依靠感官認識去評論事物而不懂得在感性認識基礎上，通過邏輯思維去推理加工，把認識上升到理性的高度；所說「以心而原物」是指通過思維器官的加工去分析還原事物的本來面目。從這段話中，我們可以淸楚看到王充是主張將感性認識上升到理性認識，主張通過思維器官的加工對感性材料去僞存眞、去粗留精以判斷事物的是非曲直，揭示事物的本來面目的。這比起墨家所說的「請（誠）或聞之見之，則必以爲有；莫聞莫見，則必以爲無」（《墨子・明鬼下》）的直觀認識論來，顯然是前進了一大步。正因爲有這樣的進步，所以王充能從比較徹底的無神無鬼論的理論高度出發去提倡薄葬主張。王充認爲，人死之後，精氣散滅，形體腐朽，根本不會變鬼，也不能害人；所謂「見鬼」現象是迷信有鬼的人們生病後內心恐懼、胡思亂想而產生的幻覺，是「目虛見」的假象，並非眞正有鬼；因此，因迷信鬼神而大搞厚葬是有害無益的，應該在宣傳無鬼論的同時實行薄葬。然而，墨家對於所謂「見鬼」現象卻不能作出正確解釋，而是把「聞之見之」的虛假現象當作眞象，以爲眞的有鬼，主張「敬天祐鬼」，所以墨家雖然提倡薄葬，但顯然與他們的「有鬼」論相矛盾，不可能令人信服。王充認爲這就是墨家的「節葬」主張得不到推行的原因。

王充還從認識論的角度來解釋所謂「聖」與「賢」。他認爲，所謂「聖賢」無非是比普通人聰明一點罷了，之所以能比普通人高明，是因爲他們能根據人們的感覺經驗、透過事物表面現象去考察事物各個方面，加以推理判斷從而找出規律性（卽所謂「案兆察跡，推事原類」），是因爲他們能從研究事物苗頭和起源而推論分析其他相類似的事物，從而找出事物發生的原因和預知其未來發展的結果（卽所謂「揆端推類，原始見終」），而並非他們是什麼神秘的「先知」，有什麼超人的「達視洞聽之聰明」（《論衡·實知篇》）。這樣，就破除了人們對於「聖賢」們的盲目崇拜，打碎了籠罩在「聖賢」頭上的迷人的「光圈」。

關於檢驗認識的標準問題，王充也提出了他自己的見解。既然「知」的獲得須從「耳聞、目見、口問」開始，再經過「心意」的「議」「推」「揆」「原」等加工製作功夫上升爲理性認識，那麼，這種「知」是否正確、是否眞正的「實知」呢？用什麼去檢驗「知」的「虛實」呢？王充認爲，客觀事實的「效驗」就是檢驗認識（「知」）虛實眞僞的標準。他在〈知實篇〉中的第一句就說：「凡論事者，違實不引效驗，則雖甘義繁說，衆不見信」，又說：「事有證驗，以效實然」。可見，王充所講的「效驗」，基本意思就是主張用客觀事物或者現象本身的效果和證據，來判斷和證明人們對事物的認識是否正確，是否符合實際。如果不依據事物或現象的效果和證據去驗證是非，卽便是聖賢也不能定虛實。因此，王充堅決反對那些俗儒們「論事不引效驗」、喜歡「增益其事」的主觀主義態度，而提倡「實事疾妄」的唯物主義態度。

王充的「實事疾妄」精神，是他的「效驗」認識論的根本特點。他在〈佚文篇〉中總結《論衡》的宗旨時寫道：「『《詩》三百，一言以蔽之，曰：思無邪。』《論衡》篇以十數，亦一言也，曰：疾虛妄。」在《對作篇》中，王充在闡明寫作《論衡》的動機時，寫道：「是故《論衡》之造也，起衆書並失實，虛妄之言勝眞美也。故虛妄之語不黜，則華文不見息，華文放流，則實事不見用。」因此，他在篇末總結說：「《論衡》實事疾妄……無誹謗之辭。」在《語增篇》中，王充指出：「凡天下之事，不可增損。考察前後，效驗自列。自列則是非之實有所定矣。」這幾段話都表明了王充是主張以客觀實事的效驗來檢驗認識是否正確，並判定事物的「是非之實」的，是反對各種弄虛作假的主觀唯心主義態度的。這就是一種實事求是的科學態度。王充在《論衡》中，在分析各種自然現象之因果、辨別各種傳說之眞僞、評論各家學說之是非、批判各種迷信之虛妄的時候，就是本著這種實事求是的態度，他所採取的根本方法就是「方比物類」、「明於有效，定於有證」（分見《論衡．薄葬篇》）的求實方法。例如對雷電的認識，唯心主義者認爲雷電毀樹傷人是因爲老天「發怒」，或者說是「天取龍」（《論衡．雷虛篇》）。王充通過自己對被雷擊折的樹木、燒毀的房屋、擊殺燒焦的屍體等現象的多方面觀察、驗證，再經過對自然界陰陽之氣變化運動的分析、研究、推理、判斷，然後得出了「雷者，火也」、「雷爲天怒，虛妄之言」（同上）的正確結論。這說明，檢驗認識的正確與否，判斷事物的是非曲直，必須重視「效驗」。如果論事不重效驗，那就只能人云亦云、跟在聖賢及讖記、緯書的屁股後面，大談那些迷信虛妄之言了。

總之，王充的效驗論，在認識起源問題上，是以客觀存在為第一性，主張認識來源於實際、依賴於存在，並且包含著從感性認識到理性認識兩個階段；在檢驗認識的標準問題上，主張用客觀實事的效果和證驗去檢驗認識的眞僞，而反對主觀臆想。王充效驗論的根本特點就是主張實事求是、反對虛妄迷信。這種注重效驗的認識論，是唯物主義的認識論，是和他的唯物主義宇宙觀一致的，是王充哲學唯物主義思想的重要組成部分。

王充在哲學唯物主義理論尤其是認識論方面，比起他的前人墨翟、荀況、揚雄、桓譚來，顯然是前進了。他之所以能達到比他的前人較高的水平，有其主客觀的原因。首先，王充所處的時代，正是我國東漢社會的前期，是經過王莽之亂和西漢末年農民大起義之後人民需要休養生息的時期，是政治上相對穩定、社會經濟得以恢復和發展的時期，是鐵製農具和牛耕進一步推廣、促使南方經濟以較快速度發展的時期。生產力的發展，又進一步促進了自然科學的發展。這爲王充唯物主義宇宙觀的建立，提供了物質基礎和豐富養料。其次，王充出身於一個受到豪家大族排擠和兼併而逐漸走向破產的中小地主階級家庭，他雖在封建統治機構的中下層當過幾任州縣小吏，但懷才不遇，政見不進，最終還是因和豪族、官僚不能合作而被迫辭官，以至「廢退窮居」（《論衡·自紀篇》）。這樣的社會經歷使他在一定程度上看到了封建社會的政治黑暗，統治集團的腐敗無能，從而培養了他對社會現實一定程度的不滿和反抗精神。加上當時社會上神學唯心主義十分猖獗，讖緯迷信說教到處泛濫，搞得思想界一片混亂。烏煙瘴氣。這更使王充「心漬湧，筆手擾」（《論衡・對作篇》），促使他拿起憤世疾俗的直筆，運用唯物主義的武器，向著各種虛妄、迷信的唯心主義學說發動攻擊。這是形成王充唯物主義思想的社會條件。第三，王充是個勤奮好學的人，從小就讀於「書館」，青年時又到京都洛陽遊學，「受業太學，師事扶風班彪，好博覽而不守章句……遂博通衆流百家之言。」（《後漢書・王充傳》）因而使他能總結和吸取前人的研究成果，批判地繼承各家學說的精華。他又是一個不信迷信，富於求實精神的人，親自進行了許多科學觀察（如對日食、月食、雷電等自然現象均有精細觀察）並參加了一些社會實踐，更加培養了他的「疾虛妄、定眞是」和「詮輕重之言、立眞僞之平」（《論衡・對作篇》）的科學精神和嚴謹態度。這爲王充唯物主義學說的建立提供了良好的主觀條件。由此可見，王充的唯物論哲學，不是「無源之水，無本之木」，而是他那個歷史時代的產物，是有其產生的客觀必然性和主觀可能性的。

王充的效驗論，雖然是唯物主義的認識論，但是，由於歷史條件的限制和剝削階級偏見的影響，必然帶有這樣那樣的局限性和不徹底性。他的效驗論是缺乏辯證性的，仍然是直觀的，形而上學的認識論。他只看到認識來源於實踐，依賴於實踐的某些側面，而沒有看到認識對實踐的能動作用，沒有正確解決認識與實踐的辯證關係；他只認識到要用客觀的效驗去檢驗認識的是非眞僞，但卻不了解人民羣衆社會實踐的偉大作用。因此，他在認識事物時往往會走極端，有時就片面強調感覺經驗，把現象當作本質。例如，他機械地認爲天體與地體一樣。他說：「天平正與地無異」（《論衡・說日篇》）；有時又片面強調書本理論的作用，而看不到千百萬人的社會實踐是獲得正確認識的源泉，如認爲「賢儒之力」高於農夫、工匠之力，「筋骨之力不如仁義之力」（《論衡・效力篇》）這說明了王充認識論的直觀性、片面性和階級局限性。

毛澤東在〈實踐論〉中，非常正確地批評了舊唯物主義者在認識論上的片面性，指出「哲學上的『唯理論』和『經驗論』都不懂得認識的歷史性和辯證性，雖然各有片面的眞理（對於唯物的唯理論和經驗論而言，非指唯心的唯理論和經驗論），但在認識的全體上則都是錯誤的。」正確地解決認識和實踐的辯證關係及其運動規律，並把認識論變爲認識世界、改造世界的強大科學思想武器，只有在馬克思主義哲學——辯證唯物主義和歷史唯物主義產生以後才成爲現實。

（原載《社會科學研究》，一九八〇年第三期）

王充是唯物主義的「元氣自然」論者

周桂鈿同志的文章〈王充是氣(元氣)一元論者嗎?〉(《人民日報》,一九八一年一月二十六日,下稱周文。)涉及到對王充宇宙觀性質的評價以及對其宇宙觀如何正確表述的問題。已經出版的某些論著的提法確實不夠準確,如講「王充認爲宇宙的本原是元氣」,「天地是元氣的產物」,就有曲解王充原意之嫌。因此,周文對這些說法提出批評,有一定道理。但是,周文只限於提出批評,並沒有正面回答「王充的宇宙觀是什麼」的問題;而且周文所說「在王充看來,天地比氣更根本,天地是氣的本原,氣是天地的產物,一切氣都是從屬於天地這個體的」的觀點,也不一定恰當,因此提出如下商榷意見。

首先,我們應當看到,王充所論的天地是有不同層次的,有局部與整體、有限與無限之區分。當他說「夫天者,體也,與地同。天有列宿,地有宅舍;宅舍附地之體,列宿著天之形」(〈祀義篇〉,本文凡引《論衡》,均只注篇名),「天體,非氣也」(〈談天篇〉)時,指的是有限的、局部的天,不是無形的物質之氣,而是有形的物質之體;當他說「天地,含氣之自然也」(〈談天篇〉)、「天地合氣,萬物自生」(〈自然篇〉)時,實際上指的是運動著的、無限廣遠的宇宙,是「合氣」的自然物質,是無形的「元氣」與有形的天體(列宿)和地體(土地宅舍)的結合。因此,這後一個層次的「天」或「天地」比前一個層次的「天」和「地」要更高一級。我們在分析王充的宇宙觀時,不能把兩個不同層次的天地混爲一談,更不能依據王充對較低層次的「天」、「地」的論述就判定王充所說的天、地都是「體」而不是「氣」。周文恰恰是在較低層次上分析王充的宇宙觀的,因此得出了「王充認爲天地都是體,而不是氣」,「氣從屬於體」的看法。這就片面地理解了王充的思想。

第二,關於「天地」與「氣」的關係以及何者爲本原的問題。王充多次在《論衡》中說過「天地含氣」、「天地合氣」、「天地施氣」一類話,卻從來沒有說過「天地生氣」或「天地是氣的本原」這樣意思的話。在王充看來,天、地、氣是自古以來就自然存在的物質,它們沒有先生、後生、互爲本原的問題。他說:「天地,含氣之自然也。」(〈談天篇〉)又說:「天地不生,故不死……唯無終始者,乃長生不死。」(〈道虛篇〉)據此,我們只能把王充所說的「天地」理解爲整個宇宙,在這個宇宙中,有氣,也有日月星辰、土木宅舍、人獸蟲魚等自然萬物,氣包含在天地(即宇宙)之中,天地乃是含氣的自然界。在這裏,王充實際上說明了「世界是統一的」,「世界的統一性在於它的物質性」的唯物主義觀點。在當時歷史條件下,王充吸取了道家「自然無爲」的思想而拋棄了道家的唯心主義成分,把「含氣之自然」的天地當作本原,已經正確地回答了哲學最高問題而歸屬於唯物主義陣營，何必還要畫蛇添足地讓王充在「天地」與「氣」之間再找出一個本原呢？因此周文所說「在王充看來天地比氣更根本，天地是氣的本原，氣是天地的產物，一切氣都是從屬於天地這個體的」這一觀點，恐怕是不符合王充的原意的。

第三，元氣（氣）理論在王充宇宙觀中的地位。王充雖然沒有講過「元氣是宇宙的本原，天地是元氣的產物」，也不認爲「天地是氣的本原」，「一切氣都從屬於天地這個體」，但是，氣、元氣這一哲學範疇，在王充的哲學體系中並不是可有可無的普通詞滙，而是占有很重要的地位的。《論衡》中關於氣、元氣有一系列論述，如「萬物之生，皆稟元氣」（〈言毒篇〉），又說人和萬物都是「因氣而生，種類相產」（〈物勢篇〉）、「人未生，在元氣之中；既死，復歸元氣。元氣荒忽，人氣在其中」（〈論死篇〉）、「人稟氣於天」、「且物之變，隨氣也」（〈無形篇〉）等等，可見在王充的思想中，元氣雖然不是人和萬物本身，但卻是構成人和萬物最基本的元素，它是一種普遍的、微細的物質，比起自然界一切其他具體的物質更普遍、更基本。也就是說，元氣是構成整個物質世界（王充稱之爲「天地」）的基本物質元素。從這個意義上說，認爲王充的宇宙觀是唯物主義的元氣論恐怕沒有什麼錯誤。

我認爲，把王充的宇宙觀概括爲「唯物主義的元氣自然論」也許更合適一些。

（原載《人民日報》，一九八一年二月十九日）

王充的無神論與五四時期的反迷信鬥爭

王充，是傑出的唯物主義思想家。他的無神論思想，在中國哲學史上煥發出不滅的光輝，給予後代進步思想家以巨大影響。南梁時代著名的唯物主義者范縝所著《神滅論》，就繼承和發揮了王充的無神論思想。近代資產階級思想家章炳麟，也頗受王充無神論的影響，他高度評價王充寫作《論衡》是「趣以正虛妄，審鄉背，懷疑之論，分析百端，有所發擿，不避孔氏，漢得一人焉，足以振耻！至於今，未有能逮者也。」❶直到五四時期的新文化運動中，王充的無神論思想對當時思想界仍有重要影響，它對於革命民主主義者反對封建迷信、批判反動「靈學」的鬥爭起了積極的推動作用。

王充的無神論思想，建立在他的唯物主義宇宙觀——「元氣自然」論和唯物主義認識論——「效驗」論的基礎之上。他認爲「天地」（卽宇宙）是「含氣之自然」，既無知，也無爲❷。這

❶《訄書・學變》。

❷《論衡・自然篇》。

就肯定了自然界的物質性，從根本上否定了有神論的理論前提。他還認爲辨別一切事物的虛實、檢驗一切認識的眞僞的唯一標準，就是客觀事物本身的效果和證驗（卽所謂「效驗」），對於「鬼神」亦然，必須用「方比物類，明於有效，定於有證」❸的方法定其虛實有無。從這一唯物主義理論出發，王充堅信各種宣揚鬼神迷信的主張都是「虛妄之言」，不可能得到絲毫驗證。本文限於篇幅，不打算全面論述王充的無神論思想，僅就其無神論的內容之一——無鬼論及其對五四時期反迷信鬥爭的影響，作一簡單介紹與分析。

王充的無鬼論思想，立基於唯物主義的「形神」一元論。他繼承兩漢之際的無神論者桓譚的「精神居形體，猶火之燃燭……燭無，火亦不能獨行於虛空」❹這個生動比喻，指出：「人之死，猶火之滅也。火滅而耀不照，人死而知不慧，二者宜同一實。」❺在此基礎上，王充提出了「天下無獨燃之火，世間安得有無體獨知之精」❻的著名無神論哲學命題。這一命題闡明了精神對物質形體的依賴關係，否定了形神相離的二元論，從而也否定了有鬼論的理論依據。王充在《論衡》的〈論死篇〉、〈死僞篇〉、〈訂鬼篇〉諸篇中，主要從四個方面論證了無鬼論，批駁了有鬼論：第一，人和萬物一樣，都是自然界的產物，「人生萬物之中，物死不能爲鬼，人死何

❸《論衡・薄葬篇》。
❹《新論・形神》。
❺❻《論衡・論死篇》。

故獨能爲鬼？」❼他認爲，「人之所以生者精氣也……能爲精氣者血脈也。人死血脈竭，竭而精氣滅，滅而形體朽，朽而成灰土，何用爲鬼？」❽也就是說，人活著是由於血脈所生的精氣（按：王充所謂「精氣」，指的是人的生命力，是細微的物質之氣，並非現在意義上的「精神」）支持，人死之後，血脈枯竭，精氣散滅，形體腐朽，拿什麼東西去變鬼呢？顯然不能變鬼。第二，既然人死精氣滅，不能爲鬼，也就無知。因爲，「人之所以聰明智慧者，以含五常之氣也。五常之氣所以在人者，以五藏（臟）在形中也。……人死五藏腐朽，腐朽則五常無所托矣，所用藏智者已敗矣，所用爲智者已去矣。」❾可見人死後連貯存知識和起知覺作用的物質器官都已不復存在，當然也就沒有知覺了。第三，既然人死無知，不能變鬼，也就不能害人，因爲害人須有氣力，但人死後，「骨朽筋力絕，手足不舉……何以能害人也。」❿第四，關於「鬼」之形象問題，有鬼論者認爲鬼像活人一樣，有形體，也有衣帶被服。王充駁斥說：「今人死，皮毛朽敗，雖精氣尚在，神（按指精神）安能復假此形而以行見（現）乎？」⓫顯然，「鬼」是不能借死人之形出現的。再則，假設人死後精神能變鬼形，那麼人們所見之鬼應該「徒見裸袒之形，無爲見衣帶被服也」⓬，因爲衣服無精神，人死後衣服與形體一同腐爛了，「鬼」又怎能穿戴起來？

王充還從醫學角度解釋所謂「見鬼」現象，認爲那是由於人們生病後精神恐懼、胡思亂想而

❼《論衡・死僞篇》。

❽❾❿⓫⓬《論衡・論死篇》。

產生的幻覺。他指出：「凡天地之間有鬼，非人死精神爲之也，皆人思念存想之所致也。致之何由？由於疾病。人病則憂懼，憂懼見鬼出，……故得病寢衽，畏懼鬼至，畏懼則存想，存想則目虛見。」⑬這種解釋，是符合科學的見解。

王充在同有鬼論鬥爭中，對當時盛行的祭祀、卜巫、厚葬等種種迷信活動都給予猛烈抨擊，指出搞迷信旣祈求不到幸福，也解除不了禍患，完全是徒勞無益的蠢行。他說：「夫論解除，解除無益；論祭祀，祭祀無補；論巫祝，巫祝無力。竟在人不在鬼，在德不在祀，明矣哉。」⑭這段話，是對有鬼論的批判，也是對統治者的勸戒，它希望統治者注重人事、謹修德政，而不要提倡鬼神迷信，欺人自欺，反映了王充進步的政治思想。

總之，兩千年前的王充，能在封建專制當道、鬼神迷信肆虐的東漢時代，堅持唯物主義無神論的觀點，與各種封建迷信展開堅決鬥爭，這種精神難能可貴，具有進步的歷史作用。

但是，唯心主義並沒有因爲唯物主義的批判而放棄陣地，鬼神迷信也沒有因爲無神論者的反對而消聲匿跡。在中國近代思想史上，無神論與鬼神迷信思想的鬥爭，在五四新文化運動時期，又揭開了新的一頁。

辛亥革命以後，袁世凱於一九一五年底上演了一場「洪憲帝制」的復辟醜劇。袁世凱垮臺

---

⑬《論衡・訂鬼篇》。

⑭《論衡・解除篇》。

後，辮子大帥張勳與南海先生康有爲又合夥演出了扶植淸帝復位的短命劇。繼之而來的，是軍閥混戰的黑暗政治時期。與此同時，在思想文化領域則沉渣泛起，社會上出現了「孔敎會」、「靈學會」等名目繁多的反動社團，它們狂熱鼓吹封建復古，宣揚鬼神迷信，形成一股攻擊新文化、反對民主與科學的逆流。當時，在宣傳有鬼論、鼓吹鬼神迷信的喧囂聲中，尤以上海靈學會及其會刊《靈學叢誌》最爲起勁。

靈學會成立於一九一七年秋，至一九二〇年秋自行停閉，前後開張營業三年，會內開設了「盛德壇」，專搞扶乩問鬼的迷信活動，還於一九一八年一月創辦了迷信刊物《靈學叢誌》，並在《上海時報》接連刊登廣告，以鼓吹「靈學」、宣傳有鬼論、反對科學爲宗旨，妄圖對抗正在興起的新文化運動，爲挽救垂死的舊制度效勞。

靈學會的迷信活動及其荒謬理論，理所當然地遭到了新文化運動的旗手——《新青年》的迎頭痛擊。於是在五四運動前夕，中國思想界經歷了一場科學反對迷信、無神論反對有鬼論的尖銳的思想鬥爭。在論爭中，王充無神論思想對論戰雙方都有著顯著影響。這種影響，從新文化運動方面說，主要反映在陳獨秀的〈有鬼論質疑〉⑮、劉叔雅的〈難易乙玄君〉⑯和易白沙的〈諸子

⑮ 載《新靑年》卷四，第五號。

⑯ 載《新靑年》卷五，第二號。

無鬼論〉⓱等文章中；從靈學派方面說，主要反映在《靈學叢誌》主編俞復、丁福保之流的文章以及易乙玄的〈答陳獨秀先生「有鬼論質疑」〉⓲等文章中。

從一九一八年一月到四月發行的四期《靈學叢誌》看，共發表各種文體的鬼神論文章一百五十多篇，詩詞一百四十多首，有的是假托古代「聖賢」、「仙佛」、「名人」、「祖師」的鬼魂所寫的「乩錄」、「乩詩」和「判詞」，有的是以當時那些靈學會成員或政界、學界人士署名的論述「靈學」、「扶乩學說」、「有鬼論」的文章和詩詞，甚至還有民國大總統黎元洪爲《靈學叢誌》的題字「暗室靈燈」手跡。這許多鬼文、鬼詩，都從不同角度宣揚鬼神迷信，欺騙和愚弄人民（其中有不少文章直接反駁了王充的無神無鬼論）。尤其是身爲靈學會發起人和《靈學叢誌》主編的俞復、丁福保二人所寫的〈答吳稚暉書〉和〈我理想中之鬼說〉⓳更是臭名昭著、荒謬絕倫（例如俞復在〈答吳稚暉書〉中胡說「鬼神之說不張，國家之命遂促」，丁福保在〈我理想中之鬼說〉中宣傳「人死爲鬼，鬼有形有質，雖非人目之所能見，而禽獸等則能見之」）。然而，《靈學叢誌》這類鬼文鬼詩，實在是像劉半農所說的「作僞之程度太低，洋洋數十萬言之雜

⓱ 載《新青年》卷五，第一號。

⓲ 載《新青年》卷五，第二號。

⓳ 二文均見《靈學叢誌》第一期。

誌，僅抵得《封神傳》中『逆畜快現原形』一語！」⑳，經過《新青年》卷四第五號（一九一八年五月十五日發行）發表的幾篇文章一駁，也就原形畢露、臭不可聞了。於是，自稱「平日主有鬼論甚力」並有「靈學」專著的易乙玄跑了出來，發表〈答陳獨秀先生「有鬼論質疑」〉一文，對支離破碎的有鬼論進行修補，文中特別攻擊了王充的無鬼論，並攻擊陳獨秀的〈有鬼論質疑〉是剽竊了王充《論衡》中的思想。

陳獨秀在〈有鬼論質疑〉中說：「鬼若有質，何以不占空間之位置而生障礙、且爲他質之障礙？」這一見解，確是受了王充〈論死篇〉中一段話的啓發，易乙玄也看出了近代無神論者與古人思想的聯繫，因此反駁陳獨秀說：「此不必陳先生再說，二千年前王充論之詳矣。充之言曰：『天地開闢，人皇以來，隨壽而死。若中年夭亡，以億萬數計，今人之數不若死者多。如人死輒爲鬼，則道路之上一步一鬼也。人且死爲鬼，宜見數百千萬，滿堂盈庭，塡塞巷路，不宜徒見一二人（鬼）也。』我著《心靈學》一書，有駁他此文的一段，今照錄如左：充此論更爲不值……其界說殊不明瞭……」自然，易乙玄駁王充的話，是滿紙胡言、毫無根據的，這裏恕不詳引。

陳獨秀在〈有鬼論質疑〉中還說：「鬼旣非質，何以言鬼者，每稱其有衣食男女之事，一如物質的人間耶？」這亦與王充駁斥「鬼之衣帶被服」說的思想如出一轍。易乙玄又抓住這條加以

⑳ 〈隨感錄·斥靈學叢誌〉，載《新青年》卷四，第五號。

攻擊：「此條又是王充說過的，陳先生是事事主張改良，何必落古人的窠臼！《論衡・訂鬼篇》（按：應爲〈論死篇〉，易文錯引）曰：『夫爲鬼者，人謂死人之精神。如審鬼者死人之精神，則人見之，宜徒見裸袒之形，無爲見衣帶被服也。何則？衣服無精神，人死與形體俱朽，何以得貫穿之乎？……安能自若爲衣服之形？』陳先生所說，不過範圍稍廣，其實不值一駁。《國故論衡》上說道：『文德之論，發諸王充《論衡》，楊遵彥依用之，而章學誠竊焉。』可套之曰：『鬼之衣服之說，發諸王充《論衡》，范縝依用之，而陳獨秀竊焉。』」

從以上所引易乙玄的話可以看出，靈學派對於古今無鬼論，頗懷切齒之恨而盡其攻擊之能事。對於這種攻擊，《新青年》作了義正辭嚴的反駁。劉叔雅的〈難易乙玄君〉指出：「陳先生之說，與王充〈訂鬼篇〉之文，何以不值一駁？易子又何妨試一駁之……王充爲東漢鴻儒，其思想學識不特爲中夏古代所稀見，即歐洲近世亦鮮其儔匹。」在這裏，新文化運動的啓蒙者對古代唯物主義者王充的思想成就作出了高度評價。

當時另一個積極投身於反封建反迷信鬥爭的進步學者易白沙，在《新青年》發表的〈諸子無鬼論〉，對我國古代思想家的無神無鬼論思想作了較系統的論述，也對王充的無鬼論思想作了高度評價。他寫道：「至於王充，則從物理上辯明無鬼，謂世俗言鬼神狀態，皆不足信。……諸子中惟王充反覆討論，不厭詳晰，又有〈龍虛篇〉證龍神之誕，〈雷虛篇〉駁雷神之妄，今世科學大明，其言益信。王充以後，晉有阮瞻、阮修執無鬼論……其言鬼無衣服，亦同王充。」

綜上所述，五四時期新文化運動進行的反對迷信、批判靈學和有鬼論的鬥爭，同古代無神論反對有鬼論的鬥爭之間，有著一定的思想淵源與繼承關係。論爭的雙方，都引用了王充的無鬼論作爲反駁對方的論據。所不同的是，近代靈學派是站在王充無神論思想的對立面，掇拾近代西方唯心主義神靈學的牙慧，混古今中外迷信思想於一爐以反對科學、反對新文化運動；而以《新青年》爲代表的近代無神論者則擁護和繼承了王充的無神論思想，並且運用近代自然科學知識與唯物主義理論去反對鬼神迷信，宣傳科學知識。

從近代靈學派和近代無神論者對待王充無神論思想的兩種截然相反的態度上，說明了什麼問題呢？

首先，它說明鬼神迷信這個意識形態的怪物，對於人們思想的影響和毒害，是由來已久、根深蒂固的。在我國長期封建社會中，封建統治階級爲了鞏固自己的統治和鎭壓人民的反抗，竭力宣揚「天命」論，鼓吹「神道設教」，用鬼神迷信思想和種種迷信活動愚弄和麻醉勞動人民，妄圖使人民拜倒在鬼神腳下，甘受自翊爲代表「天意」「神道」的統治者奴役宰割。因此在封建社會中，迷信鬼神的神權成了專制主義君權的幫兇，成了壓迫人民的工具。形形色色的鬼神迷信理論實際上構成了封建主義的一個重要部分。而在近代半殖民地半封建的中國社會，封建主義的經濟基礎並沒有從根本上被推翻，封建主義的意識形態也繼續占據統治地位。但是隨著民主革命的深入發展，特別是新文化運動的蓬勃興起，封建專制主義的意識形態受到了批判和挑戰，這使那些封建頑固勢力感到恐慌，他們從維護本階級統治的反動本性出發，必然借助於鬼神迷信這個唯心主義的思想武器，以阻止中國人民的覺醒。因此，作爲封建主義勢力代言人的靈學派，跳出來大叫大嚷「鬼神之說不張，國家之命遂促」、鼓吹「神道設教」，並且極力詆毀古代無神論思想和咒罵近代無神論者的宣傳，也是毫不足怪的。這從反面證明：批判鬼神迷信，宣傳無神論思想和科學知識，是批判封建主義的鬥爭的一項重要內容，是資產階級民主革命在思想戰線上的一項重要任務。當時，新文化運動的許多有識之士，已經初步認識到批判靈學、反對鬼神迷信鬥爭對於反封建政治鬥爭的重要意義。他們揭露了靈學派宣揚鬼神迷信的極大危害，指出其「害之所極，足以阻科學之進步，墮民族之精神。」㉑認爲「自古諸族，但有以篤信鬼神亡國者，未聞可以救亡者。」㉒他們嚴厲批判了靈學派主將俞復之流的謬論，例如魯迅在以「唐俟」筆名發表的雜文㉓中指出：「《靈學叢誌》內俞復先生〈答吳稚暉書〉裏說過：『鬼神之說不張，國家之命遂促』，可知最好是張鬼神之說了。鬼神爲道德之根本，也與張天師和仿古先生的意見毫不衝突……據我看來，要救治這『幾至國亡種滅』的中國，那種『孔聖人張天師傳言由山東來』的方法是全不對症，卻只有這鬼話的對頭的科學。」魯迅的話，有力抨擊了封建頑固勢力以鬼話惑衆，

㉑ 劉叔雅，〈難易乙玄君〉。
㉒ 易白沙，〈諸子無鬼論〉。
㉓ 載《新青年》卷五，第四號。

與科學為敵，妄圖張鬼神之說以挽救舊制度滅亡的反動立場，提出了用科學救治處於帝國主義、封建主義雙重壓迫下而「幾至國亡種滅」的中國的理想。儘管單靠科學還不能救國，但這一思想在當時反封建、反迷信的鬥爭中是積極進步的，它代表著追求眞理、謀求改革的中國進步知識界的積極傾向，反映了廣大中國人民要求擺脫半殖民地半封建統治、謀求國家獨立富強的迫切願望。

其次，王充無神論思想在近代思想史上的積極影響，再一次說明了批判地繼承古代優秀文化遺產的重要意義。我國古代有許多進步的唯物主義思想家（如桓譚、王充、范縝等），他們的戰鬥無神論思想不僅對當時，而且對以後歷史上破除迷信、解放思想的鬥爭都有著重要作用。我們今天已經推翻了封建主義舊制度，進入了社會主義社會，但是封建主義思想的流毒並未肅清，宗教迷信、鬼神迷信的影響還廣泛存在，在某些地區，又有重新泛濫的趨勢。作為一個信奉無神論的理論工作者，不僅自己不能迷信鬼神，而且應當義不容辭地自覺向人民進行無神論的宣傳教育。這種宣傳，應當是生動活潑、充分說理的，不應是枯燥無味、單調死板的。馬克思主義的辯證唯物主義，是進行無神論宣傳教育的主要理論武器。但是單靠馬克思主義還不夠，還必須借鑒古人的經驗，利用以往歷史上的寶貴思想資料。

恩格斯曾經說過，要在人民中宣揚無神論，把神打倒，「那麼最簡單的做法就是設法在工人中廣泛傳播上一世紀卓越的法國唯物主義文獻。這些文獻迄今為止不僅按形式，而且按內容來說都是法蘭西精神的最高成就；如果考慮到當時的科學水平，那麼就是在今天看來它們的內容仍有極高的價值，它們的形式仍然是不可企及的典範。」㉔列寧在〈論戰鬥唯物主義的意義〉一文中強調指出：《在馬克思主義旗幟下》「這個以擔當戰鬥唯物主義機關刊物爲己任的雜誌，就要不倦地進行無神論的宣傳和鬥爭」，「就必須用許多篇幅來進行無神論的宣傳」；他在要求出版部門重視翻譯和出版十八世紀無神論的老文獻時指出：「一個馬克思主義者如果以爲，被整個現代社會置於愚昧無知和囿於偏見這種境地的千百萬人民羣衆（特別是農民和手工業者）只有通過純粹馬克思主義的教育這條直路，才能擺脫愚昧狀態，那就是最大的而且是最壞的錯誤。應該把各種無神論的宣傳材料供給他們，把實際生活各個方面的事實告訴他們，用各種辦法來影響他們……喚醒他們的宗教迷夢，用種種方法從各方面使他們振作起來。」又說：「十八世紀老無神論者所寫的那些鋒利的、生動的、有才華的政論……在喚醒人們的宗教迷夢方面，往往要比充斥在我們出版物中的常常歪曲（這是不容諱言的）馬克思主義的文字更適合千百倍，因爲這些文字寫得枯燥無味，僅僅是轉述馬克思主義，幾乎完全沒有選擇適當的事實來加以說明。」㉕我們之所以不厭其煩地轉述恩格斯和列寧的這些話，是因爲近一段時期，我們某些報刊，忽略了對人民進行無神論的宣傳教育，在理論工作和宣傳工作中也存在列寧所批評的那些缺點。而要徹底破除迷

㉔《馬克思恩格斯選集》卷二，第五九一，頁五九二。

㉕均見《列寧選集》卷四，第六〇五，頁六〇七。

信、解放思想，肅清封建主義的流毒，鞏固安定團結的政治局面，促進我們的四化建設，則借鑒歷史經驗，宣傳無神論，批評有鬼論，揭露各種迷信活動的落後性和危害性，不僅是必要的，而且是適時的。

（原載《浙江學刊》，一九八一年第三期）

萬化根源在良知

——陽明心學論綱

王陽明（一四七二～一五二九年）一生文治武功俱稱於世，而對儒學的理論貢獻尤其卓著。其學遠承孟子，近繼象山，而自成一家，影響超越明代而及於今後，風靡一時而傳播中外。本文僅對陽明心學的來龍去脈及其思想主旨作一概論。

一

追本溯源，心學源出孟子。孟子生當「大國爭霸，百家爭鳴」的戰國中期，懷著強烈的文化使命感，自覺繼承孔子的「仁學」而充當「聖人之徒」，力行其「正人心，息邪說……以承三聖」（《孟子·滕文公下》）的文化傳承理想，正是中國古代知識分子「憂患意識」的典型體現。

孟子對於儒家哲學的主要理論貢獻，在於他在孔子「仁學」的理論基礎上進一步提出了「性善」論和「仁政」學說。而孟子學說最顯著的特色便是力求從人自身尋求道德的主體，賦予「心」以道德的意義從而使之昇華爲哲學範疇。他在解說孔子「仁者人也」、「仁者愛人」的命題時進一步強調說：「仁，人心也；義，人路也。」「人皆有不忍人之心……皆有怵惕惻隱之心。」（〈告子上〉、〈公孫丑上〉）從這一認識出發，孟子提出了他的「性善」論的「四端」說。而所謂「四端」，在孟子理論中，也卽人的道德之「心」（本然善性）的四種體現。所以孟子說過：「君子所性：仁、義、禮、智根於心。」（〈盡心上〉）於是，孟子提出了「盡心知性則知天」「存心養性以事天」的修養體道論，主張通過自身的內在道德修養而體悟天道、天命。這就是孟子心性之學的精粹所在。後來的「聖人之徒」陸象山、王陽明正是沿著孟子的思路建立起「心本體」論和「良知本體」論的。

陸九淵（一一三九～一一九三年）大體與朱熹（一一三〇～一二〇〇年）同時，他在程朱理學思潮發展大勢的影響下，沒有也不可能否定「理」的本體意義。但他不滿意程朱理學的「理氣二元」色彩和「道問學」傾向，認爲朱子的「格物窮理」、「格物致知」學說過於「支離」，所以直接到孟子心性之學中找根據，尤其對孟子的「盡心、存心、養心、求放心」學說深有領悟，於是經過他本人的理論創造，建立了以「心卽理」範疇爲核心的「心理本體」論的理論體系，從而與朱子學分庭抗禮，使宋明理學開始分爲二途。正如陸象山所自稱，其學「因讀《孟子》而自得之」（《象山全集》卷三五，〈語錄下〉）。他主張爲學必「先立乎其大者」，而所謂「大者」便是「心」，便是「心」之「理」。他的理論命題是：「宇宙便是吾心，吾心卽是宇宙。」（同上，卷二二，〈雜說〉）「人皆有是心，心皆具是理。心卽理也。」（同上，卷一一，〈與李宰書〉）「心，一心也；理，一理也。至當歸一，精義爲二。此心此理，實不容有二。」（同上，卷一，〈與曾宅之書〉）於是陸象山便把程朱那個具有外在超越性質的「天理」完全內化爲「本心」之理了。所以，象山所主張的體道途徑，就不必像程朱那樣去「格物窮理」、「格物致知」，而只須去做「發明本心」的「簡易工夫」就行。如他所說：「心之體甚大。若能盡我之心，便與天同。爲學只是理會此。」（同上，卷三五，〈語錄下〉）「古人教人，不過存心、養心、求放心。」（同上，卷五，〈與舒西美書〉）這正是孟子學說的宋代版。當然，陸九淵的具有本體論意義的「心理」，也同孟子的「四端」之「心」一樣，本質上仍然是道德之「心」、道德之「理」。也如他自己所說「見到孟子道性善處，方是見得盡」、「旣不知尊德性，焉有所謂道問學」（同上，卷三四，〈語錄上〉）。

陸九淵雖然將孟子的「人心」（卽「仁心」）提升到本體論高度，並把二程的「天理」論改造爲內存於己的「心理」論，簡易直截地表述了儒家以確立道德主體性爲主要特徵的「內聖成德」之教，從而對儒學的發展作出了理論貢獻。但其弊也正在過於「簡易直截」，省卻了認識論和道德修養論的許多中間環節，反而使人難以眞正體悟「本心」，甚至可能導致人們忽視讀書窮理、問學求知的重要，而流於空談心性的弊病。直至王陽明出，才大大豐富發展了陸學而建立了比較完備的心學理論體系，卽陽明心學。

二

自南宋嘉定年間（一二〇八～一二二四年）贈謚朱熹、二程等理學大師開始，中經元、明，程朱理學逐步取得了正宗「官學」地位❶。由於統治者的尊朱抑陸以及陸學理論體系本身未臻精深，陸子心學雖然獨樹一幟，卻未足與程朱理學抗衡。直至明代中葉陽明心學出現以後，程朱理學的統治地位才受到了嚴重挑戰，並在實際上改變了一代學術風氣。

王陽明從進學、立說到學說的傳播風行，經歷了曲折變化。他的門人錢德洪評論說：

> 先生之學凡三變，其為教也亦三變；少之時，馳騁於辭章；已而出入二氏；繼乃居夷處困，豁然有得於聖賢之旨：是三變而至道也。居貴陽時，首於學者為「知行合

❶ 關於程朱理學何時確立官學地位的問題，學術界看法不一。有的認爲始於南宋章宗或理宗，有的認爲始於元代，有的認爲至明代才確立其統治地位。我比較同意《宋明理學史》著者之一的黃宣民教授的看法，卽始於南宋章宗而在理宗時代基本確立。參閱侯外廬、邱漢生、張豈之主編，《宋明理學史》上卷，第二十一章，下卷，第一章。

一」之說，自滁陽後，多教學者靜坐；江右以來，始單提「致良知」三字，直指本體，令學者言下有悟：是教亦三變也。（《王陽明全集》卷四一，〈刻文錄敘說〉，頁一五七四）❷

這裏所謂「三變而至道」，指王陽明從少年進學到「龍場悟道」（三十七歲）期間，經歷了從喜好文學、偏信佛老到復歸儒學的成長道路，也是他確立人生方向的時期。所謂「居夷處困，豁然有得於聖賢之旨」（即所謂「龍場悟道」），指王陽明三十七歲那年被貶謫貴州龍場驛時，從儒家經典中悟出「格物致知」的根本宗旨在求理於心，而不必假於外物，用他門人轉述的話說，即「始知聖人之道，吾性自足，向之求理於事物者誤也。」（同上，卷三三，《年譜一》，頁一二二八）。但這時的「悟道」，還只是排拒朱學、接納陸學的轉折，而非自立己說。此後，王陽明便在陸學基礎上開始創立新說了。他在次年主講貴陽書院時提出了「知行合一」之說，以後又一再強調「靜坐」中講求「省察克治」的修養工夫。最後在五十歲那年駐軍江西南昌時，創立了以「致良知」爲終極關懷的「良知」本體論，即所謂「良知」之教。從此以後，足以與程朱理學抗衡的陽明心學的理論體系才眞正建立起來。

❷ 本文所引用的王陽明語錄，均據吳光、錢明、董平、姚延福編校的新版《王陽明全集》，上海古籍出版社，一九九二年十二月，第一版。

王陽明的「良知」學說有三大組成部分：一是「良知即天理」的本體論，二是「致良知」的致知方法論，三是「知行合一」的道德實踐論。在心、物、理的關係即主體與客體、精神世界與自然世界的關係問題上，王陽明被公認為主觀唯心主義者。如果按照西方哲學唯心唯物的分法，這樣說未嘗不可。他循著陸象山「宇宙便是吾心，吾心即是宇宙」、「心即理」的本體論思想，進一步提出了「心外無物，心外無事，心外無理，心外無義，心外無善」（同上，卷四，〈與王純甫二〉，頁一五六）的理論命題。他曾以著名的「山花明寂」之喻說明心、物關係，認為「你未看此花時，此花與汝心同歸於寂；你來看此花時，則此花顏色一時明白起來。便知此花不在你的心外。」（同上，卷三，《傳習錄下》，頁一〇八）又說：「天沒有我的靈明，誰去仰他高？地沒有我的靈明，誰去俯他深？」（同上卷，頁一二四）。這同英國大哲學家貝克萊的「存在就是被感知」的主觀唯心論命題在思維方法上是一致的。二說似有異曲同工之妙，但卻不可混為一談。因為貝克萊的「存在就是被感知」命題是一個純粹知識論的命題，而王陽明的「心外無物，心外無理」的歸宿是「心外無善」，他所謂的「心」及其「靈明知覺」，不只是一種認知能力，更重要的是指純然至善的道德良知，因此主要是一個道德形上學的命題。我們如果要從本體論意義上分析王陽明哲學性質的話，不應當把它當作一般知識論意義上的主觀唯心論，而應當視之為道德形上學的「良知」本體論。

王陽明的「良知」本體論主要有兩層含義：第一，「良知」既是主觀的，又是客觀的，是統一主觀與客觀的認識主體。如他所說：「吾心之良知，卽所謂天理也。」（同上，卷二，《傳習錄中・答顧東橋》，頁四五）「良知是天理之昭明靈覺處，故良知卽是天理。」（同上卷，〈答歐陽崇一〉，頁七二）又說：「先天而天弗違，天卽良知也；後天而奉天時，良知卽天也。」（同上，卷三，頁一一一）第二，「良知」既是「知是知非」的「知識心」，又是「知善知惡」的「道德心」，但主要是指道德本體。如他所說：「良知只是個是非之心，是非只是個好惡。只好惡就盡了是非，只是非就盡了萬事萬變。」（同上頁）「良知只是一個天理自然明覺發見處，只是一個眞誠惻怛，便是他本體。故致此良知之眞誠惻怛，以事親便是孝……以從兄便是弟……以事君便是忠：只是一個良知，一個眞誠惻怛。」（同上，卷二，〈答聶文蔚二〉，頁八四）這裏所謂「是非」、「好惡」、「眞誠」、「惻怛」也卽孟子的「四端」之心，在根本上是一個「仁心」（道德心），這「仁心」便是「良知」，這「良知」便是「天理」。在王陽明看來，只要把握住「良知」這個道德本體，就能知天地，通人事，明變化，做聖賢了。

從「良知」本體論出發，王陽明建立了以「致良知」爲主旨的致知方法論卽認識論。他對《大學》的「致知在格物」一語，作了與朱熹很不相同的解釋。他說：

若鄙人所謂致知格物者，致吾心之良知於事事物物也。吾心之良知，卽所謂天理也，致吾心良知之天理於事事物物，則事事物物皆得其理矣。致吾心之良知者，致

知也；事事物物皆得其理者，格物也。（同上，卷二，〈答顧東橋〉，頁四五）

這樣一來，「天理」也罷，「事事物物之理」也罷，就都「不假外求」，而只須「求諸內心」、推致「吾心之良知於事事物物」，就可以「得其理」了。正如王陽明送給門人的幾首〈咏良知〉詩所表達的：「個個人心有仲尼，自將聞見苦遮迷。而今指與眞頭面，只是良知更莫疑。」「人人自有定盤針，萬化根源總在心。卻笑從前顚倒見，枝枝葉葉外頭尋。」「爾身各各有天眞，不用求人更問人。但致良知成德業，謾從故紙費精神。」「良知卽是獨知時，此知之外更無知。誰人不有良知在，知得良知卻是誰？」（同上，卷二〇，〈咏良知〉、〈示諸生〉、〈答人問良知〉，頁七九〇～七九一）諸如此類，生動地概括了王陽明哲學的本體論和認識論思想。如果我們將其中「萬化根源總在心」一句改爲「萬化根源在良知」，也許更能揭示陽明心學的本質特色吧！

對於「致良知」的「致」字，當代新儒家大師牟宗三先生解析說：「陽明言『致』字，直接地是『向前推致』底意思，等於孟子所謂『擴充』……『致』字亦含有『復』字義，但『復』必須在『致』中復，復是復其本有……是積極地動態地復，不只是消極地靜態地復。」❸我認爲這個解析是切合陽明「致知」說的本義的。而從本質上看，王陽明所欲推致、欲復歸的「良知」，乃是一種道德知性，而非一般所謂的客觀知識。其所謂「致良知」者，同《孟子》、《中庸》的

❸ 見牟宗三著，《從陸象山到劉蕺山》第三章第一節，頁二二九，臺灣學生書局，一九七九年版。

「盡心知性則知天」、陸九淵的「發明本心」說是一脈相承的。

但所謂「致良知」，不僅須要「知」，而且須要「行」。「致知」之中還有個知行關係問題。王陽明的「知行合一」命題，便是其「致知」論的核心範疇。他說：

> 知是行的主意，行是知的工夫；知是行之始，行是知之成。若會得時，只說一個知，已自有行在；只說一個行，已自有知在。（同上，卷一，頁四）
>
> 知者行之始，行者知之成。聖學只一個工夫，知行不可分作兩事。（頁一三）
>
> 知之真切篤實處即是行，行之明覺精察處即是知。知行工夫本不可離……是故知不行之不可以為學，則知不行之不可以為窮理矣；知不行之不可以為窮理，則知知行之合一並進而不可以分為兩節事矣。（同上，卷二，頁四六）
>
> 今人學問，只因知行分作兩件，故有一念發動，雖是不善，然卻未嘗行，便不去禁止。我今說個知行合一，正要人曉得一念發動處，便即是行了。發動處有不善，就將這不善的念克倒了。須要徹根徹底，不使那一念不善潛伏胸中。此是我立言宗旨。（同上，卷三，頁九六）

概括地說，王陽明的「知行合一」說有三個要點：第一，知行只是一個工夫，不能割裂。而所謂「工夫」，就是認知與實踐的過程。第二，知行關係是辯證的統一：知是行的出發點，是指導行的，而眞正的「知」不但能「行」，而且是已在「行」了；行是知的歸宿，是實現知的，而眞切篤實的「行」已自有明覺精察的「知」在起作用了。第三，知行工夫中「行」的根本目的，只是要徹底克服那「不善的念」而達於至善，這同陸象山的「切己自反」、「剝落物欲」之說是一樣的，實質上是個道德修養與實踐的過程。就本質而言，王陽明所說的「知」只是「吾心之良知」，或曰「吾心良知之天理」，其所謂「行」只是「致吾心良知之天理於事事物物」的道德實踐，其「知行合一」說之終極目的，只是要人們「靜時念念去人欲存天理，動時念念去人欲存天理」（同上，卷一，頁一三），所謂「去得人欲，便識天理」（同上，頁二三）。從這一點來說，陽明心學不僅與陸學一脈相承，而且與程朱理學也是殊途同歸的，它也是儒家道德人文主義哲學的一種具體形態。

三

王陽明的心學理論，是對陸子心學的繼承，但更重要的是對儒家哲學的豐富與發展。他建立了以「良知」爲本體、以「致良知」爲方法、以「知行合一」爲特色的一元論的心學理論體系，既比陸子心學更加嚴密精緻，又避免了程朱析理氣、心性爲二的理論矛盾，他把由先秦儒家所開創、由宋明儒家所發展的儒家道德人文主義哲學推向了封建社會時期的發展頂峰。特別是在當時官方理學日益教條化和僵化的形勢下，以強調道德主體精神爲主旨的陽明心學的興起，無疑對思想界具有震聾發聵的作用，對衝破官方意識形態的禁錮具有解放思想的歷史意義。明末大儒劉宗周（一五七八～一六四五年）評論陽明之學時說：

（陽明）先生承絕學於詞章訓詁之後，一反求諸心，而得其所性之覺，曰「良知」；因示人以求端用力之要，曰「致良知」。良知為知，見知不囿於聞見；致良知為行，見行不滯於方隅。卽知卽行，卽心卽物，卽動卽靜，卽體卽用，卽工夫卽本體，卽下卽上，無之不一，以救學者支離眩鶩、務華而絕根之病，可謂震霆啓寐，烈耀破迷！自孔孟以來，未有若此之深切著明者也。（《黃宗羲全集》第七冊，《明儒學案・師說》，頁一四，浙江古籍出版社，一九九二年版）

應當說，劉宗周這番評論是切合陽明學的內在特點的。正因爲陽明學具有震霆啓寐，烈耀破迷的作用，所以它對明代中後期的思想與學術發生了極大影響。於是大江南北，朝野內外，皆有王門之徒，尤其浙贛蘇皖數省追隨者衆，而使程朱後學相形見絀。自王陽明逝世至明朝滅亡百餘年間，陽明學實際上取代了程朱學的地位而成爲儒學的主流。黃宗羲著《明儒學案》六十二卷，立學案十九個，其中屬於陽明心學系統的就有十個學案二十八卷，另有兩個學案（〈白沙學案〉與〈甘泉學案〉）八卷屬江門心學，三個〈諸儒學案〉十五卷和〈東林學案〉四卷裏面，也有一些傾向陽明學的學者，由此可見明代心學之盛。在明代中後期，雖然官方仍奉程朱理學爲正宗，但在理論上能堅守程朱理學而與陽明心學抗爭者，大概只有陳建（一四九七～一五六七年）一人而已。又可見當時官方理學之衰落趨勢。

王陽明逝世以後，陽明學在其發展與演變過程中分化出一些立言宗旨各異的學術流派。從形式上看，各派學說的分歧是由於對陽明晚年所謂「四句教」中所論心、知、意、物的解釋不同而引起的，但在實際上卻是圍繞著「良知」本體論和「致良知」方法論的基本問題而展開爭論的❹。我們若從宏觀角度考察陽明後學分化的原因，可以歸結爲下述兩點：第一，從社會原因分析，是由於明代中後期社會矛盾日益表面化和尖銳化，促使統治階級中的士大夫階層爲了緩和社

❹據陽明門人黃省曾的記載，王陽明於丁亥（一五二七）九月出征思田前與門人錢德洪、王畿等論學，王畿學先生教言曰：「無善無惡是心之體，有善有惡是意之動，知善知惡是良知，爲善去惡是格物。」由此引發了錢、王的一場爭論。王畿主「四無」說，錢德洪主「心體無善惡而意念有善惡」說，陽明爲之調和說：「汝中之見，是我這裏接利根人的；德洪之見，是我這裏爲其次立法的。」（參見《王陽明全集》卷三，《傳習錄下》，頁一一七），但終究未能消弭門人歧見。關於這場爭論，另見《全集》卷三五，《年譜三》，頁一三〇六；舊版《王龍溪集·天泉證道記》、《鄒東廓集·青原贈處記》等文。黃宗羲認爲「四句敎」是陽明「晚年未定之見」，似非正論。

會矛盾、矯治統治集團內部互相傾軋、腐化墮落風氣而提出種種「破心中賊」的道德良方，所以對何爲「良知」、怎樣「致良知」的問題就顯得特別關切，從而作出種種不同的回答；第二，從思想原因分析，則是由於心學各派從一開始就面對著佛教禪學及宋明理學的理論壓力，並且力求吸收禪學和理學的某些思想資料以融入自己的理論體系，同時又要保持其與二者的理論界限，而各派各家所受禪學和程朱理學的影響程度不同，所以在立言宗旨上也就有很大差異。然而，儘管陽明心學各派在理論上有種種分歧，但在主張「心卽理」、「良知卽天理」並以「致良知」爲修德養性的根本方法及以「做聖賢」爲人生最高目標這些基本點上是大體一致的。而陽明心學發展到明末，則出現了力圖擺脫禪學影響、力求調和程朱陸王學說的王學修正派，這一王學修正思潮的主要代表是劉宗周（號蕺山）。

劉蕺山對陽明學的修正表現在：第一，將《大學》、《中庸》的宗旨歸納爲「愼獨」，並用「獨體」代替「心體」和「良知」，用「愼獨」、「誠意」的修養論代替「致良知」的修養論。第二，用「意爲心之所存，非所發」和「意、念相分」的理論代替王陽明的「四句教」。王陽明說：「無善無惡是心之體，有善有惡是意之動，知善知惡是良知，爲善去惡是格物。」劉蕺山則說：「心無體，以意爲體；意無體，以知爲體；知無體，以物爲體；物無用，以知爲用；知無用，以意爲用。工夫結在主意中，方爲眞工夫。」在他看來，「意爲心之所存，非所發」的「意」，是「好善惡惡」、「有善而無惡」的「意」，它與「念」不同，「念」有善惡，是「兩在而異情」的❺。這就修正了陽明「四句教」中最易引起爭議的「有善有惡是意之動」那句話了。第三，他還修正了王陽明的「知行合一」論，並批評王學末流的逃禪流弊。他說：「知行自有次第，但知先而行即從之，無間可截，故云合一。後儒喜以覺言性，謂一覺無餘事，即知即行，其要歸於無知。知既不立，亦難言。噫！是率天下而禪也。」（《黃宗羲全集》第一册，《子劉子學言》卷一，頁二六五）諸如此類的修正尚有多處，茲不一一列舉。從這裏，我們可以看到劉蕺山的理論革新精神，於是，蕺山先生便做了陽明心學的殿軍，而開啓了淸代浙東實學的先河。

（原載《孔子硏究》，一九九三年第三期）

❺ 上引劉宗周言均據黃宗羲著，《子劉子行狀》卷下（見《黃宗羲全集》第一册，頁二五〇、二五一，浙江古籍出版社，一九八五年十一月版）。

論黃梨洲對陽明心學的批判繼承與理論修正

梨洲先生黃宗羲（一六一〇～一六九五年）是明末清初一位傑出的啓蒙主義思想家和史學家，也是一位哲學家。對他的政治思想和史學成就，學者們論之甚詳，分歧不大，而對他的哲學思想，則論析較少，分歧也較大。或認爲是王學（心學）的「殿軍」❶；或認爲是「宋明道學（包括理學與心學）的異端」，或者是「以泛神論哲學批判理學唯心主義」並「向唯物主義方向邁進了一大步」的哲學家，也有認爲是「調和唯心主義與唯物主義矛盾」的哲學家❷。筆者認

❶ 梁啓超曾稱黃梨洲是「清代王學唯一之大師」，並認爲「梨洲不是王學的革命家，也不是王學的承繼人，他是王學的修正者」，語見梁著《中國近三百年學術史》之五〈陽明學派之餘波及其修正〉；劉述先基本上把梨洲歸入陸王心學一派，但認爲「他不只變成王學的殿軍，也變成了整個宋明儒學思想的殿軍」，「他代表了一個時代（指宋明心性之學）的終結，卻又在無意之中促進了另一個時代（指清代實學、考據學）的開始」，見劉著《黃宗羲心學的定位·緒言》，臺灣允晨文化出版社，一九八六年版。

❷ 「異端」說見侯外廬主編，《中國思想通史》卷五，第九章，人民出版社，一九八〇年版；「泛神」說見馮契著《中國古代哲學的邏輯發展》下册，頁一〇四五，上海人民出版社，一九八五年版；「調和」說見朱義祿論文〈黃宗羲與劉宗周思想異同的比較〉，載吳光主編《黃宗羲論》，浙江古籍出版社，一九八七年版。

爲，如果按西方哲學的標準來區分黃梨洲是唯心主義哲學還是唯物主義哲學是比較困難的，而且也沒有多少實質性意義。因爲他在討論心、物關係時提出的「盈天地皆心」（《明儒學案．自序》）或「天地間只有一氣充周」（《孟子師說》）等命題時，並不純粹是在討論知識論意義上的思維與存在的關係問題，而本質上是在探討中國傳統哲學家所注重的人文價值和道德實踐的問題。從宋明理學和中國儒學發展演變史的角度看，黃梨洲基本上是一位折衷程朱陸王、對宋明理學有所超越而未能眞正超越但卻開啓了清代實學之風的心學家。本文想從黃梨洲對陽明心學的批判性繼承、揚棄與理論上的修正這方面，探析一下梨洲哲學思想的內容和性質。

一　從「萬化根源總在心」到「盈天地皆心」

——本體論一脈相承

追本溯源，心學源起於孟子，成立於陸象山，完善於王陽明。孟子學說的特色就在於力求從人自身尋求道德的主體，首次賦於人之「心」以道德主體的意義而使之昇華爲儒家道德人文主義哲學的基本範疇。他所謂「仁，人心也」、「人皆有不忍人之心」、「仁義禮智根於心」以及「盡心」、「存心」、「求放心」等等說法，正是孟子學說的精粹所在。陸象山則在孟子心學的基礎上，進一步提出了「心卽理」、「宇宙便是吾心，吾心卽是宇宙」等理論命題，一方面將孟子的「人心」（即「仁心」）提升到本體論高度去理解，一方面又將程朱那個具有外在超越性質的「天理」本體論改造爲內存於己的「心理」本體論，從而簡易直截地表述了儒家以確立道德主體性爲主要特徵的「內聖成德」之教。王陽明又繼承、豐富和發展了陸象山的心學理論體系，他循著象山「心即理」、「宇宙便是吾心，吾心即是宇宙」的理論思路，進一步提出了「心外無物」、「心外無理」的命題，並用「人人自有定盤針，萬化根源總在心」❸這樣的詩句形象生動地概括了他的心學宇宙觀。

黃梨洲對陽明心學的繼承與修正，首先表現在其《明儒學案．自序》中所表達的宇宙觀和本體論思想。他說：

> 盈天地皆心也，變化不測，不能不萬殊。心無本體，工夫所至，即其本體。故窮理者，窮此心之萬殊，非窮萬物之萬殊也。……夫先儒之語錄，人人不同，只是印我之心體變動不居。若執定成局，終是受用不得。此無他，修德而後可講學；今講學而不修德，又何怪其舉一而廢百乎！❹

❸ 見吳光、錢明等編校，《王陽明全集》上冊，卷二〇，〈示諸生〉，頁七九一，上海古籍出版社，一九九二年版。下引王陽明語錄版本同上，不另注。

❹ 見沈善洪主編，《黃宗羲全集》第七冊，頁三，浙江古籍出版社，一九九二年版。下引黃梨洲語錄版本同上，不另注。

這一段話，包含著三個層次的理論含義：

第一，「盈天地皆心也，變化不測，不能不萬殊」一語，是說天地（宇宙）間的事物是運動變化、神妙莫測的，正由於其變化莫測，所以表現出事物的千差萬別；然而客觀世界又只有進入主觀認識世界才有實際意義，從這個意義上說，天地萬物又是爲吾心所包容、所統攝的，如果離開了心的統攝包容，天地萬物即便存在，又有什麼實際意義呢？這便是黃梨洲「盈天地皆心」的基本含義。它與孟子的「萬物皆備於我」思想是一脈相承的，是傳統儒家「天人合一」宇宙觀的「心本體」論表述方式。梨洲這一思想，正是從王陽明、劉蕺山那兒繼承過來而加以發揮了的。如上所引，王陽明所謂的「人人自有定盤針，萬化根源總在心」，即已包含了「盈天地皆心」的思想。王陽明曾以著名的「山花明寂」比喻來說明「心外無物」的道理。他說：「你未看此花時，此花與汝心同歸於寂；你來看此花時，則此花顏色一時明白起來。便知此花不在你的心外。」陽明又在回答「人心與物同體」的問題時說：

可知充天塞地中間，只有這個（人的）靈明，人只為形體自間隔了。我的靈明，便是天地鬼神的主宰。天沒有我的靈明，誰去仰他高？地沒有我的靈明，誰去俯他深？鬼神沒有我的靈明，誰去辯他吉凶災祥？天地鬼神萬物離却我的靈明，便沒有

天地鬼神萬物了。（同上，頁一二四）

這段話的基本意義，同上述「萬化根源總在心」和「心外無物」的思想是基本一致的，只不過陽明所謂的「靈明」已經進一步指向心之本體即「良知」了，而黃梨洲對此是既有繼承又有保留的。他的「盈天地皆心」命題，更直接地來源於業師劉蕺山。梨洲親自編輯的蕺山語錄《子劉子學言》有曰：

> 盈天地皆道也，而歸管於人心為最真，故慈湖有「心易」之說。太極、陰陽、四象、八卦而六十四卦，皆人心之撰也。（《黃宗羲全集》第一冊，頁三〇三）

看來，黃梨洲僅只改動了幾個字，便將從孟子到陽明、蕺山的心學思想繼承下來了。對此，我們從他的《孟子師說》的解說中可以看得更清楚。其解〈食色性也〉章說：

> 孟子以為有我而後有天地萬物，以我之心區別天地萬物而為理。苟此心之存，則此理自明，更不必沿門乞火也。（同上冊，頁一三四）

其解〈萬物皆備〉章說：

盈天地間無所謂萬物，萬物皆因我而名。如父便是吾之父，君便是吾之君，君父二字，可推之為身外乎？然必實有孝父之心，而後成其為吾之父；實有忠君之心，而後成其為吾之君。此所謂反身而誠，才見得萬物非萬物，我非我，渾然一體，此身在天地之間，無少欠缺，何樂如之？（同上，頁一四九～一五〇）

由上可見，黃梨洲的宇宙觀與孟子、王陽明、劉蕺山是一脈相承的。

第二，「心無本體，工夫所至，即其本體」一語，反映了黃梨洲在工夫與本體關係問題上對王陽明與劉蕺山思想的繼承與揚棄。陽明曾有「心無體，以天地萬物感應之是非爲體」、「工夫熟後，渣滓去得盡時，本體也明盡了」的思想（《王陽明全集》上册，卷三，《傳習錄下》，頁一〇八、一一七），劉蕺山則說過：「本體只是這些子，工夫只是這些子，並這些子，仍不得分此爲本體、彼爲工夫。既無本體工夫可分，則並亦無這些子可指。」（《黃宗義全集》第一册，《子劉子學言》卷二，頁三〇一）又說「工夫愈精密，則本體愈昭熒」（同上，《子劉子行狀》卷下，頁二五三）。顯然，梨洲這一思想源出於此。但黃梨洲的本體論思想與王陽明、劉蕺山的本體論還是有很重要的區別的。梨洲的「心無本體」說，雖沒有否定本體的存在（如在上引這段話後面，就有「心體變動不居」之語，說明梨洲是「心本體」論者），但卻確認「心之上」或「心之內」別無所謂「心之本體」。而王陽明雖有「心無體，以天地萬物感應之是非爲體」的話，但他實際上是以「良知」（有時又稱「靈明」）爲「心之本體」的，如〈答陸原靜書〉就明白說過：

> 良知者，心之本體，卽前所謂恒照者也。心之本體，無起無不起，雖妄念之發，而良知未嘗不在，但人不知存，則有時而或放耳；雖昏塞之極，而良知未嘗不明，但人不知察，則有時而或蔽耳。（《王陽明全集》上册，卷二，《傳習錄中》，頁六一）

劉蕺山雖然主張「不得分此爲本體，彼爲工夫」的「內在一元」論（劉述先語），並且不接受陽明以「良知」爲「心之本體」的思想，但如果仔細玩味其「愼獨」、「誠意」之說就可看出，蕺山實際上是以「意」爲「心」之本體和主宰的「意本體」論者。如果說，在黃梨洲所撰《子劉子行狀》、〈蕺山學案〉和選編的《子劉子學言》中節錄的「心無體，以意爲體……」一段話所體現的這一思想有些模糊的話，那麼我們還可以從《劉子全書及遺編》所載〈學言〉中找到更明確的答案。其《學言下》有蕺山語曰：「心之主宰曰意，故意爲心本，不是以意生心，故曰本。猶身裏言心，心爲身本也。」❺顯然，在蕺山心目中，是以「意」爲「心之本體」的。而黃梨洲之所以不選編蕺山這一段語錄，正說明他對師說是有所取捨、有所揚棄的。他所取於陽明和蕺山者是一般意義上的「心本體」論和「工夫本體合一」論，他所捨棄的是在「心體」之外另加一個本體（良知或意）的思想。梨洲所謂「心無本體，工夫所至，即其本體」的內在涵義，是說「心體」並非是寂然不動、無感無應的「寂體」，而是變動不居、生生不已的本體，而此一本體是在工夫實踐（讀書窮理、修德養性、經世致用）的過程中得以呈現的，工夫無窮盡，本體的呈現（對本體的領悟）也是無窮盡的。

第三，「窮理者，窮此心之萬殊，非窮萬物之萬殊」，是回應上面兩層意思的。宋明理學家在「窮理」問題上的觀點也是有很大差別的，由此也正反映了學派傾向和學術宗旨的不同。周敦頤有「主靜、通徵」之說，張載主張「窮理盡性」，程顥主張「識仁、存敬」，程頤首揭「格物窮理」、主張「涵養須用敬，進學則在致知」，朱熹繼承程頤而強調「主敬涵養」、「格物窮理」，陸九淵針對程朱而強調「易簡工夫」、「發明本心」，王陽明揚陸抑朱，而倡導「致良知」和「知行合一」之說，劉宗周則修正陽明之說而以愼獨、誠意爲根本宗旨，並以此取代「格

❺見《劉子全書及遺編》上冊，卷一二，〈學言下〉，頁一八〇，日本中文出版社，一九八一年版。按：《劉子全書》所載〈學言〉分上、中、下三卷，蕺山門人董煬編輯，較黃梨洲選編的《子劉子學言》內容更多。

物致知」之說。黃宗羲的「窮理」說，否定程朱「就一物上窮盡一物之理」（《朱文公文集》卷五一，〈答黃子耕〉）式的「格物窮理」說（這在梨洲看來是「窮萬物之萬殊」），而基本傾向於陸王心學一系。他的「窮此心之萬殊」，正是象山「發明本心」、陽明「致吾心之良知於事事物物」的梨洲版。但梨洲所處時代，已經不是確立宗派、衞護門戶的學術分流時代，而是對整個宋明理學反思批判、取長補短的學術整合時代，所以梨洲雖有一定傾向，卻並非固守門戶之徒，他對程朱理學有所否定，但並不全盤否定；對陸王心學有所繼承，卻沒有完全接受。他的「窮理」之說，雖在基本立場上是否定程朱傾向陸王的，但也有吸取程朱、揚棄陸王、折衷諸儒這一面。

分而言之，梨洲「窮理」說大體可分三點：

(一) 由博返約，把握心體

他說：

> 自其分者而觀之，天地萬物各一理也，何其博也；自其合者而觀之，天地萬物一理也，理也無理也，何其約也。汎窮天地萬物之理，則反之約也甚難。散殊者無非一本，吾心是也。仰觀俯察，無非使我心體之流行，所謂「反說約」也。若以吾心陪奉於事物，便是玩物喪志矣！（《黃宗羲全集》第一冊，《孟子師說・博學章》，

頁一一〇）

這裏所謂分與合、博與約，來自朱熹「萬物統體一太極」、「一物各具一太極」❻的「理一分殊」思想，所不同的是，在梨洲看來，這「一本萬殊」之理皆備於吾心，所以，欲窮天地萬物之理，就必須由博返約，把握心體流行之理，而不假外求，否則便是玩物喪志了。

(二) 讀書窮經，會衆合一

梨洲針對明末學者（尤其是王學末流）蹈空襲虛、空談心性的學風，特別強調讀書窮經的重要性。他曾嚴厲地批評了「今之言心學者，則無事乎讀書窮理；言理學者……封己守殘，摘索不出一卷之內」（《黃宗羲全集》第十册，〈留別海昌同學序〉，頁六二七）的空疏學風，並指出「讀書不多，無以證斯理之變化；多而不求之於心，則為俗學」（引自全祖望〈梨洲先生神道碑文〉），所以，他嚴格要求門人弟子多讀經史之書，認為「學必原本於經術而後不為蹈虛，必證明於史籍而後足以應務」（引自全祖望〈甬上證人書院記〉）。他編撰《宋元學案》、《明儒學案》等書，一個重要目的，便是希望人們系統了解濂洛以來各家各派學術的「宗旨離合是非之故」。但讀書「多而不求之於心，則為俗學」，還須使萬殊歸於一本，從人人不同的先儒語錄中

---

❻ 轉引自《周敦頤集・太極圖說解》，頁四，北京中華書局，一九九〇年版。

印證我心體流行之理，這就需要掌握綜合歸納的方法。梨洲在〈萬充宗墓誌銘〉中提出了「會衆以合一」的窮經方法，他說：「士生千載之下，不能會衆以合一，由谷而至川，川以達於海，猶可謂之窮經乎？自科舉之學興，以一先生之言爲標準，毫秒摘抉，於其所不必疑者而疑之，而大經大法反置之而不道。」（《黃宗羲全集》第十册，頁四〇五）就此而言，黃梨洲的「讀書窮理」說是折衷朱陸而又超越陽明的。

(三) 修德爲本，致用爲眞

黃梨洲的「窮理」說，有著強烈的道德感、使命感和實用性。他反對空空窮理，反對玩物喪志，而以修德爲治學之根本，以致用爲窮理之目的。他在《明儒學案・自序》中指出：「夫先儒之語錄，人人不同，只是印我之心體變動不居。若執定成局，終是受用不得。此無他，修德而後可講學；今講學而不修德，又何怪其舉一而廢百乎！」在《明儒學案・發凡》中則強調：「學問之道，以各人自用得著者爲眞。凡依門傍戶、依樣葫蘆者，非流俗之士，則經生之業也。」他在〈留別海昌同學序〉中批評了那些不讀書的心學家和讀死書的理學家脫離實際、逃避現實的行徑是：「天崩地解，落然無與吾事，猶且說同道異，自附於所謂道學者，豈非逃之者之愈巧乎！」此類見解，在梨洲著作中隨處可見，既體現了梨洲爲學的根本目的，也表達了一個儒學家的憂患意識。由此出發，黃梨洲的學術，已表現出超越宋明理學之樊籬而走向清初實學的新境界了。

二、對陽明「致良知」說與「四句教」的批評修正——力行哲學的提出

雖然從與程朱學派的「理」本體論相對立而言，王陽明與陸九淵都是「心」本體論者。但王陽明自從建立了「致良知」的學說以後，便把「心卽理」的思想發展成爲「良知卽天理」的思想，把「心」本體論提升爲「良知」本體論。這個「良知」本體論主要有兩層含義，一指「良知」既是主觀的，又是客觀的，是統一主客觀的認知主體；二指「良知」既是「知是知非」的知識心，又是「知善知惡」的道德心，但主要還是個道德主體。從「良知」本體論出發，王陽明建立了以「致良知」爲主旨的「致知」方法論和道德修養論，以及以「知行合一」爲主旨的道德實踐論。在陽明晚年，更以所謂「無善無惡是心之體，有善有惡是意之動，知善知惡是良知，爲善去惡是格物」的「四句教言」❼概括他的「致良知」學說。

劉蕺山對於王陽明的「致良知」說是既有肯定贊揚又有批評修正的。他曾高度評價王陽明的「致良知」說：

(陽明)先生承絶學於詞章訓詁之後，一反求諸心，而得其所性之覺，曰「良知」；

因示人以求端用力之要，曰「致良知」。「良知」為知，見知不囿於聞見；「致良知」為行，見行不滯於方隅。卽知卽行，卽心卽物，卽動卽靜，卽體卽用，卽工夫卽本體，卽下卽上，無之不一，以救學者支離眩騖、務華而絕根之病，可謂震霆啓寐、烈耀破迷，自孔孟以來，未有若此之深切著明者也。（《黃宗羲全集》第七冊，《明儒學案・師說》，頁一四）

當今某些宋明理學研究者往往只重視了蕺山批評陽明學說的一面，甚至將蕺山排除在陽明心學之外，我以爲是有些片面的。綜觀全體，蕺山所批評的重點，不是「致良知」學說本身，而是陽明

⑦ 根據《傳習錄》的記載，王陽明於丁亥（一五二七）九月出征思田前，與門人錢德洪、王畿論學。王畿舉陽明教言「無善無惡是心之體，有善有惡是意之動，知善知惡是良知，爲善去惡是格物」而認爲「此恐未是究竟話頭」，並提出心、意、知、物皆應是「無善無惡」的「四無」說，德洪則持「心體原無善惡但意念上見有善惡在」之說。二人請教於陽明，陽明爲之調和說：「汝中之見，是我這裏接利根人的；德洪之見，是我這裏爲其次立法的。」但終究未能消弭門人歧見。有關爭論，參見《王陽明全集》上冊，卷三，《傳習錄下》，頁一一七；下冊，卷三五，《年譜三》，頁一三〇六。另見舊版《王龍溪集》卷一〈天泉證道記〉，《鄒東廓集》卷三〈青原贈處記〉等文。關於王陽明「四句教」的哲學涵義以及王畿、錢德洪圍繞這一問題的爭論和劉宗周、黃宗羲的批評，劉述先、陳來二先生都有比較詳盡而透徹的辨析，參見劉著《黃宗羲心學的定位》第二章，頁三五～六〇；陳著《有無之境——王陽明哲學的精神》第八章，人民出版社，一九九一年三月版，頁一九三～二二九。

「四句教言」中「無善無惡心之體，有善有惡意之動」二句所包含的思想矛盾，以及陽明後學（特別是王畿一派）「直把良知作佛性看」的近禪傾向。實際上，劉蕺山以「愼獨」、「誠意」爲宗旨的「意」本體論思想，正是從陽明「良知卽是獨知時」的思想轉手而來的。蕺山曾曰陽明「良知卽是獨知時」一語「本非玄妙，後人強作玄妙觀，故近禪，殊非先生本旨」。（同上，頁一五）

蕺山對於陽明後學走向狂蕩近禪的批評是不遺餘力的，他說：

今天下爭言良知矣。及其弊也，猖狂者參之以情識，而一是皆良；超潔者蕩之以玄虛，而夷良於賊，亦用知者之過也。夫陽明之良知，本以救晚近之支離，姑借《大學》以明之，未必盡《大學》之旨也。而後人專以言《大學》，使《大學》之旨晦，又借以通佛氏之玄覺，使陽明之旨復晦，又何怪其說愈詳而言愈龐、卒無以救詞章訓詁之錮習而反之正乎！《劉子全書》卷六，〈證學雜解〉解二十五，頁一一三）

這裏所謂「猖狂者」，當指「非名教所能羈絡」的泰州派何心隱之流，何心隱的「存欲」、「寡欲」說，是堅守「存天理，滅人欲」的劉蕺山絕對不能接受的，這在蕺山看來，當然屬於「參之以情識」的「猖狂者」了❽；所謂「超潔者」，當指王龍溪之流，因爲蕺山特別不滿意龍溪的「四無」說，並批評龍溪「直把良知作佛性看，懸空期個悟，終成玩弄光景，雖謂之操戈入室可也」（《黃宗羲全集》第七冊，《明儒學案．師說》，頁一七）。蕺山對於龍溪之流的批評，還可從黃梨洲所著《子劉子行狀》中排比的龍溪學傳承找到注解，梨洲說：

> 當是時，浙河東之學，新建一傳而為王龍溪畿，再傳而為周海門汝登、陶文簡望齡，則湛然澄之禪入之；三傳而為陶石梁奭齡，輔之以姚江之沈國謨、管宗聖、史孝咸，而密雲悟之禪又入之。（《黃宗義全集》第一冊，頁二五三）

這種「夷良於賊」的流變，恐非龍溪始料所及。這大概也是黃梨洲在《明儒學案》中將周汝登、陶望齡列入〈泰州學案〉而不入〈浙中王門〉的原因之一罷。

❽ 劉蕺山在這裏批評「猖狂者參之以情識，而一是皆良」，沒有指明具體對象，或以爲卽指泰州王艮（心齋），吾以爲不然。因爲蕺山是很稱道王心齋的「格物」說的，認爲「後儒格物之說，當之淮南爲正」（見《黃宗羲全集》第八冊，《明儒學案．蕺山學案．語錄》，頁九一四），而且，蕺山在比較王門二王之學時曾說：「王門有心齋、龍溪，學皆魯悟，世稱二王。心齋言悟雖超曠，不離師門宗旨；至龍溪直把良知作佛性看，懸空期個悟，終成玩弄光景，雖謂之操戈入室可也。」（見《黃宗羲全集》第七冊，《明儒學案．師說》，頁一七）顯見蕺山是護心齋而貶龍溪的。

雖然，劉蕺山對陽明本人的「致良知」說是基本肯定的，但從王學末流的理論流弊中，他不得不從陽明學說本身找根源，因而也不得不對王陽明的「致良知」說進行理論的辯難、批評和修正。正如梨洲所說：

（蕺山）先生以謂新建（陽明）之流弊，亦新建之擇焉而不精、語焉而不詳有以啓之也。其駁〈天泉證道記〉曰：「新建言無善無惡者心之體，有善有惡者意之動，知善知惡是良知，為善去惡是格物，如心體果是無善無惡，則有善有惡之意又從何處來？知善知惡之知又從何處起？為善去惡之功又從何處用？無乃語語絕流斷港乎！」其駁良知說曰：「知善知惡，從有善有惡而言者也。因有善有惡而後知善知惡，是知為意奴也，良在何處？又反無善無惡而言者也。本無善無惡而又知善知惡，是知為心祟也，良在何處？止因新建將意字認壞，故不得不進而求良於知；仍將知字認粗，故不得不進而求精於心。非《大學》之本旨，明矣！」蓋先生於新建之學凡三變：始而疑，中而信，終而辯難不遺餘力，而新建之旨復顯。（《黃宗羲全集》第一册，《子劉子行狀》卷下，頁二五三～二五四）

顯然，在蕺山看來，王陽明的「致良知」說是有「擇焉而不精、語焉而不詳」弊病的，而最大的問題在於其「四句教」中存在「無善無惡」與「有善有惡」的理論矛盾，在於陽明「將意字認壞，將知字認粗」，而其根源卽在陽明對《大學》本旨理解上的失誤。基於這個認識，蕺山對陽明的「致良知」說特別是「四句教」作了重要的理論修正和概念的轉手，這種修正和轉手主要表現在：第一，蕺山將《大學》、《中庸》的根本宗旨歸納爲「愼獨」，用「獨體」代替陽明的「心體」和「良知」，並用「愼獨」、「誠意」的修養論代替「致良知」的修養論；第二，用「意爲心之所存，非所發」和「意、念相分」的理論修正陽明的「四句教」。蕺山認爲，心、意、知、物本是一路。心無體，以意爲體；心無善惡，而一點獨知，知善知惡；知善知惡之知，卽是好善惡惡之意；好善惡惡之意，卽是無善無惡之體。但意之好惡與起念之好惡不同：意之好惡，一幾而互見；起念之好惡，兩在而異情。於是，蕺山在其「意」本體論指導下，否定了陽明「四句教」中最易引起爭議的「有善有惡是意之動」一語，並提出了他自己獨特的「四句教」：「有善有惡者心之動，好善惡惡者意之靜，知善知惡者是良知，有善無惡者是物則。」（本段蕺山語引自《黃宗羲全集》第八册，《明儒學案・蕺山學案・語錄》，分見頁一五一七、一五二一、一五二三、一五二四）第三，蕺山對陽明的「知行合一」說也作了小小修正，並批評了王學末流的逃禪流弊。他說：「知行自有次第，但知先而行卽從之，無間可截，故云合一。後儒喜以覺言性，謂一覺無餘事，卽知卽行，其要歸於無知。知既不立，一亦難言。噫！是率天下而禪也。」（《黃宗羲全集》第一册，《子劉子學言》卷一，頁二六五）

上述劉蕺山對王陽明的批評不一定切合陽明學說的本意，他的理論修正也不免有背離陽明原旨之處。但正如陽明心學是針對程朱理學「支離」之病起而「救偏補弊」一樣，蕺山之學主要是針對王學末流蹈空襲虛、佞佛近禪的傾向起而「救偏補弊」的，並且，爲黃梨洲的理論總結工作開闢了一條通往實學的新思路。

黃梨洲對王陽明的「致良知」說以及「四句教」的辨析、駁難與修正，雖然遵循著劉蕺山的思路，但還是有所發明、有其新意的。爲了弄清梨洲與陽明、蕺山的思想異同，我們主要依據梨洲在《明儒學案·姚江學案·敍錄》及〈王陽明(本傳)〉所提供的線索，從兩大方面略作分析：一是梨洲對陽明「致良知」說本身的評析；二是對陽明「四句教」的辨析。

梨洲〈姚江學案·敍錄〉曰：

有明學術，(白沙開其端，至姚江始大明。蓋)從前習熟先儒之成說，未嘗反身理會，推見至隱，所謂「此亦一述朱，彼亦一述朱」耳。……自姚江指點出「良知人人現在，一反觀而自得」，便人人有個作聖之路。故無姚江，則古來之學脈絕矣！然「致良知」一語，發自晚年，未及與學者深究其旨，後來門下各以意見攙和，說玄說妙，幾同射覆，非復立言之本意。先生之格物，謂「致吾心良知之天理於事事物物，則事事物物皆得其理」。以聖人教人只是一個行，如博學、審問、愼思、明辨皆是行也，篤行之者，行此數者不已是也。先生致之於事物，致字卽是行字，以救空空窮理、只在知上討個分曉之非。乃後之學者測度想像，求見本體，只在知識上立家當，以為良知。則先生何不仍窮理格物之訓，先知後行，而必欲自為一說邪！（《黃宗羲全集》第七册，頁一九七。括號內文字係排版時遺漏，今據舊本補入）

該學案之〈王陽明〉本傳論陽明之學曰：

先生之學，始泛濫於詞章，繼而徧讀考亭之書，循序格物；顧物理吾心終判為二，無所得入，於是出入於佛老者久之，及至居夷處困，動心忍性，因念聖人處此更有何道？忽悟格物致知之旨，聖人之道，吾性自足，不假外求：其學凡三變而始得其門。自此以後，盡去枝葉，一意本原，以默坐澄心為學的。有未發之中，始能有發而中節之和。視聽言動，大率以收斂為主，發散是不得已。江右以後，專提「致良知」三字，默不假坐，心不待澄，不習不慮，出之自有天則。蓋良知卽是未發之中，此知之前更無未發；良知卽是中節之和，此知之後更無已發。此知自能收斂，不須更主於收斂；此知自能發散，不須更期於發散。收斂者，感之體，靜而動也；發散者，寂之用，動而靜也。知之真切篤實處卽是行，行之明覺精察處卽是知，無有二也。居越以後，所操益熟，所得益化，時時知是知非，時時無是無非，開口卽得本心，更無假借湊泊，如赤日當空，而萬象畢照。是學成之後又有此三變也。先生憫宋儒之後，學者以知識為知……說是無內外，其實全靠外來聞見以填補其靈明者也。先生以聖人之學，心學也，心卽理也，故於致知格物之訓，不得不言「致吾心良知之天理於事事物物，則事事物物皆得其理」。夫以知識為知，則輕浮而不實，故必以力行為工夫。良知感應神速，無有等待，本心之明卽知，不欺本心之明卽行也，不得不言「知行合一」。此其立言之大旨，不出於是。而或者以釋氏「本心」之說頗近於心學，不知儒釋界限只一理字。釋氏於天地萬物之理，一切置之度外，更不復講，而止守此明覺；世儒則不恃此明覺，而求理於天地萬物之間：所為絕異，然其歸理於天地萬物、歸明覺於吾心則一也。向外尋理，終是無源之水，無根之木，縱使合得，本體上已費轉手，故沿門乞火，與合眼見暗，相去不遠。先生點出心之所以為心不在明覺，而在天理。金鏡已墜而復收，遂使儒釋疆界渺若山河，此有目者所睹也。試以孔孟之言證之：致吾良知於事物，事物皆得其理，非所謂「人能弘道」乎！若理在事物，則是「道能弘人」矣。……嗟乎！糠秕眯目，四方易位，而後先生可疑也。（同上，頁二〇一～二〇二）

從上述引文可以看出，第一，黃梨洲對王陽明「致良知」學說（包括「良知」本體論、「致知」方法論和「知行合一」論），雖然有「發自晚年，未及與學者深究其旨」（這個說法主要是沿襲師說）的感嘆，但仍然是給以充分肯定和高度評價的。在梨洲看來，陽明提出「良知」說在思想史上的重大意義，一則打破了此前思想界程朱理學籠罩下的「此亦一述朱，彼亦一述朱」的教條主義風氣，二則重新確立了儒家「內聖成德」之教的權威性，從而接續了由孔孟開創的儒學學脈（嚴格地說是指孟子以來的心學傳統）。因此，陽明學說的眞理性是不容置疑的。第二，概述了陽明心學形成、演變的思想軌跡，這一軌跡是：經過對詞章訓詁之學、朱子格物之學、佛老空無之學的浸淫彷徨之後，以在實踐困境（指貶謫龍場驛）中體悟「不假外求」的格物致知宗旨爲起點而走上心學思路，再經歷「一意本原，以默坐澄心爲學的」、「江右以後，專提致良知」、居越以後更是徹悟「本心」之演變而確立了心學體系。第三，從理論上概括了陽明以「致良知」爲中心的心學宗旨與綱領，既批判了程朱理學派「空空窮理，只在知上討分曉」、「以知識爲知」和「向外尋理」等「輕浮不實」傾向，也批判了陽明後學「各以意見攙和，說玄說妙」等背離「致良知」本意的傾向，同時又劃清了陽明心學與釋氏「本心」之說的理論界限。第四，梨洲以自己的體悟方式解說了陽明的「致良知」和「知行合一」說，以「致字即是行字」、「必以力行爲工夫」的說法修正了陽明的致知理論。而這一點是有重要的理論意義和實踐意義的，我們有必要加以深入探討。

實際上，在王陽明著作中對「致知」、「致良知」和「知行合一」說的諸多論述中，確實包含著黃梨洲所謂「致字卽是行字」、「必以力行爲工夫」的思想因素的。例如陽明所說「知之眞切篤實處，卽是行；行之明覺精察處，卽是知。……眞知卽所以爲行，不行不足以謂之知」（《王陽明全集》上册，卷二，《傳習錄中・答顧東橋書》，頁四二）、「致知之必在於行，而不行不可以爲致知也明矣」（同上，頁五〇），又說「知是行的主意，行是知的工夫；知是行之始，行是知之成。若會得時，只說一個知已自有行在，只說一個行已自有知在」（同上，卷一，《傳習錄上》，頁四）、「今人學問，只因知行分作兩件，故有一念發動，雖是不善，然卻未曾行，便不去禁止。我今說個知行合一，正要人曉得一念發動處便卽是行了。發動處有不善，便將這不善的念克倒了。須要徹根徹底，不使那一念不善潛伏在胸中。此是我立言宗旨」（同上，卷三，《傳習錄下》，頁九六）。諸如此類，可知陽明所謂的「致知」既是「知」，又是「行」。然而，陽明當時所針對的，主要是朱子「格物窮理」說造成的以「知識」爲「知」、「求理於外」而不求理於「吾心之良知」的偏向，他所著重要辯明的是何謂「知」（卽良知）、何謂「致知」（卽致良知）的問題，所以還沒有能明白揭示出「致字卽是行字」的內涵。而在黃梨洲的時代，從思想界來說，是「天下爭言良知」而出現了「肆於情識，蕩於玄虛，流於佛老」的積弊，從學風上看是流行「束書不觀，游談無根，逃之愈巧」的空談習氣，從現實政治而言是社會處在風雨飄搖、天崩地解的劇變時期，在這種形勢下，批判虛風、虛學，提倡實用、實學就成爲時風所急，對於「知行關係」特別是何謂「行」、如何「行」的問題便成爲有志於社會改革的思想家、哲學家所關注的理論問題。黃梨洲就是在這樣的背景下修正王陽明的「致知」論和「知行合一」說而提出他的「致字卽是行字，以救空空窮理，在知上討個分曉之非」的新解說的。按照這個解釋，則「致知」便成了「行知」（知的實踐），「致良知」便成了「行良知」，「致吾心良知之天理於事事物物」便成了「行吾心良知之天理於事事物物」了。

黃梨洲從解說陽明學中提煉出的「致卽行」、「必以力行爲工夫」的思想，雖對陽明「致良知」和「知行合一」說而言，不無轉移學說重點之嫌，但卻是十分契合其師劉蕺山「良知爲知，見知不囿於聞見；致良知爲行，見行不滯於方隅。卽知卽行，卽心卽物，卽動卽靜，卽體卽用，卽工夫卽本體」（《明儒學案．師說》）的一元論思想的，也是符合梨洲本人以強調實踐工夫爲特色的「工夫所至卽其本體」的本體論思想的。從某種意義上說，我們可以把梨洲哲學歸結爲「力行」哲學。這種「力行」哲學思想在梨洲許多著作中都有體現。例如，他在〈贈編修弁玉吳君墓誌銘〉中指出：「儒者之學，經緯天地，而後世乃以語錄爲究竟，僅附答問一、二條於伊洛門下，便側儒者之列，假其名以欺世：治財賦者則目爲聚斂，開闔捍邊者則目爲粗材，讀書作文者則目爲玩物喪志，留心政事者則目爲俗吏，徒以『生民立極，天地立心，萬世開太平』闊論鈐束天下，一旦有大夫之憂，當報國之日，則蒙然張口，如坐雲霧。世道以是潦倒泥腐，遂使尚論者以爲建功立業別是法門，而非儒者之所與也。」（《黃宗羲全集》第十冊，頁四二一）在〈今水經序〉中說：「古者儒墨諸家，其所著書，大者以治天下，小者以為民用，蓋未有空言無事實者也。」（同上，第十冊，頁五〇五）諸如此類，一反俗儒高談闊論、鄙薄經濟致用的迂腐習氣，而表現了一種主張學以致用、強調「經世應務」的實學精神，而這正是從「力行」哲學發而為政治實踐的人文主義精神。

黃梨洲對陽明「四句教」的批評，大體上不出劉蕺山的批評範圍，但也稍有不同。其相同者在於，二人都對「四句教」有所懷疑，有所批評，並把批評的重點放在前二句，特別是「無善無惡是心之體」一句上，而且二人都從「意」與「念」的區分上實施他們的批評；其所不同者在於，蕺山實際上是仿照龍溪「四無」論的思維方式去否定「無善無惡是心之體」一語的，如說「若心體果是無善無惡，則有善有惡之意又從何處來？知善知惡之知又從何處來？為善去惡之功又從何處起？無乃語語絕流斷港乎！快哉，四無之論！……蒙因為龍溪易一字，曰：『心是有善無惡之心，則意亦是有善無惡之意，知亦是有善無惡之知，物亦是有善無惡之物』，不知（陽明）先生首肯否？」（同上，第七冊，頁二四三～二四四）並且力圖用「獨」體（即「意」）取代陽明的「良知」，從而基本上否定了陽明的「四句教法」；而梨洲雖然沿襲師說，認為「四句教」或為「晚年未定之見」，但卻是盡可能站在陽明的立場上加以辯解、給予批評性的衛護，並把王畿的「四無」說及後學的「錯會」作為批評的主要對象。如說「其實無善無惡者，無善念惡念耳，非謂性無善無惡也……四句本是無病，學者錯會……愈求愈遠矣。得義說而存之，而後知

先生之無弊也。」（同上，頁一九八）

關於劉蕺山、黃梨洲批評或辨析陽明「四句教」的是非得失或者曲解之處，劉述先先生在所著《黃宗羲心學的定位》第二章有十分詳細而精采的評論分析（因文繁恕不贅引），劉先生的結論是：

> 如果說龍溪四無之學為王學的左派，則蕺山、梨洲之學為王學之右派，竟不許以無善無惡談心體性體，由知收攝到意，乃不得不背棄致良知教，另立誠意愼獨之教，其繼承、簡擇陽明心學之線索，明矣。由這一（四句教）公案，我們也可以清楚地看出，梨洲是如何內化了蕺山的思想變成了他自己的一部分，而且加以進一步的繁演與發揮。他的長處在尊重材料，立論不似蕺山激越，但他以蕺山思想之綱領為判準，簡擇陽明，平章各家學術，謹守繼承自蕺山思想的原則而勿失，應該是朗如日星，毋需我再多饒舌了。（頁六〇）

但我卻想再多饒舌一句：劉先生的結論用於蕺山是完全正確的，用於梨洲則只能說大體正確而略嫌苛刻一些。作爲蕺山門人，梨洲確實是接受了蕺山的誠意愼獨之教並「以蕺山思想之綱領爲判準，簡擇陽明，平章各家學術，謹守繼承自蕺山思想的原則而勿失」的；但作爲一個堅持「一本而萬殊，會衆以合一」辯證方法的思想史家，梨洲對於陽明思想的評價遠高於蕺山，其簡擇亦多於蕺山，他並沒有「背棄」陽明的「致良知教」，而是給予了肯定的評價和創造性的修正；而作爲一個具有自覺的批判意識的心學家，梨洲繼承了自孟子到陸象山、王陽明的心學思想，並力求折衷朱、陸、王、劉而建立其重視實踐、實用的「力行」哲學，儘管由於種種條件的限制，梨洲還沒有能夠眞正建立起「力行」哲學的新體系，但他的理論嘗試和思想火花是值得稱道、不容抹殺的，他對中國儒學超越宋明理學而走向近代實學是有積極的理論貢獻的。

（本文係一九九三年九月在臺灣中央研究院中國文哲研究所的演講論文，刊載於《鵝湖》，一九九三年第十二期）

黃宗羲與清代學術

內容提要 文章介紹了已經考知的黃宗羲的著作，論述了黃宗羲的三大學術成就：一、提出了系統批判封建專制，實行社會改革的具有民主啓蒙性質的政治思想綱領；二、為保存歷史文化遺產，豐富中國史學理論作出了重要貢獻；三、提出了「理氣心性」統一論，創立了以「一本萬殊」為指導，以「會衆合一」為方法的哲學史觀。

「自三代以後，亂天下者無如夷狄」的命題是黃宗羲以反清為目的的愛國主義精神的表達，而「為天下之大害者君而已矣」的命題則體現了以反君主專制為目的的民主主義精神。「經世應務」是貫串黃宗羲一生的基本精神。他的學術成就和思想主張，培育了與乾嘉考據學派迥異的清代浙東學派的獨特學風，並對清末民主主義思潮產生了重大影響。

黃宗羲在清代前期與孫奇逢、李顒齊名，並稱「國初三大儒」，自清末以至當代，則又與顧炎武、王夫之齊名，並稱「明清之際三大思想家」，可見他在清代學術思想史上地位之重要。

黃宗羲生活在明末淸初的社會大變動卽所謂「天崩地解」的時代。其特點是：封建社會中資本主義因素萌芽、生長並和封建經濟結構發生衝突；統治階級與城市市民以及廣大農民的階級矛盾、國內民族矛盾極端尖銳；西歐資本主義興起並開始進行殖民擴張，從而造成了西方文化衝擊中國傳統文化的新形勢。

在這樣的政治、經濟、文化背景下面，明淸之際的學術界、思想界也發生了引人注目的變化，逐漸形成了一股帶有明顯的人民性、民主性、實用性的思想解放思潮，卽我們通常所說的「民主主義的啓蒙思潮」。這股啓蒙思潮的內容是多方面的。它在政治思想上表現爲對封建專制制度弊病的揭露和批判，在托古的旗號下呼籲政治的改革，設計君臣平等、君民平等、地方自治、允許平民議政參政的未來社會的藍圖。在經濟思想上表現爲要求打破自然經濟的傳統結構和要求改變「重農抑商」的落後政策，提出了發展工商業、改革封建土地制度和賦稅制度等有利於資本主義因素發展的經濟主張。在敎育思想上表現爲對封建科舉取士制度的激烈批判，在學校形式、敎育目的、敎學方法和內容上提出了一系列改革主張。在哲學思想上則表現爲對宋明理學一些根本性觀點進行懷疑、批評、否定或修正，對佛敎唯心主義哲學（禪宗）進行了普遍的批判，而在本體論上堅持理氣一元論，在認識論上更多地強調「行」的作用，在方法論上則不但繼承了中國傳統哲學的辯證思維方法，而且開始注意學習和運用西方自然科學的實證方法。在民族關係問題上，一方面用傳統的「夷夏之辨」去抵抗淸王朝的民族壓迫政策，另一方面又敢於承認當時的「外夷」——西方國家在自然科學方面有比中國更高明、更精密的學問，主張學習「泰西」傳來的自然科學知識和科學方法，會通中西之學，表現出衝破中國傳統學術的藩籬而放眼全世界的思想動向……。黃宗羲、顧炎武、王夫之、顏元這樣一些重要思想家，儘管其學術淵源或思想表現形式有著許多差異，但在與時代思潮的逆順關係上卻是一致的。他們的思想和學說都是社會大變動時代的產物，是符合歷史發展總方向的批判哲學。

一 黃宗羲的學術成就

黃宗羲是明末清初一位傑出的政治思想理論家，又是一位成就卓著的哲學家、史學家、文學家和自然科學理論家。他的一生，大體可以一六五三年（魯王監國八年，清順治十年）浙東抗清鬥爭徹底失敗爲界限分爲兩個時期，前半生是他讀書學習並從事實際政治鬥爭的時期，後半生（四十四歲以後）才是他著書講學從事學術活動的時期。

全祖望在《明夷待訪錄·跋》中說黃梨洲「著書兼輛，然散亡十九」。近年來，筆者在彙編《黃宗羲全集》和寫作《黃宗羲遺著考》的過程中，查考前人著錄和現存各種版本，作了些輯佚辨僞工作，迄今可以考知的黃宗羲的著作共計一百十二種，至少有一千三百卷，二千萬字。按其著作體裁，可以分爲三類：一是文選，如《明文案》、《明文海》、《明史案》、《宋元文案》、

《黃氏捃殘集》、《姚江逸詩》等十八種，一千餘卷；二是專著，如《留書》、《明夷待訪錄》、《破邪論》、《易學象數論》、《孟子師說》、《子劉子行狀》、《明儒學案》、《宋元學案》、《東浙文統》、《行朝錄》、《四明山志》、《今水經》、《授時曆法假如》、《西洋曆法假如》、《勾股圖說》、《開方命算》、《思舊錄》、《黃氏家錄》等六十八種，三百多卷；三是自著詩文集，如《南雷文案》、《南雷文定》、《南雷文約》、《南雷雜著》、《南雷詩曆》等二十六種，七十多卷。現存文選九種，專著二十八種，詩文集十八種，共五十五種，一千零七十七卷，確實算得上「著書兼輛」了。

總括黃宗羲的學術成就，主要有三大方面：

第一，他在《留書》和《明夷待訪錄》中，提出了一個系統批判封建專制制度，實行社會改革的具有民主啓蒙性質的政治思想綱領。

公元一六五三年（清順治十年）三月，魯王在金門島宣布取消了監國稱號，從而宣告了浙東抗清鬥爭的徹底失敗。於是，黃宗羲開始認眞總結明亡歷史教訓，決心爲後人留下一些對治國經世有補益的著作。就在這年秋天，他寫下了《留書》一卷八篇的初稿❶。時隔十年，當康熙元、

❶《留書》八篇的篇名是：〈文質〉、〈封建〉、〈衞所〉、〈朋黨〉、〈史〉、〈田賦〉、〈制科〉、〈將〉，今寧波天一閣藏有清乾隆間慈溪鄭氏二老閣抄本一種，存前五篇。據抄者注稱，後三篇已收入《明夷待訪錄》，故有目無文。

二年（一六六二～一六六三年）時，南方抗清鬥爭也宣告失敗，這時的黃宗羲，對恢復明室已不抱希望，但他認爲當時「亂運未終」，「治世」有待未來。於是他在《留書》原稿基礎上，加以修改擴充，寫成了《明夷待訪錄》❷。這兩部書的寫作時間雖然相隔十年，但其寫作宗旨和目的是一樣的，卽總結「治亂之故」，爲後世「條具爲治大法」（見二書〈自序〉），設計未來社會的藍圖。

黃宗羲在《留書》中總結了明朝亡國的教訓，認爲明朝衞所制度腐敗、宦官集團專政、土地和賦稅制度不合理、科舉取士制度壓制人才，這都是導致亡國的原因，但最大的原因莫過於「夷狄」作亂。他說：「自三代以後，亂天下者無如夷狄矣！」（《留書・封建》）但「夷狄」爲什麼能夠「亂天下」呢？他把原因歸咎於秦以後「廢封建之罪」。這裏所謂「廢封建」，是指秦始皇廢除周代的「封邦建國」制度而建立中央集權的君主專制制度。這一思想，爲他後來在《明夷待訪錄》中進一步批判君主專制埋下了伏筆。

在《明夷待訪錄》中，黃宗羲從強烈的反清擴大到對整個封建君主專制制度的批判和否定，破天荒第一次喊出了「爲天下之大害者，君而已矣」的口號。他指出，封建君主是「以我之大私

---

❷據筆者考證，《明夷待訪錄》原稿應有二卷二十六篇，並曾於康熙十二年刊刻，此刻板後毀於火，至乾隆間二老閣主人鄭性、鄭大節重刻此書時，刪去了有明顯反清內容的篇章，故今存刻本只有一卷二十一篇，而原屬《留書》的五篇則以抄本形式流傳下來。

爲天下之大公」的民賊，是使天下不得安寧的罪惡之源，人民是不應該爲君主一人一姓之私利奔走效勞的。他在托古的形式下設想著未來社會的藍圖，提出了「天下（人民）爲主，君爲客」（〈原君〉）和「君與臣，共曳木之人」（〈原臣〉）的君臣平等原則，提出了用「天下之法」（公法）代替君主「一家之法」（私法）的法律平等原則（見〈原法〉），提出了「人各得自私自利」（〈原君〉）、「貴不在朝廷，賤不在草莽」（〈原法〉）的人權平等原則，還提出了由宰相和「政事堂」掌管行政權（〈原相〉）、又「公其非是於學校」（〈學校〉）的近似於近代議會民主的政治理想，這都反映了黃宗羲政治思想的民主主義傾向。

在經濟思想方面，黃宗羲在《明夷待訪錄》中提出了一系列有利於發展商品經濟、發展工商業、削弱封建生產關係的思想主張，如「工商皆本」（〈財計三〉）的進步思想，「廢金銀」而「通錢鈔」的幣制改革主張（〈財計二〉），「均田」、「齊稅」而又不排斥富民占田的「井田制」構想（見〈田制〉），這些主張雖不免有著空想和幼稚的成分，但在客觀上是符合資本主義經濟關係產生和發展的歷史要求的。

第二，他通過孜孜不倦的著書活動，爲保存歷史文化遺產、豐富中國史學理論作出了重要貢獻。

黃宗羲在後半生以極大的毅力、艱鉅的勞動編選了卷帙繁重的宋、元、明三代作家的文集和鄉邦文獻。尤以《明文案》和《明文海》費時最長、用力最勤。他從康熙七年至十四年（一六六八～一六七五年)，經歷七個寒暑，披閱千餘家文集，終於編定了二百十七卷《明文案》。他在《明文案・序》中申述自己選文的目的是爲了保存有明三百年文章之精華，發掘「三百年人士之精神」，要從「埋沒於應酬訛雜之內，堆積几案」的千家文集中洗滌「情至之語」。所以，他對自己的勞動很滿意，不僅認爲《明文案》可與前人編的《昭明文選》、《唐文粹》、《宋文鑑》、《元文類》並列，而且認爲「文章之盛，似謂過之」，自信「有某茲選，彼千家之文集龐然無物，卽盡投之水火，不爲過矣」。

《明文案》編成之年，黃宗羲已經六十六歲，但他仍然不辭辛勞地搜集宋元明三代文集。當他七十多歲高齡時，曾兩次長途跋涉，到江蘇昆山徐乾學家藏書樓（傳是樓）看書抄書，披閱數百家文集，在此基礎上編選了《宋集略》、《元集略》（今佚），又將《明文案》擴編爲《明文海》四百八十二卷。《明文海》的編選，前後經歷二十餘年，完成於康熙三十二年宗羲八十四歲之時。全書由黃宗羲親定體例、寫定目錄，內文則由其子弟抄錄剪輯，宗羲親作批注。書成以後，宗羲曾對兒子黃百家說：「非此不足存一代之書。」（黃炳垕《黃梨洲先生年譜》）《四庫全書總目提要》也稱贊此書「搜羅極富，所閱明人文集幾至二千餘家」、「可謂一代文章之淵藪，考明人著作者，必當以是編爲極備矣」。三百年後的今天，《明文海》的稿本、抄本依然存在，而被選輯的明人文集則已有許多毀佚了，由此更可看出黃宗羲編選此書對於保存明代文獻的重要意義和鉅大貢獻。

康熙十五年（一六七六），黃宗羲完成了另一部學術鉅著《明儒學案》（六十二卷，逾百萬字）。這是一部系統總結明代學術思想發展演變狀況的專著，不但搜集材料極其豐富，而且在著作體例上具有開創意義。它以王陽明學派爲主流，兼述各家各派，「分其宗旨，別其源流」（〈自序〉），做到「言行並載，支派各分」，在敍述和評論中能做到「擇精語詳，鈎玄提要」（莫晉《明儒學案・序》），確非大手筆不能完成。故此書一出，立即風行學界，學者推崇備至。在學術淵源上與梨洲異趣的湯斌稱讚說：「先生著述弘富，一代理學之傳，如大禹導山導水，脈絡分明，事功文章，經緯燦然。眞儒林之巨海，吾黨之斗杓也。」（《南雷文定》附錄〈交遊尺牘〉）全祖望稱贊《明儒學案》是「有明三百年儒林之藪也」（〈梨洲先生神道碑文〉），《四庫全書總目提要》則稱之爲「千古之炯鑑」。

此外，黃宗羲還編輯了《明史案》、《續宋文鑑》、《元文抄》、《宋元文案》（今佚）等書，並著手編著《宋儒學案》和《元儒學案》（未竟而卒，後由黃百家、全祖望續成，合稱《宋元學案》），還編選了《姚江逸詩》、《剡源文抄》、《子劉子學言》、《杲堂詩文抄》、《黃氏捃殘集》等宋元明時代的浙東名人詩文集，撰著了《東浙文統》（今佚）等多種地方學術史專著。在系統整理宋元明三代歷史文獻和鄉邦文獻方面，黃宗羲的勞績是無與倫比的。

黃宗羲不僅爲後人留下了許多史學著作，而且提出了一系列有價值的史學理論和方法論原則。

「經世應務」，是黃宗羲治史的根本指導思想。他說：「學必原本於經術而後不為蹈虛，必證明於史籍而後足以應務。」（全祖望〈甬上證人書院記〉）又說：「夫二十一史所載，凡經世之業無不備矣！」（〈補歷代史表序〉）他所謂的「經世應務」，就是要吸取歷史經驗，為現實政治服務。在這一思想指導下，黃宗羲治史的特點，就是把重點放在宋元明三代的研究上，特別重視明代政治史和思想史，注意對歷史上「治亂之故」的總結。

黃宗羲史學思想的一項重要原則，就是主張「寓褒貶於史」，使史書起到「揚善懲惡」的作用。他說：「為史而使亂臣賊子得志於天下，其不如無史之為愈也。」（《留書·史》）又說：「大奸大惡將何所懲創乎？曰：苟其人之行事載之於史，傳之於後，使千載而下，人人欲加刃其頸，賤之為禽獸，是亦足矣！孟子所謂『亂臣賊子懼』，不須以地獄蛇足其後也。」（《破邪論·地獄》）他對各種史書體例的褒貶原則都作了規定。如認為「列傳」體必須貫徹「善善惡惡」的原則，而「言行錄」雖然是「善善之意長」，但應當記載那些品德高潔、可奉為後世楷模的人的言行（〈明名臣言行錄序〉）；認為地方志與正史雖有不同，但都應寓以褒貶，所謂「史則美惡俱載，以示褒貶；志則存美而去惡，有褒而無貶，然其所去，是亦貶之之例也」（〈再辭張郡侯修志書〉）；認為即使是碑銘，也應當寓以褒貶：「夫銘者，史之類也。史有褒貶。銘則應其子孫之請，不主褒貶，而其人行應銘法則銘之，其人行不應銘法則不銘，是亦褒貶寓於其間。」（〈與李杲堂陳介眉書〉）他還主張在為婦女寫碑傳時要「一往情深」，從小事中見精神，認爲「古今來事無鉅細，唯此可歌可泣之精神長留天壤」（〈張節母葉孺人墓誌銘〉）。黃宗羲編寫的歷史著作，包括地方志和應人之請而寫的碑傳，大體貫徹了他所提倡的上述原則。

重褒貶不等於輕史料。黃宗羲在史學方法論上，十分重視廣徵博考、去僞存眞、實事求是的方法。他編著《明文海》、《明史案》、《明儒學案》等鉅著，不但耗費二十多年精力，披閱數千家文集，而且作了大量「彈駁參正」、「纂要鈎玄」的工作。他曾作《明史條例》，提出了「國史取詳年月，野史取當是非，家史備官爵世系」的史料取捨原則（見阮元《國史儒林傳稿》）；他以南明史爲例強調了考核史實的重要，指出「桑海之交，紀事之書雜出，或傳聞之誤，或愛憎之口，多非事實。以余所見，唯《傳信錄》、《所知錄》、《劫灰錄》，庶幾與鄧光薦之《塡海錄》可考信不誣」（〈桐城方烈婦墓誌銘〉）。他很贊賞談遷寫《國榷》能「汰十五朝之《實錄》，正其是非；訪崇禎十七年之《邸報》，補其缺文」的堅毅精神，而批評庸史們「不能通知一代盛衰之始終，徒據殘書數本，諛墓單辭，便思抑揚人物」（〈談孺木墓表〉）的輕浮態度。可見黃宗羲的史學方法是嚴謹求實的。

第三，在哲學上，他沿著劉宗周批判理學、修正心學的路子，創立了以「理氣心性」相統一的世界觀和以「一本萬殊」爲指導、以「會衆合一」爲方法的哲學史觀，從而爲批判地繼承中國哲學遺產開拓了新路。

有明一代，前期是程朱理學占統治地位，後期是王陽明心學占統治地位。但到明末清初，無論是理學還是心學，都出現了嚴重的理論危機，都回答不了「天崩地解」時代提出的種種新問題。正如黃宗羲在〈留別海昌同學序〉中批評的：

> 今之言心學者，則無事乎讀書窮理；言理學者，其所讀之書不過經生之章句，其所窮之理不過字義之從違……封己守殘，摘索不出一卷之內……天崩地解，落然無與吾事，猶且說同道異，自附於所謂道學者，豈非逃之者之愈巧乎！

既然理學家和心學家都逃避現實，那就需要清算舊哲學，建立新哲學。黃宗羲就是在時代對於新哲學的呼喚下著手系統整理宋元明哲學史資料的。他在後半生，長期沉浸在深刻的哲學思考中。

黃宗羲的老師劉宗周（一五七八～一六四五年）是明清哲學史上承上啓下的人物，可以說是王陽明學派的殿軍，清代浙東學派的先驅。他在哲學上堅持「盈天地間皆氣」、「離氣無所謂理」的理氣統一論，提倡「工夫與本體亦一」的「愼獨」說，這對黃宗羲的哲學思想影響極大。

但黃宗羲的哲學思想不全來自師說，也不盡同於師說。他較之劉宗周，經歷的變故更大，讀書更多，見聞更廣，視野更闊，因而思索更深，成就更大。他自己曾經說過：「自濂洛以至今日，儒者百十家，余與澤望（黃宗會）皆能知其宗旨離合是非之故。」（〈前鄉進士澤望黃君壙志〉）又如全祖望所說：「公以濂洛之統，綜會諸家。橫渠之禮敎，康節之數學，東萊之文獻，艮齋、止齋之經制，水心之文章，莫不旁推交通，連珠合璧，自來儒林所未有也。」（〈梨洲先生神道碑文〉）雖然他還沒有達到集大成的水平，但他確實是宋、元、明七百年儒學的綜合整理者和批判者，又是明末清初社會大變動的理論總結者。他在哲學上的成就主要有兩點：

（一）創立了理氣心性統一論

自北宋至明末，諸家各有創獲：周敦頤首創「無極而太極」說，實際是「道」本體論；張載創「太虛卽氣」說，是「氣」本體論；程頤創「天理」說、「格物」說，朱熹創「理在氣先」、「理一分殊」說，都是以理、氣爲二元的「理」本體說；程顥創「識仁」說，陸九淵創「心卽理」說，王守仁創「致良知」說，則都是「心」本體論。劉宗周的「理氣統一」論是對程朱理學的批判，而其「愼獨」說則是試圖彌合王陽明「致良知」說的理論矛盾。黃宗羲在宇宙本原和理氣關係問題上，接受並發揮了張載、劉宗周的觀點，如在〈太極圖講義〉中說「通天地，亘古今，無非一氣而已」，在《易學象數論》中說「夫太虛，絪蘊相感，止有一氣」，在《孟子師說》中說「天地間只有一氣充周，生人生物」，在《明儒學案．諸儒學案二》說理與氣是「一物而兩名，非兩物而一體」，「自其浮沉升降者而言，則謂之氣；自其浮沉升降不失其則者而言，則謂之理」，在〈甘泉學案〉、〈河東學案〉中說「理不能離氣以爲理」、「理爲氣之理，無氣則無理」……顯然，他所講的「氣」，是客觀的物質之氣，而所謂「理」，則是物質運動的客觀規律，這無疑是唯物主義的理氣統一論。

但劉宗周在其著作中儘管無數次地討論過理氣、心性關係，但沒有建立心性理氣統一論。這或許在黃宗羲看來是美中不足，於是特著《孟子師說》以追述師說，而實際上是在發展師說了。這突出地表現在該書〈浩然章〉。他說：

> 天地間只有一氣充周，生人生物。人禀是氣以生，心卽氣之靈處，所謂知氣在上也。心體流行，其流行而有條理者卽性也。……流行而不失其序，是卽理也。理不可見，見之於氣；性不可見，見之於心。心卽氣也。……人身雖一氣之流行，流行之中心有主宰，卽流行之有條理者。……養氣者，使主宰常存，則血氣化為義理；失其主宰，則義理化為血氣，所差在毫釐之間。

在這裏，黃宗羲論述了氣、理、心、性的複雜關係。他認爲，氣是最根本的，萬物皆由氣變化而生；理是氣的運動變化（流行）的規律（序）的體現，它不能離了氣而獨立存在；人的形體也是由氣變化而來的，人的生命本體（心）是一種特殊的、包含著知覺的氣，而在這心內流行著的「理」（條理）就是性，性包含著自然秉性（血氣）和道德修養（義理）兩個方面，它不能離開生命本體（心）而獨立存在，但又對生命本體的流行方向起著規定（主宰）作用。由此可見，當黃宗羲討論心性與理氣的關係問題時，他是心性理氣統一論者。從這一認識出發，黃宗羲批評了佛氏和告子。他指出佛氏所謂「明心見性」是「離氣以求心性」，而「告子病痛，在不知求義理於心」卻到心外求性，因而都是錯誤的。

黃宗羲在《明儒學案》中更加清楚地闡明了他的上述見解。他批評羅欽順說：

第先生之論心性，頗與其論理氣自相矛盾。夫在天為氣者在人為心，在天為理者在人為性。理氣如是則心性亦如是，決無異也。人受天之氣以生，只有一心而已。而一動一靜、喜怒哀樂循環無已，當惻隱處自惻隱……是卽所謂性也，初非別有一物立於心之先、附於心之中也。（〈諸儒學案中〉）

顯然，他在這裏是企圖克服前人在自然觀與社會倫理觀方面存在的理論矛盾而提出了「心性理氣」統一論的觀點。這是一種新的理論嘗試，卽力圖運用唯物主義理氣統一觀去解釋社會歷史問題的嘗試，也可以說是人類理論思維的一個進步。但可惜不是成功的嘗試。因為當時的理論家黃宗羲並不懂得社會實踐的意義和階級分析的方法，因而不可能建立唯物史觀。況且他還犯了將心性關係與氣理關係作機械比附的錯誤。

黃宗羲在晚年所寫的《明儒學案‧改本序》中更明顯地越出了師說的藩籬。他說：

> 盈天地皆心也。人與天地萬物為一體，故窮天地萬物之理，即在吾心之中。後之學者錯會前賢之意，以為此理懸空於天地萬物之間，吾從而窮之。不幾於義外乎？此處一差，則萬殊不能歸一。夫苟工夫著到不離此心，則萬殊總為一致。（《南雷文定五集》卷一）

應當說，這個盈天地皆心的命題主要是認識論命題，我們不能據此斷定黃宗羲是唯心論者。他在這裏強調心的作用，說明他很重視認識的自覺能動性，而強調工夫（他在《明儒學案‧原序》中提出了「心無本體，工夫所至即是本體」的命題），也說明他的認識論是排斥認識的主觀直覺或「頓悟」的，包含著對王陽明「致良知」說的修正，具有合理的因素。然而，他要求人們「在吾心之中」去「窮天地萬物之理」，表明他的「工夫」只是主觀內心的省察修養而非客觀的社會實踐，仍然是「求諸心不求諸外」的先驗認識論觀點，這是他「猶留連於王學枝葉」（全祖望評語）的表現。

(二) 建立了以「一本萬殊」的眞理論爲指導、以「會衆合一」爲方法去把握和整理哲學發展史的哲學史觀。

黃宗羲的《明儒學案·發凡》，是他編撰《明儒學案》的指導思想和方法的概括，也是他的哲學史觀和研究方法論的注解。他說：

學問之道，以各人自用得著者為真，凡倚門傍戶、依樣葫蘆者，非流俗之士，則經生之業也。此編所列，有一偏之見，有相反之論，學者於其不同處正宜著眼理會，所謂一本而萬殊也。以水濟水，豈是學問！

這個「一本萬殊」論，是黃宗羲編撰《明儒學案》的指導思想。雖然他的「本」和「殊」的具體含義，只是「儒者之學」和在儒學範圍內的百家之學，是不包括佛老之學的。但這一理論本身具有普遍的意義，它說明眞理是在各種「一偏之見，相反之論」的討論和爭鳴中求得的，各種「一偏之見」、「相反之論」都可能包含著眞理的顆粒，由此形成人類認識發展的大樹。因此，作爲哲學史、學術史的整理者和研究者，要善於從各家各派的「不同處」擷取眞理性認識，善於把握各家宗旨、透露其人「一生之精神」，這才有益於學術的發展。

哲學發展的客觀狀況是「一本而萬殊」的，所以哲學史家應當善於把握各家學術的殊異之旨，能夠「貴一偏之見，存相反之論」，因此在整理和編寫哲學史、學術史時，就應當實事求是，不能像周汝登寫《聖學宗傳》那樣使各家之宗旨適合「一人之宗旨」。

黃宗羲的「一本萬殊」論既是一種反映學術發展史的學術史觀，也是觀察和把握學術史的方法論。但作爲方法論，它主要是分析的方法，而不是歸納的方法（當然，分別各家宗旨也是需要歸納的，但這不是對整個認識史的總體歸納）。而這種歸納的方法，就是他在〈萬充宗墓誌銘〉中所概括的「會衆以合一」的方法。他說：

士生千載之下，不能會衆以合一，由谷而之川，川以達於海，猶可謂之窮經乎？自科舉之學興，以一先生之言為標準，毫秒摘抉，於其所不必疑者而疑之，而大經大法反置之而不用。

這裏雖然是講「窮經」的方法，但也同樣具有普遍的方法論意義。歷史文獻浩如煙海，一個歷史學家或哲學史家，如果沒有正確觀點和科學方法的指導，沒有「會衆以合一」的學術歸納能力，那麼他寫出的學術著作，就只能是材料的堆積，猶如一團亂麻理不出頭緒。當然，所謂「會衆合一」，並非要使衆家之言去合一先生的立言標準，而是應當取衆家之精華而剔除其糟粕，使之融滙到反映時代精神的歷史潮流中去。黃宗羲在《明儒學案．發凡》中批評孫奇逢的《理學宗傳》「雜收不復甄別」、「未必得其要領」，批評時人薈撮數條語錄而「不知去取之意」，而自己編書「皆從全集纂要鈎玄」，所提倡的方法不僅是從萬殊中見一本的分析方法，而且是「會衆以合一」的歸納方法。

黃宗羲的學術成就是多方面的，除了上述三大方面之外，他在文學和自然科學方面也有不可忽視的成就，限於篇幅，本文不能一一論述，所述者也只是舉其大要而已，也算「一偏之見」吧。

二 梨洲精神與清代學術

黃宗羲在整理明代學術史時，非常重視對學者宗旨的概括，重視發現其「一、二情至之語」，透露其人「一生之精神」。那麼，梨洲先生本人的「情至之語」何在？「一生之精神」又何在呢？這種精神對清代學術發展又起了一些什麼作用呢？

對於一個民族意識強烈、憂國憂民的封建士大夫來說，哀莫大於亡國！明朝的覆亡，清朝的建立，儘管在我們今天看來只不過是封建社會的改朝換代，是我國東北境內一個文化落後而兵民強悍的少數民族統治者以武力統一了全中國，並且和漢族地主階級聯合起來鞏固了新王朝的統治權，算不得什麼「亡國」，但在當時的黃宗羲、顧炎武、王夫之這一些深明「夷夏之辨」的知識分子來說，確確實實是認爲亡國了。他們雖然拿起武器，赴湯蹈火地與「夷狄」進行過殊死鬥爭，但終究挽救不了故國傾覆的命運，於是痛定思痛，作亡國教訓的總結，不能不對「亂天下」

的「夷狄」懷著深切的仇恨。所以，黃宗羲在抗清鬥爭失敗後所寫的第一部政治理論著作就是充滿反清民族主義精神的《留書》，他在《留書》中發出的「情至之語」，便是「自三代以後，亂天下者無如夷狄矣！」（〈封建〉篇）他在書中把清朝視爲「僞朝」，把清帝罵作「虜酋」，把歷史上「夷狄」對「中國」的統治說成「率獸而食人」，甚至把《宋史》、《元史》的修撰者對遼、金、元帝王的承認比作「爲虎作倀」（〈封建〉、〈朋黨〉、〈史〉）。可見黃宗羲的民族主義情緒何等強烈！以後，黃宗羲在《行朝錄》、《弘光實錄鈔》、《海外慟哭記》、《西臺慟哭記注》以及《南雷詩文集》等許多歷史著作和詩文中都深情地寄託了他的亡國之痛，故國之思，特別著力於表彰抗清志士冒死犯難、視死如歸的崇高民族氣節。例如，他爲抗清名將張煌言寫的墓誌銘，一開頭就深情地寫道：

> 語曰：慷慨赴死易，從容就義難。所謂慷慨從容者，非以一身較遲速也。扶危定傾之心，吾身一日可以未死，吾力一絲有所未盡，不容但已。古今成敗利鈍有盡，而此不容已者，長留於天地之間。愚公移山，精衛填海，常人藐為說鈴，聖賢指為血路也。……宋明之亡，古今一大厄會也。其傳之忠義與不得而傳者，非他代可比。就中險阻艱難、百挫千折、有進無退者，則文文山、張蒼水兩公為最烈。（《南雷雜著》手稿〈兵部左侍郎蒼水張公墓誌銘〉）

他對文天祥、張煌言這樣的民族英雄的壯烈精神與英雄事跡的表彰，確實是情至意切了。

不僅對烈士如此，而且對始終能保持民族氣節的「亡國之遺民」也同樣深情地予以表彰。他在〈謝時符先生墓誌銘〉中說：

> 嗟夫！亡國之戚，何代無之？使過宗周而不憫黍離，涉北山而不憂父母，感陰雨而不念故夫，聞山陽笛而不懷舊友，是無人心矣！故遺民者，天地之元氣也。……自有宇宙，只此忠義之心，維持不墜。

黃宗羲對於「夷狄亂天下」的憎恨，對於抵抗「夷狄」侵略和堅持不與「夷狄」政權合作精神的表彰，儘管有著歷史的局限性，但是應當承認，這是中華民族幾千年歷史所培育出來的強烈愛國主義精神的體現。

對於一個親身經歷、親眼目睹封建專制制度的弊端痼疾並作了深刻歷史反思的啓蒙思想家來說，恨莫過於專制！黃宗羲的父親黃尊素以及明末一大批主張社會改革的正直官員和東林黨人士，都慘死在君主專制的淫威之下，這自然是黃宗羲的切膚之痛。他又親身經歷了明末清初的社會大動亂，目睹清王朝的建立同歷代王朝交替時一樣，都是「屠毒天下之肝腦，離散天下之子女」以開創一家一姓的「帝王之業」，及至「創業」以後，又是「敲剝天下之骨髓，離散天下之子女」以滿足君主「一人之淫樂」。對這樣殘暴的君主專制制度，是可忍，孰不可忍？黃宗羲在他的《留書》和《明夷待訪錄》中，進行了歷史的反思。他由總結明亡歷史教訓而看到了「夷狄亂天下」的危害，又由追究「夷狄」得以亂天下的原因而得出它由於秦以後「廢封建（卽建立專制王朝）之罪」的結論，由秦廢「封建」又進而看到了君主專制制度是導致中國「三代而下之有亂無治」、「皆在一亂之運」的萬惡之源，所以，他痛心疾首地呼出了「爲天下之大害者君而已矣」（《明夷待訪錄・原君》）的心聲，這是他又一條「情至之語」！如果說，《留書》中「自三代以後，亂天下者無如夷狄矣」一語是黃宗羲愛國主義精神的透露的話，那麼，這句「爲天下之大害者君而已矣」的呼喊則是其民主主義精神的表達。

然而，「夫子之道，一以貫之」。在我看來，「反清」的愛國主義和「反君」的民主主義，可以說是梨洲精神的兩個高峰，但還不是他的「一以貫之」之道。這個「一以貫之」之道，就是他一再強調的「經世應務」精神❸。這種精神，立足於明經通史，卽所謂「經術所以經世」、「學必原本於經術而後不爲蹈虛，必證明於史籍而後足以應務」。而其歸宿，本來是應當致力於

❸ 梁啓超在《清代學術概論》中將黃宗羲、顧炎武以及明清之際的學術概括爲「經世致用」之學，近人大都沿用梁說。但黃宗羲只說過「經術所以經世」、讀史「而後足以應務」和「通今致用」一類話，顧炎武也只說過「引古籌今，亦吾儒經世之用」，皆無「經世致用」一語。梁說雖然不錯，但終非原話，故本文評論梨洲精神時不用此語。

「治財賦」、「開闔捍邊」、「留心政事」的政治實踐以爲國家「立功建業」的（〈贈編修弁玉吳君墓誌銘〉），但明清之際社會變動的現實使黃宗羲這位「亡國之大夫」感到報國無門，使他不得不以講學著書、寫史編史作爲他的「應世之務」這個歸宿，未免使梨洲老人的耿耿之心不能釋然，有時也會「呼天搶地」地發點牢騷，例如，他在〈敍陳言揚勾股述〉一文中，說他學得了數學，卻是「屠龍之技，不但無所用，且無可與語者」。然而從總體而言，黃宗羲在後半生以史學經世應務的人生歸宿是積極的、自覺的。他在〈謝時符先生墓誌銘〉中似乎表明了他要學習南宋遺民王炎午❹的心跡。他寫道：「所稱宋遺民如王炎午者，嘗上書速文丞相之死，而已亦未嘗廢當世之務。是故種瓜賣卜、呼天搶地、縱酒祈死、穴垣通飲饌者，皆過而失中者也。」王炎午在宋亡以後，並未頹廢沉淪，而是以著書抒發愛國情感爲「當世之務」，黃宗羲也是這樣做的。他在後半生從事著述活動，完全以「經世應務」爲目的，而非爲學術而學術，也沒有一頭扎在故紙堆裏去搞繁瑣的考證。有時他也作些必要的考證，但只是爲了澄清歷史事實，以「解史傳連環之結」、「袪後儒之蔽」（《尚書古文疏證・序》）。他曾在《今水經・自序》中說過：「古者儒墨諸家，其所著書，大者以治天下，小者以爲民用，蓋未有空言無事實者也。」著書是爲了

❹ 王炎午，原名應梅，字鼎翁，號梅邊，南宋廬陵（今江西吉安）人。元兵攻陷臨安，往謁文天祥，毀家助軍餉，天祥留作幕僚。文天祥被俘，應梅遂作生祭文，激勵其死節。入元後，他更名炎午，杜門著書，致力於詩文，稱其書爲《吾汶稿》，以示不仕新朝之意。

「治天下」、「為民用」，這便是「經世應務」的梨洲精神。

黃宗義的學術成就及其愛國主義、民主主義、經世應務的精神，對於清代學術的發展和學風的演變發生了很大的影響，尤其是對清初（順治、康熙時期）和清末（光緒、宣統年間）的影響最為突出。

縱觀清代二百六十餘年學術發展史，大體可以分為四個時期：第一為順治、康熙、雍正時期（一六四四～一七三五年），清政權由初建走向鞏固，其對學術與思想的控制則由順治朝的放任到康熙帝的籠絡至雍正時的專制。於是，一方面是明朝遺老繼續批判宋明理學，提倡明經通史的經世實學，另一方面是官方力圖窒息漢族士大夫的反抗精神，採取籠絡與鎮壓相結合的政策，並在學術上重新樹立程朱理學的權威。於是形成了由明入清的學術轉折期；第二為乾隆、嘉慶時期（一七三六～一八二〇年），清朝的統治處在全盛時期，對於學術文化實行著嚴密的控制，於是，經籍考據、訓詁之風大盛，所謂乾嘉考據學佔據著學術上的統治地位，但由清初黃宗義、萬斯同開創的浙東經史之學仍然繼續得到了發展；第三為道光、咸豐、同治時期（一八二一～一八七四年），帝國主義的大炮轟開了中國閉關自守的大門，農民起義此伏彼起，清朝的統治由盛而衰，危機四伏，因而對學術的控制也日益削弱，於是，經籍考據之風漸熄而經世致用的呼聲日高，新思潮開始擡頭；第四為光緒宣統時期（一八七五～一九一一年），帝國主義列強加緊瓜分中國，資產階級維新運動和革命浪潮日益高漲，清朝統治極端腐敗並面臨全面崩潰的形勢，這時，以反帝反封建爲內容的近代愛國救亡、民主啓蒙思潮日益高漲，學術上則出現了新學與舊學、西學與中學的激烈爭辯，近代中國處在第一次思想解放的潮流之中。這是清代政治和學術發展的大勢。

那麼，黃宗羲的思想與學術在清代學術發展史上又起了些什麼作用呢？我認爲最重要的一點是，黃宗羲的「經世應務」精神，給予清初的浙東知識分子以很大的影響，培育並形成了與乾嘉考據學派學風迥異的清代浙東學派的獨特學風。

自康熙二年至十八年（一六六三～一六七九年），黃宗羲除了寫書之外，先後到石門（今浙江桐鄉縣）、海昌（今海寧縣）、紹興、甬上（今寧波市及鄞縣）以及在故鄉餘姚設館講學，尤以在甬上講經會和證人書院講學時成績最大，培養的人才最多❺。當時，「東之鄞，西至海寧，皆請主講。大江南北，從者駢集，守令亦或與會」（〈梨洲先生神道碑文〉）。他講學獨具風格，提倡懷疑經典，認爲「小疑則小悟，大疑則大悟，不疑則不悟。老兄之疑（指其學生董在中作〈劉子質疑〉），固將以求其深信也。彼泛然而輕信之者，非能信也，乃是不能疑也」（〈答董吳仲論學書〉），鼓勵學生相互辯難，認爲「各人自用得著的方是學問，尋行數墨，以附會一

❺ 據方祖猷統計，先後參加甬上證人書院聽講的人有四十人左右，被黃宗羲推許的，有萬斯選、萬斯大、萬斯同、萬言、董允瑫、董允璘、陳夔獻、陳錫嘏、李鄴嗣、鄭梁等十八人。參見〈黃宗羲與甬上證人書院〉，載《浙江學刊》，一九八五年第一期。

先生之言，則聖經賢傳皆是糊心之具」（黃炳垕《黃梨洲先生年譜》）。他教育治學的講究「經世應務」，勉勵當官的「愛民盡職」。在治學方法上，主張「取近代理明義精之學，用漢儒博物考古之功，加之湛思」（〈陸文虎先生墓誌銘〉）；在教育內容上，不僅講授經史之學，而且講授文學和自然科學。所以，「凡受公之教者，不墮（明人）講學之流弊」（〈梨洲先生神道碑文〉），「維時經學、史學以及天文、地理、六書、九章至遠西測量推步之學，爭各磨厲，奮氣怒生，皆卓然有以自見」（萬經〈寒村七十壽序〉）。於是，在黃宗羲的思想與學術風格的薰陶下，形成了以甬上證人書院弟子爲主力，其流風被於浙東乃至全國，其學脈傳於乾嘉乃至清末的清代浙東學派。

關於清代浙東學派，前人往往作狹義的理解，稱之爲「浙東史學派」，並以章學誠爲其殿軍，恐怕有失偏頗。愚意以爲，浙東學派是一個包括經學、史學、文學、自然科學在內的學術流派，雖以史學成績最顯著，但不能僅僅視作一個史學流派。這個學派的主要代表人物，以史學爲主兼治經學的有萬斯同、萬言、邵廷采、全祖望、邵晉涵、章學誠，以經學爲主兼擅史學的有萬斯選、萬斯大、黃百家、王梓材❻，其文學代表人物則有李鄴嗣、鄭梁、鄭性等，自然科學代表人物則有陳訏、黃炳垕等❼。在這些人物中，著作最豐、影響最大並且深得梨洲精神的還是萬斯同、全祖望和章學誠三人。

萬斯同著《明史稿》、《補歷代史表》、《讀禮通考》對於史學的貢獻，全祖望補《宋元學案》和《七校水經注》的勞績，而章學誠著《文史通義》、《校讎通義》，對於史學理論的建樹，已為學界所公認，不必贅述。這裏值得強調的，是他們以史學「經世應務」的精神。

萬斯同才學傑出，氣節高尚，深得其師黃宗羲賞識。當康熙十七年詔徵博學鴻儒時，有人推薦斯同應徵，他堅決予以拒絕。但他立志於修明史，以總結一代治亂興亡的教訓。因此，當清廷開明史館、明史總裁官徐元文招他纂修明史時，他在黃宗羲支持下應聘入京，但堅持以布衣參史事，不要官銜，不受官俸。他在史館「以遺民自居，而即以任故國之史事報故國」，對於那些投降清廷或臨陣脫逃的明朝官員，絕不寬貸。例如，「故督師之姻人，方居要津，乞史館於督師少

---

❻王梓材（一七九二～一八五一年），字楚材，學者稱䕶軒先生，浙江鄞縣人。少補郡學博士弟子員，道光十四年充優貢生，次年考取八旗教習，三十年九月出署廣東樂會縣事，到任數月而卒。著作有《解經錄》、《周易解詁》、《補學齋文鈔》等十餘種。其主要成就在整理黃宗羲、全祖望、萬斯同等浙東學者遺著，即校定《宋元學案》一百卷，又補輯《宋元學案補遺》一百卷附撰《序錄》一卷、《宋元儒博考》三卷，校補全祖望《七校水經注》、萬斯同《儒林宗派》等書。

❼陳訏（一六五〇～一七三二年），字言揚，浙江海寧人，康熙間由貢生任職淳安縣教諭。平生善治數學，是黃宗羲得意門生。著作有《勾股述》、《勾股引蒙》、《時用集》等；黃炳垕（一八一五～一八九三年），字蔚亭，餘姚人，黃宗羲七世孫，同治九年舉人。光緒初，寧波辦「辨志精舍」，聘炳垕為天文算學齋主持。長於曆算學，兼治經史。著作有《測地志要》、《五緯捷算》、《交食捷算》、《疄史曆準》、《黃梨洲先生年譜》、《黃忠端公年譜》等數十卷，大都有刻本。

爲寬假，先生歷數其罪以告之。有運餉官以棄運走道死，其孫以賂乞入死事之列，先生斥而退之」（全祖望《鮚埼亭集·萬貞文先生傳》）。他很反對官方組織衆人修史的辦法，認爲「官修之史，倉卒而成於衆人，不暇擇其才之宜與事之習，是猶招市人而與謀室中之事也」，尤其擔心「衆人分操割裂，使一代治亂之跡，暗昧而不明耳」（錢大昕《潛研堂集·萬季野先生傳》）。他在〈與從子貞一（即萬言）書〉中闡述了他以史學經世的思想，自述其治史目的是「欲講求經世之學」，聲明「吾之所謂經世者，非因時補救，如今之所謂經濟云爾。將盡取古今經國之大猷，而一一詳究其始末，斟酌其確當，定爲一代之規模，使今日坐而言者，他日可以作而行耳。」這正是梨洲「經世應務」精神眞諦之所在。

全祖望的治學風格，深得黃宗羲「寓褒貶於史」、「以銘爲史」的眞傳。他的史學著作，很有點文獻學的特色，讓史料說話，從不空發議論，但並非無褒貶、無裁斷。尤其是《鮚埼亭集》中大量表彰明末忠臣義士和清初「隱逸之民」的碑傳誌表，看來都是「敍事之文」，但敍事中有論斷，銘文中有愛憎。這在雍、乾文化專制時期是需要有骨氣、有勇氣的。

章學誠是第一個對浙東學術特點及其經世精神作出理論總結的史學家。他在《文史通義·浙東學術》中提出浙東、浙西之分，不只是一種「人文地理」的劃分，而實質上是試圖將乾嘉考據之學與浙東經世之學作出原則的區分。他在該文強調和推崇的並非「尚博雅」的浙西經學（即考據學），而是既「通經服古，絕不空言德性」、又重視經世致用、使學術「切合當時人事」的

「貴專家」的浙東史學。他說：

天人性命之學，不可以空言講也。……三代學術，知有史而不知有經，切人事也。後人貴經術，以其即三代之史耳。……浙東之學，言性命者必究於史，此其所以卓也。史學所以經世，固非空言著述也。且如《六經》，同出於孔子，先儒以為其功莫大於《春秋》，正以切合當時人事耳。後之言著述者，捨今而言古，捨人事而言性天，則吾不得而知之矣。學者不知斯言，不足言史學也。

在這裏，章氏提出了「經學卽史學」的思想。這是具有時代意義的。顧炎武在淸初倡言「經學卽理學」，本來同黃宗羲倡言「經術所以經世」一樣，是針對著王學末流「束書不觀，而從事於遊談」的空疏學風而進行的批判和掃除，但到後來，特別是乾嘉學者，他們抽去了顧、黃學風的「經世」精神，而把「經學」引向了純粹考證、訓詁的方向，這雖然在學術史上有一定的成績，但畢竟離開「治天下」、「爲民用」的「經世」目的太遠了。在這樣的學術空氣下，章學誠重申浙東學術的經世傳統，提出「經學卽史學」的思想，正是爲了掃除只爭門戶而不知經世、只知考證而不知人事的繁瑣考據學的弊病。章學誠在文末附注說：「整輯排比，謂之史纂；參互搜討，謂之史考，皆非史學。」這眞是畫龍點睛之筆，由此更可看出章氏對當時學術褒貶所在了。

梁啓超在評論梨洲學術對清代的影響時說：

（宗羲）所著《明儒學案》，中國之有學術史自此始也。又好治天算，著書八種（此數不確，應為十六種——引者注），全祖望謂「梅文鼎本《周髀》言天文，世驚為不傳之秘，而不知宗羲實開之」。其《律呂新義》，開樂律研究之緒。其《易學象數論》，與胡渭《易圖明辯》互相發明。其《授書隨筆》，則答閻若璩問也。故閻、胡之學皆受宗羲影響。清初之儒皆講致用，所謂「經世之務」是也。宗羲以史學為根柢，故言之尤辯。其最有影響於近代者，則《明夷待訪錄》也。……而後此梁啓超、譚嗣同輩倡民權共和之說，則將其書節鈔，印數萬本，秘密散佈，於晚清思想之驟變，極有力焉。（《清代學術概論》之六）

這可以說是對黃宗羲學術對於清代政治與學術影響之全面而中肯的評價了。但需要補充說明的是，黃宗羲的《明夷待訪錄》及其反專制的民主主義精神，不僅對晚清反封建民主革命運動有所啓廸，而且對近現代中國批判封建專制主義的思想解放運動同樣產生了積極的影響。

（原載《孔子研究》，一九八七年第二期）

國際黃宗義學術討論會概述

一九八六年十月二十日至二十五日，在浙江省寧波市召開了國際黃宗義學術討論會。主辦單位是浙江省社會科學院，參加聯合發起的單位有杭州大學、浙江省中國哲學史研究會、中國社科院歷史所中國思想史研究室、華東師範大學哲學研究所、餘姚市政協、寧波大學等十一個單位。應邀出席會議的國內外學者共計一百三十七人，其中有著名哲學史專家張岱年教授、馮契教授和歷史學家蔡尚思教授、鄭昌淦教授，香港中文大學劉述先教授、美國夏威夷大學成中英教授和印第安那大學司徒琳教授、日本筑波大學高橋進教授、日本三重大學小野和子教授、日本愛知縣立大學佐野公治教授、聯邦德國特里爾大學余蓓荷教授、新加坡國立大學李焯然博士、新加坡教育開發署葉漢源先生等。與會學者向大會提交的學術論文九十五篇，學術專著和學術刊物十多種。

會議期間，與會者還到寧波市白雲莊暨甬上證人書院和餘姚市黃宗義墓、梨洲文獻館等地作了學術考察，探訪了黃宗義和浙東學派的活動遺跡。

與會者結合明末清初的時代背景、社會思潮探討了黃宗義的生平事跡、思想與著作的各個方面，特別是對黃宗羲思想的淵源及其與陽明學的關係，其政治思想的啓蒙性質和歷史意義，其學術貢獻、歷史地位和作用的評價，研究黃宗羲思想的方法論和現實意義等問題展開了熱烈的、自由的討論。

一、關於黃宗羲思想的淵源。張岱年在題爲〈黃梨洲與中國古代的民主思想〉的學術報告中認爲：中國在先秦時代就已有民主思想的萌芽，「子產不毀鄉校」就是件著名的事。孟子則提出了「民爲貴，社稷次之，君爲輕」的「民本」思想。《孟子・梁惠王下》還提出了「國人的民主」觀點，卽主張什麼事情都聽從國人的意見。這些思想都影響了黃宗羲。後來，宋元之際的思想家鄧牧寫了《伯牙琴》，反對和批判秦始皇以後的封建專制主義，贊揚堯舜，主張去掉官吏，讓人民自主。可以說是「抽象的民主」思想，這也影響到黃宗羲。所以，黃宗羲民主思想的淵源卽是孟子，也受鄧牧影響。沈善洪、錢明在〈陽明學的演變與黃宗羲思想的來源〉一文中把陽明後學劃分爲「工夫派」與「現成派」並從本體與工夫的關係、心物關係、理欲關係、人格獨立精神、君臣關係、本末關係、學校職能、對西學的態度等八個方面探討了黃宗羲思想的來源與創新，認爲「從一定意義說，黃宗羲是陽明學在理論和實踐上的當然繼承者。具體而言，在哲學上，黃宗羲較多地繼承了工夫派的思想，強調好古敏求和經世濟務；在政治上，黃宗羲則較多地繼承了現成派的思想，主張思想自由和人格獨立。……他把注意力從吾心轉向社會，對社會歷史進行了深刻的反思，並對陽明學進行了根本的改造……」。劉述先在〈論黃宗羲心學的定位〉一文中說：黃宗羲「受蕺山（劉宗周）思想影響最深，大體以師說爲判準去簡擇陽明的思想，批評朱子的哲學，而把周、張、二程當作宋明理學的共同淵源看待。」司徒琳在〈黃宗羲學術與著作的再評價〉的論文中寫道：黃宗羲《明夷待訪錄》中的思想「遠不是黃宗羲個人頭腦中的獨家產品，而是萬曆初年以來由某些參與東林和復社活動的思想家所領導和推行的政治改革的一個思想總結」。

二、關於黃宗羲思想的特點。張岱年在報告中認爲，黃宗羲的民主思想有三個特點：第一，在君民關係上提出了主客問題，主張以民爲主，君要爲民服務，在君臣關係上主張君與臣都應爲人民服務；第二，提出「是非決於學校」，即主張由學術來領導政治，而不是政治領導學術；第三，提倡「殊途百慮之學」，即主張學術自由，百家爭鳴。蕭萐父在〈黃宗羲的眞理觀片論〉中從總結黃宗羲眞理觀的角度闡述黃氏哲學的特點，認爲黃宗羲的「眞理多元化觀點及其所開拓的廣濶的文化視野，是黃宗羲作爲早期啓蒙思想家中的佼佼者所特有的眞理史觀和文化價值觀」。

成中英在〈理學與心學的批評的省思——論黃宗羲哲學中的理性思考與眞理標準〉的論文中系統總結了黃宗羲對理學與心學的繼承與創新，認爲「宗羲的心學，是建築在陸王心學的批評與孟子心學的再認識上面。雖然他承繼了宗周的觀點與論點，但他卻更堅定更圓融地揭櫫心之無休之體以及與意、知、物間的整體關係，因而開啓了更靈活的思考境界，也點出了認定眞理與價值的內在標準」。又說：「宗周與宗羲的理學與心學思想可說是來自對宋明理學與心學的批評的省思和總結，因之可名爲批評的理學與批評的心學。但此批評的理學與批評的心學並非分離兩處，在宗周與宗羲的思考反省中，兩者實乃揉合爲一體而不可分。把理學與心學結合融化爲一體的思考也正是宗周和宗羲思想的特點。」

三、與會者從各個不同側面對黃宗羲的學術成就和歷史貢獻作了研究和分析。吳光的〈黃宗羲與清代學術〉論文從政治思想、史學、哲學三大方面總結了黃宗羲的主要學術成就，認爲黃宗羲「在《留書》和《明夷待訪錄》中，提出了一個系統批判封建專制制度、實行社會改革的政治思想綱領」；「通過孜孜不倦的著書活動，爲保存歷史文化遺產、豐富中國史學理論作出了重要貢獻」，他不僅爲後人留下了《明文案》、《明文海》、《明儒學案》、《行朝錄》、《四明山志》等許多史學著作，而且提出了「經世應務」、「寓褒貶於史」等史學理論原則和「分源別流」、「纂要鈎玄」、「彈駁參正」、「考信不誣」等方法論原則；「在哲學上，他沿著劉宗周批判理學、修正心學的路子，創立了『理氣心性』相統一的世界觀和以『一本萬殊』爲指導，以『會衆合一』爲方法的哲學史觀，爲批判地繼承中國哲學遺產開拓了新路。」樓宇烈在〈黃宗羲心性說述評〉一文中論證了黃氏心性說的內容和特色，認爲「黃宗羲在心性說上主張徹底的心一元論。他發揮其師劉宗周『有心而後有性』、『性者心之性』等思想，明確提出『離心無所爲性』的觀點，這個心一元論，正是從他理氣說上的氣一元論推演而來的。」李明友在〈主體意識的初步覺醒——黃宗羲民主啓蒙思想新論〉一文中認爲「黃宗羲的民主啓蒙思想在於他在我國封建制度趨向衰落的明末清初，曾以其歷史的自覺喚起人的主體意識的初步覺醒」，他一方面在總結歷代政治制度得失，揭露和批判封建君主專制的罪惡時，「提出了『人各得自私，人各得自利』的社會平等觀，強調注重人的價值和個人的權利，注重作爲社會主體的人的自主性和自覺性」，一方面則在總結和批判宋明理學的同時，「提出了『窮理者，窮此心之萬殊』的認識論，強調發揮作爲認識主體的人的主動性和創造性」。倉修良在《黃宗羲的史學貢獻》一文中指出，黃宗羲「在史學上的貢獻也是多方面的。既有豐富的史學理論，又有衆多的史學著作；既注意研究歷史的編纂方法，又創立了史書編纂的新體裁。」《明儒學案》的編著，「其貢獻不僅在於爲我們留下了一部完善的學術思想史專著，而且還在於創立了一種新的史體——學案體。這種學案體是我國封建社會史學家所創立的最後一種史書體裁……在中國史學發展史上有著重要的地位。」

四、對於黃宗羲的文學理論。毛佩琦、方祖猷等人認爲，黃宗羲雖然不是以文學家而著稱於世，但他提出了一些很有價值的有關詩詞和文論的觀點，值得作深入的研究和探討。例如他認爲「文章，天地之元氣也」、「詩之爲道，從性情而出」，主張寫詩作文要寄寓「豪傑之精神」，抒發「眞性情」、「寫心之所明」，提出「詩史」說，主張「以詩補史之闕」等等，反映了黃宗羲之學理論的深刻性及把握時代精神的追求。

五、在以往的黃宗羲研究中，很少有人認眞地探討他的自然科學著作、理論及其同西學的關係。近年來，隨著黃氏佚文佚著的重新發掘和對黃氏學術全面研究的展開，已有一些人開始重視和研究這個問題。周瀚光在〈黃宗羲科學思想論略〉一文中比較集中地討論了黃宗羲的科學思想。他認爲黃宗羲的科學思想，一是主張「求實」，二是強調「明理」，這正是明末清初整個科學思潮的顯著特點。黃宗羲科學思想的理論基礎是「氣一元論」的自然觀，他的貢獻在於，用氣一元論的觀點去解釋一些罕見的和奇異的自然現象，……在科學反對迷信的鬥爭中進一步發展「氣一元論」，表現了「徹底地與一切宗教迷信毫不妥協的戰鬥精神」，「能從科學研究和哲學研究兩個方面同時走向科學思想的殿堂」。司徒琳則反對對黃宗羲的自然科學成就作過高的評價，認爲他這方面的貢獻比不上梅文鼎和薛鳳祚等人。

六、在會議收到的論文和與會者的大會發言中，對黃宗羲學術的歷史地位以及研究評價黃宗義的方法論問題進行了熱烈的討論和爭鳴。高橋進在〈黃宗羲思想的歷史性格〉一文中認爲：「黃宗羲的學術觀是實事求是的，是經世致用的。這一點可以看做是清朝考證學學風的先驅。但另一方面，面對著歷史性的國家混亂和衰亡，他主張眞正的學術必須是對安定改善民生有益處的實用學，必須是實踐躬行的學說。而在這一點上，他又返回到了傳統的儒學，帶上了儒學的經世治人學說的特色。」馮契在題爲〈黃宗羲是近代歷史主義的典範〉的學術報告中說：「黃宗羲是一個立足於當時的現實而一腳踏進了未來的思想家。他的思想充滿了辯證法的光輝，成爲中國近代進步思想的重要淵源之一。」「黃宗羲提出的歷史主義的方法，即全面地把握一個時代的學術流派、善於揭示出各派的宗旨。把相反之論、一偏之見經過分析、比較，聯繫起來去把握一個時代的學脈，這一方法的合理因素不是被拋棄了，而是經過近代進化論的發展階段，現在被安放在唯物史觀的基礎上，被包含在唯物辯證法的歷史主義中間了。」蔡尚思在大會學術報告中對黃宗羲的歷史地位給予了高度評價。認爲黃宗羲是「明清間思想界第一人」，「他是中國資本主義萌芽時期先進的思想家」、「最博學、最多讀書，實在顧炎武、王夫之等人之上，而爲古來儒林所未有」。有些人在論文或討論中不同意作這樣高的評價。李焯然在〈李滋然「明夷待訪錄糾謬」初探〉一文中認爲：「《明夷待訪錄》毫無疑問是一本反對君主專制、標榜民本思想的著作，但黃宗羲雖反對專制而未能衝破君主政體的範圍，所以他的思想主要仍是蹈襲孟子，未可以說有眞正的轉變。他的目標是將君主制度置於正確基礎，亦卽置於全民幸福之上，而沒有要求捨棄君主制。所以他是反君主專制，不是反君主制。他的思想，基本上是儒家的說法，和西方自由主義式的民主是不可以相提並論的。」

（原載《中國哲學史研究》，一九八七年第二期）

改革思想家嚴復落伍的悲劇

——嚴復後期思想研究

先驅者本是容易變成絆脚石的。——魯迅❶

嚴復就是這樣！

嚴復，這個中國近代史上曾經熱情宣傳「西學救國」的先驅者，這個曾經大聲疾呼社會改革的資產階級啓蒙思想家，當他的改革理想遭致破產，資產階級革命運動眞的興起時，卻當了社會改革的絆脚石，成爲時代的落伍者。他從戊戌變法失敗以後開始落伍，到了辛亥革命以後就完全墮落成爲封建主義的衞道士，一個反動而且頑固的「瘉壄老人」。這眞是一幕歷史的悲劇！

❶《魯迅全集》卷七，頁四一四。

嚴復是怎樣落伍的，落伍的原因何在？本文主要從嚴復後期的思想演變中來探討這一問題。本文所謂的嚴復後期，大致包括嚴復從戊戌變法失敗直到一九二一年逝世爲止的人生歷程。其間以辛亥革命爲轉機分爲兩個階段，前一階段由進步走向保守，後一階段由保守走向反動。不言而喻，思想的演變是個複雜的歷史過程，不能用絕對化的方法去分析。嚴復的落伍也不是突然產生的，有一個演變過程：在他進步的前期，已潛伏著保守思想的種子；在落伍的後期，也還做過一點有益後人的翻譯工作。我們劃分嚴復的前期與後期，是就其基本政治立場和思想傾向而言，對嚴復後期思想的批判，並不意味著對嚴復歷史作用的全盤否定。

嚴復前期思想的主流，走的是一條向西方尋找救國救民的眞理，以謀求社會改革的進步道路。在這個時期，他以「物競天擇」的進化論爲理論依據，以西方資本主義的「學術政教」爲模式，以改革中國「積貧積弱」的現狀爲目的，深刻地批判了封建專制制度及其思想文化，系統地闡述了「鼓民力，開民智，新民德」的「西學救國」綱領，痛心疾首地向中國人發出了「自強保種」、「以西學爲圖」、「不變法則亡，變之而必強」的呼籲和警告。然而，當戊戌變法運動中道夭折、資產階級民主革命運動蓬勃興起之時，嚴復卻從他的進步政治立場向後倒退，思想變得日益保守了。那麼，嚴復的落伍主要表現在那些方面呢？

(一) 從主張變法維新到反對民主革命

在戊戌變法失敗之秋。嚴復雖然不無激情地寫下了「伏屍名士賤，稱疾詔書哀」、「臨河鳴犢嘆，莫遣寸心灰」❷的詩句，但他在嘆息之餘，對實際的政治改革運動卻有點灰心了。他認爲，當時中國人民的覺悟太低，「民智未開」，無從談改革。所以，他要把「西學救國」的重點從原來所主張的「新民德」轉移到「開民智」上，卽從政治改革轉向「教育救國」。一八九九年，嚴復在〈致張元濟函〉中寫道：「復自客秋以來（卽戊戌政變以來——引者）仰觀天時，俯察人事，但覺一無可爲。然終謂民智不開，則守舊、維新，兩無一可……所以摒棄萬緣，惟以譯書自課。」❸爲了「開民智」而專事譯書，這便是指導嚴復後期人生道路的基本原則。一九〇二年，他在〈與外交報主人論教育書〉中認爲，中國最大患害是愚、貧、弱，當務之急是「瘉愚」、「療貧」、「起弱」，「而三者之中，尤以瘉愚爲最急」❹。這都表明此時的嚴復把教育放在了救國的首位。一九〇五年，嚴復在倫敦與孫中山交談中，主張改革應首先從教育而不是從政治著手，以求「逐漸更新」。孫中山自然不同意嚴復的改良主張，只得以「君爲思想家，鄙人乃執行家」的客氣話結束這次意見分歧的會談❺。

---

❷〈戊戌八月感事〉，見周振甫選注，《嚴復詩文選》，頁一八四，人民文學出版社，一九五九年版。

❸引自王栻，《嚴復傳》，上海人民出版社，一九五七年版。

❹周振甫選注，《嚴復詩文選》，頁一四三。

❺嚴璩，《先府君年譜》（卽《侯官嚴先生年譜》）。

爲了提倡「教育救國」，嚴復將後半生的主要精力用來翻譯西方名著。戊戌以後，他先後翻譯了亞當・斯密的《原富》、孟德斯鳩的《法意》、斯賓塞的《羣學肄言》、約翰・穆勒的《羣已權界論》和《穆勒名學》、甄克思的《社會通詮》、耶芳斯的《名學淺說》等名著。這些譯著從客觀作用看，對於啓廸中國人民的覺悟、促進民主思潮的傳播具有積極作用。然而從嚴復的主觀願望說，已經偏離他前期翻譯《天演論》時明白宣布的「於自強保種之事，反覆三致意焉」❻的宗旨了。

一九一八年，嚴復在《與熊純如書》❼中寫道：「時局至此。當日維新之徒，大抵無所逃責。僕雖心知其危，故《天演論》既出之後，即以《羣學肄言》繼之，意欲鋒氣者稍爲持重，不幸風會已成。」❽這表明了嚴復後期思想是對前期思想的懺悔。

嚴復在一九〇三年寫的〈譯「羣學肄言」序〉中指責革命派是不懂「世變」的「淺譾剽疾之士」，是「搪撞號呼，欲率一世之人，與盲進以爲破壞之事」。在同年出版的《羣已權界論》

---

❻〈譯「天演論」自序〉，見《天演論》。本文徵引的嚴譯名著八種，均據商務印書館，一九八一年新版本。

❼嚴復從一九一二年至一九二〇年，給門生熊純如寫了上百封信件，其中約八十封以「嚴幾道與熊純如書札節抄」（簡稱《與熊純如書》）發表在《學衡》雜誌，第六～二十期，以下引用該書，只注《學衡》×期×節，不再注書名。

❽《學衡》第十五期，第五十一節。

的〈譯者序〉中，再次攻擊激進的革命派是「恣肆泛濫，蕩然不得其義（指『自由之說』——引者）之所歸。」在《社會通詮》的按語中更是具體指責了資產階級立憲派和革命派的「民族主義」主張，罵他們「今日言合羣，明日言排外，甚或言排滿……雖然，民族主義將遂足以強吾種乎？愚有以決其必不能者矣。」❾

這些言論，都表明嚴復作爲資產階級啓蒙思想家的思想在蛻變。但如果說這個時期嚴復的落伍還只是開始的話，那麼在辛亥革命以後他就完全蛻變爲一個保守乃至反動的思想家了。這集中反映在他於一九一二年至一九二〇年間致門生熊純如的書函之中。

人們還記得，嚴復在〈原強〉和《天演論》按語中何等積極地倡言變法，大講「不變法則必亡」、「變之而必強」，但在戊戌以後的譯述及按語（如《法意》、《羣學肄言》等）中則慨嘆變法之難了，但他還不是從根本上反對變法的。到了晚年，嚴復便儼然成了舊法的衞道士。他在一九一七年〈與熊純如書〉中說：「鄙人年將七十，暮年觀道，十（有）八九殆與南海相同，以爲吾國舊法，斷斷不可厚非。」❿在「臨終遺囑」中，他還諄諄告誡子孫牢記「舊法可損益，必不可叛」⓫的教訓。從積極主張變法到宣傳變法之難，最後到維護舊法，這就是嚴復經歷的一條

❾ 見《社會通詮》第十二節按語，頁一一五。

❿ 《學衡》第十三期，第三十五節。

⓫ 嚴璩，《先府君年譜》。

倒退道路。

對於民主革命，嚴復更是竭力反對。他依據斯賓塞的庸俗進化論觀點，認爲社會發展只能「漸進」不能「驟變」，只承認社會進化的必然而不承認社會革命的合理。因此在他早期的論著中已表現出反對革命的傾向，當革命眞正爆發以後，他則堅持反對的態度。他在〈與熊純如書〉中一再咒罵孫中山領導的辛亥革命是「破壞」和「搗亂」，誣蔑革命黨人是「狂愚謬妄之民黨」，是「乳臭夷奴，成此革命」，說什麼「辛亥以十百狂少年，掀騰鼓吹革命之變」，致使「世事江河日下」，「恐大地之上，刼運方殷」⑫。嚴復由反對革命，進而窮根溯源，痛罵康有爲、梁啓超。他認爲甲午、戊戌以來的所有變故，其咎皆在康、梁師徒，故視二人爲「禍魁」。他說「亡有清二百六十年社稷者非他，康、梁也。」他罵康有爲首倡變法是「魯莽滅裂，輕易猖狂」、「狂謬妄發，自許太過，禍人家國而不自知非」；梁啓超則是「洩聞動衆」、「種禍無窮」、「枉讀一世之中西書」⑬。

不僅是中國民主革命，連俄國二月革命和十月革命也在他攻擊之列。俄國二月革命後，嚴復預言「俄羅斯若果用共和，後禍亦將不免，敗弱特早暮耳！」⑭十月革命後，他又誹謗布爾什維

---

⑫ 以上引文，散見於《學衡》第十五、十八、二十期各節，茲不詳注。

⑬ 《學衡》第八期，第十八節，寫於一九一六年。

⑭ 《學衡》第十三期，第三十九節，寫於一九一七年。

克黨「所絕對把持者，破壞資產之家，殘虐暴厲，……如此豺狼，豈有終容於光天化日之下者耶！……其不能成事，殆可斷言。」⑮

此外，嚴復還堅決反對「五四」學生運動，認爲學生干預國政，不會有好結果，斷言救國重任「絕非此種學生所能濟事」。他攻擊支持學生運動的蔡元培「不識時務」，與汪精衞、章炳麟「同歸於神經病一流而已，於世事不但無補，且有害也。」⑯他甚至對由民主革命運動造成的每一件新事物，例如自由戀愛，宣傳晚婚，提倡白話文，都一概看不慣，加以攻擊和謾罵，從而完全與歷史進步潮流背道而馳。

(三) 從批判封建專制到反對共和、主張復辟帝制

雖然在嚴復前期的論文譯著中，從來沒有徹底否定過君主政體，但他對君主專制弊病的揭露和批判是尖銳的，對於宣傳資本主義的議會制度和「自由、民主、平等」思想也曾是積極的。他在〈原強〉中說過：「蓋自秦以降，爲治雖有寬苛之異，而大抵皆以奴虜待吾民」，原來兩千多年的封建統治，無非把人民當作奴隸而已。他又在〈闢韓〉中批評韓愈只知有君不知有民的封建專制主義理論，指出「自秦而來，爲中國之君者，皆其尤強梗者也，最能欺奪者也……正所謂大

⑮《學衡》第二十期，第六十八節，寫於一九一九年。

⑯同上期，第六十一、六十二、六十三節，寫於一九一九年。

盜竊國者耳。國誰竊？轉相竊之於民而已。」⑰這樣的批判，不可謂不深刻。他還一度提出在中國實行議會民主制度的理想，認為「新民德」的根本措施是「設議院於京師，而令天下郡縣各公舉其守宰」。

然而戊戌以後，嚴復批判君主專制的鋒芒銳減。儘管他在譯著中還宣傳著資本主義的民主政治。但一接觸到中國實際，他便強調中國民智未開、民德未新，不適於立議院、講民主，充其量只能由開明專制進入君主立憲，搞點地方自治，至於民主共和，那是遙遠將來的事。而在辛亥革命以後，嚴復便公開打出了反對共和、主張復辟帝制的旗幟。

當民國初建，嚴復就私下議論說：「以不佞私見言之，天下仍須定於專制。不然，則秩序恢復之不能，尚何富強之可跂乎！」⑱以後，他這個「天下仍須定於專制」的「私見」，隨著國內形勢的發展而日益膨脹起來。一九一三年，他在〈與熊純如書〉中寫道：「往者不佞以革命為深憂，在用共和而不知舉權之重」，於是，他對共和國體作出了「此樹不能久」的結論⑲。一九一五年，當袁世凱加緊復辟帝制時，嚴復參加了臭名昭著的「籌安會」。雖然在是否列名發起的行動上他有些猶豫，但在思想上是完全擁護帝制的。他在一九一六年的信件中回憶說，當楊度拉他

⑰ 見周振甫選注，《嚴復詩文選》，頁八六～八八。
⑱ 《學衡》第二十期，補錄一，寫於一九一二年。
⑲ 《學衡》第二十期，補錄五。

共同發起「籌安會」時，他就說了「吾國之宜有君而輿屍征凶，此雖三尺童子知之」的話。他在信中對門生說：「故問中華國體，則自以君主爲宜。」⑳當袁世凱在全國人民聲討下被迫取消帝制時，連楊度都主張袁氏退位，嚴復卻認爲「萬萬不能」，認爲此時主張「力去袁氏，則與前之力亡滿淸正同，將又鑄一大錯耳！」㉑他指責在雲南發動「護國戰爭」的蔡鍔、梁啓超的正義舉動是「名爲首義，實禍天下」㉒。他總結袁世凱敗亡的歷史教訓後得出的結論不是「帝制自爲」行不通，而是認爲「共和萬萬無當於中國」㉓。既然他堅信共和制不宜在中國實行，那麼中國向何處去？自然是恢復帝制。

嚴復曾把復辟的希望寄託在袁世凱身上，袁世凱敗亡後，他並沒有從復辟迷夢中覺醒。他在一九一七年五、六月間的信中錯誤地分析中外國情，認爲「共和國體卽在歐美諸邦亦成於不得已，……至於中國，地大民衆，尤所不宜。現在一線生機，存於復辟。」㉔他敏感到當時京中復辟「暗潮極大」，特別寄希望於亡淸廢帝，認爲「宣統是極有望之沖主」，只要有個像袁世凱這

---

⑳《學衡》第八期，第十四節。
㉑《學衡》第八期，第十八節。
㉒《學衡》第十二期，第二十八節。
㉓《學衡》第十期，第十九節。
㉔《學衡》第十三期，第三十五節。

樣的人才擔任宰輔就能成功[25]。後來果然發生了辮子大帥張勳與南海先生康有爲合夥導演的宣統復辟醜劇。嚴復深爲這次復辟的夭折惋惜，並贊揚張勳幹的「是血性男兒，忠臣孝子之事。復辟通電，其歷指共和流弊。乃言人人之所欲言」，而「康有爲歸國以還，未嘗一出，而我曹又何忍深責之乎！」[26]

袁世凱稱帝和宣統帝復辟的接連失敗，說明民主共和思想已經深入人心，民主革命的潮流不可逆轉。然而直到垂暮之年，嚴復還念念不忘反對共和民主政體。他在一九二〇年的信中無限悲憤地說：「鄙人自始至終，終不以共和爲中華宜採之政體，嘗以主張其制者，爲四萬萬衆之罪人，九幽十八重，不足容其魂魄。然今之所苦，在雖欲不爲共和、民主而不可能。……惟有坐視遷流，任其所之而已。此吾輩身世，所可爲痛哭也。」[27]嚴復就這樣帶著終身反對民主共和的花崗岩腦袋離開了人世。

（三）從提倡資產階級的「新學」回到封建主義的「舊學」懷抱

戊戌時期的嚴復，是資產階級「新學」的熱情宣傳者，也是封建主義「舊學」的積極批判

[25] 同上期，第三十六節。

[26] 《學衡》第十五期，第四十二節。

[27] 《學衡》第二十期，第七十三節。

者。戊戌政變以後的十年，嚴復雖然在思想上變得保守了，但其主要活動是翻譯西方名著。在多數譯著（特別是在《原富》、《法意》、《穆勒名學》）中，他仍繼續堅持著宣傳新學、批評舊學的立場。

嚴復宣傳和介紹的新學內容是豐富多采的，大凡自然科學和社會科學各主要領域都有所涉及。他向人們提供的精神食糧是比較系統完整的資產階級世界觀以及奠基於資本主義政治經濟制度的資產階級意識形態。這種新式的世界觀和意識形態，同傳統的中國封建主義的思想文化是涇渭分明、格格不入的。他在〈論世變之亟〉、〈原強〉和〈救亡決論〉中曾將西學與中學作了多方面的比較，比較的結果，認爲西洋的「學術政教」勝過中國。他認爲，西學的命脈所在，「不外於學術則黜僞而崇眞，於刑政則屈私以爲公而已」㉘，這是致西洋於富強的法寶。中國要想自強自安，必須學習西洋之術。然而，當時「中土之學，必求古訓。古人之非，既不能明，卽古人之是，亦不知其所以是」㉙。這樣的「中學」——諸如經義八股、漢學考據、宋學義理、辭章小道等等——「一言以蔽之，曰無實」，「其爲禍也，始於學術，終於國家」，必須加以廢棄，或者「且束高閣」㉚。

㉘〈論世變之亟〉，見周振甫選注，《嚴復詩文選》，頁五。

㉙〈原強〉。

㉚〈救亡決論〉。

嚴復還曾正確地批評了洋務派所謂「中學爲體，西學爲用」的錯誤主張。他在〈與外交報主人論教育書〉中寫道：「善夫金匱裘可桴孝廉之言曰：『體用者，卽一物而言之也。有牛之體則有負重之用；有馬之體則有致遠之用，未聞以牛爲體以馬爲用者也。』中西學之爲異也，如其種人之面目然，不可強謂似也。故中學有中學之體用，西學有西學之體用。分之則兩立，合之則兩亡。議者必欲合之而爲一物，且一體而一用之，斯其文義之違舛，固已名之不可言矣！」這說明嚴復根本不同意「中體西用」論，而認爲體用一致，西學與中學體用各不相同，是不能加以調和、合而爲一的。

然而時隔不久，嚴復就改變了自己的正確態度，轉而調和中學西學了。他在一九〇三年寫的《羣學肄言‧譯餘贅語》中說他「嘗考六經文義，而知古人之說與西學合」，又說《羣學肄言》一書，「實兼《大學》、《中庸》精義，而出之以翔實，以格致誠正爲治平根本矣。每持一論，又必使之無過不及之差，於新舊兩家學者，尤爲對病之藥。」在這裏，嚴復看出了斯賓塞的庸俗進化論與中國古代儒家經典的「中庸之道」具有某些共同點，因此他要竭力將二者調和起來，以糾正他過去翻譯《天演論》造成的「維新」風氣。以勸戒革命派「審重」一些。這正反映了嚴復思想的保守趨向。

既然嚴復有了「知古人之說與西學合」的認識，那麼他就要到「六經文義」中去找救國救民的大道理了。事實確乎如此！他在〈譯餘贅語〉中列舉了一些《爾雅》、《大學》、《中庸》中與西學相合的文字和「精義」。而在辛亥革命以後，他在世局動盪、「西學救國」理想幻滅的情況下，便投入了封建主義舊學的懷抱。

一九一四年至一九一八年，爆發了第一次世界大戰。嚴復不能理解這場戰爭的帝國主義性質，而將戰爭的罪惡完全歸咎於西方的「文明科學」。他在〈與熊純如書〉中一再感慨地說：「文明科學終效，其於人類如此。故不佞今日，回觀吾國聖哲教化，未必不早見及此，乃所尚與彼族不同耳」㉛。又說：「西國文明，自今番歐戰掃地遂盡」㉜。「不佞垂老，親見支那七年之民國，與歐羅巴四年亘古未有之血戰，覺彼族三百年之進化，只做到利己殺人、寡廉鮮恥八個字。回觀孔孟之道，眞量同天地，澤被寰區。」㉝於是，嚴復得出結論：「竊嘗究觀哲理，以爲耐久無弊，尚是孔子之書。《四子》、《五經》，固是最富礦藏，惟須改用新式機器，發掘淘煉而已。」㉞這不正是洋務派「中體西用」老調的重彈嗎?!在這位「瘉壄老人」眼中，他過去熱情宣傳過的西方文明科學都成了無用之物，惟有中國傳統的「國粹」——封建主義的「聖哲教化」、「孔孟之道」、「四書五經」，才是「耐久無弊」的「最富礦藏」，只要改用西方進口的「新式

㉛《學衡》第十二期，第二十四節，寫於一九一七年。
㉜《學衡》第十八期，第五十八節，寫於一九一八年。
㉝《學衡》第十八期，第五十九節，寫於一九一八年。
㉞《學衡》第十三期，第三十九節，寫於一九一七年。

機器」（指西學的形式和方法）發掘淘煉就可發揚光大舊學傳統了。於是，資產階級的啓蒙思想家變成了封建主義舊思想的吹鼓手，今日的嚴復否定了昔日的嚴復。

由上可見，嚴復在戊戌變法以後，從思想到行動，都經歷了一個由進步到保守、由保守到反動的演變過程。

嚴復落伍的原因是多方面的，其社會原因在於時代的進步與他所代表的資產階級改良主義的歷史局限性的矛盾。戊戌維新的失敗說明了資產階級改良主義的軟弱和破產；二十世紀初的辛亥革命準備時期，革命派與改良派之間的革命與保皇之爭、民主共和與君主立憲之爭，則說明了改良主義在政治上的進步歷史作用的消失。此後，國內外發生了一系列重大的歷史事變，如辛亥革命、反袁鬥爭、十月革命、五四運動等等，這些事件加速了中國民主革命的歷史進程。在歷史劇變面前，連一些本來比較激進的民主革命家（如章炳麟）也難跟上飛躍發展的形勢而成了時代的落伍者，何況嚴復還死抱著改良主義的老皇曆不放！所以他必然與歷史進程背道而馳，從而對革命採取反對和詛咒的態度。在這期間（一九一四〜一九一八年），國際上又發生了空前殘酷的帝國主義戰爭，這使西方資本主義的「三百年科學文明」威信掃地，也使中國一些還有點愛國心的「西學救國」論者感到迷惘和失望。但由於階級意識的局限，他們找不到救中國的新式武器，於是便轉而求助於中國的「固有文明」——封建主義的制度與文化。這就必然使他們與民主革命的新潮流、新文化發生對抗，從而墮落爲時代的落伍者。嚴復的後期正是走著這樣一條道路。對於嚴復落伍的社會原因，學術界已有不少很好的分析，這裏不擬贅述。下面，我想著重從嚴復哲學的二元論特點去探討他落伍的思想根源。

嚴復在少年時代，受過舊學教育，植下了他思想深處的封建主義劣根性。青年時期，他在船政學堂和英國學習，接受的是資產階級的思想教育，受到了西方自然科學和資產階級社會科學的薰陶，從而奠定了資產階級世界觀的理論基礎。

在評判嚴復世界觀的哲學傾向時，有人認爲其前期是唯物主義者（或機械唯物主義者），而後期是唯心主義者（或不可知論者），其實這種判斷並不確切。據我看來，卽使在前期，嚴復也不是唯物主義者，充其量只是在自然觀和認識論上有某些唯物論的觀點或傾向罷了。與其說嚴復的世界觀是由唯物論向唯心論的轉變，毋寧說是由二元論向徹底的唯心論轉變更接近於實際。

嚴復在青年時期基本確立的世界觀，是達爾文生物進化論與斯賓塞庸俗進化論相結合的產物；從認識論看，則是唯物主義經驗論與唯心主義不可知論的結合。這種奇特的結合，簡直如水乳交融，很難加以分離，它是矛盾的，卻又是統一的。

當嚴復留學英國時，達爾文的生物進化論已經風行西方，在英國更是人人皆知。赫胥黎是捍衞達爾文學說的「一隻猛犬」，他在生物科學上也作出了重要貢獻。但是，赫胥黎在哲學上是個很不徹底的唯物主義者，不僅具有不可知論的傾向，而且錯誤地拿生物界「生存鬥爭」、「物競天擇」的規律去解釋社會現象，在某些方面與斯賓塞的庸俗進化論有著共同點。斯賓塞則完全是個庸俗進化論者（社會達爾文主義者）。他將生物界「優勝劣敗」、「適者生存」的原則用來解釋人類社會的發展與鬥爭，完全抹煞社會鬥爭的階級內容，從而爲帝國主義「弱肉強食」的侵略行徑提供理論依據。嚴復正當庸俗進化論在英國盛行之時赴英留學，他渴望向西方學習新知，以拯救祖國「積貧積弱」的現狀；他又沒有接受比西方資產階級更高明的思想武器，當然不可能正確區分達爾文生物進化論與斯賓塞庸俗進化論的優劣，所以很自然地把它們一概當作科學理論接受過來，作爲他的社會改良主義的理論基礎。這樣，在嚴復的世界觀中，就形成了唯物主義自然觀與唯心主義社會歷史觀的矛盾，這一矛盾的兩個方面一開始就同時存在著，並不是先有唯物自然觀後有唯心歷史觀。

值得指出的是，即使在嚴復的自然觀中，他的唯物主義傾向也是不徹底的，有著「二元論」的濃厚色彩。一方面，他從達爾文的生物進化原理出發，認爲包括人類在內的世界萬物並不是「創造者」創造的，而是遵循著「物競天擇」的普遍規律發展而成的。他在《天演論》卷上導言一「察變」按語中說：「萬類之所以底於如是者，咸其自己而已，無所謂創造者也。」又說：「自歌白尼（即哥白尼——引者）出，乃知地本行星，繫日而運。……自達爾文出，知人爲天演中一境，且演且進，來者方將，而教宗摶土之說，必不可信。」這種以近代自然科學爲依據的世界本原說，確是具有唯物主義傾向的，它排除了上帝創世說和宗教目的論。然而在另一方面，當嚴復眞正涉及哲學基本問題時，他又深受赫胥黎、斯賓塞、穆勒等人的「不可知論」的影響，而認爲宇宙起源、上帝有無之類的問題是「不可思議」也不必探究的了。他說：「大抵宇宙究竟、與其原始，同於不可思議。不可思議云者，謂不可以名理論證也。」㉟又說：「問上帝有無，實問宇宙第一原因，……雖不設，可也。」㊱這說明，嚴復終究沒有按照唯物主義一元論的觀點回答哲學基本問題。按照他的邏輯，既然萬類生成並沒有「創造者」主宰，那就不該有上帝；既然「宇宙究竟」和「上帝有無」又是不可思議無法回答的，那就有可能存在一個上帝！這就是嚴復自然觀中的矛盾。這也正是他二元論傾向的反映。

嚴復世界觀中的二元論傾向，集中反映在他對自己獨創的哲學範疇——「運會」的闡述上。他在早期政論文〈論世變之亟〉一開頭，就提出了「運會」這個範疇。他說：

> 夫世之變也，莫知其所由然，強而名之曰「運會」。運會既成，雖聖人無所為力。蓋聖人亦運會中之一物。既為其中之一物，謂能取運會而轉移之，無是理也。彼聖人者，特知運會之所由趨，而逆睹其流極。唯知其所由趨，故後天而奉天時；唯逆睹其流極，故先天而天不違，於是裁成輔相，而置天下於至安。後之人從而觀其成功，遂若聖人真能轉移運會也者，而不知聖人之初無有事也。

㉟《天演論》卷上，導言十八按語。

㊱《穆勒名學》部甲按語。

這段話包括三層意思：第一，嚴復所謂的「運會」，是對「世變」規律的哲學概括，它既非純主觀的精神本體，也非純客觀的物質實體，而是存在於客觀世界的某種必然趨勢、潮流或規律；它不以任何人（包括聖人）的主觀意志爲轉移，任何人都無力改變其必然的發展方向；雖然高明如「聖人」者，也同自然萬物和普通人們一樣受著客觀「運會」的支配，而不能支配「運會」。第二，「聖人」雖不能支配或改變「運會」，但卻能了解「運會」發展的趨勢，預見到客觀形勢（即「天時」）的變化而使「運會」爲他服務，使人事順應「天時」的發展而獲得事業的成功，保持社會的安定。第三，人們對於「世變」規律也即「運會」的認識，是只能知其然而莫知其所以然的。就是說，「運會」既可知又不可知，其可知的方面，是它的發展趨勢和方向，其不可知的方面，是形成「運會」的原因和動力。

由此可見，嚴復所說的「運會」，就它作爲客觀存在的趨勢、潮流、規律的意義上說，包含著唯物論的因素，而就它「莫知其所由然」即原因動力不可知的意義上說，則又包含著唯心論的因素。所以，它既不是唯物一元論也不是唯心一元論的哲學範疇，而是一個「二元論」的哲學範疇。這同他的世界觀「二元論」傾向是一致的。

在〈救亡決論〉中，嚴復寫道：「運會所趨，豈斯人所能爲力……繼自今，中法之必變，變之而必強，昭昭更無疑義，此可知者也。至變於誰氏之手，強爲何種之邦，或成五裂四分，抑或業歸一姓，此不可知者也。」這再次說明他所謂的「運會」，是二元論的哲學範疇。

嚴復的「運會」思想，雖然主要是他自己的思想，但其理論淵源蓋出於赫胥黎的進化論原理。他在《天演論》卷上導言二「廣義」的譯文中寫道：「自遞嬗之變遷，而得當境之適遇。其來無始，曼衍連延，層見迭代。此之謂世變，此之謂運會。運者以明其遷流，會者以指所遭值。……物變所趨，皆由簡入繁，由微生著，運常然也，會乃大異。」在《天演論》卷下論二「憂患」的譯文中寫道：「夫轉移世運，非聖人之所能爲也。聖人亦世運中之一物也，世運至而後聖人生。世運鑄聖人，非聖人鑄世運也。使聖人而能爲世運，則無所謂天演者也。」如果對照一下赫胥黎的原著，就可知道上述譯文的大部分內容，實際是嚴復附加上去的。原著中這些地方很難找出可譯作「運會」的類似詞語，與它略有關係的，是「進化」與「變異」、「前進的發展」與「倒退蛻變」之類詞語㊲。這也說明嚴復翻譯的《天演論》，既是介紹赫胥黎等人思想的著作，又是融合了譯者思想的一部著作。在嚴復的世界觀中，「運會」是概括自然界和人類社會進化規律的最高範疇，而對這種規律本身，處在「運會」中的人們（包括聖人）是只能知其然而不知其所以然的。

建立在「二元論」世界觀基礎上的嚴復認識論，也表現出了唯物主義經驗論與唯心主義不可知論的矛盾。

㊲ 參見《進化論與倫理學》中譯本，頁三～五、三五～三七，科學出版社，一九七一年版。

一方面，他認為自然界、社會和人類本身，都是在「運會」支配下不斷進化的，而「運會」是一種客觀存在，並非上帝創造，也不以人的主觀意志為轉移，因此，人們對「運會」的認識，也只能從客觀存在的進化事實出發，從自己的親身經驗中才能獲得。所以，他十分推崇英國經驗論哲學家培根等人「……皆本於卽物實測」㊳的科學歸納法，強調只有經過事實印證的科學公例才「不可復搖」㊴。他在〈原強〉中引用赫胥黎的話說「讀書得智，是第二手事。唯能以宇宙為我簡編、名物為我文字者，斯眞學耳」。在〈救亡決論〉中宣傳西學「一理之明，一法之立，必驗之物物事事而皆然，而後定之為不易」；在《法意》按語中指出「人之所以為萬物之靈，而世之所以有進化之實者，以能不忘前事，而自得後事之師也」；在《原富・譯事例言》中強調「理之誠妄，不可以口舌爭也，其證存乎事實」。這些論述，都說明嚴復的認識論具有唯物主義經驗論的傾向。從經驗論出發，嚴復在〈原強〉中批評了「必求古訓」而不證諸實驗的「中土之學」，在《穆勒名學》按語中批評了「不實驗於事物」。「不察事實，執因言果，先為一說，以概餘論」的唯心主義先驗論，這是嚴復認識論的可貴之處。

另一方面，嚴復又認為「運會」發生的原因、動力都是不可知、不可思議的，同他的老師——英國經驗論者穆勒之流一樣，片面強調感覺經驗的可靠性而輕視理性思辨的重要性。他在

㊳〈原強〉。
㊴《原富・譯事例言》。

《天演論》卷下論九「眞幻」的按語中以石子爲例，說明人們對於石子的圓、赤、堅的認識，都是由於主觀的感覺，而「石之本體，必不可知，吾所知者，不逾意識」，又說「人之知識，止於意驗相符……更騖高遠，眞無當也。」暴露了嚴復認識論中「不可知論」的唯心主義性質。在《穆勒名學》部甲按語中，這種「不可知論」得到了進一步的哲學昇華。他說：「竊嘗謂宇宙本體，雖不可知，可知者止於感覺」，在感覺領域之外，「固無從學，卽學之，亦於人事殆無涉也」。又說：「我而外無物也，非無物也，雖有而無異於無也，然知其備於我矣。乃從此而黜卽物窮理之說又不可也。蓋我雖意立，而物爲意因，不卽因而言果，則其意必不誠。」嚴復的認識論，就這樣從強調感覺經驗、卽物實測的唯物主義觀點出發，走向了認識「止於意驗相符」、「意外無物」的唯心主義歸宿。這種認識論，是二元論的認識論，而歸根結底，還是唯心主義經驗論。

總之，嚴復在其政論和譯著中反映出來的哲學思想，無論是世界觀還是方法論，都表現出極大的矛盾性，並具有「二元論」的傾向。

當嚴復拿了這種二元論哲學去說明社會的變革及人事變遷時，同樣表現出極大的矛盾性。一方面，他從進化論原理出發，認爲人類社會和人種本身，也同自然界的動植物一樣遵循著「物競天擇」，強者生存，弱者淘汰，從而使社會「日進日新」，使種族「後勝於今」。落後的國家和民族如果不能奮發圖強，就難免有被淘汰的命運。中國當時正處在「積貧積弱」的落後地位，面臨被「瓜分豆剖」的危險，如不振作起來，就必然「亡國滅種」。嚴復是愛國者，他是不願意眼看中國淪亡而無動於衷，因此他大聲疾呼社會改革，要求「鼓民力，開民智，新民德」，以求「自強保種」。這就決定了嚴復思想上、政治上的進步面。但在另一方面，進化論畢竟不是醫治社會弊病的妙方良藥，尤其是斯賓塞之流的庸俗進化論，更是爲帝國主義侵略政策服務的工具。嚴復作爲庸俗進化論的信奉者，他不可能用階級鬥爭的觀點解剖階級社會，不可能科學地揭示社會發展規律，而只停留在社會在「運會」的支配下必然要進化這樣的膚淺認識。至於社會進化的根本原因是什麼？動力是什麼？就像他對宇宙本體的認識一樣是不可知的了。由此造成了他對社會認識的局限，使他只能夠提出一些社會改良的主張以求中國的進化，而不可能倡導採用革命手段去推動社會的質的飛躍。在他看來，革命是「違天演之自然」的。因此，當他的社會改良主張在實際生活面前碰壁時，他就茫然不知所向，陷入悲觀失望而不能自覺。而當眞正的社會革命爆發時，他則處處看不慣，覺得與他信仰的主義格格不入，以致要舉起反對的旗幟去批判一切革命的主義與行動了。這正反映了他的世界觀給他造成的認識局限，是他由進步走向保守乃至反動的思想根源。

如果說，嚴復的早期政論和譯著中所反映的世界觀是混唯物論與唯心論於一爐的二元論的話，那麼在他晚年（指辛亥革命和第一次世界大戰以後）的許多信函中所反映的哲學思想，就完全是唯心主義的世界觀了。這集中反映在他對天命、宗教及西方靈學等唯心主義學說的態度變化方面。

嚴復在〈原強〉、《天演論》等早期論文、譯著中，儘管由於受不可知論的影響而沒有完全排除上帝存在的可能，也未能徹底批判宗教唯心主義的荒謬，但卻清楚表明他是不相信唯心主義的「天命」論和「靈魂不死」說的。他在〈原強〉中批評聽天由命、無所作爲的思想時說：「天固不爲無衣者減寒，歲亦不爲不耕者減饑也」，表明他反對「天命」論。他在《羣學肄言》按語中解釋「天意」與「天演」之別時說，「天意」之「天」，是「以神理言之上帝」，而「天演」之「天」，則是「無所爲作而有因果之形氣」，「二者絕不相謀，必不可混」，這也表明他是否定神天上帝的。他在《天演論》卷下論一按語中，又用進化論觀點批駁了「靈魂不死」說，指出金、木、水、土等無機物是無生無死的，而一切動植物皆有生有死，有不死。所謂「有死者」指的是動植物的生命和形體，而所謂「不死者，又非精靈魂魄之謂也」，是指動植物傳種接代，「遞嬗迤轉」的功能。

在後期譯著的按語中，嚴復對宗教唯心主義表現出更多的讓步。他在《法意》卷二五第十五章的按語中說：「五洲宗教，一涉於神靈默示之說，固無所謂其獨眞，而其道猶綿延不墜者，正在與人爲善一言而已……嗚呼！宇宙廣漠，事理難周，存而不論可耳。」之所以「存而不論」，一是因爲他認爲宗教「勸人爲善」義有可取，二是因爲他是不可知論的擁護者。但就在這一階段的譯著中，嚴復仍然是批評宗教迷信的。他在《社會通詮》「國家社會」一章按語中說：「國之有癘疫，非儻來忽至者也，亦非民之隱惡無良，而冥冥之中行其罰也，又非劫運之說，時至必然不可免也。蓋必有致疫之由，雖曰天行，皆人事耳。」表現了重人事不信迷信的態度。在《法意》卷二四第二二章按語中，他說：「教育最大之目的，曰：去宗教之流毒而已。……西諺有曰：魔之第一能事，以其說謊。又曰：妄則終凶。吾黨欲求爲文明人，捨寶貴眞實別無安身立命處也。」說明嚴復提倡的教育，是要「寶貴眞實」而反對宗教謊言的。

但是，這個一度批評過「上帝創世」、「靈魂不死」謊言的嚴復，到了晚年，竟完全拜倒在唯心主義和宗教迷信的腳下了。請看事實：

第一，他從否定「天意」變爲相信「天意」。一九一七年五、六月間，嚴復在《與熊純如書》中追述他「老淚如綆」地送別英使朱爾典時，英國朋友勸慰他說：「天之待國猶人，眼前顛沛流離，卽復甚若，然放開眼孔看去，未必非所以玉成之也」，嚴復聞其言而破涕轉喜㊵。他在另一封信中大談中國「一線生機，存於復辟」時說：「大抵歷史極重大事，其爲此爲彼，皆有天意存焉，誠非吾輩所能豫論者耳。」㊶這裏的「天意」，也就是他在〈原強〉、《天演論》中批評過的「天意」，它成了嚴復晚年的精神寄託。

第二，他從主張「去宗教之流毒」變成了破除迷信的反對者。辛亥革命後，嚴復對子女們不信上帝、反對拜佛很不滿意，在家信中寫道，世間一切宗教皆有迷信，「若一概不信，則立地成

㊵《學衡》第十三期，第三十四節。

㊶同上期，第三十五節。

Materialism（唯物主義）最下乘法，此其不可一也。又人生閱歷，實有許多不可純以科學通者，更不敢將幽冥之端一概抹殺。……汝等於此等事，總以少說爲佳，亦不必自矜高明，動輒斥人迷信也。」㊷顯然，嚴復的態度是偏袒宗教迷信而反對破除迷信的。

第三，他從宣傳進化論轉而宣傳西方靈學。一九一八年，當中國靈學派拾西方靈學唯心主義之餘唾，成立「上海靈學會」並出版《靈學叢誌》時，嚴復一再致信「靈學會」發起人表示熱情支持。

他在致靈學會會長俞復的書函中說：

> 神秘一事，是自有人類未行解決（之）問題，……世界之大，現象之多，實有發生非科學公例所能作解者。何得以不合吾例，憪然遂指為虛？此數十年來，神秘之所以漸成專科，而研討之人皆於科哲至深、觀察精密之士。……英之碩學格羅芬臨終謂廿世紀將有極大極要發明，而人類從此乃進一解耳。先生以先覺之姿發起斯事（指俞復發起靈學會、出版《靈學叢誌》之事——引者），敘述詳慎。入手已自不差，令人景仰無已。㊸

㊷《嚴幾道先生遺著》，新加坡一九五九年版。

㊸〈嚴幾道先生書〉，寫於一九一八年二月，載《靈學叢誌》卷一，第二期。

他在另一封致其門生（也是靈學會主要成員）侯毅的書函中說：

鄙人以垂暮之年，老病侵尋，去死不遠。舊於宗敎家靈魂不死之說「唯唯，否否，不然」，常自處如赫胥黎，於出世間事存而不論而已。乃今深悟篤信。㊹

是的，在人生晚年走著下坡路的思想家嚴復，對於宗敎迷信學說已從早年的「存而不論」變成了「深悟篤信」。這正是嚴復世界觀從早期的二元論徹底轉變爲晚期的唯心論的證明。嚴復後期政治上、思想上的落後，是與他的世界觀的轉變密不可分、相爲表裏的。

那麼，嚴復世界觀的這一轉變同當時的社會思潮及思想鬥爭有些什麼聯繫呢？讓我們結合歷史背景回顧一下辛亥革命至五四運動期間國內思想鬥爭的大勢。

一九一一年的辛亥革命，推翻了淸王朝的封建專制統治，建立了中華民國，這固然是資產階級民主革命的一大勝利。但辛亥革命的勝利果實並沒有得到鞏固，而是很快就被以袁世凱爲代表的大地主、大資產階級所篡奪。袁世凱上臺以後，加緊了帝制復辟活動，最後演出了「洪憲」建元的帝制復辟醜劇。袁世凱在全國人民聲討聲中敗亡以後，又出現了張勳復辟，段祺瑞等北洋軍

㊹〈嚴幾道先生致侯疑始書〉，寫於一九一八年三月，載同刊卷一，第三期。

閥的輪番執政。中國人民仍然處在軍閥反動統治之下，中國社會的半殖民地、半封建性質並沒有根本的改變。

這一時期，思想領域中也呈現出複雜的甚至是激烈的鬥爭形勢。戊戌時期的「西學」與「中學」、「新學」與「舊學」之爭，辛亥革命準備時期的「革命」與「改良」、「共和」與「專制」之爭在新的歷史條件下繼續進行。

一方面，一部分先進的中國人（這個時期的主要代表是孫中山、魯迅、陳獨秀、李大釗等）從嚴復等人介紹的「西學」、「新學」中吸取營養，受到啓發，從辛亥革命的失敗中吸取歷史教訓，在繼續尋求救國救民的眞理。他們繼續宣傳資產階級民主共和國的理想制度和思想體系，宣傳西方近代自然科學成就及其世界觀和方法論（主要是唯物主義一元論和實驗主義的方法論，也夾雜著唯心主義的經驗論、二元論、實用主義等思想）。主張請出「德謨克拉西」（民主）和「賽因斯」（科學）兩位「先生」來救中國，並對封建復古主義、專制主義、宗教迷信等展開了猛烈的批判。特別是以陳獨秀創辦《新青年》（原名《青年雜誌》，一九一五年創刊，次年改名爲《新青年》）爲標誌，中國思想界興起了一個以提倡民主與科學、批判專制與迷信爲根本內容的「新文化運動」。這一運動的發展，是在「五四」前後（一九一八年至一九二一年間）掀起了一個空前猛烈的「打倒孔家店」、批判封建思想文化和掃蕩宗教迷信的文化革命高潮，從而爲馬克思主義在中國的傳播開闢了道路。

另一方面，與袁世凱之流的帝制復辟活動相呼應，一批封建文人頑固堅持反動立場，從政治上反對民主共和制，鼓吹復辟帝制，在思想上用封建復古主義和孔孟之道對抗正在興起的民主與科學新思潮和新文化運動。他們組織了「孔教會」一類封建文化團體，創辦《孔教會雜誌》一類反動刊物，叫嚷要「挽救人心，維持國運，大昌孔子之教」[45]。反動軍閥張勳公開發表〈上大總統請尊孔教書〉，要求袁世凱立「孔教」爲「國教」，主張以此「維繫人心」、「保存國粹」[46]等等，掀起了一股封建復古的思想逆流。但傳統的封建文化在當時畢竟已喪失了「維繫人心」的力量，阻擋不住新思潮的興起。於是便有一些喝了點洋墨水的半封建、半買辦的文人，接過十九世紀洋務派「中學爲體，西學爲用」的陳舊口號，「化腐朽爲神奇」，在「科學」的名義下大肆販賣西方文化糟粕。例如一九一六年由一些留學日本的中國人在日本神戶市建立的所謂「中國精神學會」，就是旨在介紹和宣傳歐、美、日本的「精神哲學」（卽後來所稱的「靈學」、「心靈學」）的文化團體。一九一七年十月由俞復、陸費逵等人在上海成立的「上海靈學會」和「盛德壇」，就是一個以宣傳西方靈學理論爲主旨兼搞扶乩迷信活動的迷信組織。一九二〇年五月又有人仿照上海靈學會及其會刊《靈學叢誌》的宗旨在北京成立了「北京悟善社」，創辦《靈學要誌》，大肆宣傳靈學理論和鬼神迷信。於是，在「五四」前後的中國思想界，又出現了一股打著

---

[45] 陳煥章，〈孔教會序〉，載《孔教會雜誌》卷一，第一號。

[46] 《孔教會雜誌》卷一，第一號。

「科學」旗號宣揚「靈學」唯心主義和宗教迷信以對抗新文化運動的思想逆流。

這樣，在辛亥革命以後至「五四」運動前後，在思想領域中出現了民主與專制、科學與迷信、唯物論與唯心論、無神論與有鬼論之間的思想大論戰。當時的革命民主主義者陳獨秀、李大釗、魯迅以及陳大齊、劉文典、易白沙等人，以《新青年》爲主要理論陣地，發表了許多聲討專制政治，批判靈學和宗教的論文、雜談、通信和譯著。

然而，在進步思潮與反動思潮的思想大論戰中，曾經積極主張社會改革並親手翻譯西方名著、向中國人民介紹了「西學」和「新學」以批判封建主義的嚴復，並沒有能跟上歷史潮流的前進步伐，而是在反動思潮的影響和反動勢力拉攏下，完全倒向與新文化運動相對立的反動營壘一邊。他一則用書信表示了「天下仍須定於專制」、「共和萬萬無當於中國」、「一線生機，存於復辟」的願望；二則用列名發起「籌安會」的行動宣告了他擁護帝制復辟的政治立場；三則懺悔自己早期維新思想的過激而宣告孔孟之道是「耐久無弊」的「最富礦藏」；四則摭拾西方靈學的糟粕而向人們鼓吹靈學是「二十世紀極大極要發明」，從而得到封建復古派和靈學派的歡呼和擁護。這一切，一方面固然說明了缺乏眞正科學的世界觀指導的思想家嚴復，不可能在歷史大變動的時期正確辨別歷史前進的方向，把握時代進步思潮的脈搏跳動，另一方面也說明了半殖民地半封建社會的資產階級知識分子在思想上的軟弱性，他們是很容易在封建主義文化和帝國主義文化結成的反動同盟的進攻之下解除武裝以至同流合污的。

歷史的辯證法記錄了改革思想家嚴復的進步與倒退。歷史的悲劇，讓他扮演了悲劇的角色。

（原載《近代中國人物》，一九八五年第二輯）

試論章太炎哲學思想的折變

在中國近代思想史上，章太炎實在是個偉大的複雜人物：他是資產階級民主革命的宣傳家和思想家，又是片面強調「種族革命」的狹隘民族主義者；他曾是唯物主義的哲學家和無神論者，但後來變成了崇奉佛教唯識宗的主觀唯心主義哲學家；他曾經擁護和傳播西方自然科學和達爾文進化論，但到頭來只不過是「粹然成爲儒宗」的「國粹」主義者；他是一代學術大師，又是個「脫離民衆」、「和時代隔絕」的人。章太炎的一生是複雜的，其思想也是複雜的。

本文主要想從哲學思想上探討一下章太炎思想變化的情況，作一些分析。

一

章太炎的哲學思想，大體經歷了一個從唯物主義到唯心主義的轉變過程。他不是徹底的唯物論者，也不是徹底的唯心論者，更不是二元論者。作爲一個哲學家的一生，大致可以一九〇六年作爲分界線，前期基本上是唯物主義者，後期基本上是唯心主義者。當然這種分界不是絕對的，因爲思想的演變有一個過程，在其前期可能已經萌芽和發展了後期的某些思想主張，在其後期，則又可能繼承了前期的另一些思想主張。

章太炎哲學思想的轉變，首先表現在宇宙觀（或曰「自然觀」）方面。在其早期著作《訄書》、〈菌說〉（發表於一八九九年《淸議報》）等論著中，都反映了章太炎哲學的唯物主義傾向。

章太炎在《訄書》（木刻本）中論證了宇宙萬物的形成問題。他在〈天論〉篇說：「惟天未嘗有，故無之爲字，從天詘之以指事。天萃於氣，氣生於地，地生於日。」「恒星皆日」。「日無所自出，何必曰上帝！」這種觀點只是很粗陋的唯物主義宇宙觀，他簡單地認爲宇宙由恒星構成、恒星像太陽一樣。實際上是機械唯物主義的觀點。

章太炎在一八九九年發表的〈菌說〉，同樣表達了他的唯物主義宇宙觀，並且批駁了譚嗣同的二元論和唯心論觀點。

譚嗣同的《仁學》，儘管有著「沖決網羅」的反封建理論勇氣，但他並沒有眞正能沖決儒家傳統哲學的「網羅」。他引進了當時西方自然科學家創造的類似於物質概念的「以太」，卻把它與精神性的「仁」、「性海」、「心力」等傳統的儒家哲學範疇和佛教哲學範疇等同起來。對此，章太炎很不滿意。他說：

> 或謂「性海卽以太」。然以太卽傳光氣，能過玻璃實質，而其動亦因光之色而分遲速。彼其實質卽曰「阿乇」（原子的音譯——引者注），以一分質分為五千萬分，卽為「阿乇」大小之數，是「阿乇」亦有形可量。以太流動，雖更微於此，而旣有遲速，則不得謂之無體。

顯然，在章太炎看來，「以太」純粹是物質，是物質原子的細微單位，在空間運動中有速度快慢之分，有形可量，是有「體」之物，絕不是什麼精神性的「性海」之類。

章太炎在〈菌說〉中又運用西方科學家發明的細胞學說解釋「生命之本原」。他說：

> 今夫庶物莫不起於細胞。細胞大抵皆球形，其中有核……皆自原形質成立。原形質似卵白質，赫胥黎氏稱之曰「生命之本原」……是卽生物之所以靈運，然非有神宰畀之矣。

雖然章氏的解說不免粗淺，但他闡明了生命基於細胞而非來自神靈的觀點，是符合唯物主義的。

總之，章太炎前期哲學的宇宙觀，是以中國古代唯物主義哲學的「元氣」論和近代西方的進化論爲理論基礎的唯物主義宇宙觀。

然而，當章太炎於一九〇六年至一九〇九年在日本主辦同盟會機關報《民報》時期，雖然他在政治思想方面繼續宣傳資產階級民主革命的主張，但在哲學思想上已經發生了從唯物主義向唯心主義的轉變，這集中反映在〈演說錄〉、〈建立宗教論〉、〈五無論〉、〈四惑論〉等論文❶中。此外，一九一〇年寫的〈齊物論釋〉也反映了這一轉變。在這些哲學論文中，章太炎放棄了過去的唯物主義宇宙觀，而融叔本華、費希特、貝克萊之流的主觀唯心論哲學和佛教唯心主義哲學於一爐，建立了一個唯心主義的宇宙觀。

他在〈建立宗教論〉中否認宇宙萬物是客觀存在，把一切存在都歸於人的主觀意識的虛構。他採用了佛教法相唯識宗的「三性」說，解釋宇宙的構成。何謂「三性」？一是「偏計所執自性」，是說客觀世界乃是人的自我意識所生的幻覺；二是「依它起自性」，是說客觀世界是憑借各種因緣關係而湊成的假象；三是「圓成實自性」，指幻覺世界背後的眞實本體（所謂「實相」、「眞如」），卽宇宙的本源。章太炎把「圓成實自性」當作世界的本體，無異於說整個宇宙萬物都是人的主觀精神創造的。

他在〈五無論〉中進一步發揮了上述思想，荒謬地認爲「世界本無，不待消滅而始爲無。今

❶ 載《民報》第六、九、十六、二十二號。

之有器世間，爲衆生依止之所，本由衆生眼翳見病所成，都非實有」。這就一筆勾銷了物質世界的客觀眞實性，實在是一種不費氣力的主觀唯心主義觀點。

章太炎寫於一九一〇年的〈齊物論釋〉，有一段很有代表性的言論。他說：

> 宇宙本非實有，要待意想安立為有；若衆生意想盡歸滅絕，誰知有宇宙者！於不知中證其為有，則證據必不極成。譬如無樹之地，證有樹影，非大愚不靈之甚耶？

在章太炎看來，宇宙本來不是客觀眞實存在著的，要通過人們的主觀臆想才能成爲實有，人的意識消滅了，就談不上有什麼宇宙。沒有意識之「知」而要證明宇宙的存在是根本不可能的。意識好比是樹，客觀世界如同樹影；這一樹與樹影之譬，完全顚倒了精神對自然界、思維對存在的「孰先孰後」關係。這種唯心主義宇宙觀與他在《訄書》初版本所說的「天論」是格格不入的。

在認識論方面，章太炎的哲學也有一個從唯物主義走向唯心主義的轉變過程。

章太炎在《訄書》中闡明的認識論思想，一方面繼承和發揮了我國古代唯物主義思想家荀況、王充的認識論觀點，一方面以西方近代自然科學的新成就作爲其理論的養料，因而他前期的認識論明顯地具有唯物主義的傾向。

首先，在認識的起源問題上，章太炎認爲人們要獲得對事物的認識，必須通過感覺器官與外界事物相接觸。他在〈公言〉篇說：「黃赤碧涅修廣以目異，徵角清商叫嘯喁於以耳異，酢甘辛鹹苦謭雋永百旨以口異，芳苾腐臭腥螻膻朽以鼻異，溫寒熙濕平棘堅疏枯澤以肌骨異……」，即人們要用眼睛辨別事物的顏色和形狀，用耳朵辨聲音，用口舌辨滋味，用鼻子辨香臭，用身體（觸覺）辨別冷熱、燥濕、軟硬，總之是只有通過感官接觸外物才能認識客觀事物的外形和性質。

章氏重視感官認識事物的作用，他也懂得感官的認識功能是有局限的，例如看東西要受距離的限制，聽覺也有一定的限度，所謂「製鐘大不出鈞……過是則聽樂而震」、「日赤之餘炎，電赤之餘炎……而視不逮」，所以認識事物不能局限於耳目口鼻等感覺，還須要運用理性思維進行判斷和推理。他說：

> 夫物各緣天官所合以為言，則又譬稱之以期至於不合，然後為大共名也。雖然，其已可譬稱者，其必非無成極，而可恣膺腹以為擬議者也。（《訄書·公言》）

這裏所說的「緣天官」（即依靠感覺器官）、「譬稱」（即進行推理、判斷）、「大共名」（即上升到一般概念）等認識論範疇，都是先秦思想家荀況提出來的，章太炎將它們條理化了，並且指出，任何正確的判斷和推理，都是有一定的客觀標準（成極）的，而不能聽任主觀的隨意推測。這說明他已認識到感性認識上升到理性認識的必要，並指出了二者的聯繫和區別，應當說是符合唯物論的反映論的。

章太炎對清初反理學的思想家顏元的注重經驗的認識論是重視的，認爲「自荀卿而後，顏元可謂大儒矣」，但他也批評了顏氏偏重經驗而忽視理性思維的傾向。他說：「獨恨其學在物，物物習之，而概念抽象之用少。」（《訄書・顏學》）所以，他想彌補顏元理論的缺陷，而強調理性思維的重要，他說：

> 夫不見其物器而習符號，符號不可用。然算術之橫縱者，數也。數具矣，而物器未形，物器之差率亦卽無以逃匿。何者？物器叢繁而數抽象也。今夫舍譜以學琴，乃冀其中協音律，亦離於抽象，欲纖息簡而數之也。算者、譜者、書者，皆符號也。（《訄書・顏學》）

這裏所說的「物器」，是指客觀的事物，所謂「符號」、「數」，是指對事物的理性把握和抽象表達。章太炎承認「物器」是第一性的，「符號」是第二性的，但他強調的是理性把握對於認識事物的重要作用，認爲有了抽象的理性把握，卽便是實際事物的各個方面尚未顯露，也是可以正確認識和掌握事物的性質的，反之就很困難。例如，有了抽象的數學知識和樂譜知識，然後去搞計算、學彈琴就比較容易。如果離開數學符號去搞計算、捨棄樂譜而學彈琴，就會事倍而功半。章太炎對於理性思維作用的重視是正確的。但他有時又過分強調了概念抽象的意義，甚至將科學的抽象與非科學的抽象（例如宗教神學的抽象）混爲一談，說什麼「雖玄言理學，至於浮屠，未其無云補也」（同上），這就是錯誤的了。所以，章氏早期哲學認識論的唯物主義是不徹底的，它爲通向佛學唯識宗的主觀唯心主義認識論埋下了種子。

〈建立宗教論〉不僅在宇宙觀，而且更重要的是在認識論上，標誌著章太炎唯心主義理論體系的形成。在這篇論文中，他荒唐地誇大「心」與「識」的作用，提出「心爲必有，宇宙爲非有。所謂宇宙，卽是心之礙相」，認爲惟有「心」和「識」才是眞實的，而「我」（形體）、「質」（物質）、神（上帝）都是虛幻的。所以，他用佛教式的語言，批評了三大「倒見」，卽：「此識是眞，此我是幻，執此幻者以爲本體，是第一倒見也」；「此心是眞，此質是幻，執此幻者以爲本體，是第二倒見也」；「此心是眞，此神是幻，執此幻者以爲本體，是第三倒見也」。誠然，神天上帝並不存在，以虛幻的上帝作爲主宰一切的「本體」固然是一種倒見，加以批評是應該的。然而，問題並不在於章太炎所說「此神是幻」有其合理一面，而是在於他所謂「此心是眞」、「此識是眞」、把客觀世界的物質存在——「我」與「質」當作「幻」，卻眞正是一種「倒見」。因爲他崇拜的是一種主觀的精神（「自心」）、先驗的觀念（「阿賴耶識」，卽意識種子，有時又稱之爲「原型觀念」，參見〈四惑論〉），這就決定了章太炎後期哲學認識論的唯心主義性質。就在這篇著名論文中，章太炎用了很大篇幅去說明，人的認識產生於先天性的「阿賴耶識」，這個「阿賴耶識」是一切認識活動的主宰和本原，在它裏面隱藏著一種意識的「種子」，世界便是這種意識種子變幻的產物。他又認爲，客觀外界（「境」）本身以及人們對它的認識都由「心」而生，所謂「境緣心生」、「境依心起」。人的「五識」（指眼、耳、鼻、舌、身五種感覺能力）必須以「五塵」（指色、聲、香、味、觸五種認識對象）爲對象，才能有認識，然而，「五識與意識者，卽以自造之境與自識更互緣生」，就是說，人的認識能力與認識對象都是主觀自有，互相更生的。

由上可見，章太炎在〈建立宗教論〉等後期哲學論文中闡述的認識論，完全是以佛教唯識宗爲基礎的主觀唯心主義認識論。在這種認識論指導下，章太炎提出了「依自不依他」的思想主張（見〈答鐵錚〉）。所謂「依自不依他」，用他自己的話來說，就是「與其歸敬於外界，不若歸敬於自心」，或者叫「自貴其心，不以鬼神爲奧主」（同上）。章太炎企圖建立一種排斥上帝鬼神、否認外界權威而崇拜「自心」的無神論新宗教。他要用這新宗教去「發起信心，增進國民之道德」。他所崇拜的「自心」指的是一種主觀的精神力量和摒棄個人物慾的道德力量，而不是迷於外物牽涉的「個人主義」，例如他說：「非說無生，則不能去畏死心；非破我所，則不能去釋金心；非談平等，則不能去奴隸心；非示衆生皆佛，則不能去退屈心；非舉三輪淸淨，則不能去德色心。」（〈建立宗教論〉）又說：「尼采所謂超人，庶幾相近（但不可取尼采貴族之說），排除生死，旁若無人，布衣麻鞋，徑行獨往……庶幾中國前途有益。」（〈答鐵錚〉）這簡直是一種純而又純的「超人」，嚴而又嚴的「禁慾主義」。但這樣的「新宗教」理論不過是一種脫離現實、不顧民衆利益的幻想，是不可能激起民衆的革命熱情的，因而在社會實踐中也是根本行不通的。

二

在談論章太炎哲學思想的局限性時，人們總喜歡從「民族資產階級的軟弱性、妥協性」去尋找根源——階級的根源。這似乎成了評價近代思想家的一個到處可套的公式了。我們無意否認這種階級分析，然而，階級分析法不是唯一的方法，特別是分析哲學家的哲學思想演變的原因時，甚至不能作爲主要的方法。因爲一個思想家的哲學思想產生轉變，並不一定同他的政治立場、政治思想的發展或轉變同步進行，有時甚至是相反的情形。這在中國古代和近代思想史上可以舉出許多例子。孟軻、董仲舒、龔自珍、譚嗣同在哲學上是唯心主義者，而其政治思想卻是進步的；韓非是唯物主義哲學家，但在政治上主張極端專制主義、崇尙權術，反對仁義與人道。在此不必贅論。

對於章太炎來說，其哲學思想由唯物主義轉向唯心主義大致是在主編《民報》時期，卽一九〇六年至一九〇八年。但在這段時期，章氏在政治思想上仍然繼續堅持民族民主革命的立場，堅持《民報》的革命宗旨，發表了〈演說錄〉、〈定復仇之是非〉、〈討滿洲檄〉、〈排滿平議〉、〈駁中國用萬國新語說〉、〈革命軍約法問答〉等戰鬥性很強的政論文章，不僅堅決主張用革命手段推翻清朝政府，而且揭露批判了帝國主義的侵略罪行，主張在中國建立民主共和政體。儘管這時期的文章中有著許多錯誤的、幼稚的內容，但他在政治上基本是革命的、進步的，而不是反動的、保守的，這恐怕是研究章太炎的人們無法否認的。既然如此，就不能僅用「資產階級的軟弱性、妥協性」去說明章太炎哲學思想的轉變了。

那麼，究竟應當怎樣看待章太炎哲學思想的轉變呢？除了中國民族資產階級固有的階級局限性之外，更重要的原因是中國傳統文化的落後方面對章太炎思想的束縛，而這又是同章太炎個人的治學經歷結合著發生的。

在中國，直到馬克思主義哲學傳入中國以前，始終是儒家唯心主義哲學占據著統治地位，在魏晉以後則輔之以佛教唯心主義哲學禁錮著人們的思想。唯物主義哲學雖然從先秦至近代不絕如縷，而且其本身也經歷了一個從發生發展到臻於完善的發展過程，但直到近代西方唯物主義哲學輸入以前，它始終處在樸素唯物主義的階段，而且始終沒有成爲哲學的主流。這種情況直到近代西方自然科學和哲學輸入中國以後，才發生了變化。

近代西方自然科學在中國的傳播有著一個長期的、然而是極其緩慢的過程。最早可以追溯到明末清初，但直到十九世紀九十年代初期，所謂的「西學東漸」基本上限於天文、曆算、音樂、地理這些方面，再加上「船堅炮利」的製造技術。哲學上的「西學」主要還是基督教的神學唯心主義。這沒有也不可能使中國哲學發生根本的變革。直至十九世紀九十年代後半期，以嚴復翻譯《天演論》等西方自然科學和哲學名著爲轉機，達爾文的生物進化論、培根的經驗主義方法論等唯物主義哲學才開始在中國廣泛傳播，影響了一些要求改革的進步知識分子的世界觀。與唯物主義哲學伴隨而來的，還有康德的二元論、休謨的不可知論、貝克萊、黑格爾的唯心論、斯賓塞的社會達爾文主義等等。這種種學說，雖然有的在西方已經變得陳舊腐朽，但較之中國傳統哲學倒確實是新式武器，具有很大的吸引力和殺傷力。所以，一時之間，形成一股衝擊舊學、改革「中學」的新思潮，在哲學領域也出現了新舊交戰的改革潮流。

但舊的思維傳統對於中國知識分子的影響實在太大，簡直是根深蒂固了。卽使是那些迫切要求改革社會、渴求新知識的思想家們，也不善於消化新知識，不習慣運用新的思想武器，而習慣於搞「托古改制」或「托孔改制」。他們中間有的人把剛剛學到的西學新名詞或新學說「翻譯」成適合儒家口味的語言，夾在「萬世師表」孔夫子的「微言大義」裏面，於是產生了譚嗣同的《仁學》和康有爲的《孔子改制考》一類著作；有的則從歷史上一些具有反傳統傾向的思想家（如荀子、韓非、王充、柳宗元）那裏尋找新學的依托。好像如果不經歷一番出國留學、渡洋考察的話，他們的「托古改制」思維方式就無法改變似的。這便是章太炎早期哲學形成時期的文化背景和時代背景。他便屬於後一種人。

章太炎在青少年時期，跟隨他的外祖父朱有虔、父親章濬、老師俞樾誦習儒家經典，兼習子學、史學，所接受的基本上是古文經學派的理論和方法，這除了爲他日後的學術成就紮下了深厚的知識根底之外，特別培養了他「明於夷夏之辨」的愛國主義（但帶有狹隘民族主義）的精神和反傳統的懷疑精神，因爲儒家的封建愛國主義的一項基本內容就是「明於夷夏之辨」，而清末古文經學派又往往很推崇荀況、王充、柳宗元那樣的具有批判精神的反傳統精神的儒家「異端」思想家（並非都是古文經學家）。在沒有掌握新式武器之前，章太炎只能運用從古文經學家和荀況、王充一類舊唯物主義者手裏借來的簡陋工具，去改造中國這塊既是板結難耕、又是百孔千瘡的土壤。

另一方面，封建末世的社會危機和空前嚴重的民族危機，不容許一個具有思想家頭腦、革命家氣質的人沉埋在古奧的儒家經典裏度過一生。時代把章太炎呼喚出來投入社會鬥爭的風濤中去。但當時領導著時代進步潮流的勢力，主要是以康有爲、梁啓超爲代表的資產階級改良派——章太炎後來稱之爲「尊清者」，他們反封建卻不反君主，想改革卻不靠民衆。章太炎青年時期，就曾與這批「尊清者」游，從而在他的早期思想上打上了改良主義的烙印。

總之，一方面學的是古文經學，一方面又「與尊清者游」，這便爲《訄書》初刻本規定了思維格局，使他在哲學上消化了荀子的「天」論和王充的「氣」論（見〈天論〉、〈學變〉等篇），表現出唯物主義的傾向；而在政治思想上則表現出旣譴責清朝反動統治又容忍甚至擁護「聖明之客帝」的矛盾傾向（見〈客帝〉篇）。

但章太炎是好學深思之士，他不僅從中國古書上學知識，而且向外國人學知識。在他寫作《訄書》各篇論文的前夕，嚴復翻譯的《天演論》出版了。一時之間，「物競天擇」的進化論在中國知識分子中爭相傳播，形成爲一股思潮。章太炎讀了嚴復的譯作和〈原強〉等論文，很快接受了進化論思想。他在一八九九年發表在《清議報》上的〈菌說〉中徵引的赫胥黎、培根等人某些自然科學與哲學觀點，就來自嚴譯《天演論》，他在《訄書》初版本和重訂本中的〈原人〉、〈原變〉等篇，也運用進化論批駁了宗教神學和鬼神之說。這說明，西方自然科學和唯物論哲學對章太炎早期哲學的唯物主義傾向也給予了一定影響。

但或許是某種偶然性起作用，或許是章太炎在追求眞理的道路上認識到了中國舊唯物主義的簡陋和西方進化論哲學的膚淺，章太炎在一九〇三年六月底因爲「蘇報案」入獄至一九〇六年六月出獄這三年監禁生活中，他無別書可讀，就鑽研了大量佛經，特別是法相唯識宗的哲學著作，從此，章太炎的哲學思想發生了根本性的轉折。他決心要建立一種以佛教唯識宗理論爲基礎的無神論的宗教——無神教。所以他出獄到了日本東京以後的第一篇演說，便是鼓吹建立新的宗教。他在東京主編《民報》時期所寫的哲學論文，也大多是宣傳「心——識」一元論的佛教唯心主義。可以說，章太炎在上海租界巡捕房獄中對佛經的研究，成了他哲學思想轉變的關鍵性原因，而在《民報》發表的〈演說錄〉、〈建立宗敎論〉、〈四惑論〉、〈人無我論〉等論文則成了他哲學轉變的宣言。

但這種轉變，是章太炎消極頹唐的表現呢？還是積極進步的表現？許多人認爲是前者，我卻認爲是後者。理由是：第一，章太炎所要建立的無神宗敎，儘管在理論上是不科學的，但在他的主觀目的上卻不是要消極避世、逃避現實鬥爭，而是爲了增進革命道德，激勵人們的革命勇氣和鬥爭信心。正如他在〈演說錄〉中說的，當時對革命來說最要緊的，「第一是用宗敎發起信心，增進國民的道德」。他認爲佛敎唯識宗的「萬法唯心」一類哲理，「在哲學上今日也最相宜。要有這種信仰，才得勇猛無畏，衆志成城，方可幹得事來」。他在〈革命之道德〉、〈人無我論〉❷等文中也指出，「無道德」的民族是「不能革命」的，「道德衰亡，誠亡國滅種之根極也」，他「所以提倡佛學者」，是由於「民德衰頹，於今爲甚，姬、孔遺言，無復挽回之力，即理學亦不足以持進」，而只有佛敎的「法相之理、華嚴之行」，才能夠「以爲維綱」。可見，章太炎宣傳佛學的目的，是爲了革命，而非反對革命。第二，章太炎宣傳和提倡建立的新宗敎，實即經過他作理論改造的佛敎哲學，並非像有的論著所說的那樣「鼓吹虛無主義」，而是有著實實在在的革命內容的。他在〈演說錄〉中結合中國的國情和民情比較了基督敎、孔敎與佛敎社會作用的利

❷ 分載《民報》第八、十一號。

弊，認爲基督教用於中國，「卻是無益」，「因爲中國人信仰基督，並不是崇拜上帝，實是崇拜西帝」；「孔教最大的汚點，是使人不脫離富貴利祿的思想」，「我們今日想要實行革命，提倡民權……孔教是斷不可用的」；而佛教則是「最可用的」，因爲「佛教最重平等，逐滿復漢，正是分內的事」，又「最恨君權，這更與恢復民權的話相合」。難道能說章太炎的這些說法，沒有包含著反帝、反封建的民族民主主義的實際內容而只是一種「虛無主義」理論嗎？

由上所述，我們可以得出一個結論：章太炎在主編《民報》時期，雖然在哲學上已從一個唯物主義者轉變爲唯心主義者，但他在政治上的革命立場反而比寫作《訄書》時更加鮮明，其政治思想則由資產階級改良主義進入了革命民主主義的發展階段，不是保守了而是進步了。但是，上述結論在後起的馬克思主義者看來，並不意味著章太炎這時的哲學理論是正確的、科學的。

然而，歷史和人民對於一個哲學家的要求，畢竟是需要他掌握科學的認識工具以引導人們正確地認識世界和改造世界，而一切唯心主義哲學（包括章太炎所建立的系統的、精緻的新佛學唯心主義）畢竟不是科學的認識工具，它在特定的歷史條件下可能有助於建立進步的、甚至革命的政治學說體系，但由於它內在固有的認識方法論上的荒謬性，必然會阻礙和束縛進步政治學說在實踐中發揮作用或使之發生蛻變。而在更多的情況下，唯心主義方法論更適合於指導人們構築落後的、反動的政治學說。當中國民主革命高潮眞的到來即辛亥革命發生以後，特別是當舊民主主義革命向新民主主義革命轉變的時期，章太炎的佛教唯心主義理論便日益暴露出它的不合中國國情的弱點。這時候，章太炎便不能跟上時代發展的新潮流，不能勇敢拋棄舊的理論並接受新的學說，陷入了理論的迷途不知自返，成了與新思潮唱反調的人物。一九一五年以後，當中國新文化運動蓬勃興起、馬克思主義在中國傳播，中國共產黨走上歷史舞臺的時候，章太炎的思想卻愈益保守、反動。從一九一六年到一九三六年逝世的二十年間，章太炎雖然仍不失爲一個學問家和愛國主義者，但他的「學問」，已經是雜糅儒、佛、道，提倡「尊孔讀經」並「與時代隔絕」的舊學了。他的「愛國主義」，也主要是「旣離民衆、漸入頹唐」。魯迅在〈關於太炎先生二三事〉中對這位「有學問的革命家」的批評是很正確的。

（原載《學術月刊》，一九八七年第七期）

試論「浙學」的基本精神

——兼談「浙學」與「浙東學派」的研究現狀

一 「浙學」的淵源及其定義

浙江文化源遠流長，可以追溯到七千年前的河姆渡文化和五千年前的良渚文化。春秋戰國時期則有所謂吳越文化或曰越文化。但這主要是指古代浙江的物質文化與風俗文化，而非指觀念形態的學術與思想文化。也許是由於「文獻不足徵」的緣故罷，人們對秦漢以前的浙江思想文化史的研究與發掘還是很不夠的。

從東漢開始，中經魏晉南北朝隋唐時期，浙江的學術與文化得到了較大的發展和傳播，產生了一些著名的思想家（如以「實事疾妄」爲治學宗旨的東漢思想家王充）和獨具風格的學術流派

（如陳隋時期由智者大師開創的以「一心三觀、三諦圓融」爲思想宗旨的佛教天台宗）。這對後代形成以浙東學派爲代表的浙學特色及其文化精神是有積極的影響作用的。

北宋時期，受北方儒學特別是宋初三先生（胡瑗、孫復、石介）、二程洛學、張載關學的影響，浙東地區出現了以「慶曆五先生」（楊適、杜醇、王致、王說、樓郁）和「永嘉九先生」（周行己、許景衡、沈躬行、劉安節、劉安上、戴述、趙霄、張輝、蔣元中）爲代表的理學傳人，對南宋浙東理學派的形成具有重要的思想影響。南宋時期，在理學分化、諸子爭鳴的新形勢下，浙東形成了以陳亮爲代表的永康學派、以葉適爲代表的永嘉學派、以呂祖謙爲代表的金華學派和以楊簡、袁燮、舒麟、沈煥等「甬上四先生」爲代表的明州學派（統稱南宋浙東諸學派）；至明代中葉，則形成了以王陽明爲首的姚江學派（陽明心學派）和以劉宗周爲首的蕺山學派；清代則形成了以黃宗羲、萬斯同、全祖望、章學誠爲代表的清代浙東學派。他們不僅在當時思想文化界舉足輕重，而且在整個思想文化史上占有極其重要的地位，並給予清末乃至近現代的學術與思想文化以巨大的影響。

就地域性文化研究而言，我們可以把從河姆渡文化到近現代的浙江文化概稱爲「越文化」；而就學術思想研究而言，我們則可以把以浙東學派爲代表的浙江思想文化概稱爲「浙學」。

實際上，「浙學」這個概念並不是當今學者杜撰的，而是在二百多年前就由全祖望提出來了。全祖望所撰《宋元學案敍錄》曾多次使用「浙學」一詞概括浙江學者的學術源流、特色和風格，茲錄如下：

> 世知永嘉諸子之傳洛學，不知其兼傳關學。考所謂九先生者，其六人及程門，其三則私淑也；而周浮沚（行己）、沈彬老（躬行）又嘗從藍田呂氏（大臨）遊，非橫渠（張載）之再傳乎？……今合為一卷，以志吾浙學之盛，實始於此。（《宋元學案》卷三二，〈周許諸儒學案敍錄〉）

> 勉齋之傳，得金華而益昌。說者謂北山（何基）絕似和靖，魯齋（王柏）絕似上蔡，而金文安公（履祥）尤為明體達用之儒，浙學之中興也。（同上，卷八二，〈北山四先生學案敍錄〉）

> 四明之學多陸氏。深寧（王應麟）之父亦師史獨善以接陸學，而深寧紹其家訓，又從王子文以接朱氏，從樓迂齋以接呂氏，又嘗與湯東澗遊，東澗亦兼治朱、呂、陸之學者也。和齊斟酌，不名一師。（同上，卷八五，〈深寧學案敍錄〉）

> 四明之專宗朱氏者，東發（黃震）為最。……晦翁生平不喜浙學，而端平以後，閩中、江右諸弟子，支離、舛戾、固陋無不有之，其能中振之者，北山師弟為一支，東發為一支，皆浙產也。其亦足以報先正拳拳浙學之意也夫！（同上，卷八六，〈東發學案敍錄〉）

由此可見，全祖望所謂的「浙學」，是相對於濂、洛、關、閩之學而言的南宋浙江儒學，其範圍涵蓋了當時浙東地區的永嘉、金華、四明諸子之學。浙學諸子的思想傾向並不完全一致，其中有朱學，也有陸學，但往往具有一種「和齊斟酌，折衷朱陸」的學術風格。

繼全祖望之後，清乾嘉時代的史學家章學誠在〈浙東學術〉一文中首次作出了「浙東之學」與「浙西之學」的區分，並分析了各自的學術淵源和學派特色。他說：

浙東之學，雖出婺源，然自三袁之流，多宗江西陸氏，而通經服古，絕不空言德性，故不悖於朱子之敎。至陽明王子揭孟子之良知，復與朱子抵牾；蕺山劉氏本良知而發明愼獨，與朱子不合，亦不相詆也；梨洲黃氏出蕺山劉氏之門，而開萬氏弟兄經史之學，以至全氏祖望輩尚存其意，宗陸而不悖於朱者也。惟西河毛氏，發明良知之學頗有所得，而門戶之見，不免攻之太過，雖浙東人亦不甚以為然也。世推顧亭林氏為開國儒宗，然自是浙西之學；不知同時有黃梨洲氏出於浙東，雖與顧氏並峙，而上宗王、劉，下開二萬，較之顧氏，源遠而流長矣。顧氏宗朱而黃氏宗陸，蓋非講學專家、各持門戶之見者，故互相推服，而不相非詆。學者不可無宗主，而必不可有門戶！故浙東、浙西，道並行而不悖也。（《文史通義》內篇，卷五）

這裏所謂「浙東」、「浙西」，是一種人文地理學的劃分。從歷史地理沿革看，唐代始置浙江西道、浙江東道，宋代改稱浙江西路、東路，元代置浙江行中書省，領兩浙九府，明代改爲浙江承宣布政使司，領兩浙十一府，清代恢復省稱，領府不變，而兩浙以錢塘江爲界，江右有杭州、嘉興、湖州三府，是爲浙西；江左有寧波、紹興、台州、金華、衢州、嚴州、溫州、處州八府，是爲浙東。顧炎武是江蘇崑山人，與嘉興交界，地處浙西，其學風與浙西學者頗多一致，故章氏統歸之於浙西之學。而章氏所謂的「浙東之學，雖出婺源」，指的是南宋永嘉學者葉味道、陳埴等朱子後學。其所謂「三袁之流」，指的是南宋號稱「甬上四先生」的袁燮（與其子袁肅、袁甫合稱三袁）、舒麟、沈煥、楊簡等陸氏後學；所謂「二萬」，則指清代梨洲門人萬斯大、斯同兄弟。從章氏所述浙東之學的源流與特色來看，浙東學術的主流是從南宋四明學派、中經明代姚江學派（卽陽明學派）到明清之際的蕺山—梨洲學派，其特色是「宗陸（王）而不悖於朱」。值得重視的是，章學誠所講的「浙東學術」，並非單指史學，而是涵括了宋明理學、心學的「經史之學」。後代一些學者，把「浙東學術」或「浙東學派」單純地理解爲「浙東史學」或「浙東史學派」，並把明代王陽明及其學派排除於浙東學術之外，是失之於偏頗的❶。

綜觀全、章二氏的見解，並歸納後人的研究成果以及本人的心得體會，我們大體可以對「浙學」作出如下的定義：所謂「浙學」，卽發軔於北宋、形成於南宋而興盛於明清的浙東經史之學；它並非單一的學術思潮，也沒有形成一個統一的學術流派，而是內含多種學術思想、多個學術派別的多元並存的學術羣體——在「浙學」內部，既有宗奉程朱的理學派，也有宗奉陸王的心學派，還有獨立於理學、心學之外的事功學派，然而，這個學術羣體內部的各家各派，在相互關係上並不是絕對排他、唯我獨尊的，而是具有兼容並蓄、和齊同光的風格，從而體現了某種共同的文化精神——浙學精神。

二 「浙學」的基本精神

那麼，浙學的基本精神是什麼呢？我認為主要有四點：

❶ 對這一偏頗，當代浙江學者已有反思並予糾正。特別是王鳳賢、丁國順合著的《浙東學派研究》一書（浙江人民出版社，一九九三年三月版），對自北宋至清代的浙東學術作了系統而富有創見的研究。該書探討了浙東學派的學術淵源、特點及其社會意義，認為「就浙東學術的性質而言，其主導思想屬於淵源於孔孟的心學。從北宋到明代中葉，是這種心學思想的發展到成熟的過程；以後，陽明心學進入了分化和被修正的時期，劉宗周、黃宗羲及陳確等人，在繼承和修正王學、使其向積極方向發展方面作出了自己的貢獻。」（頁一四）並將浙東學派的形成演變分作四個時期，認為北宋是「浙東學術的草昧時期」，南宋是「浙東諸學派的形成」時期，明代是「浙東心學思潮的興起」時期，清代則是「浙東學派的全盛時期」。

（一）求實精神

在浙東學術文化史上，有不少思想家是很強調在理論上實事求是、在行動上經世致用的。他們主張，治學務必探究實理、講求實效，並在實踐中驗證其是非曲直，而反對那種脫離實際、遠離實踐的高談闊論。這一點，早在東漢時代的傑出思想家王充（浙江上虞人）著作中已有充分體現。王充著《論衡》一書，以「實事疾妄」（〈對作篇〉）爲指導思想，嚴厲批判了當時流行的「天人感應」等各種虛妄迷信，並提出了「事有證驗，以效實然」（〈知實篇〉）和「以心原物，留精澄意」（〈薄葬篇〉）等哲學命題，表達了一個哲學家實事求是的可貴精神。後來浙東學派的學者，也大都能夠提倡並堅持這種求實精神。例如，南宋永康學派的代表人物陳亮和永嘉學派的代表人物葉適在「義利」關係問題上就很反對董仲舒的「正其誼不謀其利，明其道不計其功」的虛僞說教，而提出了「義利雙行」（陳亮語）、「以利和義」（葉適語）的主張。葉適曾一針見血地指出：「仁人『正誼不謀利，明道不計功』，此語初看極好，細看全疏闊。古人以利與人，不自居其功，故道義光明；後世儒者行仲舒之論，既無功利，則道義者乃無用之虛語爾！」（《習學紀言序目》卷二三，〈前漢書〉）金華學派的代表呂祖謙則明確提出了「講實理，育實材而求實用」的教育宗旨（〈太學策問〉）。清代浙東學派的代表人物更是從理論到實踐都繼承並發揚了這種求實精神，如黃宗義主張「學必原本於經術而後不爲蹈虛，必證明於史籍而後足以應務」（全祖望〈甬上證人書院記〉引），認爲著書目的在於「大者以治天下，小者以爲民用，蓋未有空言無事實也」（《南雷文案．今水經序》），陳確的「天理正從人欲中見」的「理欲統一」觀，章學誠的「史學所以經世，固非空言著述」等主張，都體現了這種求實精神。

(二) 批判精神

主張實事求是，必然要批判一切虛妄迷信，批判各種錯誤思想主張和不合理的制度文物。從南宋到明清的浙學代表人物如陳亮、葉適、王陽明、黃宗羲、陳確、章學誠等，就是浙江也是中國思想文化史上一批傑出的批判家。如陳亮、葉適對苟安求和與腐敗政治的批判，王陽明對程朱理學教條的批判，黃宗羲對君主專制制度的批判，陳確對宋儒「無欲之教」的批判，章學誠對各種僞史學的批判等等，不僅對當時而且對後世的學術復興和思想解放運動，都起著震聾發聵、開風氣之先的作用。

(三) 兼容精神

批判並不是否定一切，而是揚棄，是取其精華，剔其糟粕。在浙學發展史上，一些重要的代表性人物都具有兼容並包、博採衆長的風格與特色。如呂祖謙就是一個虛心好學、不私一說而能兼取衆長的學問家。全祖望稱他有「宰相之量」，並評論說：「宋乾、淳以後，學派分而爲三：

朱學也，呂學也，陸學也。三家同時，皆不甚合。朱學以格物致知，陸學以明心，呂學則兼取其長，而復以中原文獻之統潤色之。門庭路徑雖別，要其歸於聖人則一也。」（《宋元學案》卷五一，〈東萊學案．案語〉）實際上，東萊之學確是有「折衷朱陸，兼取其長」的思想傾向和特色的。又如王陽明，雖然是孜孜以求「超凡入聖」的標準儒家，卻大量吸取了佛教、道家的思想養料，以建立和完善其心學理論體系。黃宗羲不僅有「折衷朱陸」、「宗王而不悖於朱」的學術特點，而且鑽研並吸收了當時西方天文曆算學方面的科學知識，並在理論上提出了「一本而萬殊」、「會衆以合一」的方法論主張。這種兼容博採的精神，正是一個開放型學者應當具備的風格和胸襟。

（四）創新精神

在浙江學術文化史上，有不少富有創造性的文人、學者和思想家，或在著作體裁上獨創一格，另闢蹊徑（如黃宗羲著《明儒學案》創立學案體裁、章學誠的新方志體裁），或在思想體系上自成一家（如陳亮、葉適的事功之學、王陽明的心學、黃宗羲的政治學說、章學誠的方志理論），浙學的創新精神及其文化成果，對中國乃至東亞近現代文明的發展，起了非常重要的推動作用。例如，陽明心學所體現的主體意識和道德理想，成了日本明治維新的重要精神動力❷；黃宗羲《明夷待訪錄》表達的民主啓蒙思想，則不僅成爲清末維新志士的思想武器，而且也是現代革命者用以反對、批判封建專制制度的精神武器❸。所以，這種創新精神，是永遠值得後人學習的。

三　「浙學」與「浙東學派」的研究現狀

關於「浙學」與「浙東學派」的研究現狀，是個大題目，而我手頭掌握的資料又不太系統，因此不可能全面介紹。這裏僅就我所了解的浙江學者的研究狀況及其主要成果作一簡介，以期有

---

❷ 關於陽明學在日本的傳播及其對明治維新和日本近代化的作用，章太炎早在本世紀初即已論及，指出「日本維新，亦由王學爲其先導。王學豈有他長？亦曰自尊無畏而已」（〈答鐵錚〉，見《章太炎全集》第四册，頁三六九，上海人民出版社，一九八五年版。該文原載《民報》十四號）。當代日本著名儒學家岡田武彥亦在多部著作中作了研討，參見氏著，《江戶期の儒学》，東京木耳社，一九八二年版；《陽明学の世界》，東京明德出版社，一九八六年版。他如日本當代學者安岡正篤、宇野哲人、島田虔次等，中國當代學者張君勱、錢穆、蔡仁厚和北美華裔學者杜維明、秦家懿等皆有專著專題論述，恕不詳列。

❸ 參閱梁啓超著，《中國近三百年學術史》之第五節〈黃梨洲〉，復旦大學，一九八五年版；侯外廬著，《中國早期啓蒙思想史》第三章〈黃宗羲的思想〉，人民出版社，一九五六年版；吳光主編，《黃宗羲論》所收之張岱年、鄭昌淦、李錦全、高橋進、小野和子、徐蓀銘等學者論文，浙江古籍出版社，一九八七年版。

助於兩岸學術文化交流於萬一。

從總體而言，學者對「浙學」與「浙東學派」中個別人物（例如陳亮、葉適、王陽明、黃宗羲、萬斯同、章學誠）及其學術思想的研究成果多一些，而整體性的系統研究成果則比較少，系統研究的專著就更少（迄今爲止，還只有一九三二年出版的何炳松著《浙東學派溯源》和一九九三年出版的王鳳賢、丁國順著《浙東學派研究》，二書堪稱系統研究浙學的專著）；研究浙東史學的成果多一些，而研究浙東經學的成果則比較少，研究浙東天文曆算學的成果就更少了；在五十年代初至八十年代初的三十多年中，包括浙江學者在內的整個中國大陸學界，除了一些教科書和通史性著作及爲數不多的論文之外，幾乎沒有值得重視的「浙學」研究論著問世，也沒有舉辦過有關本題的學術研討會。直到八十年代大陸實行改革開放政策以後，學術研究重現生機，對浙學和浙東學派的研究才出現轉機，變得活躍起來。

一九八一年十月，剛剛組建的浙江省社會科學研究所（一九八四年改所爲院）與全國中國哲學史學會聯合在杭州舉辦了首次「全國宋明理學討論會」，這對浙江學者的學術研究無疑是一個重要的鼓勵。在這前後，浙江學者沈善洪（現任杭州大學校長）、王鳳賢（現任浙江省社會科學院院長）合著的《王陽明哲學研究》由浙江人民出版社出版，並在《中國哲學》、《中國哲學史研究》、《浙江學刊》等刊物發表了一系列重新評價王學的論文，從而起了開風氣的作用。

一九八三年九月，由杭州和寧波的主要學術單位從事思想文化教學研究的學者發起成立了

「浙江省中國哲學史研究會」（由沈善洪任會長，吳光任副會長），其後，在沈、王二先生指導下，吳光實際主持和具體組織下，著手編輯點校《黃宗羲全集》（全十二册，由浙江古籍出版社陸續出版）和《王陽明全集》（全二册，上海古籍出版社，一九九二年出版）。次年十月，該會在寧波舉辦了首次「黃宗羲與浙東學派學術討論會」，促使了「浙學」研究在浙江學界全面展開。一九八五年秋，寧波師範學院中文系建立了以莊嚴、季學原先生爲首的「黃宗羲研究室」並舉辦了一系列學術活動。至一九八六年十月，又由浙江省社會科學院主辦，杭州大學、寧波大學、寧波師院、餘姚市政協、寧波市文管會等單位協辦，在寧波市舉行了首屆「國際黃宗羲學術討論會」（與會學者百餘名，其中外賓十餘名，提交論文一百零二篇），會後出版了學術論文集《黃宗羲論》。此後，在沈、王、吳的共同主持下，建立了「王陽明、黃宗羲與浙東學派研究」的課題組，並被批准列爲國家級或省級社會科學研究的重點課題。此外，杭州、寧波、餘姚、紹興、金華、溫州的大學、研究會、研究室也陸續建立了研究浙學與浙東學派的課題組，《浙江學刊》、《寧波大學學報》、《寧波師院學報》還開闢了浙東學派或浙東文化研究專欄，或增設專輯，發表了一批學術水準較高的研究論文，從而使本領域的研究推向了一個高潮。

另外值得一提的是浙江社會科學院與日本九州大學和福岡、東京等地區的中國哲學研究學者一起，曾聯合進行了有關王陽明、黃梨洲及其學派學術活動史跡的多次實地考察。中方組織參與者主要是王鳳賢、吳光、錢明三人，日方發起者和組織者主要是岡田武彥教授、福田殖教授、難波征男教授和地主正範先生，聯合考察團曾多次到浙東地區，並遠行江西、貴州、廣東、廣西、江蘇、安徽諸省，凡王陽明、黃梨洲行跡所至，幾乎全走遍了。從而使我們獲得了許多從書本上無從了解的珍貴史料，於浙學研究大有裨益。

這一時期（一九八一～一九九三年）浙江學者有關浙學與浙東學派的研究成果主要有：

（一）古籍資料整理

(1)《黃宗羲全集》（全十二冊），沈善洪主編，吳光執行主編，集體點校。由浙江古籍出版社出版。

第一冊收梨洲遺著十二種，計《明夷待訪錄》一卷、《孟子師說》七卷、《深衣考》一卷、〈葬制或問〉一篇、〈梨洲末命〉一篇、《破邪論》一卷、《子劉子行狀》二卷、《子劉子學言》二卷、《汰存錄》一卷、《思舊錄》一卷、《黃氏家錄》一卷、〈明夷待訪錄未刊文〉二篇；卷首收沈善洪著《黃宗羲全集·序》一篇，卷末附錄吳光著〈黃宗羲遺著考㈠〉一篇；第二冊收梨洲遺著十種，計《弘光實錄鈔》四卷、《行朝錄》十二卷、《海外慟哭記》一卷、《西臺慟哭記注》一卷、《冬青樹引註》一卷、《金石要例》一卷、《歷代甲子考》一卷、《四明山志》九卷、《匡廬遊錄》一卷、《今水經》一卷；卷末附錄吳光著〈黃宗羲遺著考㈡〉一篇；

第三、四、五、六册收《宋元學案》一百卷，第六册卷末附錄吳光著〈黃宗羲遺著考㈢·宋元學案補考〉一篇；

第七、八册收《明儒學案》六十二卷，第八册卷末附錄吳光著〈黃宗羲遺著考㈣·明儒學案考〉一篇；

第九册收梨洲遺著五種，計《易學象數論》六卷、《授時曆故》四卷、《曆學假如》二卷（其中《授時曆假如》、《西洋曆法假如》各一卷）、《日月經緯》（即《新推交食法》）二卷；卷末附錄吳光著〈黃宗羲遺著考㈤〉一篇；

第十、十一册爲《南雷詩文集》上下册，上册以《南雷文定》諸集爲主，兼收《文定》未收而見於《南雷文案》、《續文案》、《文案三刻》和《南雷文約》之南雷文，並依《文定》體例分類編排；下册以《南雷詩曆》諸集爲主，兼收舊刻本《文案》、《文定》、《文約》未刊之南雷散佚詩文（如《留書》、《南雷文鈔》、《南雷雜著稿》等），並增補《「明文海」評語彙輯》、《「明文授讀」評語彙輯》各一卷，卷末附錄吳光著〈黃宗羲遺著考㈥〉一篇；

第十二册爲全集附卷，收陸京安、張玉蓮、馬劍秋編輯之《黃宗羲全集·人名索引》、吳光編輯之《黃宗羲全集·附錄》及所著〈黃宗羲著作存佚表〉與〈黃宗羲傳〉、〈附錄〉收錄了全祖望著〈梨洲先生神道碑文〉、黃炳垕著《黃梨洲先生年譜》以及清代邵廷采、錢林、阮元、江藩，近代梁啓超、章炳麟、黃嗣艾等人有關黃宗羲的傳記、評論。

(2)《王陽明全集》(全二冊)，吳光、錢明、董平、姚延福編校，上海古籍出版社一九九二年十二月版。本書由吳光主編，錢明協編，以明代隆慶刻本《王文成公全書》爲底本點校，卷首載沈善洪、王鳳賢合著之〈王陽明和他的心學(代序)〉一篇，卷末附錄錢明著〈陽明全書成書經過考〉一篇。其特點是，在舊刊三十八卷本基礎上，增補改編爲四十一卷：增補舊本未收而散見於別種刻本、抄本及稿本之陽明詩文爲一卷(卷三二)，增補明清學者有關王陽明的祭文、傳記爲一卷(卷四〇)，並在舊本序說之外增補陽明弟子、後學乃至近代學者嚴復、章炳麟、梁啓超有關陽明著作之序跋爲一卷(卷四一)。

(3)《黃宗羲南雷雜著稿眞跡》一冊，吳光整理釋文，浙江古籍出版社，一九八七年五月版。本書據上海圖書館善本室藏黃宗羲《南雷雜著》手稿眞跡影印，後附標點釋文。內存詩文四十二篇，其中〈與徐乾學書〉從未刊印，向無著錄，其內容頗能反映梨洲晚年思想之變化。因浙江古籍影印本字跡模糊，乃經編者重新整理，並增補附錄論文三篇，定名《南雷雜著眞蹟》，由臺灣學生書局於一九九〇年影印出版。

(4)《黃宗羲詩文選》一冊，寧波師範學院黃宗羲研究室集體選注，華東師範大學出版社，一九九〇年六月版。本書選錄梨洲詩二百餘首，文八十六篇，由莊嚴、季學原等選注，每篇皆加注釋和說明，頗具資料價值。但卷首從黃炳垕《黃梨洲先生年譜》移印之「自題」一條，題稱「黃宗羲手跡」，係誤認，實乃黃炳垕手跡。

(5)《王陽明詩集》一册，餘姚市政協文史資料研究會編，一九八九年印。本書據舊刊《王文成公全書》所收六百餘首詩重印，末附諸煥燦編〈王陽明歷年行程〉一篇。

(二)學術研究論著

1.著作

(1)《王陽明哲學研究》，沈善洪、王鳳賢著，浙江人民出版社，一九八一年版。

(2)《王陽明和他的心學》（載《浙江十大文化名人》），沈善洪、王鳳賢著，浙江人民出版社，一九八七年版。

(3)《中國倫理學說史》下卷（有專章分論楊簡、陳亮、葉適、王守仁、王畿、劉宗周、黃宗羲的倫理思想），沈善洪、王鳳賢著，浙江人民出版社，一九八八年版。

(4)《浙東學派研究》，王鳳賢、丁國順著，浙江人民出版社，一九九三年版。

(5)《清代啓蒙思想家黃宗羲》（載《浙江十大文化名人》），吳光著，浙江人民出版社，一九八七年版。

(6)《黃宗羲論——國際黃宗羲學術討論會論文集》，吳光主編，浙江古籍出版社，一九八七年版。

(7)《黃宗羲著作彙考》，吳光著，臺灣學生書局，一九九〇年版。

(8)《章學誠與文史通義》，倉修良著，北京中華書局，一九八四年版。
(9)《葉適與永嘉學派》，周夢江著，浙江古籍出版社，一九九二年版。
(10)《萬斯同年譜》，陳訓慈、方祖猷著，香港中文大學出版社，一九九〇年版。
(11)《餘姚鄉賢論》（以王陽明、黃梨洲及其後學研究爲主的論文集），餘姚市鄉賢研究會編印，第一輯，一九八八年印，第二輯，一九九二年印。

2. 論文（選錄有代表性者）

(1)〈論王陽明哲學思想的積極意義〉，沈善洪、王鳳賢，《中國哲學》，一九八一年第五輯。
(2)〈論王陽明哲學的內在矛盾〉，沈善洪、王鳳賢，《中國哲學》，一九八三年第九輯。
(3)〈論陽明心學及其積極影響〉，沈善洪、王鳳賢，《東南文化》，一九八九年第六期。
(4)〈黃宗羲的思想與學風〉，沈善洪，《浙江學刊》，一九八五年第一期。
(5)〈黃宗羲的時代和他的思想淵源〉，沈善洪，《浙江學刊》，一九八七年第一期。
(6)〈試評乾嘉以來學者論清代浙東學派〉，王鳳賢，《浙江學刊》，一九八七年第一期。
(7)〈從浙東學派看心學思潮的社會意義〉，王鳳賢，《浙江大學學報》，一九九一年第二期。
(8)〈浙東學術與浙東學派〉，王鳳賢，臺北《思源》，一九九二年第十六期。
(9)〈新編黃宗羲全集札記〉，吳光，《中國哲學史研究》，一九八六年第二期。
(10)〈黃宗羲與清代學術〉，吳光，《孔子研究》，一九八七年第二期。

(11)〈論黃宗羲的學術成就〉，吳光，載《清史論文集》，遼寧人民出版社，一九九〇年版。
(12)〈黃宗羲反清思想的轉化〉，吳光，臺北《文星》，一九八七年四月號。
(13)〈黃梨洲的學術與著作考辨〉，吳光，日本九州大學《文學論輯》，一九八七年第三十三號。
(14)〈萬化根源在良知——陽明心學論綱〉，吳光，《孔子研究》，一九九三年第三期。
(15)〈從王陽明到黃宗羲〉，沈善洪、錢明，《浙江學刊》，一九八七年第一期。
(16)〈論王陽明的大學觀〉，沈善洪、錢明，《學術月刊》，一九八九年第十一期。
(17)〈王門後學的流變及其異同〉，錢明，《孔子研究》，一九八七年第四期。
(18)〈試論王畿對王陽明思想的發展〉，錢明，《寧波大學學報》，一九八八年第二期。
(19)〈王陽明四句教義蘊發微〉，董平，臺北《孔孟月刊》，一九八九年第三二八期。
(20)〈呂祖謙思想論略〉，董平，《浙江學刊》，一九九一年第五期。
(21)〈論劉宗周心學思想的構成〉，董平，《孔子研究》，一九九一年第五期。
(22)〈黃宗羲和清代浙東史學〉，倉修良，《東南文化》，一九八九年第六期。
(23)〈論黃宗羲唯心主義哲學思想〉，夏瑰琦，《哲學研究》，一九八七年第四期。
(24)〈陽明學派的本體功夫論〉，屠承先，《中國社會科學》，一九九〇年第六期。
(25)〈宋代永嘉事功學的興起〉，何雋，《杭州大學學報》，一九九二年第三期。
(26)〈主體意識的初步覺醒——黃宗羲民主啓蒙思想新論〉，李明友，《浙江學刊》，一九九〇年第五期。

(27)〈陳亮對南宋理學的批評〉，李明友，《寧波大學學報》，一九九一年第一期。

(28)〈黃宗羲的思想結構和思想方法探索〉，白砥民，《寧波師院學報》，一九八六年增刊。

(29)〈論黃梨洲的華夷之辨及其他〉，莊嚴，《寧波師院學報》，一九八六年增刊。

(30)〈黃宗羲與明末清初的時文選家〉，莊嚴，《寧波師院學報》，一九八九年第四期。

(31)〈黃宗羲故里考查散記〉（三篇），季學原，《寧波師院學報》，一九八六年增刊。

(32)〈黃宗羲文選序〉，季學原，《寧波師院學報》，一九八八年第五期。

(33)〈對劉宗周人性論的一點考查〉，陳敦偉，《寧波師院學報》，一九八九年第四期。

(34)〈論黃宗羲啓蒙主義經濟思想〉，桂興源，《寧波師院學報》，一九八九年第四期。

(35)〈藏納天下治亂，傾寄志士哀思——黃梨洲的「八哀詩」〉，鄭學溥，《寧波師院學報》，一九八六年增刊。

(36)〈呂留良與黃宗羲交遊始末〉，徐正、蔡明，《寧波師院學報》，一九八六年增刊。

(37)〈浙東的泥香土味——梨洲詩文散論〉，朱承揮，《寧波師院學報》，一九八六年增刊。

(38)〈黃宗羲與甬上證人書院〉，方祖猷，《浙江學刊》，一九八五年第一期。

(39)〈論萬斯大的「春秋」學〉，方祖猷，《寧波大學學報》，一九九一年第一期。

(40)〈論清代浙東學派的治學特徵〉，徐吉軍，《史學適史研究》，一九八七年第三期。

(41)〈梨洲先生故里考〉，徐仲力、諸煥燦，《寧波師院學報》，一九八六年增刊。
(42)〈陽明後學錢德洪述論〉，葉樹望，《餘姚鄉賢論》第二輯。
(43)〈論陳確的哲學思想〉，王鳳賢、丁國順，《寧波大學學報》，一九九二年第二期。
(44)〈黃宗炎學術思想初探〉，丁國順，《孔子研究》，一九九二年第四期。

總的來看，我們浙江學者在浙學與浙東學派的研究方面已經全面展開，並取得了可喜的成果，但從現有成果看，比較集中在對王陽明和黃梨洲的研究方面，對其他代表人物以及對整個學派的系統研究方面的成果還很少，而且學術研究水平也有待進一步深化和提高，原始資料的搜集整理工作也亟待加強。在這方面，臺灣和海外學者的許多研究成果和研究方法是值得我們借鑒和學習的。我們也很希望進一步發展和加強兩岸學術交流和國際文化交流，以便取長補短，開闊我們的學術視野，提高我們的研究水平。

（本文係一九九三年九月在臺灣中央研究院文哲研究所的演講論文，刊載於《浙江學刊》，一九九四年第一期）

論宋明理學的特質及其現代意義

宋明理學是繼先秦子學、漢唐經學而興起的新儒家哲學。它肇始於唐代，興盛於宋明，終結於清代，歷經七、八百年，構成了中國儒學發展的黃金時代。那麼，宋明理學在理論上有那些重要特點？它的精神本質是什麼？它在現代社會中有無存在的意義和價值？本文擬對這些問題作一簡略的分析，敬祈方家指正。

一　宋明理學的理論特點

在漢唐時期，儒學主要是以經學形態出現的。但從漢末魏晉特別是在隋唐時期興起的佛教和道教，極大地衝擊著以注解經典、提倡「天人感應」爲特點的漢唐經學，從而使儒學走向衰落，於是，儒學的變革也提上了議事日程。可以說，隋唐時期既是儒學的衰落時期，又是儒學開始發生變革的時期。這個變革的思想代表就是隋代儒家王通（五八四～六一七年）和唐代儒家韓愈

（七六八～八二四年）、李翺（七七二～八四一年）。王通在《中說》一書中討論了天人關係、禮樂制度與仁義道德的關係、道德心性與天命天理、王道與霸道以及儒、釋、道三教的關係等理論問題，提出了仁義爲禮教之本、窮理盡性以體道知命、尊王雜霸、三教可一等思想主張，爲宋代理學家的理論創新提供了思想的種子。韓愈反佛崇儒，提出「道統」論和「性情三品」說，重新強調《大學》所謂「誠意、正心、修身、齊家、治國、平天下」的道德修養程序並強調「正心誠意」的決定性作用；李翺援佛入儒，在《復性書》中提出了著名的「性善情惡」說和「復性」說，上承孔子的仁學和孟子的「性善」說，中繼王通的「窮理盡性」說和韓愈的「性情三品」說，又吸取了佛教的「佛性」說，「以佛理證心」；這都爲宋明理學家建立心性之學提供了理論的依據和思維的方法，確定了儒學的道德主體性發展方向。

宋明理學家就是在隋唐儒家的啓發下，對隋唐儒家提出的一些理論問題繼續進行深入的探討和系統化的理論總結，創造性地建立了一套嚴密精緻的新儒家哲學體系。

宋明理學在理論上的特點，首先是在佛老的挑戰面前，一方面力圖劃清儒學與佛老的理論界限，另一方面又採取援佛老入儒及融佛融道的手法，汲取佛道中某些思想養料以豐富儒學理論。例如，理學開山周敦頤據以立說的《太極圖說》即從道教徒傳授而來，但他作了改造，而以《易》說「圖」；他的「無極而太極」、「主靜立人極」的理論，明顯地打上了道家思想的烙印；他的〈愛蓮說〉，可以說深藏著佛說因緣；明人朱時恩的《居士分燈錄・周敦頤》中就有周敦頤與黃龍（祖心）、佛印（了元）諸禪師密切交往的記載。又如張載，曾「訪諸釋老，累年究極其說」❶；程顥也曾「泛濫於諸家，出入於老釋者幾十年，返求諸『六經』而後得之」❷，程頤則自稱「嘗讀《華嚴》」，認爲華嚴宗的「理事無礙」說「不過曰萬理歸於一理」❸，朱熹亦自稱「出入於釋老者幾十年」，「於釋氏之說，蓋嘗師其人，尊其道，求之亦切至矣」❹，他曾引用佛教徒永嘉玄覺的〈永嘉證道歌〉所謂「一月普現一切月，一切水月一月攝」來說明「理一分殊」的道理，認爲「不是割成片去，只如月印萬川相似」❺。至於佛學對陸王心學的滲透和影響，更是衆所周知。陸王的「心卽理」、「明心見性」等觀點，很明顯是受到了佛學的啓發的，就連王陽明也承認「如佛家說心印相似」❻。陸九淵曾說「某雖不曾看釋藏經教，然而《楞嚴》、《圓覺》、《維摩》等經則嘗見之」❼，王陽明更是「出入於佛老者久之」❽，其思想受到佛老的影

❶《宋史》卷四二七，〈道學傳．張載〉。
❷《宋元學案．明道學案上》本傳。
❸《河南程氏遺書》卷一八、二。
❹《朱子大全》卷三八、三〇。
❺《朱子語類》卷九四、一。
❻《王陽明全集》卷三，《傳習錄下》。
❼《象山先生全集》卷二，〈與王順伯〉。
❽《明儒學案．姚江學案》本傳。

響是不足爲怪的。沒有佛道二家對儒學的批判、挑戰、衝擊和滲透，就沒有儒學在宋明時代的長足進步，也不會有宋明理學在哲學思維的深度上、理論體系的嚴密精緻上超過先秦子學、漢唐經學的成就與特色。

宋明理學的另一重要特點是確立了以「理」爲本體的形上學理論體系。宋明理學的主流派是以程朱爲代表的「性卽理」派和以陸王爲代表的「心卽理」派。二程在本體論方面揚棄了周敦頤的「無極」說和張載的「太虛」說，提出了一個具有本體意義的「理」(或曰「天理」)作爲貫通天道人道、道德性命的中心範疇，創立了「以理爲本」而合天命心性爲一理的理論體系。誠如程顥所說：「吾學雖有所授受，天理二字卻是自家體貼出來。」他們認爲，「理者，實也，本也」，「萬物皆只是一個天理」、「所以謂萬物一體者，皆有此理，只爲從那裏來」，這就把「理」或「天理」當作宇宙間眞實存在的唯一本體；這個「理」又是貫通天人、無所不在、主宰一切的，它「在天爲命，在義爲理，在人爲性，主於身爲心：其實一也」，而且「天下善惡皆天理」❾。這樣，二程便用本體意義的「理」統一了包括人類社會在內的宇宙間一切事物的客觀存在及其運動的法則和規律，建立了以「理」爲本體並具有高度思辨性質的「天人合一」哲學。朱熹是周、張、二程理學的集大成者。他實際上把「理」看作是無形跡、超時空而存在的絕對觀念，同時又

❾ 本段所引二程語分見《河南程氏遺書》卷一二、一一、二、一八。

認爲「理」是主宰一切、涵泳一切的眞實存在。他說：「若理，則只是個淨潔空闊底世界，無形跡，他卻不會造作。」「未有天地之前，畢竟也只是理，有此理便有此天地，若無此理，便無此天地，無人無物，都無該載了。」❿又說：「宇宙之間，一理而已：天得之而爲天，地得之而爲地，而凡生於天地之間者，又各得之以爲性，其張之爲三綱，其紀之爲五常，蓋皆此理之流行，無所適而不在。」⓫這顯然是把理當作凌駕並主宰包括人類社會和倫理道德在內的整個宇宙的觀念性本體了。從「理」本體論出發，朱熹對理和氣、理與欲、心與性、格物與致知的關係等一系列問題作了理論說明，肯定並闡明了「理在氣先」、「存理滅欲」、「性卽理」、「心統性情」、「格物窮理」、「理一分殊」等理學命題的理論內涵，建立了以「理」爲本體、以「窮理盡性」爲方法、以「內聖外王」爲目的的哲學理論體系。以陸王爲代表的理學派，則不滿意於程朱學派「格物窮理」方法的「煩瑣支離」，而直截簡易地用「宇宙便是吾心，吾心卽是宇宙」、「心卽理」的命題去代替程朱的「性卽理」，用「發明本心」或「致良知」的方法去代替「格物致知」或「格物窮理」的方法，從而建立了有別於程朱理學的以「心」爲本體的心學理論體系。但陸王所謂的「心」是與「理」爲一的「心」而非理外之心，其所謂「心卽理」無非是通過「發明本心」或「致良知」的方法把「天理本體」論改造成爲「心理本體」論罷了，所以陸王心學仍然是

❿《朱子語類》卷九四、一。

⓫《朱文公文集》卷七〇，《讀大紀》卷五八。

理學中的一派。程、朱、陸、王都是「理本體」論者。

宋明理學的第三個重要特點是強調「以修身爲本」的修齊治平相統一的「內聖外王」理想。漢以後的儒家大都不重視《禮記》中〈大學〉〈中庸〉二篇的思想，至唐儒韓愈才重提〈大學〉所謂「誠意、正心、修身、齊家、治國、平天下」的理想並強調「正心誠意」的決定性作用，李翺則重提〈中庸〉之「誠」以討論「性」與「天道」問題。宋明理學家沿著韓李開拓的思路，更加突出地強調《大學》、《中庸》在儒家經典中的地位，以之與《論語》、《孟子》相並列，並反覆討論其中的根本思想。無論是程朱理學派還是陸王心學派，都把《中庸》之「誠」提高到道德本體論的高度加以解說，而把《大學》的三綱領、八條目作爲儒家人生觀的最高理想。例如朱熹即把《大學》之敎概括爲「窮理正心、修己治人之道」⑫。然而，宋明理學家雖然也重視「齊家、治國、平天下」的「外王」事功，但尤其重視的是「誠意、正心、修身」的「內聖」之德的圓滿。如朱熹在注解《大學》三綱八條時說：「『修身』以上，『明明德』之事也；『齊家』以下，『新民』之事也。」「『明德』爲本，『新民』爲末。」⑬王陽明在〈大學古本序〉中說：「《大學》之要，誠意而已矣；……誠意之極，止至善而已矣……正心，復其體也；修身，著其

---

⑫ 朱熹，《四書集注．大學章句序》。
⑬ 同⑫。

用也。」⑭可見，宋明理學家所講的「內聖外王」、「修己治人」之道，是以「修身」爲本卽著重於個人道德修養的政治學說。

二 宋明理學的精神本質

對於宋明理學，理論界有著種種不同的性質界定。有人認爲是一種道德宗教，或曰儒教；有人認爲程朱理學是唯理主義，或曰客觀唯心主義，陸王心學是唯心主義，或曰主觀唯心主義；也有人認爲程朱理學是主智論（或曰唯智論），而陸王心學則是道德論。我認爲這些說法都有一定道理，但也有其片面性。特別是把程朱理學視爲主智論或唯智論的看法，甚至可以說是對理學乃至整個儒學的誤解和曲解，因爲在整個儒學傳統中，雖然其中有些思想家（如荀況、王充、朱熹、王夫之、顏元等）有重視知識的傾向，但始終沒有形成類似西方哲學那樣的知識論或主智論、唯智論哲學。

那麼，宋明理學的精神本質是什麼？我認爲，宋明理學同儒學的其他形態一樣，在本質上是一種道德人文主義哲學。

⑭《王陽明全集》卷七，〈文錄四〉。

「道德人文主義」這個概括儒學本質的哲學術語，是我在一九八九年七月提交「夏威夷國際中國哲學會第六屆年會」的論文〈儒家思想的基本特點與發展前景〉中首先提出的⑮。我指出：「儒家哲學之最根本的特徵就是確立了道德的主體性，從而使儒學成爲既不同於西方知識論也不同於中國道、法、佛諸家的一種道德人文主義的哲學。」而所謂「道德人文主義」的基本涵義，是指儒學是以尋求人類的道德自覺、確立人類道德的主體性爲根本，以揭示人生的意義和價值、解決人類的生存問題爲終極關懷的人生哲學，或曰哲學的人學。在這裏，道德主體性與人生關懷是有機結合、不能割裂的；在道德主體中有人生關懷的內容，在人生關懷中有道德的指導（或曰主宰）；道德主體性包涵了人倫關係之理（卽所謂「倫理」），但並非以「關係」爲本位而是以最高的「理」（儒學之「仁」）爲本位的，人生關懷的內容則既包括了對人生意義和價值的揭示和肯定，又包括了對社會政治理想的說明與實踐。

如上所述，宋明理學確立了以「理」爲本體的形上學理論體系。這個本體性的「理」，在程朱謂之天理、太極，謂之性，謂之仁；在陸王謂之心，謂之良知。而程朱所謂的理或天理或太極，儘管包含著天道「生生不已」的自然之理，但其最本質的東西卻非自然之理，而是道德之

⑮ 拙文先後發表於新加坡《亞洲文化》第十三期，一九八九年八月出版；臺灣《孔孟月刊》，一九八九年第九期，並改寫爲兩章收入拙著《儒家哲學片論——東方道德人文主義之研究》一書，新加坡東亞哲學研究所，一九八九年十二月版，臺灣允晨文化出版社，一九九〇年六月版。

「仁」；其所謂「窮理」，正如荀子所謂「唯聖人不求知天」那樣，目的不在知天，而在知人、知性，而知人、知性的中心問題乃在於把握那個作爲道德本體的仁，從而進入「內聖成德」境界。二程曾說：「『窮理盡性以至於命』，三事一時並了，元無次序，不可將窮理作知之事。若實窮得理，卽性命亦可了。」⑯朱熹在論述「性卽理」命題時說過：「理在人心，是之謂性。」「性者理也。……且如仁、義、禮、智，是性也。」又說：「性是太極渾然之體，本不可以名字言，但其中含具萬理，而綱領之大者有四，故命之曰仁、義、禮、智。」⑰可見程朱所謂「理」，所謂「性卽理」，其實是道德之「仁」和「道德卽天理」的同義語。至於陸九淵的「心卽理」，實質上是把程朱理學中那個具有外在超越性質的「天理」完全改造爲內存於心的「理」，其爲學特點是「尊德性」，用現代語言來說也就是「確立道德的主體性」。而王陽明在象山心學的基礎上，進一步提出了「良知卽天理」的命題和「致良知」的學說，則更是無庸置疑的道德本體論了。

但無論是程朱理學還是陸王心學，在強調道德主體性的同時並沒有忽略對社會人生的關懷。宋明理學家都很重視儒學在政治實踐中的運用，重視「經世」精神。他們之所以一致推崇《大學》，就因爲《大學》講的是明德、親民、止於至善和格物、致知、誠意、正心、修身、齊家、

⑯《河南程氏遺書》卷一八、二一。

⑰《朱文公文集》卷七〇，《讀大紀》卷五八。

治國、平天下的全面道理，用朱熹的話來說是「窮理正心、修己治人之道」。二程曾很明確地提出了「窮經將以致用」、「君子修己以安百姓，篤恭而天下平」的觀點，並批評了那些固守章句之末而不能「達於政事專對之間」的腐儒。陸九淵也有「儒者皆主於經世，釋氏皆主於出世」的分辨。至於王陽明，更是道德事功著稱於世的典型儒家。所以，我們從儒學的共性上把宋明理學看作是道德人文主義哲學之具體形態，或許是恰當的吧?!

三　宋明理學的現代意義

毋庸置疑，宋明理學在儒學發展史上有極其重要的地位和作用，但這畢竟是一種歷史的存在。它在歷史的演變過程中也暴露了理論上的缺陷和矛盾。例如，宋明理學固然建立了以「理」爲本體的道德形上學，但這個本體是超驗的、無須也無法作科學證明的道德本體，它混淆了主體與客體、人文與自然、眞與善、知識與價值的界限；它雖然承繼著儒家「內聖外王」、「修己治人」的傳統理想，但在實際主張上又過分地向「內聖」、「修己」傾斜，即過分強調通過個人道德修養契悟道體，而忽略通過「外王」、「治人」的社會實踐改造社會並滿足人民實際生活需要這一面。這種幾乎以「內聖成德」、「超凡入聖」爲唯一目標的道德形上學，其理想境界高則高矣，然而充其量只能成爲極少數「道德高明之士」的人生目標，它對大多數社會成員，特別是對人民大衆來說是缺乏號召力的。總之，宋明理學自始就存在著理論脫離實際、理想超越現實的弊病，存在著求善之念（道德理性）眞切而求眞之念（科學知性）貧乏的問題。或者可以說是道德說教有餘而人文關懷不足。加上封建統治者對其道德說教的片面利用，使之愈益教條化和僵化，從而使宋明理學不僅在人民羣衆中而且在知識分子中喪失威望而必然地受到了歷史的批判。

宋明理學在經過歷史的批判與洗禮後，其中某些曾爲封建統治者利用和服務的非人道觀念，如所謂「存天理，滅人欲」之類的道德說教，已經或正在被歷史淘汰。但它作爲一種確立道德主體性、執著地追求人生精神價值的道德人文主義哲學，加以現代的詮釋和理論轉化工作，則在現代社會中是有其存在的意義和價值的。

研究宋明理學乃至整個儒學的現代意義和價值的問題，首先應當把問題放在世界特別是當代中國的社會背景中去考察。但這個問題十分複雜，在此只能作一簡略的分析：

我認爲，從宏觀而言，現在整個世界是一個在政治、經濟、文化、思想各方面多元競爭、和平共處的局面。而從某一特定的國家、特定社會的微觀結構而言，則無論是東方還是西方、資本主義的美國還是社會主義的中國，在政治經濟、思想文化方面，又都是「一元主導，多元輔補」的局面。當然，這種一元與多元之間的主導與輔補關係，並非完全的和諧統一，而是有矛盾、有競爭的辯證統一。在當代中國，暫且不論大陸與臺灣「一國兩制」的現狀與未來統一的前景，僅就大陸社會內部而言，也完全可以說是一個「一元主導，多元輔補」的局面，即在政治機制上是共產黨領導的多黨合作制，在經濟體制上是以社會主義的公有制爲主導、包括私有經濟在內的多種經濟輔助補充的結構，而在思想文化上則是以馬列主義、毛澤東思想爲指導的社會主義文化爲主導、以中國傳統文化和西方先進的科學文化爲輔助補充的局面。在這個多元文化結構中，中國傳統文化是其中的一元，儒學又是傳統文化的主流，宋明理學則是儒學發展過程中的一種具體形態。從理論邏輯上說，如果說中國傳統文化能在中國現代化進程中保持其多元文化結構中的一元存在並具有積極作用，那麼儒學和宋明理學自然就有其在現代中國存在的意義和價值了。

再從現實可能性而言。宋明理學本身的理論資源中也確有適合現代社會需要的成分。例如，宋明理學的道德主體性理論，提倡人們樹立正確的義利觀，反對見利忘義的不道德行爲，這對糾正當今一些人崇尚金錢萬能、唯利是圖的偏頗，不失爲對症良藥，它有助於提高個人和社會的道德水準；宋明理學家提倡的「修己」、「愼獨」、「致良知」等思想主張，有助於人們培養高尙的道德情操，引導人們做一個正直有德之士；宋明理學提倡的「民胞物與」、「明德親民」及其人際關係理論，有助於培養人們的親情、仁愛、互信、互助的精神情操，樹立正確的人生觀和倫理觀，明白人生的意義、價値和做人的道理，並有助於家庭的和睦與社會的安定；宋明理學的「天人合一」、「物我一體」、「理一分殊」理論，有助於人們認識並建立人與自然和諧一致、多元統一的關係，也有利於消除工業化社會造成的濫用自然資源、破壞生態平衡從而危害人類生存的弊病。當然，治理一個現代社會，主要靠的是政治、法制、科學和教育，而不僅僅是道德教育的精神力量。但人總是需要精神力量的鼓舞的，而現代社會中的許多精神弊病，光靠政治、法制和科學的手段是不能解決問題的，還必須輔之以道德教育。所謂「心病還須心藥醫」，道德的墮落及道德信仰的危機應當依靠強有力的道德教育去拯救。而宋明理學乃至整個儒學作爲一種強調道德主體性的道德人文主義哲學，其中是有許多可供現代道德教育所借鑒利用的理論資源的。這就是我們肯定宋明理學仍有其現代意義和存在價值的主要理由。當然，宋明理學的現代意義和價值，不僅限於道德教育方面，它的宇宙觀、政治觀、歷史觀及其思維方法論也有許多值得現代社會借鑒和吸取的思想資源。作爲一個中華傳統文化的繼承者和現代精神文明的建設者，應當深入發掘宋明理學中的思想精華，以求古爲今用、推陳出新，使之在現代社會中充分發揮其應有的積極作用。

（原載《河北學刊》，一九九二年第四期）

略論儒學的衰落與轉型

——從清代實學到現代新儒學

由孔子創立的儒家哲學，在兩千五百多年的中華文化發展史上占有極重要的地位。它也經歷了曲折複雜的歷史演變，先後出現了先秦子學、漢唐經學、宋明理學、清代實學和現代新儒學等各具時代特徵的型態。但儒學的基本精神——道德人文主義精神卻沒有因時代的變遷而泯滅，而保持了其活力。本文擬從由宋明理學到清代實學和現代新儒學的轉型過程，著重探討一下儒學三百多年的命運及其代表人物的思想主旨。謬誤之處，敬請方家敎正。

一　理學的衰落與實學的興起

如果說宋明理學是中國封建社會鼎盛時期，作爲傳統文化主流的儒學對外來佛敎文化進入中國以後的文化回應和哲學反思的話，那麼可以說，淸代實學是在封建社會日趨沒落、中華民族面臨內憂外患深重危機形勢下，傳統儒學對於西方新知新學的文化回應和哲學反思，現代新儒學則是在中國以革命方式建立新制度並走向現代化的過程中，企望旣保存中華文化傳統又融合西方新知新學的新儒家對於全盤反傳統思潮和全盤西化思潮的文化回應和哲學反思。

本來，作爲道德人文主義哲學的儒學，從它的完整意義上理解，就旣包含了道德主體性的確立，又是強烈關懷社會人事問題的，用先儒的話來說，儒學本就是「修己安人」之道，「內聖外王」之術。但是，從理論發展的一般情形來看，不同時代的思想家，由於對其所處時代的急迫課題了解和認識的水平不同，所以其理論所強調的側重面也就不同，加之受到時代條件和個人條件的種種限制，故每種具體的理論形態又都必不可免地存在某種片面甚至荒謬的成分。而當某種理論形態發展成爲占主導地位的社會思潮或學術風氣時，其中的片面性、荒謬性的成分也往往隨著擴大和膨脹起來，乃至演變成掩蓋或毒害該理論原本是正確的、有生命力的層面的致命「毒素」，這時候，「救偏補弊」的理論修正和變革工作就成爲必要。尤其是在社會大變動的時代，觀念領域的大變革不但是必要的，而且是必須的。儒學在中國兩千多年的發展演變情形，也正是一個不斷修正舊理論、創造新理論、陳謝新代的過程。

宋明理學是在經學日漸衰落、佛教傳播日廣而且危害社會人心、敗壞倫理綱常、妨礙經濟發展的時代背景下興起的。佛教（同時也有道教）傳播日廣，舊有經學又不足與之抗衡，就需要建設新的儒學理論，於是理學應運而生。自韓愈首倡「道統」論，上〈諫迎佛骨表〉，至北宋諸儒，無不以批判佛老爲急務。如孫復曾作〈儒辱論〉，以「佛老之徒，橫行中國」爲儒者之奇恥大辱，石介曾作〈怪說〉三篇，以佛老爲蠹蟲；歐陽修亦作〈本論〉三篇，嚴斥佛法之害；他如李覯、張載、二程、司馬光等，皆多闢佛之言論著作。至於南宋朱熹、陳亮、陸九淵及明儒王陽明、劉蕺山等，雖然其中有些人明顯吸收了佛老思想，甚至被指爲「禪學」，但他們在主觀上都是嚴斥佛老之弊害而主張在理論上劃清儒、釋、道之界限的。

然而，無論是佛教還是道教，並不全如儒者所論是「妖妄怪誕之教」（石介語），在其宗教信仰背後，還有一套頗爲精緻的「學理」，有其獨特的本體論、方法論和認識論，有比較系統的宇宙觀、倫理觀、社會歷史觀的哲學理論。儒家要闢佛闢老，光靠舊有的流於章句訓詁、天人感應之弊的漢唐經學是難以奏效的，而需要建立自己的具有高度思辨形式的、嚴密精緻的哲學理論體系。而儒家的闢佛闢老，闢其「虛無」、「空寂」之本體、斥其絕棄人倫、違背人性的非道德的倫理觀則比較容易，但若完全否定佛老所謂「清心寡欲」、「明心見性」的修養方法論則很難。對此，宋明理學家在其理論創造過程中是有相當自覺的認識的。宋明理學家的高明之處正在於，一方面努力從傳統儒學特別是先秦儒家中發掘道德人文主義的思想資料，另一方面又借鑒乃至吸收、融合佛老之學的思維模式、思辨方法和修養方法，從而建立起遠比先秦漢唐儒學更加嚴密精緻的道德形上學理論體系。可以說，如果沒有佛老之學特別是佛學的思想衝擊，則儒學只能停留在粗糙的「經學」階段而不會提升到「理學」階段；而如果沒有宋明理學對傳統儒學的改造及對佛老之學的吸收融合，則儒學恐怕早已消亡，中國也許早就進入佛教「天國」或道教「仙境」了。

宋明理學的歷史功績誠如上述。但它絕不像某些新儒家所說的是什麼「圓教」，而是有其本身的理論缺陷和理論矛盾的。它固然建立了以「天理」（或性或心或良知）爲本體的道德形上學，但這個本體是「天人合一」、「內外合一」的、先驗的、超驗的、無須也無法作科學證明的道德本體，它混淆了主體與客體、自然與人文、眞與善、知識與價值的區別和界限；它雖然承繼著儒家「內聖外王」、「修己治人」的傳統理想，但在實際上只是一味強調「內聖」、「修己」即通過個人道德修養契悟道德本體這一面，而忽略「外王」、「治人」即通過社會政治實踐改造社會、滿足人民實際生活需要這一面，這種幾乎以「內聖成德」、「超凡入聖」爲唯一目標的道德形上學，其理想、其境界高則高矣，但充其量只能成爲極少數「高明道德之士」的人生理想境界，它對於大多數社會成員、特別是對於「愚夫愚婦」的人民大衆來說是缺乏號召力的。試想在現實生活中，朱熹所謂「革盡人欲，復盡天理」（《朱子語類》卷一三）、王陽明所謂「靜時念念去人欲存天理，動時念念去人欲存天理」（《傳習錄上》）的崇高理想，凡食人間煙火的人，有誰能做得到呢？所以，宋明理學的理論本身，自始至終就存在著理論脫離實踐、理想超越現實的弊端，存在著求善之念（道德理性）眞切而求眞之念（科學知性）貧乏的問題。從它作爲一種道德人文主義哲學而言，則存在著道德說教有餘而人文關懷不足的問題。

宋明理學在其發展過程中，除了本身的理論弊端愈益明顯地暴露外，又因爲假道學先生的歪曲和不諳世務的書生的空談而衍生許多新的弊端，還因爲封建統治者的片面利用而使之愈益教條化和僵化。所以，當社會矛盾空前激化、社會處在大動盪、大變革的時期，理學便不再能充當「正人倫，理綱常，明道德，定人心」的有效思想工具，而必然地走向了衰落。

宋明理學的衰落經歷了一個漫長複雜的過程。它大致從明末開始，並與清朝二百多年的封建專制統治相始終。在清代光緒末年廢除科舉取士制度以前，它仍然被尊奉爲官方哲學，仍然是維持封建倫理綱常的思想支柱，但是在整個清代，再也煥發不出宋明時期那樣的思想光輝了，簡直是「百足之蟲，死而未僵」。造成理學衰落的原因是多方面的，有理學本身的理論弊病即內在限制，有可以追溯到明初確立的八股取士制度對理學精神的閹割和對知識分子思想的限制，有清朝統治者大搞文字獄造成的對知識分子的迫害和對學術文化的打擊和壓制，但最主要的，是明末至清末三百年間時代條件的改變以及隨之而來的西學東漸形勢對傳統儒學的強烈衝擊。但理學的衰落不等於儒學的死亡。在理學衰落過程中，中國的儒學再次經歷了一次自我改革運動，一種較之理學更具有人文主義色彩，並且逐步吸收西方新思想、新學術的新的儒學形態便破土而出了。我們把這種新儒學的初級形式稱之爲「清代實學」。

清代實學既是在反省宋明理學的弊端、同時也反省整個封建社會制度弊端的進程中，又是在回應「西學東漸」的形勢下產生和發展起來的。它的基本特徵是：反省批判宋明理學以改革儒學，消化吸收西方新學以補充傳統儒學，強調經世致用以挽救社會危機和民族危機。所以，它在理論上明顯地富有批判性、實用性、開放性、人民性的特點。

二　實學發展的三個階段

清代實學在其二百六十餘年的發展歷程中，其表現形式和理論側重也隨時代的變化而變化。我們大致上可以將它劃分為三個階段進行分析：

第一階段為實學初興時期，大致上在明末崇禎時代至清初康熙時代（一六二八～一七二二年）的近百年間。其代表人物有黃宗羲（一六一○～一六九五年）、顧炎武（一六一三～一六八二年）、王夫之（一六一九～一六八九年）、顏元（一六三五～一七○四年）等。這個時期中國社會的最大變化是，歷經三百年的朱明王朝被席捲全國的農民起義所推翻，而崛起於東北境內的滿洲八旗軍竟以武力征服和統一了全中國，建立起以滿洲貴族為主體的封建新王朝——大清帝國。這給與向來關心國家興亡、以天下為己任的儒家知識分子以極大的震撼，迫使他們去認眞思考和總結明亡清繼的歷史教訓。他們在總結歷史經驗教訓的過程中開始認識到，不僅是明清兩朝的興替，而且自秦漢以來兩千年的封建君主專制，都是「易姓而王」的「家天下」時代，是違背儒家「天下爲公」的王道政治理想和仁義德治的人道精神的。所以，明末清初那些思想銳敏的儒家學者，其理論反思的一項突出內容，就是把理論批判的矛頭指向存在了兩千多年的君主專制制度。如黃宗羲所著《明夷待訪錄》，從政治、經濟、軍事、法律及學術文化等多方面揭露批判了君主專制的弊害，並在托古改制方式下提出了一套具有民主啓蒙傾向的社會改革綱領。特別是他的「爲天下之大害者君而已矣」一語，成了清末和近代激勵人民反封建專制的箴言。唐甄所說：「自秦以來，凡爲帝王者皆賊也」（《潛書．室語》），與黃宗羲之語也頗有異曲同工之妙。他如顧炎武、王夫之、顏元等人，皆對君主專制作了不同程度的批判，並提出了自己的王道政治理想，從而形成了一股強調從「外王事功」層面落實儒家人文主義理想的思潮。

在這股思潮推動或影響下，明末清初幾位儒家大師紛紛從學風學理上批評了宋明儒學道德心性之學的片面性，批評了宋明儒家特別是明儒游談無根、不諳世務的虛浮學風，而強調「通經致用」、「經世應務」的治學立命原則。例如，黃宗羲曾經指出：

> 儒者之學，經緯天地，而後世乃以語錄為究竟，僅附答問一、二條於伊、洛門下，便側儒者之列，假其名以欺世：治財賦者則目為聚斂，開閫扞邊者則目為粗材，讀書作文者則目為玩物喪志，留心政事者則目為俗吏，徒以「生民立極，天地立心，萬世開太平」之闊論鈐束天下，一旦有大夫之憂，當報國之日，則蒙然張口，如坐

雲端。世道以是潦倒泥腐，遂使尚論者以為立功建業，别是法門，而非儒者之所與也。（《南雷文定・弁玉吳君墓誌銘》）

又說：

今之言心學者則無事乎讀書窮理，言理學者，其所讀之書不過經生之章句，其所窮之理不過字義之從違……天崩地解，落然無與吾事，況且說同道異，自附於所謂學者，豈非逃之者之愈巧乎？（同上，〈留別海昌同學序〉）

顧炎武也對當時的「清談」學風作了類似的批評，他說：「今日之清談，有甚於前代者……不習六藝之文，不考百王之典，不綜當代之務，舉夫子論學論政之大端一切不同，而曰『一貫』，曰『無言』，以『明心見性』之空言，代『修己治人』之實學。」（《日知錄》卷九，〈夫子之言性與天道〉）顏元也指出宋明儒之弊，在於「著述進論之功多，而實學實教之力少」（《存學編》卷一），並認爲當時「滿天下都是個虛局」（《四書正誤》卷六），甚至認爲「浮言之禍，甚於焚坑」（《存學編》卷一）。

正由於明末清初的儒家看到了宋明理學過於玄虛的一面，所以他們一般都主張以實代虛，提倡實文、實學、實用、實體，鼓吹實在有用的「經濟事功」，而反對虛浮不切實用的理論空談。正如顏元所說的，「寧爲一端一節之實，無爲全體大用之虛」（同上），主張把董仲舒所謂「正其誼不謀其利，明其道不計其功」的儒家格言，改爲「正其誼以謀其利，明其道以計其功」（《四書正誤》卷一）。這一字之改，正反映了清初儒學由宋明理學「內聖成德」之教向清代「經世致用」之學轉化的趨勢。顏元及其門人弟子不僅在理論上主張「實學」，而且在行動上努力「實習」，如他所說「期如孔門博文約禮，身實學之，身實習之，終身不懈者」（《存學編》卷一）。他主持漳南書院，卽與衆不同地開設了文、理、兵、曆、水、地、火、工等課程，其門人李塨曾表白說：「塨受學後，知操存，知省察，知禮，知樂，知射、御、書、數，知一時經濟，知百世經濟，不敢負先生。」（《李恕谷先生年譜》卷三，〈習齋祭文〉）

清初實學的根本宗旨是「經世致用」，卽把儒學從「高談性命」的純道德形上學的桎梏中解放出來，變成爲明體適用、講究事功、切應世務的實用學問。所以，當時學者不再死守《四書大全》、《性理大全》以及程朱陸王的幾條「語錄」，而是大大擴展了學術的視野和治學的園地。上至天文、下至地理，舉凡經學、史學、文學、算學、曆學，乃至物理、工商、醫藥、兵法、水利、農田等等，皆在學問之列。顧炎武提出「經學卽理學」（全祖望《鮚埼亭集．亭林先生神道表》引），實際是要重新樹立「六經」的權威，他認爲，爲學的目的一是「明道」，二是「救世」，所以，他自稱「凡文不關於六經之旨，當世之務者，一切不爲」（《亭林文集》卷四，

〈與人書〉第三、二十五），其著作除《日知錄》、詩文集外，還有《音學五書》、《天下郡國利病書》、《肇城志》等，共計四百餘卷，可見其學問之廣博。黃宗羲不僅重視經、史，認爲「學必原本於經術而後不爲蹈虛，必證明於史籍而後足以應務」（全祖望〈甬上證人書院記〉），而且重視地理、曆學、算學等自然科學，認爲「古者儒墨諸家，其所著書，大者以治天下，小者以爲民用，蓋未有空言無事實也」（《南雷文案．今水經序》），所編著之書除《明夷待訪錄》、《明儒學案》、《明文海》、《南雷文定》等名著外，經學如《易學象數論》、《孟子師說》，史學如《行朝錄》、《弘光實錄》，自然科學如《授時曆故》、《開方命算》、《今水經》等，共計一百餘種，一千餘卷；王夫之則是清初實學的哲學代表，他繼承荀子「天人相分」、王充「元氣自然」論的哲學傳統，力圖衝破宋明理學家所謂「天人合一」「知行合一」的道德本體的思維模式的束縛，初步建立起強調「理依於氣」、「道在器中」的氣本體論的自然哲學，並建立了以實踐之「行」爲基礎的「卽事窮理」、「知行並進」認識論（具有科學知識論的傾向）和「由勢見理」、「卽民以見天理」、「天理寓於人欲」的社會歷史觀（具有啓蒙主義和人文主義的色彩）。卽使像陸世儀（桴亭）那樣恪守程朱「居敬窮理」宗旨的理學家，也提倡「今所當學者不止六藝，如天文、地理、河渠、兵法之類，皆切實用」（《淸史稿》卷四八○，本傳）的主張，可見，講究「經世致用」的實學，已成爲明末淸初儒學的普遍性思潮。

明末淸初學術領域的另一個重要變化，就是自明萬曆七年（一五七九）到淸康熙年間，一批又一批西方傳教士（耶穌會士）和商人來到中國，不僅帶來了西方商品和宗教教義，而且帶來了當時西方的自然科學特別是天文曆法和幾何代數學（統稱「曆算學」）知識。這對中國人來說自然是新知新學，它給予傳統儒學知識分子和官僚士大夫以很大影響。於是在明末清初，許多中國知識分子抱著強烈興趣研究「泰西之學」，如王錫闡、薛鳳祚、黃宗羲、黃百家、方中通（方以智之子）、梅文鼎、李光地等都是赫然成家者，有的人（如徐光啓）甚至改變傳統信仰而皈依天主教。這造成了西方文化衝擊中國傳統文化、中國儒學開始接受西方科學影響的新形勢。這一新形勢在清初大儒黃宗羲、方以智等人的思想與學術中印上了明顯的烙痕。黃宗羲就寫了十幾種研究中西自然科學的學術專著，如《西洋曆法假如》、《新推交食法》、《開方命算》、《割圜八線解》、《授時曆法假如》、《回回曆法假如》、《大統曆法辨》、《測圜要義》等等，其子黃百家繼承家學，也寫了《明史曆志》、《勾股矩測解原》等科學著作。方以智所著《通雅》、《物理小識》也很明顯地受到了西學影響，並部分地接受了西方物理學、天文學、數學的知識，他將學術分爲「質測」（自然科學）和「通幾」（哲學）兩大類，認爲「質測卽藏通幾」（《物理小識序》），並認爲「遠西學人，詳於質測而拙於通幾」（同上）、「泰西質測頗精，通幾未舉」（《通雅·卷首序》），看法雖然片面，但足見他對西學已有相當程度的認識和吸收，反映了清初儒家已開始從吸收西學方面充實和改造傳統儒學。這正是清代實學不同於宋明理學的一個重要方面。

第三階段爲實學沉寂時期，主要是雍正、乾隆、嘉慶時期（一七二三～一八二〇年）近百年間。這個時期，由於雍正乾隆兩個專制皇帝大搞文字獄，鎮壓有反清民族主義思想和獨立精神的知識分子，以高壓政策箝制思想和文化，使知識分子的經世意識大大淡化，迫使他們不得不把主要精力放在遠離政治的考據訓詁的「純學術」一途。於是「乾嘉考據學」（即所謂「樸學」）一時大興，許多著名學者如惠棟、錢大昕、孫星衍、王鳴盛、段玉裁、王念孫、王引之等都精於考據而淡於世務，他們窮畢生精力，致力於輯佚、辨僞、考證、訓詁，「猥以校訂之役，穿穴故紙堆中」（王鳴盛《十七史商榷·自序》）、「鎮日書帷校勘勞」（趙翼《甌北詩集》卷二三，〈晚步村落〉），儘管對整理古籍、保存文獻做出了偉大業績，但儒家人文主義的傳統和清初「經世致用」的精神在他們身上幾乎窒息了。這個時期稍稍繼承清初實學「經世致用」精神的儒家學者，只有屬於清代浙東學派傳統的全祖望（一七〇五～一七五五年）、章學誠（一七三八～一八〇一年），以及乾嘉學派的皖派首領戴震（一七二三～一七七七年）等數人而已。

全祖望是一位歷史學家，並沒有建立個人獨特的哲學思想。但他深得黃宗羲「寓褒貶於史」史學方法的眞傳，以碑傳代史，通過表彰明季忠臣義士和清初「隱逸之民」，表現了一種強烈的憂患意識和抗爭精神，這在雍乾文化專制時期是有骨氣、有勇氣的。章學誠是「浙東史學」的理論代表，他反對空言德性、性命之學，而主張「言性命者必究於史」，認爲「史學所以經世，固非空言著述也」，而研究歷史又必須「切合當時人事」，那些「捨今而求古，捨人事而言性天」

者，「不足言史學也」（見《文史通義・浙東學術》），而那些「整輯排比」、「參互搜討」的編纂學，考據學，在他看來皆非眞正的史學。所以章學誠提出了「六經皆史」的命題，實卽「經學卽史學」的思想，這是將顧炎武的「經學卽理學」的命題，向著更加切合人事、面向現實的方向發展，表現了浙東學派以史學經世的傳統，與乾嘉考據學派遠離現實政治的「純學術」學風形成了鮮明的對照。

戴震雖是皖派考據學大師，但他對儒學的貢獻並不在考證經典，而在於他的《孟子字義疏證》中體現的人文主義思想。他在《疏證》中討論了許多哲學問題，諸如天人、道氣、道理、理欲、性情、心知、自然與必然等範疇的涵義及其相互關係，而最主要的是通過道、氣、理、欲之辨，批評了宋明理學家「天人合一」的理本體論和「存理滅欲」的道德修養論。他認爲，所謂「道」，是指宇宙間「氣化流行，生生不息」的根本性法則，「道」並非實體，而以陰陽五行之氣爲其體（《疏證》卷上、卷中）；「理」是指具體事物的「條理」及事物發展的必然性，亦並非「別如一物」的實有（同卷上）；「道」與「理」的關係是「道主統，理主分」（《緒言》卷上）。這是對道、理作了自然論與規律論的解釋。他堅決反對宋明儒家「存天理，滅人欲」的說教，而提出了「理存乎欲」的命運。他認爲「欲」只是人生自然具有的感情欲望，卽所謂「欲生於血氣」（同上），「理」與「欲」的關係是「欲，其物；理，其則也」（同上）。既然如此，就不應當將二者對立起來，而應在承認人欲合理性的前提下去談「寡欲」、「節欲」的問題。他說：

孟子言「養心莫善於寡欲」，明乎欲不可無，寡之而已。人之生也，莫病於無以遂其生。欲遂其生，亦遂人之生，仁也；欲遂其生，至於戕人之生而不顧者，不仁也。……而宋以來之言理欲也，徒以為正邪之辨而已矣！（《疏證》卷上）

又說：

孟子曰「性也」，繼之曰「有命焉」。命者，限制之名，如命之東則不得而西，言性之欲之不可無節也。節而不過，則依乎天理；非以天理為正、人欲為邪也。天理者，節其欲而不窮人之欲也。是故欲不可窮，非不可有；有而節之，使無過情，無不及情，可謂之非天理乎！（同上）

在這裏，戴震將「人欲」放在一個既合乎人性之自然又合乎道德理性的位置上。他認爲，能夠順應、滿足人生需求的「欲」是不可缺少的，也是合乎道德依乎天理的，而任意泛濫、毫無節制地窮盡人欲才是不道德（不仁）的。所以，戴震所謂「天理」、「人欲」之辨，只是在追求人欲的合理性、道德性。

更進一步，戴震對宋明儒「存理滅欲」的流弊作了尖銳批判，認爲宋儒之說是「以意見（主觀偏執之見）爲理而禍天下」，「適成忍而殘殺之具」（卷下），其應用於社會人事，就造成

「尊者以理責卑，長者以理責幼，貴者以理責賤……上以理責下，而在下之罪，人人不勝指數」（卷上）的極端不合理局面，這是違背「聖賢之道」的。所以，戴震又提出了「酷吏以法殺人，後儒以理殺人」（《戴東原集》卷九，〈與某書〉）的憤世嫉俗名言。這種揭露性的批判，對於封建統治者利用理學和禮教作爲統治壓迫人民的工具而閹割儒家人道精神的專制主義本質，是有力的揭露和鞭撻。由此我們可以看到，戴震「理欲之辨」對於正當人欲的肯定和承認，即是對人生價值、人生權利的肯定和承認。如果人們承認戴震是儒家，並承認從黃宗羲、顏元到章學誠、戴震的學說仍然是儒學，那就應當承認，儒學在清代確實發生了改革，而在儒學的傳統資源裏確實是富有人文主義精神的。當時代條件發生變化時，儒學的人文主義精神就可能得到發揚，變成反對封建政治專制和文化專制的思想武器。這一點，實際上已由晚清「經世致用」思潮勃興和維新變法運動的歷史事實作了證明。

第三階段爲實學中興和儒學改革轉化時期，即從道光初年到光緒末年（一八二一～一九〇八年）的八十年間，主要是從鴉片戰爭（一八四〇）到戊戌變法（一八九八）這段歷史時期。這個時期，中國社會和中華民族遭遇了空前深重的社會危機和民族危機：一方面，統治了中國兩千年之久的封建制度隨著滿清王朝的衰落腐朽而走向了末日，農民反對封建的起義和革命運動此伏彼起，經久不息，特別是太平天國革命運動（一八五一～一八六四年），給予清王朝以沈重打擊；另一方面，英、法、俄、日、德等帝國主義列強用洋槍大炮轟開了閉關鎖國的中國門戶，向中華民族發動了一次又一次的侵略戰爭，強迫清政府簽訂了中英南京條約（一八四二）、中法天津條約（一八五八）、中俄璦琿條約（一八五八）、中日馬關條約（一八五九）、辛丑條約（一九〇一）等一系列喪權辱國的不平等條約，使中國逐步淪爲帝國主義列強的半殖民地，並加速著大清封建帝國的崩潰，而與此同時，中國人民進行了一系列抗擊帝國主義侵略的正義鬥爭，但往往以失敗告終。

在內憂外患交逼、社會危機和民族危機日益加劇的時代衝擊下，具有憂國憂民傳統的儒家知識分子再也不願意躲在書齋裏做死學問，專事訓詁考據而不問國家大事。於是，在道光、咸豐年間，出現了一股重新強調「經世致用」精神、檢討社會弊病、呼籲社會改革的新思潮。這股思潮實質上仍是清初實學思潮的繼承與發展，但卻已增加了新的內容。其代表人物是龔自珍與魏源。

龔自珍（一七九二～一八四一年）是清代今文經學派之常州學派大師劉逢祿（一七七六～一八二九年）的弟子，他發揚今文經學家「托古改制」的傳統學風，深刻地揭露了封建末世的社會弊病。他認爲，當時社會處在治世與亂世之間的「衰世」，就像一個不可救藥的病人，如「日之將夕」奄奄待斃而已，國家局勢已是「岌岌乎皆不可以支日月，奚暇問年歲」（《龔自珍全集》第一册，〈明良論〉、〈乙丙之際著議第七〉、〈西域置行省議〉，中華書局版。以下只引篇名）。他指出當時各級官吏極端腐敗，朋比爲奸、毫無廉恥，國家面臨人才衰竭，不僅上層將相官僚，而且下層士、民、工、商，甚至小偷、大盗都是庸碌之輩，找不到大才。所以，他大聲疾呼「更法」、「變古」，進行社會改革，指出：「一祖之法無不敝，千夫之議無不靡，與其贈來者以勁改革，孰若自改革？」（《乙丙之際著議第七》）。但是，到底怎樣進行改革？龔自珍並沒有能開出新藥方，而是基於今文經學的「公羊三世」學說，無非主張「齊貧富」、「求人才」而已。

比起龔自珍來，魏源（一七九四～一八五七年）的改革理論更有新意。魏源也曾從學於劉逢祿，而具有今文經學的學術傳統。但他親身經歷了鴉片戰爭、太平天國運動等重大歷史事件，故其眼界更開闊，見識更高明。他從帝國主義侵略中國的背後看到了西方資本主義物質文明和科學技術遠比古老中華先進，所以在中國歷史上第一次提出了「師夷之長技以制夷」的口號（見《海國圖志·序》），主張學習西方製造戰艦、火器及養兵練兵之法等「長技」，以「盡得西洋之長技爲中國之長技」，從而達到「制夷」即抵抗西方侵略的目的。當然，他並沒有能從更高層次上探討西方強大和中國衰落的原因，沒有能從政治經濟制度和社會思想方面去比較東西方的異同，所以也同龔自珍一樣，提不出救治中國的有效藥方。

龔自珍、魏源及其所代表的一代儒家知識分子，雖然有其歷史的局限性，但他們代表的「經世致用」精神及呼籲改革、要求人們睜眼看現實、放眼看世界的思想主張，是有開風氣的歷史意義的。他們的思想傾向，也反映出清代儒學已面臨著「革故鼎新」的新形勢，到了要求充實新鮮養料的歷史轉化關頭了。

繼龔魏而起的是同治、光緒時代的洋務派儒家。所謂「洋務派儒家」，是指以傳統儒學為立身處世的根本原則，以興辦「洋務」為富國強兵手段的一批儒家政治家、思想家。其思想代表主要是曾國藩、張之洞和鄭觀應。

洋務派儒家一方面繼承清初和道咸時期儒家的「經世致用」傳統，主張以傳統儒家為主體「匡時濟世」。如曾國藩大倡「禮學」，認為儒家提倡的「禮」是修己治人，經緯萬滙的要歸（《曾文正公全集》第一冊，〈聖哲畫像記〉），認為「禮」是先聖「內外合一」之道，「自內焉者言之，舍禮無所謂道德；自外焉者言之，舍禮無所謂政事」（同上，第三冊，《筆記·禮》）。左宗棠則有「唯將儒術策治安」的詩句（《左文襄公詩集·燕臺雜感》）。張之洞、鄭觀應也特別強調以「中學」即儒學為體、為本。但另一方面，他們的「經世致用」之學已經增添了適應時代條件改變的新內容。他們不僅都以「經濟學問」作為經世實學的內容之一，而且都主張師法西洋、引進「西學」作為中國「自強」的手段。應當看到，洋務派儒家雖對「西學」、「西法」認識很膚淺，但比起道咸時代的林則徐、魏源來卻已有了很大的進步。例如，「願以師西法、致富強為事」的張之洞，就認識到「西學」不僅是指西方「船堅炮利」之長技，而是包括西方科學技術、政治歷史和法律制度在內的。所以，他在《勸學篇》一書中闡述「中學為體，西學為用」的思想主張時明確提出「新舊兼用」、「舊學為體，新學為用」（〈設學〉）。他所謂「舊學」主要指中國傳統的儒學，即「四書五經、中國史事、政事、地圖為舊學」，所謂「新學」則指西方科學技術、政治歷史，即「西政、西藝、西史爲新學」（同上）。他又認爲，「中學」是「治身心」的「內學」，「西學」是「應世事」的「外學」，應當內外兼用以匡救時弊（〈會通〉）。在〈增設洋務五學片〉的奏摺中，張之洞更主張在學堂科目中增設礦學、化學、電學、植物學、公法學，主張「旁收博採」西學之「確有實用」者，以濟時需。比張之洞稍晚的鄭觀應的思想雖然未脫「中體西用」模式，但他對「西學」的認識則更高於魏源、張之洞之流。他將西學分爲天學、地學、人學三類，「彼之所謂天學者，以天文爲綱，而一切算法、曆法、電學、光學諸藝，皆由天學以推至其極者也；所謂地學者，以地輿爲綱，而一切測量、經緯、種植、車舟、兵陣諸藝，皆由地學以推至其極者也；所謂人學者，以方言文字爲綱，而一切政敎、刑法、食貨、製造、商賈、工技諸藝，皆由人學以推至其極者也：並有益於國計民生，非奇技淫巧之謂也。」他認爲眞正的儒者，應當精通天學、地學和人學，所以必須講求西學，以救時弊。（見《盛世危言・西學》）

洋務派儒家在十九世紀末葉提出「中體西用」的口號，一方面反映了西方資本主義勢力及其學術文化對中國傳統社會結構、制度、學術文化的強烈衝擊已經造成中國社會和文化的巨大危機，另一方面也反映了中國儒家政治家、思想家在西方、西學衝擊下企圖通過吸收西方新知新學以補充傳統儒學之缺陷，進而挽救社會危機的主觀努力。儘管他們並沒有找到改革和發展儒學的成功之路，他們的努力以失敗而告終，但這一口號的提出及以後引起的爭論，畢竟留下了一個歷史的教訓，激發了後儒的進一步思考，因此並不是毫無意義的。

繼洋務派儒家而起的是康有爲（一八五八～一九二七年）和譚嗣同（一八六五～一八九八年）等近代維新派儒家。

從咸豐經世派儒家到同光洋務派儒家，雖然發出了「師夷之長技」、「西學爲用」的呼籲，但他們無非是在具體事功卽儒家所謂「外王」之用上做文章，而沒有想到從形上學高度卽「內聖」之「體」上改造和充實傳統的儒學，所以洋務派的「中體西用」論，被嚴復嘲笑爲不倫不類的「牛體馬用」論，因爲他們無法在理論上達到「體用一原，顯微無間」。到了光緒中期變法維新思潮興起時，康有爲、譚嗣同等維新派儒家便嘗試著做了改造儒家的舊體舊用、使之變爲新體新用、「不中不西」之新學的工作。這集中反映在他們對孔孟仁學和西方哲學、物理學的混合解釋上。

康有爲是精通中國舊學（經學、子學、史學）又粗知西方新學（達爾文的生物進化論、斯賓塞的社會進化論、牛頓物理學、哥白尼天文學、康德哲學以及歐洲、日本政治歷史等）的博學之士。他處在中國封建制度日益沒落、西方資本主義蒸蒸日上並且向全世界擴張的大變動時代，特別是日本明治維新的成功和俄國資本主義的發展給予他強烈的刺激，使他深切認識到中國改革的必要性和緊迫性。我們可以把康有爲的學說稱之爲「維新儒學」。

康有爲「維新儒學」的特點是：第一，在儒家「變易」觀念和「托古改制」思想指導下，將西方社會進化論融入儒家今文經學派的「公羊三世」說中，從而提出了「全變」型的社會改革理想。他拋棄先儒「天不變道亦不變」的成說，主張全面的改革，不僅要變事、變政，而且要變法、變道，認爲無論天道還是人道，都是「善變而能久」、「無一不變，無刻不變」的（《進呈「俄羅斯大彼得變政記」・序》），綜觀世界各國情勢，都是「變法而強，守舊而亡」、「能變則全，不變則亡；全變則強，小變仍亡」（〈上皇帝第六書〉）。他引證日本明治維新的經驗，批評洋務派「中體西用」和「變器不變道」的主張，指出購船置械，是變器而非變事；設郵開礦，是變事而非變政；改官制、變選舉，是變政而非變法，只有像日本那樣，作「國憲」的根本改革，才可謂之「變法」（《日本變政記》卷七）。所以，康有爲主張，中國在從「據亂世」過渡到「昇平世」時，應當通過變法而建立「君民共主」的立憲制國家。第二，在哲學本體論上，他將西方近代自然科學知識及哲學範疇融入傳統儒家哲學的「元」、「氣」、「仁」等本體論範疇中，而建立了近似西方二元論的本體論學說。他認爲，天地萬物皆以「元」爲本始，陰陽、四時、鬼神變化，皆「元」之分轉變化，故「孔子之道還本於元，以統天地，故謂爲萬物本」（《春秋董氏學》），這「元」就是「氣」，所謂「元者氣也……起造天地，天地之始也」（同上）；此「太始之氣」又「皆本於熱」，又有冷熱、動靜、明暗、吸離、陰陽之變化（《諸天講》）；凡「物」皆有「電氣」，有「知氣」，「無物無電，無物無神。夫神者，知氣也，魂知也，精爽也，靈明也，明德也，數者異名而同實」（《大同書》）。這樣，康有爲就將物質性的

「電氣」賦予了精神性的品質，其作爲世界本質的「元」或「氣」就既是物質的又是精神的了。同時，他對孟子所謂「不忍人之心」也作了類似解釋，認爲「不忍人之心，仁也，電也，以太也，人人皆有也……不忍人之心，仁心也；不忍人之政，仁政也；雖有內外體用之殊，其爲道則一」（《孟子微》），又說「物我一體，無彼此之界；天人同氣，無內外之分……物卽己而己卽物，天卽人而人卽天」（《中庸注》）。顯然，康有爲的哲學本體論，是將物質與精神、人道（道德、人事、政治）與天道（物質結構、功能與自然規律）混而爲一的二元論哲學。第三，在政治學說上，康有爲將西方平等、博愛、民主、人權、法治思想融入於儒家傳統的「仁愛」、「仁政」、「性善」學說中，而發展成爲具有西方民主主義色彩的儒家人文主義，他說：「一切仁政，皆以不忍人之心生」、「人道之仁愛、人道之文明，人道之進化、至大同，皆由此出。」又說：「據亂世之民性惡，昇平世之民性善」，太平世則「人人愛己若人」（《續孟子界說》、《孟子微》）。他解釋《中庸》所引孔子言說：「『推己及人』，乃孔子立敎之本；『與民間之』，自立平等，乃孔子立治之本。」（《中庸注》）於是，在康有爲哲學中，孔子就成了具有西方近代民主主義精神的化身，儒家以「仁」爲中心的道德人文主義就轉化成爲近代人道主義了。儘管康有爲的學說中包含著許多理論的矛盾和牽強附會，但它反映了具有深厚儒家文化傳統的近代中國改革派企圖熔古今中西之學於一爐以爲中國改革提供新思想新理論的努力，也是傳統儒家在面臨西學日益廣泛強烈的挑戰時所作出的自我改革性的回應。

譚嗣同的思想傾向，同康有爲的維新儒學可謂是大同小異。他同康有爲一樣，政治上是變法維新派，哲學上是二元論者。其思想以孔孟「仁學」爲基礎而又吸收了佛學和西學，而企圖建立熔古今中西之學於一爐的新「仁學」。略有不同者，是譚嗣同「沖決網羅」的改革主張比康有爲更加激進，其思想中的佛學成分（主要是唯識宗理論）也比康有爲更加明顯一些。本文限於篇幅，恕不詳論。

綜上所述，在清代二百六十多年的歷史中，被封建統治者奉爲官方哲學的程朱理學已經日益僵化，並隨著封建專制制度的衰朽而衰落。但這並不意味著儒學的死亡。中國的儒學在這個歷史時期再次發生了重要的變革和轉化。這時期代表著儒家精神方向的，是以「經世致用」爲宗旨、以吸收西方新知新學爲特點的實學思潮，它實際上已構成清代儒學的主流。清代實學經歷了三個發展階段，它興起於明末清初，沈寂於乾嘉時代，再興於道咸時代，而在清末光緒時代由康有爲、譚嗣同作了實質性的改革。這種改革雖未導致系統精緻的新儒學的誕生，但它爲現代新儒學的理論創造提供了可貴的經驗，也埋下了理論的種子。

三　現代新儒家的理論探索

進入二十世紀以來，中國社會經歷了兩次國內革命（一九一一年的辛亥革命、一九四九年的社會主義革命）、一次對外戰爭（一九三七至一九四五年的抗日戰爭）和一次社會動亂（一九六六至一九七六年的「文化大革命」）；又經歷了兩次影響深遠的思想解放運動，即一九一九年的「五四」新文化運動和一九七八年以後的「改革開放」運動。這些歷史事件對中國社會的政治、經濟、思想、文化的發展已經發生並在在發生著巨大的影響，中國儒學的命運也在這八十多年的社會大變動和國際形勢大變化中經歷了「衰極而盛」的戲劇性變化。而所謂「現代新儒家」及其學說，便是在現代中國的巨大、曲折而複雜的社會變化和思潮起伏中醞釀、產生和發展起來的。

清末洋務運動和戊戌維新運動的失敗（以一八九四年中日甲午戰爭和一八九八年戊戌政變爲標誌），大大刺激了渴求「救亡圖強」的中國知識分子向西方尋求眞理的熱情。他們在探索中看到，西方之所以富強，不僅在於「船堅炮利」式的「器用惟新」，也不僅是科學技術發達，更重要的還在於西方先進國家（當時人主要指英法德意等歐洲國家）有「以自由爲體，以民主爲用」（嚴復，〈原強〉）的社會制度，在於其民力日強，民智日開，民德日新，在於他們有先進的自然科學和人文科學理論作指引。而中國之所以貧弱，則由於「民力已茶，民智已卑，民德已薄」（同上），既沒有自由民主的制度，也沒有先進的自然科學和人文科學，在政治、經濟、學術、文化、教育等各方面都落後於西方。因此，要求得中國富強，就得全面學西方，不僅要從「用」上學，而且要從「體」上學。基於這樣的認識，他們從各個角度比較中西之優劣，一方面揭露批判中國傳統社會制度、民族性格、學術文化的弊端，一方面積極宣傳介紹西方政制乃至學術文化的長處，從而形成了一股強勁的「西學救國」思潮。這股思潮肇始於嚴復（一八五三～一九二一年），而在「五四」新文化運動時期演變爲以「科學主義」爲主要表現形態的「全盤西化」思潮（其代表人物主要是丁文江和胡適）。

在另一方面，一九一七年俄國十月革命的勝利，也給中國一部分激進的民主主義革命者（以李大釗、陳獨秀、毛澤東爲主要代表）以極大的鼓勵和刺激，使他們認爲「只有（馬列主義的）社會主義才能救中國」（毛澤東語）。於是在「五四」新文化運動時期馬克思列寧主義的思想在中國得到廣泛傳播，其後，隨著中國共產黨的成立，以「階級鬥爭」爲手段、以社會主義共產主義爲理想的革命思潮在近現代中國取得了統治地位。這股強勁而持久的革命思潮對待中國傳統思想文化的態度，雖然也有「去其糟粕，取其精華」的主張，但在本質上是持「徹底批判」、「徹底決裂」的立場的，再加上斯大林式的專制主義、教條主義影響和毛澤東的「無產階級專政下繼續革命」理論的推波助瀾，實際上從另一個極端發展出一股全盤性否定傳統思想文化的思潮，它與「全盤西化」思潮的一個共同點，就是整體性地批評和否定中國的傳統社會制度和傳統思想、道德和文化，把包括儒學在內的幾乎整個中國傳統文化都當作過時的、落後的、封建主義的東西加以批判、否定和摒棄。

在民主革命和社會主義革命的打擊下，中國傳統的封建社會制度徹底瓦解和崩潰，這本來是無可挽救也無須惋惜的。而在「全盤西化」思潮和馬克思列寧主義思潮的夾擊下，以儒家思想爲主流的中國傳統思想文化也受到了全面批判而極度衰落。然而問題在於，無論是西方物質文明、精神文明還是通過俄國傳入的革命學說，即使是完美的、先進的東西，對於中國來說畢竟是「外來文明」，它要在中國立足生根，就必須經歷一個長期的中國化的過程，況且，其中還有不少不適用於中國的或完全是荒謬的、需要剔除的成分；而中國的傳統文明，包括儒家思想文化在內，儘管有許多不合時宜的、腐朽的、需要拋棄的東西，但又畢竟不全是腐朽的或「封建主義」的東西，其中還有不少否定不了的，有永久生命力的、值得繼承的成分和因素。因此，這裏就存在一個外來文明中國化和中國傳統文明現代化（經過改造轉化使之新生）的問題。而所謂「現代新儒家」，就是由一批站在傳統文化本位主義立場上而又具有現代經世意識的知識分子所建立的、力圖通過吸納、融會西方文明而豐富發展儒家的道德人文主義學說，以抗拒全盤性反傳統主義思潮，並尋求中國現代化的理想道路的學術思想流派，由現代新儒家建立的新儒家學說——現代新儒學——實際是一股文化哲學思潮。

現代新儒學大體發端於本世紀二十年代初，五十年代以後在臺灣、香港學術界進一步得到發展，至八十年代則在中國大陸、臺灣、香港、新加坡、美國、日本、南韓等地得到較為廣泛的傳播，而形成為一股國際性的學術思潮。在這七十年中，具有現代新儒學思想傾向的人可以舉出很多，但稱得上是思想家、哲學家的人不過數人，其餘只能算是「新儒家學者」而已。如果劃分其發展階段，則一九二一至一九四九年為第一階段（發端時期）；一九五〇至一九七九年為第二階段（創教立說時期）；一九八〇年以後爲第三階段（創造轉化時期）。與此相應的，可將現代新儒家分爲三代：第一代新儒家的思想代表主要是梁漱溟（一八九三～一九八八年）、張君勱（一八八六～一九六九年）、熊十力（一八八三～一九六八年）、賀麟（一九〇二年生）四先生，其較有影響的新儒學代表作品是：梁氏的《東西文化及其哲學》（一九二一年初版）、《中國文化要義》（一九四九年初版），張氏的《科學與人生觀》（一九二三年初版）、〈中國現代化與儒家思想復興〉（一九六五年發表），熊氏的《新唯識論》（一九三二年初版），賀氏的〈儒家思想的開展〉（一九四一年發表）。第二代新儒家的思想代表主要是牟宗三（一九〇九年生）、唐君毅（一九〇九～一九七八年）、徐復觀（一九〇三～一九八二年），其代表作主要是：張（君勱）、牟、徐、唐聯名發表的〈中國文化與世界——我們對中國學術研究及中國文化前途之共同認識〉（香港《民主評論》，一九五八年元旦號發表，後改名爲〈爲中國文化敬告世界人士宣言〉，收入唐著《中華人文與當今世界》下册，以下簡稱〈四儒宣言〉），牟氏的《政道與治道》（一九六一年初版）、《中國哲學的特質》（一九六三年初版）、《心體與性體》（一九六八年初版）等書，唐氏的《中國文化之精神價值》（一九五三年初版）、《中國人文精神之發展》（一九五八年初版）、《中華人文與當今世界》（一九七五年初版），徐氏的《學術與政治之間》（一九五六年初版，一九八〇年新版）、《儒家政治思想與民主自由人權》（一九七九年初版）等書。第三代新儒家一般都有在港、臺大學修業而在美國大學獲得高級學位的經歷，其較有思想創見的學者是杜維明、劉述先教授。杜氏畢業於臺灣東海大學和美國哈佛大學，目前是哈佛大學東亞語文與文明系主任。劉氏畢業於臺灣大學和美國南伊利諾大學，目前是香港中文大學哲學系主任。他們雖不像其前輩那樣已有很多架構現代新儒學體系的學術專著，但卻在近十多年發表了一系列探討和弘揚現代新儒學的重要論文、演講和答問錄，如杜維明的〈孔子仁學中的道學政〉（《中國哲學》第七輯，一九八一年）、〈現階段儒家發展與現代化問題〉（《中國論壇》，一九八四年第二三期）、〈儒學第三期發展的前景問題〉（《明報月刊》，一九八六年第五至九期）、〈從世界思潮的幾個側面看儒學研究的新動向〉（《九州學刊》，一九八六年第九期）；劉述先的《中國哲學與現代化》（一九八〇年，時報出版）、〈當代儒家的探索〉（東吳大學《傳習錄》，一九八六年第五期）、〈論儒家思想與現代化、後現代化的問題〉（《明報月刊》，一九八八年第八期）等等，他們對於建設現代新儒學並使之形成爲一股國際性的新思潮作出了很大的貢獻。

當然，除了以上列舉的新儒家思想代表人物之外，還有一些現代中國文化史上的著名學者，如馮友蘭、錢穆、方東美、陳榮捷等人，也可以歸入「現代新儒家」的行列，但或因其學術宗旨未能一貫，或因其缺乏代表性的哲學著作，或因其治學重點不在發揮儒家義理之學，終究不是新儒學的主流派。還有一些現代中國著名的思想家、史學家，如章炳麟、梁啓超、王國維及其當代的學術傳人，大體上是中國文化本位主義者，對儒學也抱有同情的了解和肯定，但本身很難算是

「現代新儒家」。故在此略而不論。至於有的雖列新儒門牆而謹守師說毫無創見者，或雖有創見而聲名未著思想未臻系統者，也恕不一一列舉了。

那麼，現代新儒學作為現代中國乃至當今世界的儒學思想，有那些新的主張或新的特點呢？據筆者粗陋之見，大約可以概括出如下四點：

（一）新道統論——「儒學第三期發展」說

自唐代韓愈提出自堯、舜、禹、湯至文、武、周公、孔、孟的「聖學」傳承統緒之後，宋明儒家一般都有自己的道統觀念，各家「道統」之說雖然不盡一致，但都認為自己這一家一派是契接周公、孔、孟的「聖學」即儒學傳統的。「道統」之說雖在近現代學術史上受到了嚴厲批判，並確有其獨尊一家一派、排斥多元文化的流弊，但客觀地說，它也不是毫無意義的「揑造」，我們正可從某家某派所推崇的「道統」分析其學術側重面和理論的特點。現代新儒家雖然很少明言道統，但在實際上是建立了他們的新道統的。儘管各家各派在具體評價歷代儒學時態度不全一致，從而反映出他們心目中的「道統」略有差異，如梁漱溟著重論孔子，馮友蘭、方東美、錢穆主要講程朱理學，徐復觀頗推重漢儒，唐君毅更加寬容，而熊十力、牟宗三則更多闡發陸王心學。然而，現代新儒家「新道統」論的最基本特點是共同尊崇孔孟原儒和宋明理學，而把自己看作是契接和發展孔孟和程朱陸王心性之學的傳統繼承者。這種「新道統」論的典型表現，就是所謂「儒學第三期發展」說，或云「儒學發展三期」說，即以先秦儒學為第一期、以宋明理學為第二期、以現代新儒學為第三期，有的學者則以先秦兩漢為第一期、以宋元明清為第二期、以當代新儒學為第三期，但在具體論述時，仍然是重孔孟而輕漢儒，重程朱陸王而輕清代實學的。（參見牟宗三著《中國哲學的特質》、《心體與性體》等書。）他們之所以作這樣的劃分，目的在強調儒學的道德主體和人文主義的傾向，以便從中發掘有利於儒學在現代條件下繼續存在和發展的思想資源，尋求儒學在現代社會生活中的定位。

（二）道德本體說——新儒家的終極關懷

現代新儒家從二十年代發軔時期開始，就十分重視闡發傳統儒學的道德本體說，或云道德形上學。張君勱在所謂「科學與玄學大論戰」中就特別強調儒學是解決「人生觀」即確立人的道德「良知」、道德「自主性」的學問；熊十力《新唯識論》對於新儒學的貢獻，首先就在於依照宋明理學家的致思途徑建立了十分精緻的道德形上學，這個道德形上學是以「良知」或「德」為本體的。他說：「良知，即《新論》（指《新唯識論》）所云『性知』。故《經》言，『致知在格物』，正顯『良知』體萬物而流通無閡之妙。」又說：「《新論》言本體眞常者，乃克就本體之『德』言……曰：『眞常者』言其德也。德有二義：德性，德用。曰寂靜、曰生生、曰變化、曰剛健、曰純善、曰靈明，皆言其德也……談本體者，從其德而稱之，則曰眞常，非以其為兀然凝固之物、別異於變動不居之現象而獨在，始謂之眞常也。凡讀《新論》者，若不會此根本義，雖讀之至熟，猶如不讀。」（《十力語要·答牟宗三》）此後，牟宗三及其弟子正是根據熊十力的道德形上學加以發揮，而著重強調儒學的「內在道德性」或「道德的主體性」，並歸納爲儒家「內聖成德之教」。正如當代新儒家劉述先所說：「儒學的精粹本來是一種內聖之學」、「新儒家最重要的是建立一個『終極關懷』，即把你的生命安頓在什麼地方」。（見劉著《中國哲學與現代化》，頁八五，臺灣時報出版公司，一九八三年版；〈思想文化危機還是現實危機——劉述先談大陸思潮傳統文化與現實政治〉，香港《九十年代月刊》，一九八八年四月號。）而這個「安頓生命」的「終極關懷」，也就是「內在仁心」的親切體證，儒家道德的圓滿實現。

(三)開出「新外王」說——民主、科學是儒學道德主體精神「自身發展之所要求」

現代新儒學一般都承認以儒學爲主體的中國傳統文化「缺乏西方近代民主制度與西方之科學，及現代之各種實用技術」，但他們認爲，傳統中國文化(儒學)中是有民主、科學的「思想種子」的，而且，民主制度與科學技術，正是中國文化理想自身發展之必然要求，這個「文化理想」是「要使中國人不僅由其心性之學，以自覺其自我之爲一『道德實踐的主體』，同時當求在政治上，能自覺爲一『政治的主體』，在自然界、知識界成爲『認識的主體』及『實用技術的活動之主體』。這亦就是說中國需要眞正的民主建國，亦需要科學與實用技術」(見〈四儒宣言〉），這便是現代新儒家所謂「儒學思想能夠『開出』民主與科學」之說。有的人把這種說法稱之爲「開出新外王」，有的人認爲這種「開出」說是儒家道德的「實踐的必然性」、是「精神生命發展中的必然性」，而非邏輯的或因果關係的必然性。

（四）創造轉化與溝通對話——新儒家的批判精神和包容性

如果說現代新儒家第三代（或新生代）人物較其理論前輩有所前進、有所創造的話，那麼其主要的表現就在於，他們之中雖然有人繼續堅持其前輩的「儒家能開出民主與科學」的命題，但其主流派（以杜維明、劉述先爲代表）卻更富有批判的精神和吸納多元文化的精神。他們主張站在多元文化背景下立體地看待儒家和中國文化傳統以及西方文明的問題，一方面既要批判和拋棄中國文化傳統中那些封建遺毒，又要繼承和發揮傳統儒學和中國文化中那些有價值的、優秀的人文主義的成分，另一方面，對於西方文明，既要深刻地認識、引進和消化吸收，又要嚴正地排拒所謂「歐美陋習」，這就是杜維明在許多演講和論文中所反覆重申的儒學和中國文化現代化的「四大課題」。他認爲這四大課題是立體式的，不能把它歸納或壓縮成「和傳統徹底決裂」、「全盤西化」式的點線，或者是「中體西用」或「西體中用」式的平面，以致陷入「該繼承的不能繼承，該拋棄的不能拋棄，該引進的不能引進，該排拒的不能排拒」的困境，在他看來，解決了這四大課題，也就實現了中國的現代化，也即解決了儒學的「創造性轉化」的時代課題。基於上述的認識——一種強烈的文化和歷史使命感，杜維明還提出了一些發人深思的問題以及理論的命題，例如他提出，由日本和亞洲四小龍所代表的「工業東亞」的興起，是否意味著可以走出一條與西方現代化和蘇聯東歐現代化道路不同的第三種模式的現代化道路？在工業東亞地區，儒家傳統有著強烈影響，它和現代化有著怎樣的關係呢？這是值得深入探討的問題。又如，杜維明曾一再強調通過建立和發展「知識分子羣體批判的自我意識」來發展新儒學並且「轉化政治」、「轉化世界」和推動現代化的問題，以及在多元文化背景下實現現代新儒家與西方知識精英以及新儒學與基督教、佛教、回教對話的問題，這些，都是儒學創造性轉化乃至傳統文化現代化和中國現代化大課題中的重要問題，當代新儒家雖已認識到這些問題的重要性，但還沒有能拿得出可能行之有效的解決方案，或者架構起既超越其前輩又能在廣大的社會實踐層面起實際影響的理論系統。或許我們現在仍然可以說，所謂「現代新儒學」雖然已經形成爲帶有國際性的思潮，但這一思潮仍然只是限於在少數學者或所謂「知識精英」中流行的思潮，仍然只是學者書齋裏或大學講壇上的學問，還沒有成爲眞正能引導社會、掌握民衆的強大精神力量。這也正是現代新儒家需要繼續努力、深入探討的問題。

（原載臺灣《鵝湖月刊》，一九九一年第六期）

論儒學對知識分子性格的塑造及其利弊

中國古代的士——知識分子——創造了儒學，而儒學也對中國知識分子（包括士大夫）基本性格的形成起了巨大影響。中國知識分子的政治操守、道德修養、生活習俗、思維方式、學術風格等方面，可以說無不打上儒學的烙印。儒學對知識分子性格的塑造和影響，最重要也是最基本的方面，乃在於對知識分子政治意識和道德倫理的培養。本文主要從這兩個基本方面展開論述，進而分析其利弊。

一　儒學重視知識分子政治意識和政治性格的培養

儒學對知識分子性格的塑造，首先表現在對知識分子政治意識和政治性格的培養方面。這可從以下三方面進行探討。

(一)對知識分子參政自覺性與責任感的培養

孔子所謂「士志於道」，就是要求知識分子自覺地致力於「王道」政治理想的實踐。孟子所謂「如欲平治天下，當今之世，舍我其誰」，也正是知識分子政治自覺性與社會責任感的體現。這啓發了一代又一代的知識分子的政治覺悟，鼓勵他們為改革弊政、推行仁政而擔負起「平治天下」的重任。儒家主張的知識分子參政，有直接、間接之分。所謂直接參政，即出仕任官，既是「士」，又是「大夫」，致力於化民成俗的仁政實踐。所謂間接參政，即「不治而議論」，通過講學著書形成影響政府政策和社會風氣。而後一種方式甚至是經常的和主要的。如齊國稷下之士、明末東林黨人及宋、明、清時代的民間講學之士，都主要是通過間接形式干預政治的。特別是當國家遭遇重大變故、動亂時期或個人遭受政治挫折時，知識分子更多採取講學著書「不治而議論」的形式間接地參與政治。

(二)要求知識分子承擔設計和改造儒家政治理想的重任

儒家的政治理想是「仁政」。但從來沒有在現實政治中得到完美的實現。相反，現實政治總是表現出「殘賊仁義」、違背儒家教義的一面。所以，不同時代的儒家知識分子總是從時代特點出發去修正、完善或重新設計「仁政」的具體內容，以便「補偏救弊」、「撥亂反正」。如孟子、荀子、董仲舒、王陽明、黃宗羲、康有爲等，都自覺地承擔了改造社會的歷史重任。其所採用的方法，往往是「托古改制」、美化三代的方法，其目的則是爲了改革現實的弊政。

（三）爲知識分子提供了政治行爲的規範和準則

儒學提倡衞道、殉道的精神，培養了知識分子抵抗專制淫威、成仁取義的高尚氣節和獻身精神。儒家提出「有道則見，無道則隱」的原則，成了知識分子爲堅守大道而靈活地決定政治去就的原則。儒學作爲一種人文主義的政治倫理哲學，關懷的主要課題是社會的治亂、國家的興亡、人生的禍福和道德的盛衰。但現實與理想總是處在衝突之中，所以儒家知識分子培養了一種深切的憂患意識。

一　儒學強調知識分子的道德修養和人格完善

儒學作爲一種道德哲學，要求整個社會在「五倫」秩序下求得和諧，要求個人把道德修養和人格完善放在至高無上地位，所謂「自天子以至於庶人，一是皆以修身爲本」。而對於「志於道」、「仁以爲己任」的儒家知識分子來說，儒學的道德要求就更高、更神聖了。表現在如下三方面：

第一，儒學提倡的「修己治人」、「內聖外王」，成爲知識分子致力道德修養、期待人格完善的人生目標。

儒家之「道」的內容可分爲兩個方面，一方面是「修己」的「內聖」，另一方面是「治人」的「外王」。兩個方面有機地聯繫著，其爲道次序是修己而後治人，內聖而後外王。誠如孔子所云：「修己以安百姓」；孟子所云：「修其身而天下平」；《大學》所云：「心正而後身修，身修而後家齊，家齊而後國治，國治而後天下平」；《中庸》所云：「知所以修身，則知所以治人；知所以治人，則知所以治天下國家矣」。

至宋明儒家大倡心性之學，強調「存天理，滅人欲」，遂在知識分子中造成一種風氣，即在實際上更重視「內聖」的「修己」工夫，而輕視「治人」的「外王」事業。如朱熹曾說平生所學，惟有「正心誠意」四字。王陽明也說：「學者學聖人，不過是去人欲而存天理耳！」並提出了「破山中賊易，破心中賊難」的名言，爲後代儒家知識分子所反覆強調，足見其重視個人道德修養勝於政治實踐。

第二，儒家提倡「執其兩端用其中」、「君子而時中」的「中庸」之道，不僅成爲知識分子的道德準則，而且成爲其處世接物的思想方法。

「中庸」理論是由孔子首先提出，而由後世儒家加以系統化、完善化的。其內容有三：一是講「中庸」是君子應當具備的至善至美之德，所謂「中庸之爲德，其至矣乎！民鮮能久矣」、

「君子中庸，小人反中庸」；二是講君子要達到「中庸」的道德境界，必須通過自覺的、艱苦的修習。如孔子自稱「擇乎中庸而不能期月守也」，說顏淵「擇乎中庸，得一善，則拳拳服膺而弗失之」等等；三是揭示了「中庸」的基本內容、基本精神，並以之爲君子修德的方法和處世接物的思想方法。

孔子是在兩種意義上講「中庸」的：當他說「中庸之爲德，其至矣乎」時，是把「中庸」作爲「中和之道」的代名詞的；當他說「君子中庸」、「擇乎中庸」時，是把「中庸」作爲一個動賓結構的詞組，意爲「以中道爲用」、「合於中和之道」。今傳《中庸》前三章所謂「致中和」、「時中」與「中庸」的含義基本相同，即要求達到中和之道，合於中和之道。

「中庸」之道的基本精神，就是要求君子（主要是指知識分子）在自我道德修養以及處世接物中堅持客觀的、不偏不倚、不走極端的立場。如達到「溫良恭儉讓」，反對「意、必、固、我」，是個人道德修養的中道；「君子惠而不費，勞而不怨……威而不猛」，「己所不欲，勿施於人」，是修己待人的中道；「天下有道則見，無道則隱」，「可以仕則仕，可以止則止」，「居上不驕，居下不倍」，「執其兩端，用其中於民」，是處世爲政的中道；「無過不及」，「允執其中」，「和而不同」等原則，則是儒家要求於「君子」的普遍修養原則和思想方法了。

儒學提倡的「中庸」之道，儘管是很難達到的理想境界，但歷代以道自任的知識分子深受其影響和薰陶，主觀上不但信其言，而且力求見於行，在道德修養實踐中努力使自己合乎中道，做一個「中行之士」，這也成為儒家知識分子的一個傳統了。

第三，儒家提倡「學而時習」、「格物致知」和「知行合一」，培養了知識分子好學深思、重視道德實踐的性格。

儒學中從來沒有如同道家那樣的「絕聖棄知」、「絕學無憂」思想主張，而是重視知、重視學、更重視知行合一、學以致用的。

孔子雖認為「知者」不如「仁者」，但他是主張「知、仁、勇」三德兼備的，主張「學而時習」、「學而知之」、學思兼具。

孟子主性善，荀子主性惡，立論雖異，但都一致強調後天學習、教育對人性改造的重要意義。孟子以「仁、義、禮、智、聖」為常道，荀子及漢儒皆以「仁、義、禮、智、信」為常道，智(知)是五德之一。

《大學》及宋儒均以「格物致知」為達到人格完善、掌握「修己治人」之道的起點，可見其對知識學習的重視；《中庸》以「博學之，審問之，愼思之，明辨之，篤行之」作為達到「人道」的必由途徑；王陽明提出「知行合一」，強調的是德性之知和道德踐履。

儒家固然重視「知」和「學」，但「知」的內容主要是「內聖外王」之道，「學」的目的是為了化民成俗、平治天下。如《禮記‧學記》所說：「君子如欲化民成俗，其必由學」、「古之王者建國君民，教學為先」；如子夏所說：「君子學以致其道」；荀子所說：「君子之學也以美其身」；揚雄所說：「學者，所以修性也」，「君子之學也，爲道；小人之學也，爲利」等等。因此，使儒家知識分子造成了一個爲完善人格、參與政治而學習知識的傳統，其所求之知、所學之理偏重於人文科學，而忽略自然科學知識的學習和應用。這是儒學致知、爲學理論影響知識分子求知性格和知識結構的反映。

三 儒學影響知識分子性格的利弊分析

儒學是一種人文主義哲學，而不是宗教。它所追求的終極目標，不是虛無飄渺的彼岸世界，不是求得人生苦難的永遠解脫，也不是消極無爲的避世主義，而是立足於現實的社會和人生，號召人們以積極態度改革現實世界的弊端，清除人性中的邪惡成分，以使人類社會達到和諧美好。所以，由儒學造就出來的知識分子，既有理想主義的一面，又有現實入世的一面，而其現實入世的性格是占主導地位的。這對消除社會積弊、推動社會進步無疑是能起積極作用的。在中國歷史上，未聞有爲社會、爲人民興利除弊的佛老之徒，卻不乏憂國憂民、爲改革弊政而獻身的儒家知識分子。這是儒學影響知識分子性格的正面價值。

儒學培養了知識分子的政治意識和社會責任感，要求知識分子自覺擔負起平治天下的重任，並爲知識分子提供了一整套政治行爲的準則和規範，從而形成了中國知識分子參政、議政的優秀傳統和衞道、殉道的獻身精神。特別是政治腐敗、社會大動亂時代，或者國家民族面臨生死存亡的危急關頭，一些以天下爲己任的儒家知識分子用自己的生命和熱血譜寫了理想主義、愛國主義的贊歌，對於維繫民族文化傳統、捍衞社會正義起到了積極的歷史作用。這是儒學影響知識分子性格的又一正面價值。

儒學強調個人道德修養，要求知識分子修身正己，追求人格的完美至善，這對於維持人際關係的和諧，救治道德墮落之弊、端正社會風俗也是具有積極作用的。

但是，儒學所給予中國知識分子的影響是具有兩重性的，既有正面的價值，也有負面的價值，儘管在不同時代、不同個人身上，其正面和負面的影響情況表現不一，程度各異，但一般地說，儒學對知識分子所起的消極影響始終是存在的，現舉以下三點以資說明：

第一，儒學提出的「天下有道則見，無道則隱」的政治去就原則，固然有守道不移、抵制專制淫威的一面，但畢竟是消極的抵制，有著明顯的廻避邪惡、明哲保身的傾向。這是造成儒家知識分子軟弱性格甚至是政治投機主義的理論根源。

第二，儒學的道德哲學實質上是倫理本位主義，過分強調個人的社會義務而忽視個人的權利，這很容易被專制統治者所利用，而成爲壓制人性正常發展和合理需要的道德桎梏。其對知識分子的性格，也具有扭曲的作用，使知識分子在維持「五倫」秩序的道德義務下成爲專制政權的工具。這或許是中國知識分子缺乏羣體批判的自我意識的一個重要原因吧！

第三，儒家的知識論，儘管也強調「博學，審問，愼思」，並不排斥對自然科學知識的追求和掌握，但它從本質上說是一種道德知性而非科學知性，它所重視的知識和學問，主要是有關政治、道德的人文知識，而且其學習目的主要是爲了「修己治人」、「平治天下」的需要。因此在知識分子中造成了一種重仁義、輕功利，重人文、輕科學的傳統性格及片面的知識結構。這勢必妨礙科學知識的普及和提高。這是中國知識分子難以形成科學羣體的原因之一，也是造成中國科技落後的一個文化原因。

儒學對知識分子性格的影響，在今天依然廣泛地存在並起著作用，其正面或負面的價值也時時表現出來。作爲一個現代知識分子，應當清醒地認識其利弊，發揚其積極因素，而克服其弊端。如果儒學在現代以及未來世界的多元文化結構中仍要扮演一個重要角色的話，就需要對其內涵、結構和功能重新作出全面的反思和檢討，並進行根本性的改造。

黑格爾說過，歷史上沒有一種哲學「被消滅了」。儒學自不例外。在我看來，當代及未來的世界，是多元文化共存並進、互相競爭、互相影響的時代，儒學將能夠也應當在多元文化結構中扮演一個重要角色。因此，儒學將不會被掃進「歷史垃圾堆」，而將在批判性的改造中獲得新生。這項改造傳統儒學、創造儒學新觀念、新結構的任務，自然落在海內外以革新儒學爲己任的知識分子身上。而知識分子也將在吸收西方現代新文化、改造中國傳統舊儒學的歷史過程中獲得一種「革故鼎新」的羣體性格。

（作者附記：本文係作者提交「新加坡國際儒學討論會」的論文提要，故引文大多未注出處，尚祈讀者鑒諒。）

（原載《天津社會科學》，一九八九年第一期）

儒家思想的基本特點與發展前景

儒家思想，或曰儒家哲學，在其兩千餘年的發展史中，儘管遭遇到種種責難和批判，受到各種非儒家思想特別是外來文化的多次衝擊，但最終並沒有被打倒、批臭，並不像墨家、名家那樣消失在秦漢以後的文化舞臺上。相反，儒學在面對時代的挑戰和各種非儒家文化的衝擊時，表現了極大的因應能力和頑強的生命力。時代的變遷、外來文化的衝擊，並沒有能把儒學「掃進歷史的垃圾堆」，而只是爲儒學注入了新血，使之在吸收、消化新的思想養料的情況下改變了具體的理論形態，而儒學的基本精神並沒有變，眞可謂歷萬古而常存常新。今天，人們已經普遍地承認：儒學已不僅僅是中國傳統文化的主流，而且其影響早已超出中國國界，成爲東亞、東南亞許多國家人民的共有精神財富。例如在日本、韓國、新加坡、泰國乃至印尼、馬來西亞等回敎國家，儒家思想仍在很大程度上影響著人們的思想和行爲。特別是新加坡，近年來不僅積極鼓勵學者研究儒學，而且在社會上推廣儒家倫理敎育。最近，政府領導人還提出了把儒家基本價値觀昇華爲「國家意識」的問題❶，由此也可看到儒學在亞洲現代國家中影響力的增長。

那麼，儒家思想有些什麼特點、它的發展前景如何呢？本文試就這一問題提出自己的看法，以就教於方家。

一 儒家思想的基本特點

在如何認識和評價儒家哲學的基本特點這個帶根本性的問題上，當代儒家、反儒家和客觀評價儒家的學者存在著各種不同認識，茲將幾家有代表性的意見引述如下：

被學術界公認爲「現代新儒家」之第一代代表人物的梁漱溟先生（一八九三～一九八八年），在一九八五年舉辦的北京中國文化書院首屆文化講習班的講演中說，他從二十九歲到九十二歲（一九二一～一九八四年），寫了五本「比較拿得出手」的書，卽一九二一年出版的《東西文化及其哲學》、一九三一年出版的《中國民族自救運動之最後覺悟》、一九三六年出版的《鄉村建設理論》、一九四九年出版的《中國文化要義》、一九八四年出版的《人心與人生》。在這五本書中，第一本書裏邊的「一些基本觀點，迄今對我來說還是有用並起著影響的……這本書的結論

❶ 參閱〈儒家基本價值觀應昇華爲國家意識〉，新加坡《聯合早報》，一九八八年十月二十九日頭版頭條報導。

中，我是很推崇儒家──以孔子爲代表的儒家。可惜其中講錯了的話很多。因此，現在看上去還可以代表我的思想和見識的是《中國文化要義》、《人心與人生》兩本書。」❷但若從哲學的觀點看來，最能代表梁先生思想的，恐怕還是《中國文化要義》這本書。

在《中國文化要義》一書之〈緒論〉中，梁先生列舉出中國文化的十四大特徵，即：⑴廣土衆民；⑵偌大民族之同化融合；⑶歷史長久；⑷有一偉大力量蘊育於其中（其力量何在暫指不出，但非科學、經濟、軍事、政治力量）；⑸歷久不變底社會，停滯不進底文化；⑹幾乎沒有宗敎底人生；⑺家族制度根深柢固；⑻學術不向著科學前進；⑼民主、自由、平等要求不見提出，法制不見形成；⑽道德氣氛特重；⑾中國人以天下觀念代替國家觀念，中國非一般國家類型之國家，而是特殊的超國家類型；⑿自東漢以降爲無兵底文化；⒀孝在中國文化上作用至大，地位至高，可謂爲「孝的文化」；⒁隱士與中國文化有相當關係。梁氏又列舉中國「民族品性」的十大特點作爲佐證：⑴自私自利；⑵勤儉；⑶愛講禮貌；⑷和平文弱；⑸知足自得；⑹守舊；⑺馬虎；⑻堅忍及殘忍；⑼韌性及彈性；⑽圓熟老到。

---

❷ 梁漱溟，《中國文化要義》（講演錄音整理稿），載《論中國傳統文化》（《中國文化書院講演錄》第一集），頁一三五，北京三聯書店，一九八八年一月。

《中國文化要義》一書就是圍繞著上述中國文化❸之十四特徵和「民族品性」之十大特徵展開解說和論證的。在論證中，梁氏又特別強調了「中國人缺乏集團生活」（第四章）、「中國是倫理本位底社會」、「以道德代宗教」（第五、六章）、「循環於一治一亂而無革命」（第十一章），並以「理性早啓，文化早熟」（第七、十二、十三、十四章）爲中國文化的總特徵，認爲蘊育於中國文化的「偉大力量」正是「理性的力量」，中國的偉大「原只是理性的偉大」，然而「中國的缺欠，卻非理性的缺欠（理性無缺欠），而是理性早啓，文明早熟的缺欠」（見該書〈結論〉）。而這種偉大的理性力量，在梁先生看來就是「認識了人類之所以爲人」的儒家精神——儒家的「理性至上主義」（第七章〈理性——人類的特徵〉）。

今天看來，梁氏著作中自有不少錯話，又有許多十分精闢的見解。在此，筆者不準備對梁氏的理論是非作出具體的評價，而只想指出一個簡單的事實：自從梁氏著作出版後，無論是馬克思主義的擁護者，還是傳統文化的擁護者，都一致認爲梁漱溟是現代新儒家的理論代表。還有一個

❸ 梁先生是從廣義上理解「文化」的涵義的，正如他在《中國文化要義》（臺灣正中書局，一九八一年版）第一章〈緒論〉所說：「俗常以文字、文學、思想、學術、教育、出版等爲文化，乃是狹義底。我今說文化就是吾人生活所依靠之一切……文化之本義，應在經濟、政治乃至一切無所不包。」則其所謂「文化」者，接近於通常所謂之「文明」概念。筆者不採梁氏的廣義文化概念，而以文化與政治、經濟、軍事、法律相對，即梁氏所謂狹義的文化概念，主要是作爲觀念形態的文化如哲學、宗教、科學、文化、教育等。

十分有趣的現象是：在近年來中國大陸興起的文化研究熱中，許多人（包括筆者）都重讀梁氏著作，重新評價其思想，而那些反儒家的學者，卻也是從梁氏著作中找到依據、敷衍成論的。例如包遵信先生的「儒家倫理本位主義阻礙中國現代化」論，金觀濤先生的「中國封建社會是超穩定結構」論，不正可以從梁氏著作中找到影子嗎？

當代新儒家的第二代理論代表牟宗三先生認爲，儒家哲學是與「以知識爲中心」的西方哲學不同類型的「生命哲學」。儒學以「生命」爲中心而展開其教訓、智慧、學問與修行，它給人類決定了一個終極的人生方向。儒家哲學的基本特徵是「特重主體性與內在道德性」。他說：「中國思想的三大主流，即儒、釋、道三教，都重主體性，然而只有儒家思想這主流中的主流，把主體性復加以特殊的規定，而成爲『內在道德性』，即成爲道德的主體性。」❹

當代新儒家的另一代表唐君毅先生則將儒家思想概括爲「人文思想」或「人文精神」，而以墨家爲「次人文」、道家與佛教等宗教爲「超人文」、法家與馬列主義爲「反人文」的思想。他對「人文思想」、「人文精神」的定義是：「我們所謂人文的思想，即指對於人性、人倫、人道、人格、人之文化及其歷史之存在與其價值，願意全幅加以肯定尊重，不有意加以忽略，更絕

❹ 牟宗三，《中國哲學的特質》，臺灣學生書局，頁四～五，一九八二年。

不加以抹殺曲解，以免人同於人以外、人以下之自然物等的思想。」❺在他看來，儒家思想，特別是孔孟原儒和宋儒的思想特點，在於肯定和弘揚了普遍存在於人性中的內在「仁心」與「德性」的價值。

當今既非新儒家又非教條主義者的哲學家李澤厚先生則堅持「儒家人道主義」的說法。他認爲儒家哲學主要是「政治論的社會哲學」，儒家所講「修齊治平」是「以修身爲根本基礎，這好像是道德主義，其實是民族社會的政治產物」❻；他又把儒家乃至中國傳統思維方式稱之爲「實用理性」，認爲「中國的思維乃至中國文化都與實用的東西聯繫得比較密切。……實用理性以儒家爲主體，其他各家也是」❼。但他在《華夏美學》一書中則更強調「儒家人道主義」的「道德主體性」特點。他從美學和倫理學的角度解析孔孟儒學的特點時認爲：「孔子給予禮樂傳統以仁學的自覺意識，孟子則最早樹立起中國審美範疇中的崇高：陽剛之美。這是一種道德主體的生命力量。」❽在孟子「善養浩然之氣」的命題中，「道德主體的理性即凝聚在自然的生理中，而成

---

❺ 唐君毅，《中國人文精神之發展》，頁一七～二〇，臺灣學生書局，一九八三年。筆者基本同意唐氏以儒家思想爲「人文思想」的觀點，但他有關人文、次人文、超人文、反人文的定義則是值得商榷的，因與本文所論主題關係不大，恕不詳加討論。

❻ 李澤厚，〈中國思想史雜談〉，載《復旦學報》社科版，一九八五年五月。

❼ 同上。

❽ 李澤厚，《華夏美學》第二章「孔門仁學」，新加坡東亞哲學研究所，頁三九、五六～五七、六一～六二，一九八八年。

爲『至大至剛』、無比堅強的感性力量和物質生命……道德的理性即在此感性存在的『氣』中。這正是孔孟『內聖』不同宗教神學之所在，是儒家哲學、倫理學、美學的基本特徵。」❾

令人頗感興趣的是，中國大陸最激進的新儒家批判者包遵信先生與香港最積極的新儒家衞護者劉述先先生開展了一場有關儒家、新儒家與現代化、後現代化問題的論戰，其中也涉及到儒家思想的特點及其功能作用問題❿。包遵信把儒家思想作爲「倫理本位主義」的「文化價值系統」加以批判。他認爲「儒家的倫理本位主義，不承認對科學探求的獨立價值」，它的「知識結構和求知方法，同現代科學根本不相容」；因爲「儒家把人從日常生活到社會生活的一切活動都倫理化，人的獨立人格完全消融在尊卑、長幼、貴賤的名分中，倫理綱常的實踐成了人生的價值意義和最終目的。這種倫理本位主義就是儒家傳統的基本特徵。我們說儒家傳統不適應現代化，指的就是儒家倫理本位主義的價值系統與現代化是逆向的精神力量，不是說這個觀念那個觀念」⓫。他還說，儒家哲學「沒有解決人的創造主體性和人格獨立性」，因爲它「把人放在人倫關係的網

❾ 同上。

❿ 包、劉二先生的論戰涉及了一系列重要問題，需作專題評述，本文只徵引其有關儒家思想特點的主要觀點。

⓫ 剛健，〈新儒家與現代化——訪包遵信〉，載《光明日報》，一九八八年六月十六日「學者答問錄」。類似的論斷在包遵信的〈儒家倫理與亞洲四小龍——「儒學復興說」駁議〉（載香港《明報月刊》，一九八八年十一月號）等論文中作了反覆強調。

上」，它是「封閉的非批判性的哲學體系」、「以倫理學呑併了認識論」、「科學技術被排斥在學問的視野之外」，「儒家所講的『道』，既非超越的本體抽象，也非客體的本質規律，而是政治倫理的最高原則」，因此他的結論是：儒家思想既不能適應現代化，更不能療治「後現代化」的弊端，要搞現代化，就「必須批判儒學，超越傳統」⑫。

劉述先在直接反駁包遵信的文章中對包氏有關儒家思想特點及其對現代化的「不適應性」的論點雖沒有作出正面的批判與回應⑬。但他在另一些文章和著作中曾討論過這一問題。例如在《中國哲學與現代化》一書之「儒家思想的現代化」一節中說：「儒學最中心的本質不外乎內在仁心的親切體證，由這裏推擴出去，乃可以體現到天道的生生不已、神化不測。有了這樣的體驗，自然而然可以感覺到此生無憾，吾道自足。」⑭他認爲中國文化最可貴的價值是人文精神，而儒家正代表了這種精神，「它宣揚的中庸之道，恰正是西方文化最缺少的東西」，並認爲「儒家的精粹本來是一種內聖之學」⑮。在評論大陸當前思潮的一篇訪談錄中指出：「儒家的傳統

⑫ 包遵信，〈儒家思想與後現代化——與新儒家商榷〉，載香港《明報月刊》，一九八八年七月號。
⑬ 劉述先，〈論儒家思想與現代化、後現代化的問題——答包遵信先生〉，載《明報月刊》，一九八八年八月號。
⑭ 劉述先，《中國哲學與現代化》，臺灣時報出版公司，頁六五、七一、八五，一九八三年。
⑮ 同上。

是：孔孟認爲人有內在的泉源，進一步發揮爲社會倫理的網絡，這是儒家思想的精華」⑯，然而「新儒家最重要的是建立一個『終極關懷』，即把你的生命安頓在什麼地方」⑰。當然，劉述先與牟宗三、唐君毅等老一代新儒家有著很大的不同，即他在肯定傳統儒學的本質的同時，也認眞分析了儒學的局限；在肯定新儒家對生命價值的終極關懷的同時，也看到了它吸納西方民主與科學思想的困難，因此，他特別強調對傳統思想作新的解釋，作「脫胎換骨」的改造和創造性的轉化。

從以上引述中，我們可以看到：當代新儒家、非儒家、反儒家學者在關於儒家思想的特點和作用問題上，看法各不相同，即使在新儒家內部，各人見解也有很大的差異，是很難「一言以蔽之」的。但比較起來，在如何說明儒家思想的基本特點這個問題上，還是牟宗三先生講得比較清楚，也比較能自圓其說。其他各家看法，如梁漱溟雖然講了那麼多，雖然有的也講得很精闢，卻往往是自相矛盾甚至不著邊際的。筆者既非新儒家，也非反儒派，只是力求以客觀的研究態度，以批判的發展的觀點來考察一下這個問題。下面，擬從四個方面談談自己對儒學特點的認識。

---

⑯ 李怡、方蘇，〈思想文化危機還是現實危機——劉述先談大陸思潮、傳統文化與現實政治〉，載香港《九十年代月刊》，一九八八年四月號。

⑰ 同上。

(一)以人生為對象道德為本位——道德主體性特徵

我認為，儒家哲學之最根本的特徵就是確立了道德的主體性，從而使儒學成為既不同於西方知識論，也不同於中國道、法、佛諸家的一種道德人文主義的哲學。

從哲學發生學看，一切哲學都起源於人們對自然、人生及人與自然關係的理性思考，而這種理性思考都是受當時當地的人類物質生產和物質生活條件制約的。在上古社會中，人類生產力水平很低，物質生活條件也極惡劣，所以人類對人與自然的觀察和思考都不免充滿著對超人力的自然力量的恐懼和崇拜，這是產生宗教意識的客觀根源。但隨著生產力的提高、生活條件的改善，人類對自身能力的認識日益增多，自信心不斷增強，理性思維的水平也不斷提高，從而日益減少對自然力的盲目崇拜，而從自身的經驗中提煉出一套認識世界的方法和理論。從某種意義上說，哲學是在逐步擺脫盲目崇拜自然力的原始宗教意識的過程中誕生的。

然而人類的不同族羣生活在不同的區域，所處自然環境不同，賴以生活的自然資源及取得生活資料的條件和手段不同，從而也構成了人與自然，人與人之間的不同關係，因而生活在不同地區的族羣所可能產生的宗教意識和哲學觀念也就會有不同，況且每個哲學家個人的天賦氣質、生活經歷和所受文化教育的情況各不相同，自然就形成了各具特點的哲學形態了。這也許可以從一個方面來解釋東西方哲學何以從一開始就形成了不同的特點和模式的原因。

例如古希臘人，他們生活在城邦國家之中，商業和貿易比較發達。貴族生活悠閑自在，貴族知識分子能在比較自由安定的環境中從事理論的思辨和文化創造工作。古希臘的哲人不像中國先哲那樣時時有一種解答社會人生問題的迫切感和憂患感，而比較注重於對宇宙空間的純理性思辨，注重於知識的求眞。城邦國家的建設促成了幾何學的發展，幾何學的成就又爲哲學家提供了思維的依據和方法。所以，古希臘哲學家創立了獨特的邏輯學、辯證法和原子論哲學是不足爲怪的。記得羅素在其著名的《西方哲學史》一書中說過：希臘人的上帝是一個建築師而非造物主，而猶太人的上帝卻是全能的造物主。柏拉圖的神是幾何學家。後代各種宇宙論大多淵源於古希臘的自然哲學。我覺得羅素的說法非常有道理。西方哲學之重思辨、重科學、重知識的傳統特色，大體是從古希臘哲學中繼承和發揚起來的。

而中國哲學特別是儒學的形成及其特點，則應從周代和春秋戰國時代的社會歷史背景中找原因。我們知道，殷商統治者是很迷信「上帝」和「天帝」的，但是，周人通過「修德」，爭取了民心，壯大了力量，最終乃至以武力使「小邦周」取代了「大國殷」，使「天命」轉移到周天子身上。這就使周人認識到「不敬厥德，乃早墜命」（《尚書·召誥》）和「皇天無親，惟德是輔。民心無常，惟惠之懷」（《尚書·蔡仲之命》）的道理，以爲只有敬德愛民，才能永保天命。所以，周人的「以德配天」觀念是從歷史變化中得出的教訓，這是天命下貫於人事、哲學思維擺脫宗教意識的第一步。周建立後，按血緣關係之親疏分封諸侯，建立了宗法制爲特點的「封建」社會。而這種制度正是中國古代家族制度的擴大。周天子是最高的家長，各諸侯國君下至卿大夫、士、庶民則是大大小小的家長和子民。這就需要某種倫理和道德觀念來維繫這樣的宗法社會，於是，「禮」、「孝」等觀念由此而生。

周人雖有了「以德配天」的思想，但他們更多的還是停留在「敬天畏命」的外在超越意識的層次上，或停留在改進人事的事功層面上，還沒有更深地思考「德」何以生、何以能與天道（天命）遙相契合的問題，卽沒有眞正把握住人的內在主體性的問題。他們雖然建立了一套以血緣為紐帶的宗法制度和維繫這種制度的「禮」和「孝」的觀念，卻還沒有自覺地爲這一制度及其人際關係提供一個穩固的道德基礎，卽建立一個系統的倫理道德觀。這一任務是由孔子開創的儒家學派完成的。

孔子及其弟子生在春秋末世天下大亂的時代。當時，周天子的權威日益削弱，各諸侯國君甚至卿大夫的權勢日益增長，出現了「禮崩樂壞」、「禮樂征伐自諸侯出」的「天下無道」（《論語・季氏》）局面，這反映了原有血緣關係疏離、宗法制度瓦解的趨勢。孔子要撥亂反正，不能不從理論上找出一套用以維繫和調節君臣民之間以及父子、夫婦、兄弟、朋友等家庭與社會人際關係的準則。他提出「君君、臣臣、父父、子子」（《論語・顏淵》）、「君使臣以禮，臣事君以忠」（《論語・八佾》）以及「正名」、「復禮」等理論原則，就都是爲調整人際關係作論證的。

但孔子哲學之最精華、最有生命力的東西，還不在於用「禮」規範社會人際的關係，因爲「禮」的觀念在孔子以前就已產生，而且它畢竟還只是某種外在關係、外在制度的反映，還不足以使之深深地紮根於人的內心，成爲內心自覺的需要。孔子哲學的精華及其對人類思想的最大貢獻，乃在於他發現並論證了「仁」的意義、價值和功能。自從「仁」這一範疇提揭出來以後，便奠定了儒學的根本基礎。此後，無論是那個時代的儒家，沒有一個人能離開「仁」而去建構其思想體系的，否則他便不是儒家了。例如孟子講仁、義、禮、智，荀子講仁、義、禮、法，漢儒講仁、義、禮、智、信，宋儒講民胞物與，王陽明講致良知，譚嗣同講「仁學」，康有爲強調「不忍人之心」，當代新儒家講「終極關懷」，都以「仁」或「仁心」、「仁德」作爲其哲學體系之最基本的或最根本的範疇。道家是不講仁的，所謂「天地不仁，以萬物爲芻狗；聖人不仁，以百姓爲芻狗」（《老子》）。法家迷信嚴刑峻法，而以仁義爲蠹蟲；墨家雖講「仁」，但強調「兼愛」和「互利」，在儒家看來是對「仁」的曲解，是「無父無君」的「小人之仁」。所以「仁」之一字，乃成爲儒家與諸家分途的試金石。

儒家的「仁」這個範疇的建立，不僅溝通了親緣之情的「孝」與規範人際關係的「禮」，而且溝通了人道與天道。因爲在儒家看來，人之所以爲人，乃在於人有「仁心」，「仁心」立基於與生俱來的親緣之情，即「孝」情，故曰「孝悌也者，其爲仁之本與」（《論語・學而》）；「孝」的擴大便是「仁心」的發露，於是有人倫，有五倫，而外化爲指導人際關係的禮儀制度。

人乃天地所生而最爲貴者，故「仁心」又與天地之心相通相應，人倫之道與天地之道相契相合，故孔子有「畏天命」、「知天命」之言，《中庸》有「天命之謂性」之教，《易傳》亦有「天行健，君子以自強不息」之喩，而後儒又有「天人感應」、「天人合一」之說。

儒家關於「仁」的內涵，有種種不同的解說和規定。孔子所謂「仁者愛人」，所謂「克己復禮曰仁」，所謂「忠恕之道」；孟子所謂「善端」和「不忍人之心」；宋明儒所謂「天命之性」，以及「德性之知」和「良知」等等，都是對「仁」的內在意義作道德性規定。也就是說，儒家對於「仁」，既視之爲植根於內心的天然本性，又視之爲向外發露的道德本體。但在儒家看來，「仁心」的發露又不是自然成全的，它需要「智」的輔助，更需要通過自覺的涵養、修習、磨礪的工夫，孔子曾說「智者利仁」、孟子更說「仁且智，聖也」，就指明了「智」對於成仁、成聖的輔助作用，孔子講「克己復禮曰仁」，講顏淵「其心三月不違仁」，講自己「不能期月守(仁)」，就強調了後天修養工夫對於把握「仁」的重要。孟子講「善養吾浩然之氣」、宋儒講「涵養須用敬，進學在致知」等等，其所謂「養」，其實就是「養仁」，「養仁」的工夫也就是道德積累的過程，就是修德成聖的過程。

「仁者人也」(孔、孟皆有此語)，孔子以來的儒家，自從建立「仁」的範疇，揭示出「仁」的涵義、性質和功能，也就建立了哲學的人學。儒家的全部理論和範疇體系，可以說都是以「仁」爲基礎、以「仁」爲核心的。後世種種不同的儒學形態，都離不開「仁」這個最根本的範疇。由此也就決定了儒學這種哲學的人學（我們稱之爲人文哲學）的最基本的特徵。

「仁者人也」，儒學的全部理論，就在於揭示人存在於天地之間的價值，揭示人生的意義及做人的道理。所以，它是以人生爲對象的人文哲學，或者如新儒家所說是「生命哲學」。

儒家所要造就的人，並不是「與禽獸幾希」的自然人或者動物人，而是「仁人君子」，其最高目標是「聖人」；所謂「仁人」、「聖人」者，就是「仁心」充分發露而達到道德滿全的人，也就是道德的化身。所以，儒學這種「人文哲學」所討論的最基本問題是道德問題，是道德的修養和實踐的問題。例如，孔子講「踐仁」，便是實踐道德之仁，孟子的「道性善」、陸象山的「尊德性」、王陽明的「致良知」，其所「道」、所「尊」、所「致」者，即道德之性、道德之知。故宋儒所推崇的《大學》開宗明義第一句所講的「大學之道」，乃以「明明德」爲起點，以「止於至善」爲終點，其所「明」所「止」的過程，就是道德的啓發與達到滿全的過程。《大學》所謂「格致誠正修齊治平」的「八條目」，前五條都是講「內聖」的修己實踐，後三條是講「外王」的治人實踐，但修身與齊家、治國、平天下三者相比，修身是「本」，其餘是「末」。這就是所謂「身修而天下平」的成聖過程。在這個過程中，「內聖」或「修己」是第一位的，即把培養個人的道德人格放在第一位。也就是說儒學所最重視的是人的道德主體性的確立，確立了道德主體性，也就是確立了生命的意義和價值。這正是儒學之最基本的特徵。因此，我們可以說，儒學這種人文哲學，是以道德爲本位的道德人文主義。

(二)「內聖外王」與「經世致用」——實用理性特徵

《莊子·天下》第一次將古之道術概括爲「內聖外王之道」，本來非僅指儒家而言。但是後儒將這一說法接過去，用以概括儒家之道，也說明其概括的準確性。蓋自漢武帝採納董仲舒建議「抑黜百家，獨尊儒術」以後，儘管百家並沒有也不可能眞正被廢黜，但儒學之尊大體上固定下來了。此後除魏唐之間和近代「五四」以後，所謂「天下道術」也幾乎就是儒家「內聖外王之道」了。

實際上，孔子早對儒家的雙重功能作過概括。他在答覆子路問「君子」的問題時層層深入地說，君子應當「修己以敬」、「修己以安人」、「修己以安百姓」，並認爲連堯舜那樣的聖人，都擔心不能完全做到「修己以安百姓」（《論語·憲問》）。這一回答說明孔子心目中的君子之道，首先在於「修己」，即本身的道德修養，所以他曾在另一處贊揚了「古之學者爲己」（同上）的精神。但孔子的君子之道，並沒有停留在「修己」、「爲己」的道德實踐上，而是要擴而大之，去做「安人」、「安百姓」的「外王」事業。程頤對於孔子「爲己」、「修己」之語，作了道德本體論的解釋，他曾說：「『古之學者爲己』，其終至於成物；『今之學者爲人』，其終至於喪己。」又說：「君子『修己以安百姓』，篤恭而天下平。惟上下一於恭敬，則天地自位，萬物自育，氣無不和，而四靈畢至矣。」（朱熹《四書集注·論語注》引）朱熹贊嘆程頤之言「切而要」，他在〈大學章句序〉中，也按此思路把古聖人之道概括爲「窮理正心、修己治人之道」。可見在儒家看來，「修己」與「治人」是相輔相成的兩個方面。

儒家對「道」的實踐，走的是一條從道德實踐到政治實踐的道路。正如《禮記‧大學》在解說「明明德」綱領時所說：

物有本末，事有終始。知所先後，則近道矣。古之欲明明德於天下者，先治其國；欲治其國者，先齊其家；欲齊其家者，先修其身；欲修其身者，先正其心；欲正其心者，先誠其意；欲誠其意者，先致其知；致知在格物。物格而後知至，知至而後意誠，意誠而後心正，心正而後身修，身修而後家齊，家齊而後國治，國治而後天下平。自天子以至於庶人，壹是皆以修身為本。其本亂而末治者否矣！

這正是一個從道德實踐到政治實踐的完整結構。僅此先、後、本、末四字，便道盡了儒家人生目標的全部意蘊。

但儒家對先後本末關係的釐清並不意味著儒學就是一種道德宗教，似乎儒家只熱衷於進入道德的天國而菲薄現實的政治實踐。恰恰相反，儒學是一種既注重道德修養又重視現實政治實踐的實用哲學。且看歷代大儒，從孔、孟、荀、董、程、朱、陸、王到清初的顧、黃、王和清末的譚嗣同、康有為等。那一個不是積極參與現實政治鬥爭、不想在政治上一露鋒芒的呢？即使其政治抱負遭受挫折，他們還不是積極地教授門徒、著書立說以求「以學術干政」或為後人留言留書的嗎？他們的人生實踐就反映了儒家積極入世的傾向，與宗教的出世傾向是大不相同的。如果認眞考察一番儒家「經世致用」思想產生、發展和實際貫徹的歷史，我們就可以揭示出儒學的另一個非常重要的特點。

如上所述，孔子曾將君子之道概括為「修己以安百姓」的模式；他對「仁」的另一種解釋是「己欲立而立人，己欲達而達人」（《論語·雍也》），這已包含著「學以致用」的思想。孟子所提倡的「大丈夫」精神和「窮則獨善其身，達則兼善天下」（《孟子·盡心上》）的理想人格，也就是古代知識分子「以學術干預政治」的傳統性格。他高度評價了孔子著《春秋》的功績，認為「孔子成《春秋》而亂臣賊子懼」（《孟子·滕文公下》）。故漢儒有「《春秋》為後世立法」的認識，並且普遍崇尚以《春秋》決事斷獄，以「五經」指導政策和個人行為的風氣。

至於宋明儒家，雖然越來越表現出將儒學引向「道德本位主義」的傾向，但在另一方面仍很重視「經世」精神、重視儒學在政治人事中的運用。例如二程提出「窮經將以致用」的觀點，批評了那些固守章句之末而不能「達於政事專對之間」的腐儒，指出「學而無所用，學將何為也」

⑱。陸九淵則有「儒者皆主於經世，釋氏皆主於出世」之說⑲。明儒更有「不知經世非學」、「不知考古以合變，非經世之說」（見焦竑《澹園集》卷一四）。至於明末清初，在批判王學末流空疏遊談習氣的學風下，出現了一股強調「經世致用」的實學思潮，尤以顧炎武、黃宗羲的學說最有代表性。顧炎武〈答友人論學書〉曰：

> 竊以為聖人之道、下學上達之方，其行在孝弟忠信，其職在灑掃、應對、進退，其文在《詩》、《書》、《三禮》、《周易》、《春秋》，其用之身在出處、辭受、取與，其施之天下在政令、教化、刑法，在所著之書，皆以為撥亂反正、移風易俗，以馴致乎治平之用，而無益者不談。⑳

顧氏曾嚴厲批判當時「清談」的學風說：

> 孰知今日之清談，有甚於前代者！……不習六藝之文，不考百王之典，不綜當代之務，舉夫子論學論政之大端一切不問，而曰一貫，曰無言，以明心見性之空言，代

⑱《二程集》，頁七一、一一八九，北京中華書局，一九八一年。

⑲《陸九淵集》，卷二，頁一七，北京中華書局，一九八〇年。

⑳《亭林文集》，臺灣商務印書館景印《四部叢刊》本，卷六，頁一三八。

修己治人之實學。㉑

黃宗羲也非常重視「經世應務」的實學，他在〈留別海昌同學序〉中批評心學家和理學家的空談說：

> 今之言心學者，則無事乎讀書窮理；言理學者，其所讀之書不過經生之章句，其所窮之理不過字義之從違……封己守殘，摘索不出一卷之內……天崩地解，落然無與吾事，猶且說同道異，自附於所謂道學者，豈非逃之者之愈巧乎！㉒

黃氏還在〈贈編修弁玉吳君墓誌銘〉中從批判性立場上論證了儒學的「經世」功能：

> 儒者之學，經緯天地。而後世乃以語錄為究竟，僅附答問一、二條於伊洛門下，便厠儒者之列，假其名以欺世，治財賦者則目為聚斂，開閫扞邊者則目為粗材，讀書

㉑《原抄本顧亭林日知錄》，卷九「夫子之言性與天道」條，頁一九五，臺灣文史哲出版社，一九七九年版標點本。

㉒《黃梨洲文集》，頁四七七、二三〇，北京中華書局，一九五九年版。

作文者則目為玩物喪志，留心政事者則目為俗吏，徒以「生民立極、天地立心、萬世開太平」之闊論鈐束天下，一旦有大夫之憂，當報國之日，則蒙然張口，如坐雲霧。世道以是潦倒泥腐，遂使尚論者以為立功建業，別是法門，而非儒者之所與也。㉓

顧黃二氏的觀點是很能代表明清之際實學思潮的「經世致用」特點的。但這股思潮在雍、乾、嘉時期受到壓制，至道光以後隨著民族危機的加劇，才又盛興起來。從龔自珍、魏源中經「洋務派」曾國藩、張之洞，到清末維新派思想家康有為、譚嗣同和梁啓超等，都對儒家的「經世致用」傳統作了新的解釋和發揮㉔。

歷代儒家對儒學「經世致用」精神的重視和總結，正反映了儒學乃至整個中國文化傳統在基本功能上的特徵。李澤厚先生在《中國思想史雜談》中說：「中國的思維乃至中國文化都與實用的東西聯繫得比較密切，所以我把中國思維叫做實用理性。實用理性以儒家為主體，其他各家也是。」他是從中國科技發明講究實際應用而不重視公理、模型和理論抽象的角度以及中國哲學的

㉓ 同上。

㉔ 參見梁啓超《清代學術概論》和《中國近三百年學術史》第一至六、十諸節。

「行動辯證法」特點得出這一結論的。雖然不見得確切，但他指儒家及中國哲學屬於「實用理性」的看法是頗有創見的。我們從上述儒學本身堅持的「內聖外王」、「修己治人」之道和「經世致用」的入世目的可以看到，儒學這種道德人文哲學，一方面要追求道德本身「入聖超凡」式的自我滿全，另方面又必須落實到政治人事等實踐層次上的恰當應用才能使之眞正滿全，這既是儒學從道德實踐到政治實踐的功能發散途徑，也是從內在超越到外在超越、兩者相輔相成的成聖過程。這樣，儒學就使人們的理性思維緊緊圍繞著道德人事而建構其理論體系，它一方面使求善的道德哲學日益發達，而使求眞的知識哲學歸於沉寂，另一方面，由於它畢竟還兼顧著體用兩個方面，所以能在道德哲學指導下建立一套政治哲學原則，而不至於走上純粹的道德宗教的發展道路，然而這一體用關係也就決定了儒家政治哲學必然打上鮮明的道德烙印，並具有明顯的實用性特徵，使之不可能從道德哲學中獲得獨立地位。從這個意義上看，我們又可以說儒學具有道德本位型的「實用理性」特徵。

(三)「天人合一」與「知行合一」——整體一元論的思維特徵

儒家思想在理論形式或思維形式上，表現為整體一元論的思維特徵，或可稱之為「整體觀的思想模式」㉕。

什麼是儒家的「整體一元論」呢？基本上有兩層含義，一是把整個宇宙和人類社會當作一個有機的整體結構，二是這個有機整體結構是以人——歸根結底是以道德爲主體的，客觀世界的運行規律、法則，是可以通過「超凡入聖」式的道德修養心領神會、體驗契悟的，所以儒家的「整體一元論」實質上是「道德本體論」，只不過後一說法還不足以說明儒家的道德觀、人生觀與宇宙觀的有機關係罷了。

儒家「整體一元論」思維模式最典型的範疇概念就是所謂「天人合一」的整體觀念和「盡心知性則知天」的體道途徑。當然並不是所有儒家的思想都是這樣的，如荀況就主張「明於天人之分」（《荀子·天論》）、王充主張「天道自然無爲」（《論衡·自然篇》）、柳宗元主張天人爲二、「其事各行不相預」（《柳河東集·答劉禹錫天論書》）等等，就反映了一個「天人相分」

㉕關於儒家的整體性思維形式特徵，有不少論者作了分析和概括。如林毓生教授認爲是「整體觀的思想模式」、「一元論和唯智論的思想模式」、「封閉的、一元式的思想模式」（見《中國意識的危機》和《新儒家在中國推展民主與科學的理論面臨的困境》）。湯一介教授認爲是「求統一的思維方式」、「是一種沒有經過分疏的總體觀」（見〈從中國傳統哲學的基本命題看中國傳統哲學的特點〉，收入《論中國傳統文化》一書，北京三聯書店，一九八八年版），湯在另一篇未刊稿中認爲儒家「天人合一」觀念具有「直觀的總體觀念」、「絕對的統一觀念」、「無限的發展觀念」和「道德的人本觀念」四種涵義（轉引自杜維明〈論儒家的「體知」——德性之知的涵義〉一文，載《儒家倫理研討會論文集》一書，東亞哲學研究所，一九八七年版。）我認爲林、湯二氏均有發見，但也有自相矛盾、值得商榷之點，故筆者改用「整體一元論」的概括，而摒棄「封閉的」、「唯智論的」、「絕對的」一類修飾性定語。

的思維傳統，這也是他們被後來的「道統」論者排斥於儒學正統之外的原因之一。我們今人分析儒學思想特徵及其內在資源時，不能不考慮所謂儒學「異端」的存在及其對於中國傳統文化的影響。然而儘管如此，儒家的「異端」派並沒有構成儒家的主流，而儒家主流派，如孔、孟、董、韓、程、朱、陸、王的思想模式，則大體是「整體一元論」的思想模式。

「天人合一」的思想，在儒家各家各派的具體理論形式和表達方式各不相同。大略地說，它淵源於周人的「以德配天」的「天命」觀。周人所謂「皇天無親，惟德是輔」、「不敬其德，乃早墜命」的訓教，就是一種以「德」合「天」的思維方式，其間賦予「天道」以道德的意味，具有「天人合一」的朦朧形態了。到了孔子，他提出「知天命」、「畏（敬）天命、畏大人、畏聖人之言」的思想，認爲「天之歷數在爾躬，允執其中」，就進一步發展了周人以德合天的思想，孟子則更明確地提出「盡其心者，知其性也；知其性則知天矣。存其心、養其性，所以事天也」（《孟子·盡心上》）的思想，即主張通過「盡心知性」、「存心養性」的內在道德修養以達到與天道溝通，《中庸》又發揮孟子的思想，提出「唯天下至誠，爲能盡其性；能盡其性，則能盡人之性；能盡人之性，則能盡物之性；能盡物之性，則可以贊天地之化育；可以贊天地之化育，則可以與天地參矣」的主張，《易傳》作者則發揮孔子的思想，提出「『大人』者與天地合其德，與日月合其明，與四時合其序，與鬼神合其吉凶，先天而天弗違，後天而奉天時」（《易乾卦·文言》）的思想，從而形成了先秦原儒的「天人合一」思想。這一思想的形成，實際上是中國古代哲學從客觀主宰性的「天命」、「天道」下貫於人事、人心的進步過程，也是充分發揮人的主觀能動性，通過啓發德性之知去主動把握「天命」、「天道」以達到人與天地相參、贊天地之化育的「天人合一」理想境界的過程。以董仲舒爲代表的漢儒由於吸收了陰陽五行的思想，故使先秦原儒的「天人合一」思想演變爲強調天的意志性的「天人相副」、「天人感應」思想，但董仲舒的「天」實際是人格化的神，是根據人道設計天道的。他的「天人相副」、「天人感應」仍然是以「人道」的修德爲基礎的。宋明儒則不走漢儒的思維程式而返本求原，著重從道德形上學的建設去發揮先秦原儒的「天人合一」思想，他們最重視孟子的「盡心和性則知天」和《易傳》的「人與天地萬物爲一體」的思想，而建立了一套「心卽天」、「心卽理」、「性卽理」的「心性之學」，從而把先秦原儒的「天人合一」思想提高到一個完全確立內在的道德主體性的新境界。就連對理學、心學持批判態度而力圖建立「實學」新體系的王夫之、黃宗羲也無法超越宋儒的天、理、心、性四位一體的「天人合一」論之樊籬。如王夫之曾說：「惟其理本一原，故人心卽天，而盡心知性，則存順沒寧，死而全歸於太虛之本體。……聖學所以天人合一，而非異端之所可溷也。」（《張子正蒙注·太和篇》）黃宗羲則有「盈天地皆心」（《明儒學案·自序》）的著名命題。

總之，從孔孟到清儒，儘管對「天人合一」思想的表達形式各不相同，但他們觀察整個世界的思想方法或思維模式，基本上都是「整體一元論」的模式。這構成了儒家思想在思維形式上的一大特徵。由這「天人合一」思想所引發出來的，是內外之道的統一（「內聖外王」）、理論與實踐的統一（「知行合一」），但這種「合一」或「統一」，從根本上說，是統一於人的道德知性。這個道德知性，就是儒家「整體一元論」的一元之「體」。所以我們可以說，儒家的「整體一元論」思維模式，歸根結底是「道德本體論」。

儒家的「整體一元論」，具有明顯的直觀性、經驗性特點。它是從人自身的道德省察、體悟的經驗出發，去思考整個宇宙、社會、人生與其道德知性的統一性、和諧性的。由此，又決定了儒家思想家和儒學實踐家，非常崇尚道德力量的超越性、無限性，從而表現出「唯德論」（或曰「道德決定論」、「道德萬能論」）的傾向。所謂「萬物皆備於我」、「盡心知性則知天」（孟子語），所謂「自天子以至於庶人，壹是皆以修身為本」、「身修而天下平」（《大學》）等等，都是建立在對道德力量的超越性認識的基礎上看待道德實踐與政治實踐的關係乃至人道與天道的關係的。有人把儒學的「整體一元論」特點看作是「唯智論」或「唯知論」，我認為是不正確的，至少是不準確的。

（四）生生不息與日新精神——開放性特徵

我們說儒學是一種「開放型」的哲學，大體有兩層涵義：一是指儒學在理論結構上不是封閉的循環論，而是開放性的整體觀，它認為人生、社會和整個宇宙都是生生不息、變化日新的，並認爲儒學本身也應當順應時勢的變化而革故鼎新、守常通變；二是從儒學發展的歷史事實看，它不是歷久不變的一具理論僵屍，而是經歷了幾次大的形態更新，幾乎每個大的社會歷史階段都出現了不同於以往歷史階段的新儒學。

自從儒學在春秋戰國之際誕生於世，直到清末爲止的長時期裏，除了非儒家的道家（如老聃）、法家（如韓非）和某些佛教流派對儒學持著基本的或全盤的批判否定態度外，在儒家內部，儘管有所謂「正宗」與「異端」的對立和互相批評，儘管有一些重要思想家（如王充、柳宗元、陳亮、李贄、王夫之、黃宗羲、顏元、龔自珍等）對儒學的不少觀點、人物作過尖銳的批判，但沒有一個是背離儒學的道德人文主義的根本精神而對之作全面的批判或全盤的否定的，否則就不成其爲儒家了。事實上，儒學「異端」對「正宗」的批判，所批判的往往是把儒學教條化、凝固化的教條主義傾向，而不是否定儒學的根本精神和基本價值觀。他們並沒有把儒學視爲「封閉的」、「保守的」思想體系，而其批判本身，又恰恰證明了儒學的「與時遷移」、「因物變化」的開放性特點，證明儒學本身也處在一個生生不息、變化日新的發展過程中，證明儒學本身就具有一種批判的、革新的精神。其實不只是儒學「異端」有這種精神，即使是被列爲「正宗」或列入「道統」的幾位大儒、「純儒」，又何嘗不具有這種批判、革新的精神！例如孟子對於孔子的《春秋》「名分」論，董仲舒對於孟子的「性善」論，宋儒對於漢儒的「天人感應」說和「性三品」說，陸王對於程朱的理氣說和心性論，不都是進行了揚棄性或修正性的批判的嗎？

這也說明儒學本來就不是一種封閉的、停滯不變的思想模式。

把儒家學說看作是停滯不變、僵化凝固、封閉保守、落後反動的思想體系的全盤反儒學思潮，是在二十世紀初期、特別是在「五四」新文化運動前後的反封建政治革命和思想解放運動中逐漸形成的。這一反儒學思潮的出現，有其深刻的、複雜的歷史背景，而且自「五四」以後一直延續至今。這裏暫不細論。我想指出的是，全盤反儒學思潮的基本理論架構，實際上建立在對儒學的如下三點誤解性認識基礎上：一是認爲儒家思想是中國全部傳統文明、傳統制度、傳統文化的主體或主要的代表，因此它對中國落後於西方的歷史局面的出現應負主要的責任；二是認爲中國幾千年的封建君主專制制度和小農經濟制度完全是儒家思想造成的，而這種制度已被近代歷史證明是應當破壞、打倒、瓦解、否定的，因此造成這種制度的儒家思想也自然是保守、落後或反動的，它應當隨同其制度一起被「掃進歷史垃圾堆」；三是認爲儒學的整個理論系統和價值系統是一個有機的、不可分割的整體結構，它是封閉型的、超穩定型的循環論結構，不可能接受和容納新的、非儒學的思想內容，因而應當加以全盤否定。

上述誤解性認識牽涉到對中國全部歷史和現狀的分析和評價問題，牽涉到思想力量與其他社會力量在歷史發展中的地位與作用以及意識形態與政治、經濟、軍事、法律、文化的相互關係等等重大而複雜的問題，我們在這裏不可能作出詳盡的分析和全面的澄清，而僅僅想指出上述誤解性認識的根本性謬誤，乃在於全盤反儒學思潮的倡導者及其擁護者是站在「一元文化決定論」和

「思想決定一切」的錯誤立場上認識歷史發展的動力和複雜多元的社會——文化結構的。

在這裏，筆者不擬一一批駁全盤反儒學論者的錯誤認識，而擬從正面闡明自己對儒學在理論結構上的「開放性」特點的基本見解。

首先，正如我們在上文談到儒家的思維特徵時所承認的，儒家的世界觀或云宇宙觀，具有「整體一元論」的特徵，或者說是整體觀的思想模式，這種整體觀有其直觀性、經驗性的局限。但我們所說的儒學「整體一元論」與反儒學者把這種整體觀完全看作整體內的「各個元素相互牽連，一損俱損，一榮俱榮」的封閉性系統的看法㉖是根本不同的。我們認爲，儒學的整體觀儘管有其局限，但它是把「天人合一」的宇宙整體看作是一個生生不已、變化日新的辯證運動的過程

㉖ 參見〈文化討論的命運——兼與杜維明先生商榷〉，載《復旦學報》，一九八六年第三期。在一九八五至一九八七年間的東西文化討論中，有不少對中國文化傳統略知皮毛的年輕學人，曾多次反覆地、勇敢地宣判中國傳統文化特別是儒家文化的死刑，聲言中國傳統文化和儒家哲學是「封閉性文化」、「支離破碎」的理論形態，是「封閉、保守、狹隘」的民族心理的禍根，是「粗糙、模糊、直觀」的思維模式，甚至誣之爲把「動物的邏輯」變成「人的邏輯」（引自〈中國文化發展的必經之路〉，載《光明日報》，一九八六年五月十二日；〈傳統文化的封閉性及其時代特徵〉，同上，五月二十六日）等等，有人竟公開宣言「我們就是要全盤否定傳統文化」、要與之「徹底決裂」。這純粹是無知狂言，或者是某種憤怒情緒的扭曲性發洩。對此，我們毋需多作批駁，僅「錄此存照」而已。

的，因而是開放性的整體觀。

就以天道觀爲例。儒家的天道觀確是強調「天人合一」的整體觀。但除了董仲舒等漢儒之外，儒家所說的「天」和「天道」都不是人格神，而是一個生生不已、化育萬物的無限的宇宙。孔子說「天何言哉？四時行焉，百物生焉，天何言哉！」（《論語・陽貨》）的天，就是一個生生不已的自然之天。他講「知天命」、「畏天命」，雖沒有完全擺脫殷周天命觀的宗教意味，但其所知所畏（敬）者，是天道生生不已之德，是化育萬物的「仁心」。人在天地間的作用，是自覺地充分地把握內在具有的仁心，以契悟天道之生德，以實現「修己安人」、「贊天地之化育」的人生價值。孔子的這些基本思想，由孟子、荀子、《中庸》、《易經》和《禮記》作了創造性的繼承和發揚。孟子比孔子更強調發揮人的主觀能動性，實踐其「盡心知性則知天」的體道途徑。荀子雖有「明於天人之分」的主張，但他無非是著重強調了天道的自然本性和人的主觀能力，而並不否認天道之「生」德，所以，他又從「天地生之，聖人成之」（《荀子・富國》）、「制天命而用之」、「應時而使之」（〈天論〉）的角度肯定了「人與天地相參」的「天人合一」思想。而《易傳》所說的「生生之謂易」、「天地之大德曰生」、「天行健，君子以自強不息」等等，所強調的是天道的生德和人對生德的把握和實踐。《中庸》所謂「誠者天之道也；誠之者人之道也……從容中道，聖人也」、「唯天下至誠……可以贊天地之化育，則可以與天地參」、「至誠無息，不息則久」，《禮記》中記孔子答魯哀公問「君子何貴乎天道」說：「貴其不已。」

如此等等，都是肯定了「天道」是不停地運動變化、生育萬物的大德、盛德，而人是可以參贊天道生生之德而成就其事功的。這不正說明儒家的天道觀及其「天人合一」思想是開放性的而不是封閉性的嗎？

儒家的「天人合一」天道觀在強調生生不已之大德的同時，十分重視變化日新精神，而這也是儒學的德目之一，例如《易・繫辭上》說：「日新之謂盛德，生生之謂易。」《易・大畜・象》也說「日新其德」，就是講天道之大德既是生生不已的，又是日日更新的。《大學》則引湯之「盤銘」解釋「新民」之意，而提出了「苟日新，日日新，又日新」的重要思想。既然是日日更新，又怎麼可能是封閉的呢？

後儒對於先秦原儒的「生生」之德和「日新」之德，或作出自然本體論的解釋，或作出道德本體論的解釋，或二者兼而有之的解釋，而提出了「天命流行」（程頤、朱熹）、「氣化流行」（張載、戴震）、「心體流行」（王陽明、黃宗羲）之類的觀念。但不論作何解釋，多數儒家都是肯定天道之運轉不息、變化日新的精神的。例如張載解釋《易傳》所謂「日新之謂盛德，生生之謂易」時曾說：「日新，悠久無疆之道與！……日新者，久而無窮也，……惟日新，是謂盛德。義理一貫，然後日新。生生，猶言進進也。」（《張載集・橫渠易說》）朱熹解釋《詩經》所謂「維天之命，於穆不已」時說：「天命，即天道也；不已，言無窮也。」（《詩集傳》）戴震解釋《易傳》所謂「形而上者謂之道」時說：「道，猶行也。氣化流行，生生不息，是故謂之道。」（《孟子字義疏證》卷中）這些見解，都表明了儒家的天道觀雖然是整體觀，但卻是開放性的整體觀，它所強調的是宇宙萬物乃至人類道德發展的無限性，而不是把宇宙萬物的發展和人們對道德理想的追求看作是封閉性的循環往復的過程。

儒家的「生生不息」、「變化日新」的精神，從方法論原則說，正可運用於觀察儒學本身的發展變化。明清之際的大儒黃宗羲正是這樣來看儒學發展史的，他在〈明儒學案改本序〉中說：

盈天地皆心也。人與天地萬物為一體，故窮天地萬物之理，卽在吾心之中。……學術之不同，正以見道體之無盡。卽如聖門，師、商之論交，游、夏之論教，何曾歸一！終不可謂此是而彼非也。奈何今之君子，必欲出於一途，剿其成說以衡量古今，稍有異同，卽詆之為離經畔道！……（有明）諸先生學不一途，師門宗旨，或析之為數家；終身學術，每久之而一變……諸先生不肯以蒙瞳精神冒人糟粕，雖或淺深詳略之不同，要不可謂無見於道者也。（《南雷文定五集》卷一）

由此正可看出一位儒家對「殊途百慮之學」的開放胸襟！他所說學術不必「出於一途」、「每久之而一變」的認識，倒是符合儒學本身的開放性發展的特點的，試看「孔子以後，儒分為八」

（《韓非子・顯學》），至孟、荀著重討論人性善惡的問題，可謂之爲一變；漢儒董仲舒吸收道家、法家和陰陽五行學說而建構了以「天人感應」爲特色的新儒學，可謂之爲一大變；宋明儒則「出入於老釋」（黃宗羲、戴震語）並吸收了佛老之說而建立了理學、心學的新儒學理論；清儒則開始吸收西洋曆算學（如黃宗羲）、進化論（如康有爲）而建立其「經世致用」的實學，現代新儒家（如梁漱溟、徐復觀、牟宗三）則力圖吸收西方民主、科學與法治學說以求融通中西之學、創立新儒學。諸如此類的變化，不正說明儒學本身既有明顯的包容性、開放性特點又是處在不斷的轉化之中嗎？那些認爲儒學是「封閉性」哲學的人們大概不至於把董仲舒、程朱陸王之流排除出傳統儒學之外吧？也不至於把康有爲、梁漱溟、牟宗三一類人物開除出「儒門」之外吧！如果承認他們統統是儒家（儘管有新舊之別），那就不能不承認儒學的包容性和開放性特點了。

以上我們著重談了儒學的四個基本特點，即道德主體性、實用理性、整體一元論的思維特徵、開放性這四個特徵，在這四個特徵中，道德主體性的特徵是最主要、最基本的，因此，我們可以把儒學稱之爲一種開放性的道德人文主義哲學，它是和西方人文主義形態不同的東方特有的道德哲學。當然，人們還可以從種種不同的角度去概括儒學的理論特點，但我覺得，上述四個基本特徵是最能反映儒學的本質內容和理論形式的。

二　儒學發展前景一瞥

當我們認識了儒家思想的基本特點以後，自然會提出下面的問題：儒學在現代社會中有無存在的價值與發展的可能？現代社會是否需要並能容納儒學？我的答案是肯定的，但同時也認爲必須正視儒學面臨的現代挑戰及其發展的局限。現從三個方面回答這一問題。

(一)現代化社會對道德人文哲學的呼喚

有必要說明的是，我們所謂的現代化社會，並不是用歷史時間作標尺的現時期的社會，而是一個政治民主化、經濟現代化、科學普及化、社會法治化、文化多元化的理想社會模式。用這一理想模式去衡量，則現代世界上還沒有一個國家全面實現了現代化，而只是程度不同地處在現代化過程之中，但從相對比較的角度看，則可以說像美國、日本、西德、瑞士這樣的國家基本實現了現代化，像蘇聯、東歐國家則處在向現代化轉變之中，而中國、印度這樣的國家則離現代化還有較大距離。

人類在現代化過程中，已經並將繼續產生許多弊端，特別是西方如美國那樣現代化的「自由民主」社會，弊端尤爲顯著。例如，軍事科學的發展給人類帶來了毀滅性的核戰陰影、高度工業化導致了自然生態環境的破壞、汚染和能源的大量耗竭，物質生活的富裕化導致生活資料的浪費和享樂主義、精神空虛的弊病，競爭激烈的商業化社會產生了人際關係的冷漠、緊張、拜金主義等非人性化傾向，人類性關係的開放導致道德墮落、性慾泛濫、愛滋病，而法治社會又存在忽略人治的傾向和形式主義的弊端，自由民主社會也有極端個人主義、反權威主義、無政府主義的弊病等等，難以盡舉。儘管有些是難免的，有些是局部的，但如果不加控制，任其泛濫，則勢必危及人類本身的生存，把人類引向自我毀滅的絕境。因此，控制、調節和消解現代化社會的諸多弊端就成了現代化過程本身應當解決的任務。

那麼，怎樣才能克服和消除現代化過程中已經出現或可能出現的各種弊端呢？其方法和手段自然是多種多樣的。例如，依靠科學本身的進步、社會制度的改革、文化教育的提高、新道德理想的確立等等，可以「八仙過海，各顯神通」。而各種方法和手段又是各有特殊作用、誰也不能代替誰的。在一個物質生活異常匱乏的貧窮落後的社會裏，如果不去大力發展生產力、增加物質產品而空喊道德理想的口號，自然改變不了貧窮落後的狀況。然而，在一個生產力比較發達、物質產品大體能滿足人類生活需要的富裕社會裏，人們精神生活的空虛則是無法依靠增加物質產品或發展科學去彌補、去滿足的，而只能依靠強大的精神力量——崇高的道德理想教育，才能使之充實圓滿。所謂「心病還須心藥醫」，這句中國的古訓至今還有著深刻的現實意義。現代化社會的精神弊端，諸如道德墮落、非人性化傾向等等，也只能依靠精神力量——道德教育的方法去克服、去解決。在解決複雜的精神弊病方面，科學的啓蒙、法制的完善充其量只能起輔助作用，而不能從根本上醫治弊病。因此，現代化本身也就向社會發出了新的精神呼喚，它要求現代社會能夠提供可以滿足人們精神需求的道德人文哲學去消解現代化社會的精神弊端。而儒學作爲一種有豐富精神資源的道德人文主義哲學，它能夠啓發和成全人們的道德良知，它提倡人與自然的和諧，提倡人際關係的仁愛、和諧與溫情，反對見利忘義、縱慾主義等等，正是現代化社會所需要的，儘管它不會是醫治現代社會精神弊病的唯一良藥，但至少是良藥之一，是必定能爲現代社會所容納、所接受的。

(二)儒學面臨的現代挑戰及其轉化的必要性

雖然，現代社會已發出對道德人文哲學的新呼喚，它將能夠接受和容納能夠醫治其精神弊端的儒學，然而，傳統的儒學畢竟不是現代的產物，它在面對現代社會的挑戰和需求時，本身還存在著難以適應的困境。而力圖因應現代社會挑戰並致力於儒學的「創造性轉化」[27]的當代新儒

[27] 據林毓生教授說，「創造性轉化」或「創造的轉化」的觀念他最早提出的。他於一九七二年首先在一篇英文論文中提出這一觀點，該文收入其師本杰明・史華慈（Benjamin I. Schwa）編的《五四運動的回顧與前瞻》（哈佛大學，一九七二年版）一書，並於一九七五年以〈五四時代的激烈反傳統思想與中國自由主義的前途〉爲題發表在中文刊物上。此後，這一觀點逐漸爲海內外學者普遍接受。請參閱林毓生提交新加坡「國際儒學研討會」的論文，〈新儒家在中國推展民主與科學的理論所面臨的困境〉（新加坡東亞哲學研究所，一九八八年印）。

家，還沒有能從理論上圓滿解決如何吸收西方文明以創立當代新儒學的問題，還沒有能確立新儒學的權威地位。

那麼，傳統儒學以及當代新儒家在現代化進程中面對的主要挑戰和困難是什麼？我以爲主要有兩點：

第一，它面對著現代西方文明的挑戰。西方社會從文藝復興到現在，已經歷了近五百年的近代化、現代化歷程，它發展出了一套遠比中古封建社會更有活力的資本主義的政治經濟制度，創造了高度發達的生產力和科學技術，並發展了一套以自由、民主、法治爲基本內容的人文主義政治哲學和科學哲學。但在西方近代化、現代化的進程中，資本主義制度本身也出現許多弊病和危機，由此而激發起無政府主義、社會主義、馬克思主義、存在主義等反西方傳統、反資本主義的思潮。在中國近代化、現代化的過程中，西方各種思潮先後湧入中國，對中國傳統的制度和思想文化產生了極大的衝擊作用，中國傳統的君主專制制度一敗於西方帝國主義、殖民主義的堅船利炮，再敗於在西方民主主義影響下動員起來的民族民主革命（辛亥革命），三敗於在馬列主義學說影響下動員起來的以反帝反封建反資本主義爲號召的社會主義革命，從而導致了傳統政治經濟制度的徹底瓦解。傳統儒學作爲一種意識形態雖然沒有也不可能被徹底廢棄，但卻一次又一次地受到嚴厲的批判。人們總是將它作爲已經過時而且已被打倒的舊制度的思想代表進行全面批判和全盤性的否定。這就使得儒學在人們心目中（至少是在近現代大多數知識分子中）失去了昔日的權威性，也使它失去了政治上的支持力量和保護力量，從而在新思潮的衝擊下步步退卻。這是儒學發展面臨的主要困境，當代新儒家還沒有能從這一困境中完全解脫出來。

第二，與上述思潮湧入中國有密切關係的是，中國知識分子在爲了救國圖強而向西方尋找眞理的思想解放運動中，逐步形成一種全盤徹底反傳統的思維方法和思想理論，正如林毓生先生在《中國意識的危機》一書中所總結的，是一種「借思想文化以解決問題」的整體觀思維方法和「全盤性反傳統主義」的思潮㉘。我們也可以稱之爲「思想文化決定論」。這股思潮起於清末，成於「五四」，泛濫於「文革」，延續到現在而經久不息。在這股思潮導引下，包括儒學在內的整個中國傳統文明，一概被斥之爲阻礙現代化的東西加以批判否定，而對於西方傳統和反傳統的思想文化，連同其政治、經濟、法律制度，則不加分析地當作能促進現代化的東西加以歡迎和接受，從而引發「全盤西化」的思潮泛濫。但傳統儒學和當代新儒家，在對抗「全盤反傳統主義」和「全盤西化」強勁思潮的理論鬥爭中，似乎一直陷於困難處境，而顯得蒼白無力。這就難怪連一些非常同情新儒家的學者也要悲嘆「儒門淡薄」了。

於是，我們不能不認眞地、冷靜地反思一番，看看儒學本身究竟是否存在著某種阻礙其在現

㉘ 林毓生在其剖析「五四」思潮的思想史專著《中國意識的危機》（貴州人民出版社，一九八八年增訂版）中，把「五四」時期的反傳統主義思潮概括爲「全盤性的反傳統主義」，並對其產生的思想根源和理論荒謬性作了精闢的分析，值得治中國思想史的學者認眞一讀。

代社會中生存發展的障礙性機制的問題。如果確實存在這種障礙性機制，而我們又希望並且肯定它能在現代化社會中生存發展，那就必須克服這種障礙，使之擺脫束縛，獲得新生。

我們在談儒學特點時指出：儒學的思維形式是一種「整體一元論」的模式，它強調「天人合一」、「內外合一」和「知行合一」，強調「體用一源，顯微無間」。這種一元論的整體觀，儘管在思想內容上有許多有價值的資源，但由於其「體」是道德主體，其「知」主要是「德行之知」，其「行」首先是道德踐履，這樣就很容易造成（而事實上已經造成了）「道德決定論」和「道德萬能論」的誤導，使人們相信只要致力於道德修養、提高道德水準就可以解決一切政治的、社會的問題。孔子所謂「道之以德，齊之以禮，有恥且格」、孟子所謂「仁義而已，何必曰利」以及董仲舒所謂「用德不用刑」、「正其誼不謀其利，明其道不計其功」的思想就是在這種信念下形成的。但人類的邪惡和欲望總是客觀地存在著，人類正當的物質利益總應當得到滿足和提高，社會的各種問題也不是單靠道德說教就能解決的。因此，儒家的整體一元論式的道德本位主義就常常與現實的政治發生衝突。尤其是在現代化社會中，當人們的物質生活要求高度發展時，如果還停留在用這種「道德決定論」或「道德萬能論」的整體觀模式去觀察和解決一切社會問題，那就難免要被譏爲「迂腐」、「保守」了。

儒家的「天人合一」、「知行合一」思想和「盡心知性則知天」的體道途徑，強調通過人的內在道德修養去體會、契悟「天道」，從而實現「內在的超越」，但是這種「超越」的思想方式，實質上是站在道德本位的立場上，由人的道德心去領悟宇宙人間的變化規律，這就必然導致人們對複雜萬變的客體的「求眞」與對道德主體的「求善」糾結在一起，把道德之「善」強加於客體之「眞」，這是中國傳統哲學發展不出科學知識論的關鍵所在。所謂「內外合一」（卽「內聖外王」之道的統一）也有類似的弊端，它強調修身爲本，治平爲末，所謂「身修而天下平」，卽從道德實踐到政治實踐，前者決定後者，後者是前者的「外化」和延伸，這也是中國傳統思想中缺少眞正獨立的政治哲學的原因所在。

由上面分析可以看出，傳統儒學的「整體一元論」思維形式，確是存在著阻礙科學知識論（自然哲學）與政治哲學獨立發展的內在機制的，是妨礙社會運用政治、法律手段解決現實社會問題的，也是不利於人類正當權益的伸張和滿足的。因此，要創建現代新儒學，就有必要突破這種傳統思維形式的限制和束縛，才有可能使之適應現代社會的需要，在現代社會中扮演一個適當的角色。也就是說，傳統儒學的「創造性轉化」是十分必要的。

（三）儒學「創造性轉化」的可能性及其現代角色

在認爲傳統儒學存在著不適應現代化需要的障礙性機制這一點上，我們與全盤反傳統主義者的反儒學看法似乎一致，但其實是根本不同的，這個不同點在於：全盤反傳統主義者站在與傳統儒學相類似的整體一元論立場上，相信道德、思想與文化力量的決定性、萬能性、無限性，把近現代中國社會的根本性弊端完全歸咎於儒家思想和傳統文化，認爲以儒學爲主體的中國傳統文化構成了中國現代化的主要障礙，從而對儒學採取全面否定的態度。而我們則站在多元分析和歷史主義的立場上，分析中國文化結構和社會結構的多元性，辯證地分析思想文化與社會政治、經濟、法律制度的關係及其不同的作用，認爲起決定性作用的主要是政治、經濟制度而非思想文化，而中國現代化的障礙雖然有來自傳統思想文化的某些不良影響，但最主要最根本的是陳舊的不合理的政治經濟制度；傳統儒學雖有其不適應現代化的障礙性機制這一面，但經過改造和轉化是仍然可以適應現代化社會的要求，並扮演多元文化結構中的一個角色的，因此我們對傳統儒學是採取批判性肯定的態度，而不是全盤否定的態度。

不僅如此，我們和「全盤反傳統主義」者所不同的是，全盤反傳統主義者儘管有時也承認「儒學的這個或那個具體概念或許在將來還有用」，但絕不承認儒學的基本精神或根本精神的存在意義，也不承認儒學內在的理論資源有加以發掘的必要性和轉化的可能性；而我們則不但認爲現代化社會有對儒學的客觀需要，而且認爲儒學內部存在著可供轉化、且能轉化的豐富理論資源，儒學的根本精神和基本價值觀是能在現代化社會中起積極作用的。對此，許多客觀評價儒學的學者以及當代新儒家本身，都已作出了很多有說服力的分析和證明。例如：

(1)近年來一再倡導「儒學第三期發展的前景」問題的杜維明先生，在許多演講報告和論文中對儒學未來的發展抱有信心。他的分析中比較著重強調而且值得人們深思的問題有：「工業東亞」的興起說明了在儒家傳統文化影響下的民族和國家可以走出一條與西方不同的通往現代文明的道路，他認爲，「儒家傳統在工業東亞的五個地區：日本、南韓、臺灣、香港和新加坡發揮了導引和調節的作用」，在樹立「東亞企業精神」和克服經濟危機方面，「儒家傳統所體現的勤勞、沉毅、堅韌及勇猛精進的優點更是不可或缺的精神資源」㉙。他還主張從儒家的孝道、中庸之道、抗議精神及身心性命之學等方面發掘傳統儒學的精神資源並加以創造轉化，使之與西方現代文明的「工具理性」溝通起來，以建立新的「哲學的人學」㉚；

(2)劉述先先生在他的一系列論著中反覆申述了「儒家思想的現代化」和「脫胎換骨」式的「創造性轉化」的觀點。他認爲，「儒學最中心的本質不外乎內在仁心的親切體證，由這裏推擴出去，乃可以體現到天道的生生不已、神化不測，有了這樣的體驗，自然而然可以感覺到此生無憾、吾道自足」，「親親、仁民、愛物，這是儒家的懷抱。生生、和諧，這是儒家的理想。人世

㉙ 杜維明，〈儒學第三期發展的前景問題〉（上、中、下），載香港《明報月刊》，一九八六年第一～三期。

㉚ 這是對杜維明教授零散觀點的概述，參見上引文，並見〈再談儒學發展的前景問題〉，臺灣《中國論壇》，一九八八年第三〇九期；〈儒家思想中的自我與他人〉，載A．馬塞勒編《文化與自我》，浙江人民出版社，一九八八年六月版中譯本；〈儒學研究的新契機〉，一九八八年九月三日在「新加坡國際儒學研討會」上的講演。

現實的情況可以改變，典章制度可以改變，但這樣的精神理想是不可以磨滅的」㉛；他還指出，儒家的傳統認爲人有內在的泉源，而進一步發揮爲社會倫理的網絡，這是儒家思想的精華；新儒家的「終極關懷」是「如何安頓自己的生命」；儒家傳統的民本思想可以「轉化過去接上民主」，而當代新儒家也已接受了民主、科學與法治的思想，這就是肯定知識有獨立的價值，不再是「泛道德主義」的了㉜。

最早提出「傳統的創造性轉化」觀念的林毓生先生認爲，「雖然我們傳統中沒有民主的觀念與制度，但卻有許多資源可以與民主的觀念與制度『接枝』，例如儒家性善的觀念可以與平等的觀念『接枝』；黃宗羲的『有治法而後有治人』的觀念可以與法治的觀念『接枝』，……但只能做法治的形式基礎，法治的實質內容，是無法從黃宗羲的思想中衍發出來的」㉝。

其他有創見性的意見還很多，我們無法一一引證。僅從上引諸家的看法就足以證明，傳統儒學內部確實蘊含著豐富的資源可以發掘，儒學在現代化社會中實現創造性轉化不僅是必要的，而且是可能的。

而從中國儒學發展的歷史看，從孔子到孟荀，從先秦儒學到兩漢經學、再到宋明理學、明淸

㉛ 劉述先，《中國哲學與現代化》，頁六五、六六，臺灣時報出版公司，一九八〇年。
㉜ 同注⑯，又劉述先，〈中國思想界的癥結所在〉，《九十年代月刊》，一九八八年十一月。
㉝ 林毓生，《思想與人物》，頁二八二，臺北聯經出版公司，一九八三年。

實學，直到當代新儒學，實際上都是隨著時代變化而發生「創造性轉化」的，各階段所實現的轉化不僅僅是爲舊儒學增添了一點點的新內容而已，而是實現了儒學理論形態的大更新，特別是孟軻、荀況、董仲舒、朱熹、王陽明、王夫之、黃宗羲，乃至近代的康有爲，現代的熊十力、牟宗三等，都可以說是推動了儒學形態更新的重要思想家。例如孟軻發展了孔子的「仁」學思想，建立了「性善」說和「仁政」說；從荀況到董仲舒、王充，吸收了道家、法家和陰陽家的思想而發展爲漢代經學；從周敦頤到朱熹、王陽明，吸收了佛教哲學的心性論和悟道方法論，建立了理學和心學；明清之際的思想家王夫之吸收了道家的自然論和漢唐儒家的元氣論，建立了「元氣本體」論，黃宗羲則改造了魏晉玄學家的「無君論」、發展了儒家的「民本」思想而建立了帶有「民主」色彩的啓蒙性政治學說，從而使儒學出現新的轉機；至近現代儒家，從康有爲到當代新儒家，則一直嘗試吸收西方的民主、科學與法治思想，力圖建立人文主義的新儒學。

然而，我想在這裏特別強調的一點是：現代化社會是一個政治、經濟、文化結構多元化的社會，現代化進程中產生的問題和弊病是非常複雜、性質不同的，必須用多元的方法和手段加以解決，並沒有也不可能有一種包醫百病的良藥。儒家思想或儒家文化只是現代多元文化中的一元，它不可能全面應付現代多元社會的挑戰，人們也不應當期望和要求儒學全面應付這樣的挑戰，更不應當企圖去建立一種涵蓋或攬括一切文化並能夠醫治一切社會弊端的「新儒學」。我們只能期望和要求現代新儒學扮演多元文化中的一元角色，卽作爲更精緻、更活潑、更開放的道德人文主義哲學起作用。當然，這種作用是多方面的，既有對社會的也有對個人的，既有道德方面的也有政治方面的，既有處理人際關係方面的也有處理人與自然關係方面的。例如，儒學的「天人合一」理論，可幫助人們認識保持人與自然和諧一致的重要意義；儒學的「仁政」學說和「選賢舉能」、「內聖外王」的「人治」理論，可以輔助現代化的法治社會；儒學的道德主體性理論，可以幫助提高社會和個人的道德水準，幫助人們樹立正確的人生觀，明白人生的意義、價值和做人的道理；儒學的人際關係理論，可以培養人們的親情、仁愛、互助、信任的精神情操，有利於建立正常、高尚的兩性關係，促進家庭、集體和社會的穩定和安定；儒學的「中庸之道」，可以幫助人們客觀、辯證地觀察世界，避免極端主義的思維方法；儒學的「生生不已」、「革故鼎新」精神可以激發人們的創造性，促進社會的改革和進步等等。但這種作用（或功能），只能是引導性、輔助性的，而且只能在多元文化背景下才能充分體現其積極的作用。在現代自然科學、人文科學日益發展、日益多元化的情況下，儒學既不能代替也不能包括現代獨立的自然科學、政治學、經濟學、社會學、法學、倫理學等等學科，更不能頂替實際的社會力量（如政黨）和政治、經濟、法律等社會制度的力量——它可能對現代社會力量和社會制度的建立發揮某種影響，但現代社會力量和社會制度的建立絕非一種思想一種文化影響的結果。因此，現代新儒家本身，就應當在保持對本身文化傳統認同並加以創造轉化的同時，保持一種多元開放而非封閉排他的文化心理，自覺而且現實地認識自己的歷史使命，從而開創儒學的新局面。只有這樣，才談得上儒學發展的前景，否則，眞正像樣的「現代新儒家」學說是建立不起來的。

我還想強調的一點是，所謂儒學應當在現代多元文化中扮演一元的角色，即道德人文主義的角色，並非規定現代新儒學只能講道德修養、道德實踐，而不必講民主、科學和法治。作爲一種現代的人文主義哲學，儒學當然應當摒棄傳統儒學中那些有關綱常名教的思想內容和直觀的、經驗性的思維方法，而充分展示其包容性、開放性的特色，吸收現代非儒家文化中那些可能爲儒學人文主義所吸收的東西，猶如它在歷史上曾經吸收過法家、道家和佛教的許多思想養料一樣，它也應當吸收和融通現代西方人文主義學說（包括馬克思主義的人道主義或社會主義人道主義學說）中的許多思想養料。但是應當明白的是，現代新儒學對非儒學思想養料的吸取，並不是囫圇呑棗，也不是製造一個百寶箱或者搞一個花色齊全的拼盤菜餚，而是吸收那些現在雖然是非儒學的東西而將來則可能成爲新儒學的有機成分的思想養料。也就是說，傳統儒學在實現創造性轉化的過程中，雖然吸取了許多原來不屬於儒家的東西，但它仍將保持其對本身文化傳統的認同，即保持其作爲道德人文主義哲學的特色和精神方向，否則就不成其爲新儒學了。例如，儒學從來不是一種宗教，它無論怎樣吸收、融通宗教中的思想養料，無論怎樣與宗教——如基督教、回教和佛教——對話，也無法接收宗教的「原罪」意識或「苦業」意識；儒學也從來不是一種「階級鬥爭」的哲學，它無論怎樣容納馬克思主義的唯物辯證法，也是不會接受「人類必由無產階級專政走向世界大同」的共產主義革命學說的，因此，當代新儒家在扮演多元文化中的一元角色時，大可不必反覆發表「我也有民主、科學、法治」之類的宣言，而應當針對人類在現代化進程中出現的各種精神弊端，多研究一些現代人生的意義、價值及其與道德修養的關係之類的問題，使人們多明白一些現代社會中的做人的道理，使新儒學在其作爲新型的、開放性的道德人文主義哲學這一精神方向上變得更加完善、更有活力。也只有這樣，才不致陷入別人要你包打天下、包治百病而你感到無力應付、茫然不知所措的理論困境。

（原載新加坡《亞洲文化》，一九八九年第十三期）

儒家文化在東方社會現代化中的作用

首先應當說明，這裏所謂「東方社會」，指的是中國以及東亞、東南亞一些受儒家傳統文化影響的國家和地區，主要是中國、日本和亞洲「四小龍」（韓國、臺灣、香港、新加坡）。那麼，儒家文化在這些國家和地區的社會現代化的進程中究竟起著那些作用呢？

一 歷史的回顧

上述東方各國各地區，其現代化的起點與過程很不相同，且具有本國本民族的特色，本文不可能詳作分析，而只能略作概述。

日本社會的現代化，應追溯到十九世紀中葉明治維新的成功。在這以前，日本是個諸侯割據、閉關鎖國的封建社會，但歐美的艦隊、商船和傳教士打開了日本的門戶。於是日本社會內部發生了一場「古今東西」的文化之爭。爭論的結果，是日本這個勇於吸收外來文化的民族取得了維新變法的勝利，使日本走上了發展資本主義的道路；在文化層面，則既保留了傳統的東方文化（主要是儒家、佛教和本土神道教），又引入了西方新文化（如西方人文主義、科學知識、哲學與宗教等）。但日本人在吸收外來文化時往往是囫圇吞棗式的搬來主義，缺少一點擇善而從的精神，這使它在近代化和現代化道路上經歷了極大的曲折，付出了高昂的代價。第二次世界大戰粉碎了日本軍國主義、殖民主義和帝國主義的迷夢，迫使日本民族進行深刻的反省。戰後的日本，基本上吸取了慘痛的歷史教訓而走上和平發展的道路，經過近半個世紀的奮鬥，終於把日本建成一個現代化的發達資本主義國家。在文化上，則既保持了東方民族的特色，又兼容並蓄了西方文化的優秀成果，形成一個多元文化健康互動的良性結構。

南韓、新加坡、臺灣、香港的經濟起飛，大體是從六十年代開始而在七十、八十年代取得突破性發展的。從社會文化結構而言，「四小龍」具有非常相近或相同之點：它們在歷史上同處於中國傳統文化的影響之下，而在現代則處於東西方多元文化的影響之下，儒、釋、道、耶，樣樣俱有；它們大體屬於法治社會卻又不像西方式的民主社會：生活在「四小龍」社會中的人們，其人生價值觀、倫理觀、道德觀雖有西方文化的影響，但東方文化色彩還是更加濃厚一些。從總體而言，「四小龍」的經濟和社會現代化程度比中國大陸要高些。

但擁有五千年文明史的中國，在其現代化進程中不可能也不必要完全擺脫或否定傳統文化的影響。如果處理得當，倒是可能清理和剔除傳統文化中的消極因素而吸取和轉化其積極因素，以促進現代化的。在這一點上，中國與日本以及其它一些東方國家和地區又面臨著共同的歷史任務。

二 儒家文化的基本結構

在討論儒家文化對東方社會現代化的作用問題之前，我們應當具體分析一下儒家文化的基本結構。

儒家文化從春秋戰國時期初步形成至今，已有兩千多年的發展演變史，其間形成了各具時代特點的不同儒學形態，如先秦子學、漢唐經學、宋明理學、清代實學、現代新儒學等等，儒家文化便是在時代推移和儒學演變過程中不斷積累和充實其內容的。但我們毋需在此探討特定時代的特殊儒學形態的具體內容❶，而是從一般意義上分析一下作爲中國傳統文化主流的儒家文化的基本結構。

我認爲，儒家文化有三個基本組成部分，即道義學理、制度文物和禮儀風俗。

❶ 關於儒學演變的歷史及其在不同歷史階段的具體形態與主要內容，請參閱拙著，《儒家哲學片論——東方道德人文主義之研究》，新加坡東亞哲學研究所，一九八九年十二月版；臺灣允晨文化出版社，一九九〇年六月版。

所謂道義學理，指的是儒家根本之道所蘊含的意義以及儒家之學的基本理論。人們通常把儒家之學稱之爲「內聖外王」之學，但我覺得把它概括爲「道德人文主義」學說，或許更能夠反映儒學的本質，也更容易使今人理解一些。儒學作爲一種人文主義，是與西方以人權爲中心的人文主義哲學有著基本區別的。它是以尋求人類的道德自覺、確立人類道德的主體性爲根本，以揭示人生的意義和價值、解決人類的生存問題爲終極關懷的人生哲學，或曰哲學的人學。儒家道德人文主義學說的內容豐富多采，博大精深。它包括以人爲中心的「天人合一」宇宙觀，以道德之「仁」爲核心的道德本體說，以「君」、「父」爲中心的綱常倫理觀，以「仁政」、「禮治」爲理想的政治哲學，以強調「生生不息」、「日新日日新」精神爲特點的社會發展觀和歷史觀，以「修己治人」、「超凡入聖」爲目標的人生觀和價值觀等等。這是儒家文化中最根本性的東西，是儒家文化的精神基礎。

所謂制度文物，是指在儒家理念指導下建立的社會政治制度，包括體現社會等級劃分和階級劃分的法律制度、官僚制度、管理制度等等，以及受儒家理念指導或影響的各種文學藝術作品，如散文、詩詞、戲曲、小說、繪畫、雕刻、建築等等。例如，中國封建社會時期建立的君主專制制度和封建大一統的國家制度，在很大程度上是在儒家「正名復禮」、「忠君愛國」、「春秋大一統」、「君臣之大倫」一類理念指導下建設並依靠其維繫的；漢代的察舉制、隋唐以後的科舉制，其取士任官的依據和標準也大體是儒家的理念；曾經遍布中國的文廟以及歷代聖賢祠廟塑像、忠孝節義牌坊、碑匾，也無非是儒家理念的物質象徵。這些制度文物，構成了儒家文化遺產的一大方面。

禮儀風俗，是指在儒家理念影響下形成的處理人際關係的規範化制度（禮儀制度）和民間風俗習慣。諸如封建宗法制、家長制，就是儒家倫理觀念的產物；他如祭祀、婚喪以及民間一些重要節日（如端午節、中元節、中秋節、春節），或受儒家天命觀、孝禮觀的影響，或受儒家「忠君愛國」思想的影響，在很長時期內都打上了儒家理念的烙印。它也是儒家文化中不容忽視的一部分。它同制度文物一樣，雖然隨著時代的發展變化而損益其內容，變化其形式，但其中打上的儒家文化烙印卻很不容易消除。特別是民間習俗，或許是儒家文化中最頑強、最有生命力的東西了。

上述構成傳統儒家文化的三個組成部分，如果從體用關係上講，則可以說道義學理是儒家文化之體，制度文物與禮儀風俗是儒家文化之用。我們在研究儒家文化對東方社會現代化的作用時，不能不加分析地斷言其有促進或促退、積極或消極的作用，而應當從其基本結構的各個方面已經或可能給予現代化的影響上作出具體的分析。

三　儒家文化在現代化中的作用

那麼，儒家文化對於東方社會現代化究竟有何作用呢？由於現代東方社會有著根本不同的形態和很不相同的歷史，因此這種作用的大小和程度必然很不相同，然而是否具有共同點呢？下文試作探討。

首先我們應當弄清，東方社會現代化是否完全由或主要由儒家文化所推動與儒家文化在東方社會現代化中是否能起到一定的作用是迴然不同的兩個問題，不容混淆。有些人看到了儒家文化在現代化中的某些積極作用，但卻加以誇大，似乎以爲儒家能夠包打天下，能夠應付現代化的一切問題；更有些淺薄的學者，僅從新加坡、臺灣官方在贊揚儒家、推行儒家倫理教育而想當然地以爲儒家文化在新加坡、臺灣社會現代化中起了主要的或主導性的作用，卻不知其政治雖然有東方傳統政治的痕跡，但在主導方面還是西方式的政黨政治和議會政治，其經濟則主要是資本主義模式的自由市場經濟，其官方提倡的文化與民間實際存在的文化，都不是單一的儒家文化，而是東西方兼容並蓄，儒、佛、道、耶（基督教）、回（伊斯蘭教）競爭共存的多元文化❷。顯然，「儒家主導作用」論是不符合實際而且站不住腳的。

其次，我們還應明白，儒家文化在現代化中能否包打天下或起主要作用與儒家文化在現代化

❷ 據新加坡一九八〇年人口普查資料統計，基督教、天主教、新教徒占總人口的二〇·六%，回教徒占六·三%，佛教徒占二六·七%，道教徒占二九·三%，無宗教信仰者占一三·二%。後三類人中，其實多數是信儒學的，但新加坡不把儒學或孔教列爲宗教。參見新加坡《聯合早報》，一九八九年三月二十七日，第一、四版。

中有無作用或能否起作用，也是兩個迥然不同的問題，不能混為一談。有些人僅僅從儒家文化在中國史上曾有適合封建政治、為封建統治階級服務的一面而對它採取全面批判和全盤否定的態度，認為儒家文化在現代化中只有消極阻礙的作用而無積極促進的作用；也有人由於儒家文化不能應付現代化一切方面的挑戰而否定其在現代化進程中的應有作用。顯然，這種態度和見解也是片面的甚至是錯誤的。

我認為，無論是從理論上還是從事實上看，儒家文化並不是一具業已死亡的歷史僵屍，而是在東亞和東南亞國家和地區的社會現代化實踐中起著實際作用的文化生命。當然這種作用不全是積極進步的，它也存在某些消極落後的方面，我們應作具體的分析。

我們從前述歷史回顧中可以看到，在走向現代化的東亞和東南亞社會中，封建的政治經濟制度已經成為歷史的遺跡，因此構成傳統儒家文化內容之一的「制度文物」至少已被淘汰了一大部分（並非全部）。但構成傳統儒家文化的三個基本組成部分並未隨著社會現代化而歸於消失，相反，它不但繼續存在，而且在各個方面起作用，特別是在觀念形態領域裏更是這樣。這種作用大體表現在以下四個方面：

在價值觀方面，儒家一向提倡「羣學」和「天下為公」，即把社會羣體利益置於個人利益之上。這在以私有制為基礎的社會裏雖然很不容易做到，並且往往成為統治階級剝奪民衆利益而謀取私利的虛僞口號。但在長期的歷史薰陶下，在東方民族中確實形成了社會羣體利益高於個人利益的集體主義價值觀。這對戰後日本社會的重建、日本現代企業的發展以及新加坡、臺灣的社會現代化起了積極的作用。而在中國，這種傳統的集體主義價值觀經過社會主義公德的洗禮之後，就更加成爲全民的普遍價值觀爲人們所接受，並在社會主義現代化建設中發揮出巨大的作用。

在道德觀方面，傳統儒家以「仁」爲核心的道德本體說及其仁、義、忠、信等道德觀念，已深深紮根在東方民族的道德心靈中。儒家的仁義觀念在培養現代人的道德自覺、維護人格尊嚴、體現人生價值方面的作用毋庸置疑，其忠信之類觀念由於曾包含著忠君和盲從的內容而受批判。但我們應當看到，某些舊觀念是可以通過批判而得以揚棄、轉化、更新、擴展的。在東方社會現代化進程中，儒家的忠信觀念已經轉化發展成忠於國家、忠於人民、忠於職守和信守道義、信守承諾、信守合約之類新道德。毫無疑問，這些從舊道德觀念轉化而來、被充實了時代新內容的道德觀念在現代化進程中有其積極的作用。

在倫理觀方面，傳統儒家以「君」、「父」爲中心的綱常倫理學說及其影響下的專制主義、家長制式的觀念與作風，在現代東方社會中確實還有程度不等的存在，它對於現代化起著消極阻礙作用，是應當加以批判和淘汰的東西，事實上也正在受到歷史的批判和淘汰。然而，儒家倫理觀中不僅僅是這些東西，其中某些處理社會人際關係與家庭成員關係的觀念（如孝、慈、敬、愛等等）在以家庭爲基礎的東方社會中仍然有其積極的作用，它是保持家庭和睦、人際友愛、社會穩定的重要因素。

在禮儀風俗方面，現代東方社會也深深打上了儒家文化的烙印。中國向稱禮儀之邦，至今仍然保存著許多古代流傳下來的禮儀制度和民間風俗習慣。其中有不少是與儒家文化密切相關的。如春節和中秋節，反映了儒家重農主義和愛國主義的傳統，長期以來都曾是中國及其東亞和東南亞鄰國的重要節日，直到今天，也還是中國人、海外華人、日本人、朝鮮人、越南人的傳統節日。南韓還把這兩個節日規定爲國定假日❸。我曾經訪問過日本、南韓，並在新加坡、香港講學兩年，還在美國夏威夷參加了華人移民二百周年慶典，對於中國文化特別是儒家文化在禮儀習俗方面根深蒂固的影響深有感觸，未免有「禮失求諸野」的感慨。然而，禮儀文化的根還是在中國。曾有不少日本朋友坦率對我說，日本人的禮儀風俗很多是從中國傳入的，日本禮儀文化的根在中國。現代新加坡、馬來西亞、印尼等國的華人，幾乎保存了舊中國的所有傳統節日和風俗習慣，其中有些習俗，如因爲相信鬼神及祖宗在天之靈而舉行的各種祭祀活動，在我們看來帶有許多迷信成分，但在實質上卻只是爲了保存民族文化之根。更有趣者，海外華人中有不少基督教徒（甚至是教會的長老或牧師），他們在禱告上帝的同時，又在祈禱祖宗的庇佑，他們不僅慶祝

❸ 據南韓官方宣傳品《大韓民國旅遊指南》統計，韓國國民中，有佛教徒七百五十多萬人，基督教、天主教徒七百多萬人，儒教徒七十八萬多人。全國有鄉校、孔廟二百三十多所，漢城成均館文廟每年春秋各舉行一次祭孔典禮。其國定假日，有新年元旦、民俗日（陰曆正月初一，卽春節）、佛誕節（陰曆四月初八）、中秋節（陰曆八月十五日）、耶誕節（十二月二十五日）等。

聖誕節，而且例行清明節的祭祖掃墓活動。我有一位信仰基督教的朋友是新加坡三一神學院院長，他在一次「華人禮俗研討會」的演講辭中說：「不管信仰那一種宗教，華人禮俗仍舊是華人生活的一部分。幾個重要的傳統節日，如春節、清明節、端午節、中秋節、重陽節以及孔子誕辰都應該慶祝。這些節日不帶宗教色彩，可以把華人社會的精神凝聚在一起，不至於喪失民族文化的根。」❹他的話是很有代表性的。由此也足以看到傳統儒家文化對於現代東方社會的深刻影響了。

從宏觀角度看，人類在現代化過程中，已經並將繼續產生許多弊端。例如，高度工業化的社會導致自然生態環境的污染與破壞，激烈的商業競爭造成人際關係的冷漠、緊張和拜金主義等非人性化傾向，物質生活的富裕則易滋生享樂主義、精神空虛的弊病，人類性關係的開放則導致道德墮落、情慾泛濫與性病蔓延，法治生活又有忽略人治和形式主義的弊端。這種種問題，可以通過改革社會制度、完善法制、推動科技進步、發展文化教育等多種方法去解決。然而，當今人們精神生活的空虛、道德的墮落及非人性化傾向等問題，是無法單靠科技、法制解決的，而只能依靠精神力量即高尚的道德教育去感化。所謂「心病還須心藥醫」這句中國古訓，至今仍有其現實意義。而以「道德人文主義」爲精神本質的儒家文化在這方面正可大有作爲。例如，儒家的「天

❹ 見新加坡《聯合早報》，一九八八年九月十日，第五版報導。

人合一」說能促使人們認識人與自然和諧統一的重要，儒家注重仁義的道德本體說與禮儀文化，教導人們去尋求人際關係的和諧、仁愛與守禮，去反對見利忘義、恣情縱慾的行爲等等。這對現代社會的良性發展不僅是有益的，而且是必需的。當然，儒家文化在現代社會中不可能包治百病，但至少是醫治其精神弊病的良藥之一吧！倘若如此，人們便不應當隨心所欲地將儒家文化送進歷史博物館或扔進歷史垃圾堆了。

（原載《杭州大學學報》，一九九二年第三期）

儒學研究的新契機

——新加坡國際儒學研討會述要

一九八八年八月二十九日至九月三日，新加坡東亞哲學研究所主辦了以「儒學發展的問題及前景」爲主題的「國際儒學研討會」。會議由東亞哲學研究所所長吳德耀教授主持，美國哈佛大學杜維明教授擔任主席，普林斯頓大學余英時教授、臺灣師範大學戴璉璋教授、北京大學湯一介教授、香港中文大學劉述先教授等擔任執行主席。與會者有來自中國大陸、臺灣、香港的儒學研究者二十餘人，來自美國、加拿大、日本以及新加坡本土的儒學研究者二十餘人，還有新加坡、馬來西亞、臺灣、香港的新聞工作者二十餘人。出席會議的正式代表全部是中國和海外的華裔學者。大會第一次使中國大陸和臺灣的三十餘名儒學研究者聚集一堂，暢所欲言地討論儒學發展的歷史和現狀，共同研究當代儒學面對的問題及其發展的前景，使被政治分隔了四十年的海峽兩岸學者取得了許多令人可喜的學術共識。觀點迥異、各具特色的學人共聚一堂，心平氣和而又深入具體地討論問題、交換意見，使會議開得非常成功，各方面的代表都感到心情舒暢。學者們的論文以及各種報告會、座談會、討論會所涉及的課題十分有意義，值得人們作進一步的評價與反思。在這裏，我想從三個方面作一概要的評述：

一 儒學面對的問題與挑戰

自從十九世紀中葉以來，傳統的儒家文化在中國遇到了以民主、科學和法治精神爲代表的西方文明的嚴重挑戰。這個「西方文明」是通過帝國主義、殖民主義者的洋槍大炮打進中國的。專制主義的封建帝國在西方帝國主義侵略面前節節敗退，傳統的儒家文化也在西方文化衝擊下步步退卻。這一方面迫使許多關切中華民族前途命運的中國知識分子幡然醒悟，深切反省傳統文化的弊端，去向西方尋找救國救民的眞理，於是出現了「師夷制夷」、「中體西用」和「鼓民力、開民智、新民德」一類的救亡口號，導致了從洋務運動、戊戌變法到辛亥革命的一系列事變；但在另一方面，西方帝國主義的侵略激起了中國知識分子和中國人民的極大反抗，也造成了一種對傳統文化持懷疑、批判、否定態度而對西方新文化欲納又拒的心理態勢，於是在中國出現了經久不息的反儒學思潮，中國人民終於接受了以反帝、反封建、反資本主義爲號召的馬克思列寧主義的意識形態以及社會主義的制度。

然而，從五十年代後期至八十年代中期，世界形勢發生了極大變化。一方面是西方資本主義制度在經歷了夢魘般的帝國主義、殖民主義擴張階段失敗後得到新生，科學技術獲得長足進步，創造了新型的現代化文明，但伴之而來的是人類生態環境的破壞、道德理性的墮落等嚴重弊端的出現；另一方面是蘇聯、中國乃至古巴等社會主義國家在現代化方面遭遇了一系列挫折和失敗，產生了對馬列主義、共產主義的信仰危機；第三方面是日本和東亞「四小龍」在現代化、工業化方面獲得了成功，創造了一種既不同於西方模式又不同於蘇聯模式的新模式，它有可能開闢出一條既能容納西方文明的民主、科學、法治精神又能保持發揚東方儒家的道德理想主義的人類文明新道路。在這種新形勢下，人們不能不深切地反思：中國現代化的道路應該怎麼走？人類文明之出路何在？儒學是否有繼續存在的價值及繼續發展的內在資源？現代儒學面對的問題和挑戰是什麼？儒學發展的前景如何等等理論的和現實的問題。出席國際儒學研討會的學者們對這些問題發表了各自的見解。

現代儒學面對的問題和挑戰之一是：自清末至今一直存在著反儒學思潮。香港中文大學勞思光教授在〈試論當代反儒學思潮——理據與功能的雙重檢討〉一文中，剖析並批評了這一思潮。他在文章中指出，反儒學思潮本在清末產生，其時正是西方勢力衝擊東方世界的歷史階段。在這種時期，思變是一般思想趨勢，而反對傳統又是思變風氣下必有的產物。而那些反儒學、反傳統的人，尤其是青年人，常將當權勢力與他們朦朧了解的中國傳統文化結合在一起，或者將傳統文化中不屬於儒家影響的負面因素當作儒學傳統加以反對，這是一種「觀念糾結」。因此，「反儒學思潮乃一誤導的運動」。

美國普林斯頓大學余英時教授在〈現代儒學的困境〉一文中說，現代儒學的困境是和十九世紀中葉以來中國社會在西方勢力衝擊下開始的「長期而全面的解體過程」密切相關的：「由於社會解體的長期性和全面性，儒學面臨的困境也是空前的」，這時候，「儒學和制度之間的聯繫中斷了，制度化的儒學已死亡了。但從另一方面看，這正是儒學新生命的開始」。余文用「遊魂」一詞比喻現代儒學的處境，並在會議發言中補充說：「儒學在近現代已從各個制度化的層面退卻下來。但另一方面，儒學成爲遊魂之後，卻從實在的軀體中解放出來，獲得了自由。今後如何運用這個自由去召魂？首先從個人做起。儒學有些東西經過現代文明的洗禮可以不去接受它，但有些東西對我們現代做人有好處，要身體力行。」

現代儒學面對的另一重要挑戰是現代西方文明對儒學的挑戰。杜維明教授在分析中國現代化遭遇的困境和西方現代化得失時指出：「西方現代文明爲人類開創了很多價值領域，科學技術不過是其中之一，還有民主制度、市場經濟、宗教情操等等，後面代表的是一種浮士德精神，一種競爭、衝突、發展的典範。它使人類的積極性、人類內在的資源得到充分體現。所有其他文化，不管是中國的、印度的、非洲的、拉美的，面對它都感到其生命力減少。同時大家又都感到這種發展典範不能普世化、全球化。因爲現代化帶來了人類生態系統、人類整個生存環境走向自我毀滅邊緣。在這種情況下，就需要站在多元文化背景下，從更廣闊的課題去思考。」

美國俄亥俄州立大學張灝教授在發言中指出：中國知識分子自晚淸以來，對於如何回應西方文明挑戰的認識不夠全面，其中最大的缺失是忽視了基督敎文明的重要性和它帶來的挑戰。張灝說：「基督敎文明是西方文明的重要源頭，其重要性至今不減，它能落實到今天西方社會的羣體和個人生活中，通過多種儀式、藝術和音樂而存在，它與現代生活確實有結合點。這個問題值得儒家學者反思。」他又回顧說：「從一九一七年俄國革命到一九五九年的古巴革命成功，人類做了一個偉大的社會革命實驗，但幾乎全面失敗。做爲中國人，是應該好好反省、面對挑戰的。怎樣融合我們的傳統文化和現代化社會帶來的文化？促進相互溝通是迫切的工作。」

二 儒學的內在資源及其限制

與會學者向會議提出的許多論文，都論述了蘊含在傳統儒學內部和儒家文化傳統中的豐富資源及其在今日社會的適用性和局限性問題。研討會以「儒家傳統的內在資源及其限制」爲題，組織了專題討論。中國大陸的龐樸、湯一介、蕭箑父、余敦康、方克立敎授和包遵信、陳來副敎授，臺灣的蔡仁厚、戴璉璋、梅廣、張亨、沈淸松、傅佩榮敎授，香港的劉述先敎授，美國的杜維明、張灝、傅偉勳、林毓生敎授，加拿大的秦家懿敎授等二十餘名學者都就這一問題發表了各自的見解。

蔡仁厚在〈儒學的常與變——從經權原則看儒家的鮮活之氣〉一文中說：「儒家不是『骨董』，也不是『文化遺產』，而是脈動活潑的『文化生命』。」又說：「儒學不同於一套專門的知識，而是在知識層次之上的人生社會之常理常道。常理常道是生活的基本原理，它可以適用於任何時代，所以是永恒眞理。譬如孔子所講的『仁』，就是不受時代限制的永恒眞理。」蔡文還指出，二十世紀的中國問題，仍可統歸於儒家的「內聖外王」綱領之下，內聖是安身立命的道德宗教問題，屬於「終極關懷」一面；外王則是事功問題，其中含有政治與知識技術兩行，屬於「現實關懷」的一面。「當代儒家學者自須就此兩行進行反省，以決定其發展的方向。」

龐樸在〈作爲思想方法的中庸之道〉一文中說：儒家的「中庸之道」是「整個儒家學說的方法論，是儒家人物對待事物的思想方法，是一種認識世界的方法」。該文在比較了儒家「用中」的中庸主義方法與道家「用弱」的相對主義方法、法家「用強」的絕對主義方法的特點並歸納了中庸方法的四種邏輯形式之後，進一步揭示了這一儒學資源的適用性和局限性，認爲「中因禮而生，禮是中的客觀標準，這便使作爲思想方法的中庸之道也脫不開社會羈絆，而成爲維護某種秩序的助手。……而整個『用中』，也都以保持平衡、維繫和諧、尋求安定爲指歸。這就規定了它所能夠發揮積極作用的時期和場合，避免誇大之虞。」

傅佩榮在〈以人性向善論重新詮釋儒家之正確性及適用性〉一文中，把儒家的人性論概括爲

「人性向善論」，認爲儒家的各種應用哲學，如倫理學、美學、政治哲學、社會哲學等，皆可由「人性向善論」開展出來，「此爲儒家卓見所在，亦足以爲其他文明借鏡者。」

對於傅佩榮的新概括，有些學者表示異議。戴璉璋教授在發言中指出：「傅佩榮講『人性向善』，其實都是講『本善』。向善的動力是本善。」「儒學的內在資源在其心性論、道德主體方面，儒家從事社會服務、政治改革的內在動力是什麼？是其超越意識、批判精神。」

方克立在討論儒學內在資源時說：「一講儒學傳統，就是孔孟程朱陸王，我不贊成這種道統論的觀點。還有的一講到內在資源，就是宋明理學的心性之學，這也是片面看法。儒家傳統在歷史上形成，包含了非常複雜的內容。除了孔孟程朱陸王之外，像荀卿、王充、柳宗元、明清思想家到戴東原等，都是儒家傳統。如果把這些人也歸入儒家傳統，那麼儒學內在資源就不只是心性之學了。而儒家的人文主義傳統正好在儒學異端中充分表現出來。中國今天缺少的一些東西如科學、民主等，也不能說在儒家傳統中蕩然無存。今天要把那些能夠開出來的東西作爲內在資源，需要作選擇，選擇應立足於現代化的需要。」

在討論儒學的內在資源及其限制時，不少學者強調了「創造的轉化」，認爲儒學內在一些根本性的資源即使通過現代化、後現代化的考驗還有其價值和生命力，但必須經過創造的轉化才能發揮。

美國威斯康辛大學的林毓生教授在〈新儒家在中國推展民主與科學的理論所面臨的困境〉一

文中，對以牟宗三、徐復觀、張君勱、唐君毅爲代表的新儒家在五十年代提出的中國傳統文化自身可以「開出」民主的觀點提出了批評和質疑，而主張「對中國傳統進行創造的（或創造性）轉化」觀點。他說：「『創造的轉化』或『創造性轉化』是要把一些中國傳統中的符號、思想、價值與行爲模式加以改造與重組，使之變成有利於變革的種子，同時在變革中繼續保持文化的認同。在實際運作層次，『創造的轉化』或『創造性轉化』是與中國傳統的、封閉的、一元式的思想模式完全相反的。它對傳統中腐朽與惡毒的成分採嚴格的拒斥態度，但它同時也對全盤性反傳統主義嚴加拒斥。」

香港中文大學的劉述先教授在〈論所謂中國文化的超穩定結構〉一文中，批評了大陸青年學者金觀濤、劉青峰所著《興盛與危機》提出的「超穩定結構論」，並強調了對傳統文化資源的「創造的轉化」的觀點。他說：「傳統中國文化能不能自己開出資本主義或現代西方式的科技是一回事，中國能不能克服自己傳統文化的限制、向西方學習現代的科技與商業資本社會的操作方式又是另一回事。就這個問題來看，創造性的轉化是一個重要的關鍵。何以亞洲四條小龍能夠創造出經濟的奇蹟，而中國大陸破壞傳統最烈，現代化的過程反而遠遠地落後？這樣的現象是值得我們好好深思的。」又說：「不了解儒家思想的精華是在『爲己之學』，這樣去談中國的文化傳統只能得其糟粕。不能分辨那些是傳統思想中萬古常新的成分，那些是與時推移的成分，那就沒有做到對傳統作眞正的批判的繼承的理想。」「中國傳統的理念絕不能照搬，以解決現代的問題，它需要經過一個創造的轉化的過程，才能夠發生積極正面的作用。」

杜維明在發言中指出，所謂資源和限制不只是個思辨的問題，應從多方面、多角度理解。儒學的內在資源需經過創造的轉化才能發揮。可以從解釋學的角度把我們原來認爲不是資源的東西，經過解釋把它轉化爲資源。他說：「西方現代文明突出表現出工具理性，但它在日常生活的很大領域裏不能照顧到，所以，科學理性本身的限制也很突出。有人提出了溝通理性，它與工具理性合起來就是『合理性』的問題。這是建構現代西方文明一個很重要的問題。儒家傳統裏面能不能爲『合理性』提供資源？這個可能性非常大。」他還列舉儒家傳統思想，說明其中有著身心性命之學、無神論、抗議精神等等資源。

三　儒學發展的前景

不少學者在提交的論文或在會議發言中集中討論了儒學發展的前景問題。在這個問題上，儘管多數學者認爲儒學在現在和未來的社會中仍有存在的價值和發展的前景，但具體意見分歧比較大，有的學者則持批判的立場、懷疑的態度。

中國文化書院院長、北京大學教授湯一介在〈論儒家的超越性和內在性〉一文中認爲，儒家如果有第三期發展，就必須解決兩個問題：卽能否由「內在超越」爲基礎的「內聖之學」開出適應現代民主社會要求的「外王之道」，開出科學的認識論體系來。儒家過分強調人自身的覺悟的功能和人的主觀精神和人的內在善性，要求人由其內在的自覺性約束自己。這樣的結果可以導致「聖王」的觀念，以爲靠「聖王」就可以把天下治理好。但人並不能僅僅靠其內在的善性就自覺，多數人是很難使其內在的超越性得到充分發揮的，所以「爲己」之學只是一種理想，只能是爲少數人設計的。他認爲，如果以「內在超越」爲特徵的中國傳統哲學，能充分吸收並融合以「外在超越」爲特徵的宗教和西方哲學、以及以此爲基礎的政治法律制度，使中國傳統哲學能在一更高的基礎上自我完善，它才可以適應現代社會發展的要求。

美國天普大學的傅偉勳教授在〈試論儒家思想的自我轉折與未來發展〉一文中認爲，當代儒家學者爲要使儒學「起死回生」，「首先必須自動謀求原有『單元簡易心態』與較有現代化意味的『多元開放心態』之間的融通」。「一旦具有多元開放的思想胸襟，就會爲了儒家思想的自我轉折與未來發展，敢於面對非儒家傳統的正面衝擊所引發的外在難題，以及儒家思想本身蘊藏著的內在難題，設法覓取解決這些難題的理論線索，同時批判地超克傳統儒家在思維方法上的局限性，……否則，儒家思想在今日多元的世界，只能停留在孤芳自賞的階段，無由期臻世界性的學術水平。」傅文還從知識論、形上學(或宗教思想)、心性論、倫理學四個方面闡述了作者對「儒家思想的自我轉折與未來發展」的見解。

「中國北京大學的陳來副教授的文章批評了某些學者主張「徹底打破」儒家倫理中心主義的價

值系統或者「徹底改善」儒學內容的看法。他認爲，儒學困境的解決出路可以這樣考慮：建構一個新的文化結構，調整儒學在新的文化系統中的地位，使其「越位」等消極性得以排除，而其積極性得以繼續發揮。這樣，無須打破儒家固有的價值結構，也不必承認打破或者消滅儒學是中國文化現代化的必然、唯一的方式。「儒學在未來多元文化結構中仍可扮演較爲積極的角色，但不再是作爲儒教中國的意識形態，而是作爲一種深厚的精神氣質對各種社會文化領域產生影響。這樣一種模式也許不僅可以使中國在保持文化認同的同時，不斷地有『舊邦新命』的發展，而且對於世界文明將作出積極的貢獻。」

臺灣《中國論壇》主編韋政通在發言中指出：「傳統的儒家是談道德實踐的問題，新時代的儒家著重的應是研究理論問題，把儒學建立爲眞正有理論吸引力的學說，使道德人格說與理論架構同樣具有吸引力。」

新加坡東亞哲學研究所研究員劉國強也在發言中指出：「儒家的思想道理有不同的層次與普遍性，現代社會要擇其不同層次來加以採用。儒家肯定多元價值，現代化社會的經濟多元化與權力分散，將更有利於儒學的發展。」

杜維明教授在會議閉幕式上，作了〈儒學研究的新契機〉的主題報告。他認爲，儒家傳統內在精神的充分體現，一定要經過羣體性、批判性的自我意識才能繼承；作爲封建意識形態的儒家傳統，也一定要通過羣體批判的自我意識、特別是知識分子的羣體批判的自我意識，加以揚棄。

杜維明在分析了儒學研究在中國大陸面臨的困境和曲折以及西方現代化過程的得失利弊後指出，人們希望能出現一種不同模式的現代化，即多元傾向的出現。由此就可以理解太平洋地區的興起以及工業東亞的興起。在多元傾向中應有新的共識，這種共識不能完全從以西方現代文化爲典範的模式中開出來或轉出來，而應從更廣闊的課題思考。他提出，至少可以從三個不同層次來了解儒學研究的可能性：心理人格系統層次、政治經濟系統層次和文化系統的層次。杜維明還指出，在儒學研究中，把基礎理論問題、學術傳統問題、實踐問題同時照顧到是不可能的。「我希望把儒學確實作爲中國文化傳統之一去研究。但儒學傳統早已超出了中國文化範圍。還有李朝（朝鮮、韓國）的儒學，還有日本的、越南的、乃至其他地區。從學統看，日本儒學家的學術工作非常紮實。而今天，如果要找一個眞正儒家化的社會，恐怕還要到韓國。……如果從非常狹隘的『黨性』很強的觀點看儒家傳統，那麼儒學的生機就會被扼殺掉。」

這次國際儒學討論會除了討論上述三個主要問題外，還討論了「儒家人文主義與民主」、「儒家傳統與知識分子」、「儒家思想與今日社會」、「儒家傳統與馬克思主義中國化」等重要問題，學者提交的論文也各有獨到的見解和精彩的分析。有的論文以新加坡、香港、臺灣、美國華人社會爲例，分析儒家傳統和儒家思想的影響及其發展前景。由於篇幅所限，恕不一一介紹。

（一九八八年九月十日寫於新加坡東亞哲學研究所，原載《學術月刊》，一九八八年第十一期）

附嚴書翔：儒學、新儒家與中國文化和現代化的展望

——訪歸國學人吳光先生

九〇年七月上旬，出國從事學術活動兩載有餘的浙江省社科院哲學研究所所長、新加坡東亞哲學研究所專任研究員和香港中文大學新亞書院明裕學人吳光先生載譽歸國，途經廣州，歇腳於南國最高學府。趁此機會，筆者抱著「拜師求藝」的目的，於學府拜訪了吳先生。在相處的兩天中，我向他請教了中國文化和中國哲學的若干問題。據吳先生介紹，他在海外從事學術活動期間，尤其是在新加坡東亞哲學研究所工作期間，主要致力於儒學研究，在新加坡、香港、韓國、美國多次作了關於儒學與中國文化和現代化關係問題的演講，並由新加坡和臺灣相繼出版了其儒學研究的新成果——《儒家哲學片論》一書。作爲吳先生踏入國土後的第一位「採訪者」和《儒家哲學片論》一書的初讀者，我樂意將從他那兒獲得的有關信息整理成文，介紹給學界同仁尤其是年輕的朋友。

一 儒學的發生、流變和基本形態——「三盛三衰和五形態」說

儒學是中國傳統文化的主流，它在中國文化中源遠流長，對中華民族的社會結構、生活方式、價值觀念、思維模式、民族性格及精神風貌產生了深遠的影響。那麼，儒學在幾千年的中國文化歷程中留下了什麼樣的痕跡，它的產生、流變及其基本表現是什麼？吳先生說，他肯定儒學是中國傳統文化的主流的看法，並認爲儘管儒學在中國文化的發展過程中有過挫折、有過衰落，但這只不過是暫時的現象而已。他把儒學的流變和表現歸結爲三盛三衰和五種基本形態。

(一)三盛三衰

從儒學產生和發展的歷程來看，先秦時期爲儒學的創立期。孔子繼承三代文化傳統，首倡私人講學之風，提出了以「仁」爲核心的一整套學說，創立了儒家學派。孔子之後，「儒分爲八」，孟子、荀子等分別從不同的方向繼承和發展了孔子學說。孟子重「仁」，重視主體的道德修養，弘揚主體的自覺能動性，提出「盡心知性知天」的「天人合一」論；荀子隆禮重法，在弘揚禮制

思想的基礎上吸收了法家學說。這樣，儒學從主、客觀兩個方面得到了發展而成爲先秦諸子時代最有影響的學派之一，獲得了與墨學並稱顯學的地位。此爲儒學發展史上的第一個昌盛時期，爲一盛。

秦漢之際，先是秦朝採用法家學說統一中國，並實行「焚書坑儒」政策，儒學受到壓制和迫害。此後，又有漢初黃老之學的勃興，道家擡頭，儒學亦無什麼進展和成就。此爲儒學發展史上的第一個衰落時期，爲一衰。

從漢武帝開始，採納「抑黜百家，獨尊儒術」的建議，儒學由先秦百家中的一家變爲「獨尊」之學，由民間學說上升爲官方哲學。經過董仲舒的改造，儒學成爲漢代封建意識形態中占統治地位的學說。這一時期，儒學一方面被改鑄爲「天人感應」的神學目的論，另一方面又被發展爲以注釋和解說「五經」爲主的經學，儒家的許多重要典籍都正式出現和形成於這一時期。兩漢時期是儒學發展史上的第二個昌盛時期，爲二盛。

東漢末年到魏晉南北朝隋唐，歷史匆匆跨過幾個朝代，儒學大體處在衰落、停滯時期，但也醞釀著新的變革。東漢末年的黃巾起義以道教爲旗幟，儒學受到猛烈的衝擊；魏晉時代，玄學突起，整個思想文化領域表現爲老莊之學的格調，加上社會的劇烈激盪、統治階級的肆意踐踏，儒學、名教發生了危機，名教的統治地位受到了動搖；南北朝隋唐時代，佛學大盛，中國文化的發展表現爲儒道佛的三家鼎立和互相影響。儘管唐代出現過具有反佛傾向的儒學大師韓愈等人，力圖恢復儒家道統，但這一時期儒學的發展並無多少創造性的成就。此爲儒學發展史上的第二個衰落時期，爲二衰。

宋元明清時代，儒學先是吸取佛道營養，在宋代形成占統治地位的新儒學——理學，出現了以二程、朱熹等爲代表、成績卓著、影響深遠的儒學大師。其後又形成了與程朱理學分庭抗禮的陸王心學。自北宋至清代，儒學一直是占統治地位的官方學說。在清代，以儒學爲基礎的經學又再度興盛，它在西方新學的撞擊下逐步發展爲強調「經世致用」的實學。而從總體上看，宋明時期的儒學，由於吸收了佛道的養料，獲得了高度思辨的形式，形成了內涵比較明確而且完善的道德人文主義哲學。此爲儒學發展史上的第三個昌盛時期，爲三盛。

鴉片戰爭以降，由於西方殖民主義的入侵和馬克思主義的輸入，儒學在同外來文化的較量中，舉步維艱，在中國邁入近現代的歷程中，它暴露出了種種弊病和局限性。從此，先進的中國人開始了向西方尋求眞理的道路。在中西文化的撞擊、磨盪過程中，五四新文化運動提出了「打倒孔家店」的口號，儒學受到前所未有的衝擊，雖然有現代新儒學的承接、維護，但畢竟勢單力薄。此爲儒學發展的第三個衰落時期，爲三衰。

(二) 五種基本形態

吳先生認爲，從動態流變看，儒學有上述的三盛三衰，從靜態表現看，則有五種基本形態，即先秦子學、漢唐經學、宋明理學、清代實學和現代新儒學。

先秦爲中國思想文化史上的百家爭鳴時代，儒學爲諸子百家之一，其表現形態可稱爲子學。漢唐時代，先是兩漢圍繞儒經形成今文經學與古文經學之爭，後有魏晉南北朝隋唐的玄學興起和佛學大盛，儒學處於與玄學並存的地位，在其發展上沒有獲得新的突破，而是繼續以經學形態流傳著。宋明時代，在唐朝「儒學復興運動」的基礎上，程朱等人吸取道家和佛教的營養，使儒學獲得了新的生命力而形成新儒學——理學。清代，經學再度興盛，儒學主要以經學形態流傳，但這一時期的經學家採納明清之際「經世致用」的主張，特別強調經學與世事、世務的結合，反對迂腐、空洞而無根柢的講學風氣，使儒學——經學具有了實學的特色。本世紀二十年代起，以梁漱溟、張君勱、熊十力、賀麟等爲代表的知識分子，推崇中國傳統文化，力圖在中西文化衝突和傳統與現代的衝突中，維護中國傳統文化的本位和主導地位，並以此會通西學，以回應西方文化的挑戰和馬列主義的衝擊，這些學者以接續儒家「道統」爲己任，以服膺宋明理學的道德形上學爲依歸，以吸收西方人文主義精神爲重要特徵，形成了現代意義上的新儒學。現代新儒學由於注入了新的時代內容，在一定程度上輸入了西學的新鮮血液而有別於傳統儒學，從而成爲儒學的又一種表現形態。

二 當代新儒家

當代新儒家主要是針對五十年代以來活躍於海外尤其是港臺一帶的新儒家學者而言的，這些人大都還活著，其主要代表有牟宗三、唐君毅、杜維明、劉述先等。按年齡，他們構成兩代，老一代爲唐、牟，新一代爲劉、杜。吳先生在海外從事學術活動兩載有餘，身臨其境，又與牟宗三、劉述先、杜維明等人接觸甚多，我想，他對當代新儒家的感受和認識自然眞切一些。據他講，當代新儒家學者的共同追求和理想是弘揚儒家文化，努力使之走向世界、走向未來，並試圖用儒學去解決中國現代化的問題，他們奔走於各地，著書立說，發表演講，從而使儒學形成爲一股國際性學術思潮。

那麼，當代新儒家中的兩代人之間有沒有差別，他們的態度和立場有沒有什麼新變化？吳先生說，當代新儒家中年輕的一代如杜維明、劉述先等人，並不像老一代的新儒家如牟宗三、唐君毅等人那樣持反共立場，他們也不激烈反對馬克思主義，他們關心的是儒家文化如何立足現代、走向未來以及如何重建中國文化的道德人文主義精神等問題。他們強調儒家文化在現代化中的地位和價値，力圖在世界範圍內復興儒家文化，使之成爲當代世界多元文化中的一元，從而走向世界、走向未來。新一代的儒家學者，學貫中西，他們不是就儒學而論儒學，而是從多元文化的視野中去肯定和弘揚儒學，以解決現代化過程中已經或可能出現的問題。

當代新儒學在海外的影響、地位如何？吳先生說，當代新儒家在海外有一定的勢力，經過杜維明、劉述先等人的努力推廣，使得新儒家學說在世界上有了一定的影響。但是，新儒家目前在海外的地位並不是很高，他們在學界比較活躍並占有一片領地，但他們的思想在社會上發生的影響並不大。就拿香港來講，它的生活方式、價值觀念、社會政治生活等並非主要是儒家的那一套主張和觀念在起作用。實際上，他們主張的儒家思想並沒有也不可能支配當代人的整個社會生活和文化生活。

那麼，對當代新儒家應作何評價？吳先生認爲，當代新儒家對中國文化的熱愛與弘揚、對中國現代化的熱情關注態度是值得肯定和稱道的，但是，當代新儒家不要幻想能用新儒學解決一切問題、包打天下。

關於新儒家，目前國內有所爭議的一個問題是那些人屬於新儒家、用什麼樣的尺度去衡量是否新儒家？成中英、余英時算不算新儒家？吳先生說，並不是研究儒學的人都屬於新儒家。評判一個學者是否新儒家，首先要看他的一貫學術立場和思想信仰，即是否一貫地從根本上肯定、弘揚和信仰傳統儒學。其次，要看其整個學說主旨是否符合儒學以「仁」爲中心的道德人文主義哲學的根本精神。從這個意義上講，吳先生認爲，作爲哲學家的成中英和作爲歷史學家的余英時都不能歸入新儒家，他們充其量只能劃入中國文化本位論者這個大陣營。

三 儒學的基本特徵及其與現代化的關係

(一) 基本特徵

儒學是中國傳統文化的主流，它在中國文化中產生了深遠的影響，它雖不是宗教，但卻具有宗教般的功能。這到底是由於什麼文化機制？吳先生認爲，這與儒學的內在實質和基本特點分不開。儒學的內在實質是道德人文主義哲學，作爲東方道德人文主義哲學的儒學有四個特徵：⑴道德主體性——道德本位主義。儒學以「內在仁心」的體悟、涵養與發用爲終極關懷。⑵實用理性——人文關懷精神。儒學最關心的是現實人生的意義和價值（它是生命哲學而非自然哲學，亦非宗教）、羣體人生的價值以及人生道德價值的永恒性（對歷史負責、垂訓後世）。《大學》關於先後本末之辯——從道德修養到政治實踐的成道進德過程體現了這種人文關懷精神，而清代實學思潮和當代新儒家更加突出了人文關懷一面（如顧炎武、黃宗羲、劉述先、杜維明）。⑶整體和諧性——「天人合一」與「知行合一」。儒學把宇宙、社會、人類視爲和諧統一的有機整體，形成天人合一論，此一整體結構乃以人爲中心、道德爲本體。儒學把道德修養與求知統一起來，提出「盡心知性知天」（孟子）的命題，主張「知行合一」論。⑷開放性——「生生不息」與「日新精神」。從整體上看，儒學是開放型的而非封閉型的，在觀念上它強調運動、變化與革新。從儒學發展史來看，它的發展史本身也證明了它的包容性與開放性。

(二) 儒學的局限、面臨的挑戰及其出路

儒學在中國傳統文化中居主流，長期支配著中國文化的發展，這說明它必然有其值得肯定的地方。但是，近現代以來，儒學面臨一系列的挑戰，這說明它必然有自身的局限性。那麼，挑戰何在、局限何在、儒學的出路何在？

吳先生認爲，儒學是一種道德本位主義哲學，它在近現代受到兩方面的挑戰，其一是西方資本主義的政治制度和科學技術與生產力以及以自由、民主、法制爲基本內容的人文科學；其二是「五四」以來國內出現的全盤反傳統思潮和全盤西化思潮的衝擊。儒學之所以在這些衝擊和挑戰面前步步後退和陷入困境，主要是因爲在近現代社會中它具有如下的理論局限性：⑴三綱五倫的不適時宜；⑵沒有或甚少民主、法治的政治理念；⑶非知識性質的道德哲學對自然科學的發展反應消極，從而表現爲：求善有餘而求眞不足。

儒學的局限就是自身發展的障礙，因此，儒學要發展，要使自己走向世界、走向未來、走向現代化，就必須革新。

(三) 儒家思想與現代化的關係

儒學與現代化的關係如何？即儒學是嚮往、追求現代化還是反對現代化，是促進現代化還是阻礙現代化？這是目前討論熱烈的問題。

吳先生認為，儒學作為一種道德人文主義哲學，在本質上是促進、嚮往現代化的，它絕不會反對人與社會的現代化。從東方社會（如日本、「四小龍」）的現代化實踐經驗看，阻礙現代化的並非儒家思想，而是專制的政治制度和僵化的經濟體制。現代化過程中暴露的精神弊端（如道德墮落、拜金主義泛濫、人際關係冷漠等非人性化傾向）需要精神治療，而儒學中有豐富的道德資源和精神生活資源，如提倡培養道德良知（「致良知」）、人與自然和諧（「天人合一」）、人際關係的和諧（仁愛、禮儀）以及反對見利忘義和縱慾主義等，無疑可作為醫治現代社會之精神弊病的良藥。

(四) 儒家思想在現代化中應有的地位

既然儒學並不反對現代化，而是追求和嚮往現代化的，那麼，它在現代化中應處於什麼樣的地位？是否可以說日本、「四小龍」的興起即向現代化的轉變完全是以儒學作為精神動力和精神支柱的？東亞現代化是否應完全歸功於儒學？

吳先生認爲，不能把日本、「四小龍」的起飛完全歸結爲儒家精神的作用，東亞現代化的成就不應完全歸功於儒學。拿新加坡來講，它主要還是用一整套行之有效的行政、法律制度和自由經濟政策等去促成其現代化的，它的現代化並非主要依賴於儒家倫理的推動。我們不能像韋伯把新教倫理作爲西方資本主義興起的精神支柱那樣，東施效顰式地把儒家思想作爲亞洲現代化的唯一精神支柱。當然，也不能抹煞儒家積極入世、積極上進、生生不息的有爲精神對東亞現代化的促進作用。

吳先生的結論是：儒家思想在現代中國文化中只應也只能扮演一個角色，卽作爲一種道德人文主義哲學而存在並發揮作用，當代新儒家不要幻想能用新儒學解決一切問題，包打天下；非儒家或反儒派也不應要求新儒學包治百病。

四　中國現代化的目標模式和中國文化的展望

中國應追求什麼樣的現代化？如何現代化？這是當代新儒家所關心的一個重要課題，也是研究新儒學的學人們所關注的重要問題。當筆者問及這一問題時，吳先生談了如下的看法。

他認爲，中國現代化有四大目標：⑴政治民主化。⑵經濟現代化。⑶社會法治化。⑷文化多元化。中國現代化應是整個社會系統的、整體的現代化，這四個方面相互影響、相互制約，形成中國現代化的系統的目標模式。

在中國現代化的目標系統中，文化的多元化是一個重要的指標，這種文化多元化就是要走向以社會主義文化為主導的東西文化兼容並蓄，使各種思想在創造性轉化的過程中為我所用，也就是使不同文化在現代化的過程中各自發揮積極的作用。吳先生認為，中國文化的現代化既不能走「中體西用」的道路，也不能走「西體中用」的道路，而應走「西學中用，中學新用」的道路，只有這樣，才能避免以體用談文化而必將陷入的要麼全盤排外、要麼全盤西化的困境，也才能既弘揚傳統文化的優點，又吸收外來文化的營養，從而創造出具有中國特色的新文化。

（原載《中山大學研究生學刊》，一九九二年第二期）

對中國哲學史研究方法論若干問題之管見

二千多年的中國哲學史，源遠流長，派別衆多，內容紛繁複雜。如何確定中國哲學史研究的範圍、對象，如何把握中國哲學史發展的基本脈絡，確是一個需要深入探討的重要問題。這裏，我們僅根據本學期在理論進修班教學的體會，就中國哲學史若干方法論問題，談些粗淺的看法。

一 中國哲學史研究的範圍和對象

列寧在《哲學筆記》中明確指出：「哲學史，因此，簡略地說，就是整個認識的歷史」（《列寧全集》卷三八，頁三九九）。蘇聯哲學界在理解列寧的哲學史定義時發生了分歧，有兩種基本看法。以亞歷山大洛夫爲代表的一派認爲，哲學史就是「人類對客觀世界認識發展的歷史」；以日丹諾夫爲代表的一派認爲，哲學史是「科學的唯物主義世界觀及其規律底胚胎、發生與發展的歷史」、「哲學史就是唯物主義與唯心主義鬥爭的歷史」。蘇聯哲學界的爭論也影響到我國哲學界對哲學史定義產生不同看法，至今還在爭論。我們認爲，從根本上說，兩種看法並不是相互排斥的，因爲人類對客觀世界認識發展的歷史，就包括了唯物論和唯心論鬥爭的歷史。日丹諾夫定義強調了主要的方面，即唯物論和唯心論對立鬥爭這條主線，基本是正確的，但又有片面性。因爲他只看到唯物論和唯心論鬥爭的歷史，而忽略了辯證法和形而上學的鬥爭；他只講鬥爭的一面，而忽略了二者相互影響、相互滲透的一面；他只講唯物主義胚胎、發生發展的歷史，就容易使人忽視對唯心主義發生、發展歷史的研究。事實上，日丹諾夫定義在我國運用和實踐的結果，出現了公式化、簡單化、貼標簽等教條主義的弊病。有的哲學史專著就把一部活生生的中國哲學史，生搬硬套地變成一個對子（唯物唯心）截然對立的歷史了。因此，我們認爲，應當按照列寧對哲學史的科學概括，克服日丹諾夫定義的片面性錯誤。哲學史，簡略地說，就是整個認識的歷史。詳細點說，就是人類對客觀世界認識發展的歷史，包括唯物主義和唯心主義、辯證法和形而上學鬥爭的歷史。

那麼，中國哲學史研究的範圍和對象是什麼呢？這裏有廣義和狹義之分。

廣義地說，中國哲學史包括了三大方面：⑴哲學思想；⑵政治思想；⑶倫理思想。比如說，我們經常講到的孔子「仁學」，孟子「仁政」、「王道」理論，荀子的「君者能羣」，董仲舒的「三綱五常」，還有「性善」、「性惡」、「性三品」、「治亂禍福」等等，本來都屬於政治學說史和倫理學說史的研究對象，但我們卻把它作爲哲學史內容去研究，實際上講的是廣義的哲學史。狹義的哲學史，主要是研究人類思維規律的發展史，恩格斯在《費》論中有一段話一直沒有得到很好的重視，他說：馬克思主義的歷史觀「結束了歷史領域內的哲學，正如辯證的自然觀使一切自然哲學都成爲不必要的和不可能的一樣。……這樣，對於已經從自然界和歷史中被驅逐出去的哲學來說，要是還留下什麼的話，那就只留下一個純粹思想的領域：關於思維過程本身的規律的學說卽邏輯和辯證法。」（單行本，頁四八）我們認爲，隨著社會科學研究的發展，政治學說史和倫理學說史將同經濟學說史一樣，成爲獨立於哲學史之外的學科，那麼哲學史研究的範圍，將只剩下關於思維過程本身的規律的學說——邏輯和辯證法——的發展史了。

然而，鑒於中國哲學史本身的特點，卽哲學思想是和社會政治思想、倫理思想緊密結合難以分開的特點，因此同西方哲學史的範圍和對象有著明顯的區別，我們所講的中國哲學史實際是廣義的哲學史。它所研究的範圍主要有自然觀（宇宙觀）、認識論、社會歷史觀（包括人生觀）三大部分。

分得具體、細緻一點，可用下列圖表來說明：

（一）自然觀
- ①討論天人關係，卽人類社會與自然界、精神與自然界的關係問題
- ②討論形神關係，卽精神與物質孰先孰後及其相互關係問題

(二)認識論
- 討論主觀與客觀、思維與存在的關係，包括認識(知識)起源、認識(知)的過程，檢經認識(知)是非真偽的標準、認識與實踐(知與行)的關係(先秦諸子關於「名實」、「形名」問題的理論，魏晉玄學的「言意之辯」都屬於認識論範圍)

(三)社會歷史觀
- (1)政治觀
  - ①君臣、君民關係
  - ②社會治亂盛衰的經驗教訓
  - 歸結為提供統治政策
- (2)倫理觀
  - ①道德觀念(如忠、孝、悌，仁、義、禮、智、信)
  - ②人性理論(性善、性惡、性無善無惡、性善惡混、性三品等)
- (3)歷史觀
  - ①歷史發展過程(歷史循環論如「五德終始」說、三統說，進化史觀如三世說等)
  - ②歷史發展動力——天(上帝、神)道、君(聖人)、民、自然時、數

三大方面概括起來，它所研究的對象還是唯物論與唯心論、辯證法與形而上學的兩條思想路線，還有「二元」論(如黃老道家的「道」論)，相對主義和詭辯論，從形式上看，介乎唯心主義和唯物主義、形而上學和辯證法之間，但歸根結底還是屬於唯心主義和形而上學，不過需作具

體分析，不可一概而論。

二　如何把握哲學理論性質和傾向上的區別

我們在分析和評判一個哲學家的哲學理論的性質和傾向時，根據什麼確定它是唯物主義哲學還是唯心主義哲學，是樸素辯證法傾向還是形而上學傾向？這是中哲史的具體研究中較難把握的問題。我們認爲，區分唯物主義還是唯心主義哲學的唯一標準，就是恩格斯在《費》論中所提出的對哲學基本問題的回答。恩格斯指出：全部哲學，特別是近代哲學的重大的基本問題（或「最高問題」）是思維對存在、精神對自然界的關係問題，「哲學家依照他們如何回答這個問題而分成了兩大陣營。凡是斷定精神對自然界說來是本原的，從而歸根到底以某種方式承認創世說的人（在哲學家那裏，例如在黑格爾那裏，創世說往往採取了比在基督教那裏還要混亂而荒唐的形式），組成唯心主義陣營。凡是認爲自然界是本原的，則屬於唯物主義的各種學派。」（《馬恩選集》卷四，頁二二〇）我們只要認眞理解和掌握恩格斯這一劃分哲學兩大陣營的基本原則和方法，對於中國哲學史上紛繁複雜、甚至模糊不清的各種哲學理論的性質和傾向，就會看得比較清楚，不致陷入理論迷宮了。

例如分析老子哲學。老子說：「道」是天地之母，萬物之原，「道生一，一生二，二生三，三生萬物」，可見他是把「道」作爲世界本原的。那麼，「道」到底是精神性的東西還是物質性的東西呢？老子認爲，「道」無形、無名，先天地而生，是不可言說、不可名狀、恍恍惚惚、捉摸不定的東西，可見不是物質性的實體，也不是對物質的哲學概括，而是一種絕對原則、抽象觀念的化身，雖然不同於「神」或「上帝」，但畢竟屬於觀念性、精神性的東西，類似黑格爾的「絕對精神」。因此，在哲學基本問題上，老子的回答是唯心主義的，老子應當是唯心主義者。老子以後的哲學家，凡是把類似老子的「道」或「無」一類抽象觀念作爲世界本原和最高哲學範疇（例如黃老道家和魏晉玄學「貴無」派），自然也都屬於唯心主義這個陣營了。

如何把握辯證法和形而上學的區別呢？

在我國古代哲學家中，辯證法思想往往是自發的、樸素的，遠不是那麼系統、完備的，而我們應當抓住辯證法和形而上學最基本、最核心的東西去分析它的基本傾向。

毛澤東指出：事物的矛盾法則，即對立統一法則，是唯物辯證法的根本法則。而形而上學的基本特徵，是否認矛盾的轉化，否認質變，用孤立的、靜止的和片面的觀點去看世界（見《矛盾論》）。看一個古代哲學家的哲學理論傾向是樸素辯證法還是形而上學，最根本的，是看它有沒有矛盾觀和發展觀。所謂矛盾觀，不僅是承認矛盾的存在，而且承認矛盾雙方既對立又統一的關係，承認矛盾在一定條件下可以轉化。所謂發展觀，不僅是承認事物是發展的，還要承認由量變到質變的發展。如果古代哲學家的哲學具有上述基本認識，就是樸素辯證法思想。如果否認矛盾，否認轉化、否認質變，那就是形而上學思想了。在我國古代哲學史上，雖然缺少系統完整的辯證法思想，但樸素、自發的辯證法思想是存在的，例如《周易》、《老子》、《孫子》、《淮南子》等著作，就有比較豐富的樸素辯證法思想。有的唯物主義思想家，雖然在認識論、方法論方面具有形而上學的特徵，但在一些方面，一定程度上是有辯證法觀點的，例如王充的「實事疾妄」觀點，歐陽建的「言盡意論」就是這樣，我們應作具體分析。

三　中國哲學史發展的基本脈絡和「圓圈」

列寧在《談談辯證法問題》中把從德謨克利特到馬克思的歐洲哲學史發展概括爲四個「哲學上的『圓圈』」，我國一些哲學史專著和研究者也嘗試著把中哲史發展概括爲幾個「圓圈」，但看來分歧很大，還沒有一個得到公認的科學概括，儘管如此，由於廣大哲學史工作者的努力研究，中哲史發展的基本線索現在還是比較清楚的，大體的發展脈絡已被整理出來了。

這裏我們試圖用圖解的方法整理一下中國哲學史發展的基本脈絡。

第一階段：殷周——秦漢之際

唯心主義 —— 批判揚棄

春秋戰國

原始宗教
←殷周天命論《周易》唯心論和樸素辯證法
←孔子唯心主義{政治倫理學說（「仁學」）
唯心認識論（「正名」論和「生而知之」說）}
←墨子唯心主義{唯心世界觀（「天志」論）
唯物認識論（「三表」說）
政治學說（尚賢、尚同、兼愛等）}
←孟子唯心主義{主觀唯心主義認識論（「先知先覺」、「良知」說）
政治倫理學說（「仁政」學說、性善論）}
←老子唯心主義{客觀唯心主義的「道」論
「不出戶，知天下」的先驗認識論
樸素辯證法思想
消極無為的政治理論}
←莊子唯心主義{客觀唯心主義的「道」論
唯心主義認識論（不可知論，相對主義）
消極無為的政治理論}
←黃老道家唯心主義（秦漢之際）{唯心主義道論的二重性（氣、元氣概念的提出）
唯物認識論（「據實審名」、「名實相應」）
積極無為的政治理論}

唯物主義——

- 殷周時代的樸素唯物論——物質「五行」說（〈洪範〉、史伯）
  ↓
- 戰國末期
  - 荀況唯物主義
    - 唯物主義自然觀
      - 天論
      - 氣論
    - 唯物認識論（「天官」、「徵知」、「解蔽」）
    - 進化歷史觀（唯心史觀）
    - 政治倫理學說（王道論、性惡論）

    ↓
  - 韓非唯物論
    - 唯物自然觀（對「道」、「理」的唯物改造）
    - 唯物認識論（「參驗」論）
    - 法家政治學說（變法、法後王、嚴刑峻法）

從殷周到秦漢之際哲學發展的「圓圈」，可以概括爲：殷周天命論→孔子唯心論→老子唯心論→荀子唯物論。

第二階段：兩漢時代

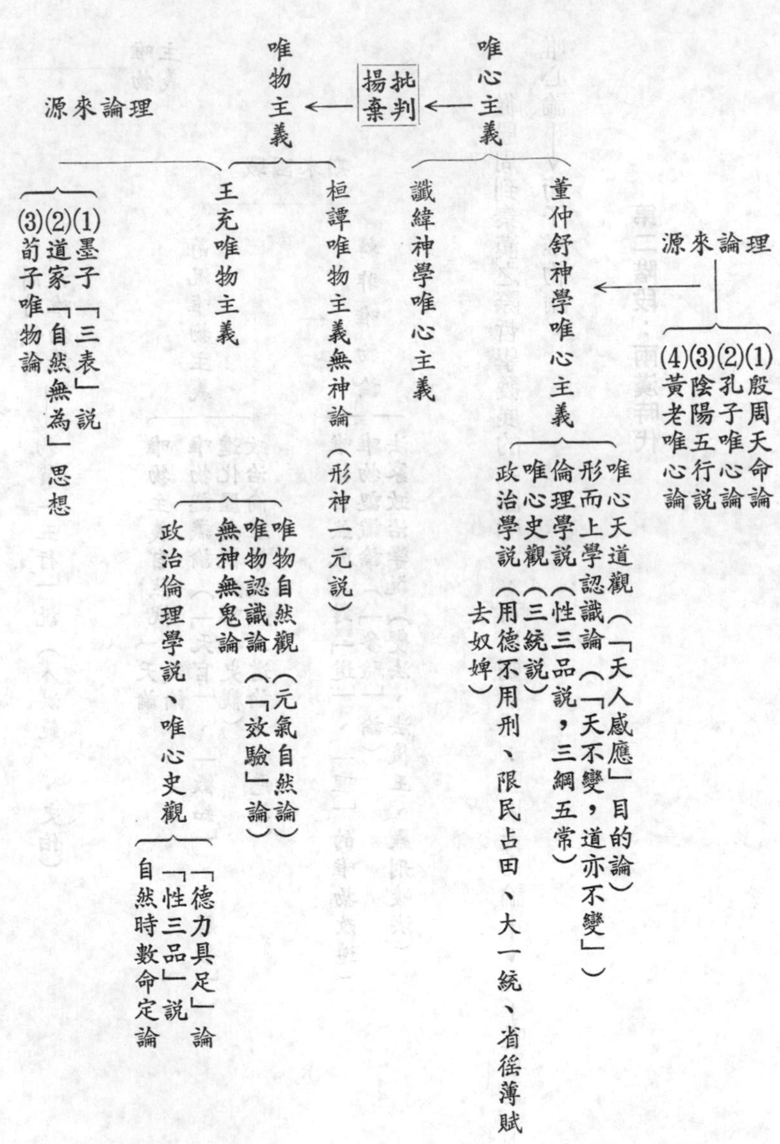

理論來源
(1)殷周天命論
(2)孔子唯心論
(3)陰陽五行說
(4)黃老唯心論
董仲舒神學唯心主義
唯心天道觀（「天人感應」目的論）
形而上學認識論（「天不變，道亦不變」）
倫理學說（性三品說，三綱五常）
唯心史觀（三統說）
政治學說（用德不用刑、限民占田、大一統、省徭薄賦、去奴婢）
讖緯神學唯心主義
唯心主義
批判揚棄
唯物主義
桓譚唯物主義無神論（形神一元說）
王充唯物主義
唯物自然觀（元氣自然論）
唯物認識論（「效驗」論）
無神無鬼論
政治倫理學說、唯心史觀
「德力具足」論
「性三品」說
自然時數命定論
理論來源
(1)墨子「三表」說
(2)道家「自然無為」思想
(3)荀子唯物論

這個哲學圓圈是：董仲舒唯心主義→王充唯物主義。

第三階段：魏晉南北期隋唐時期

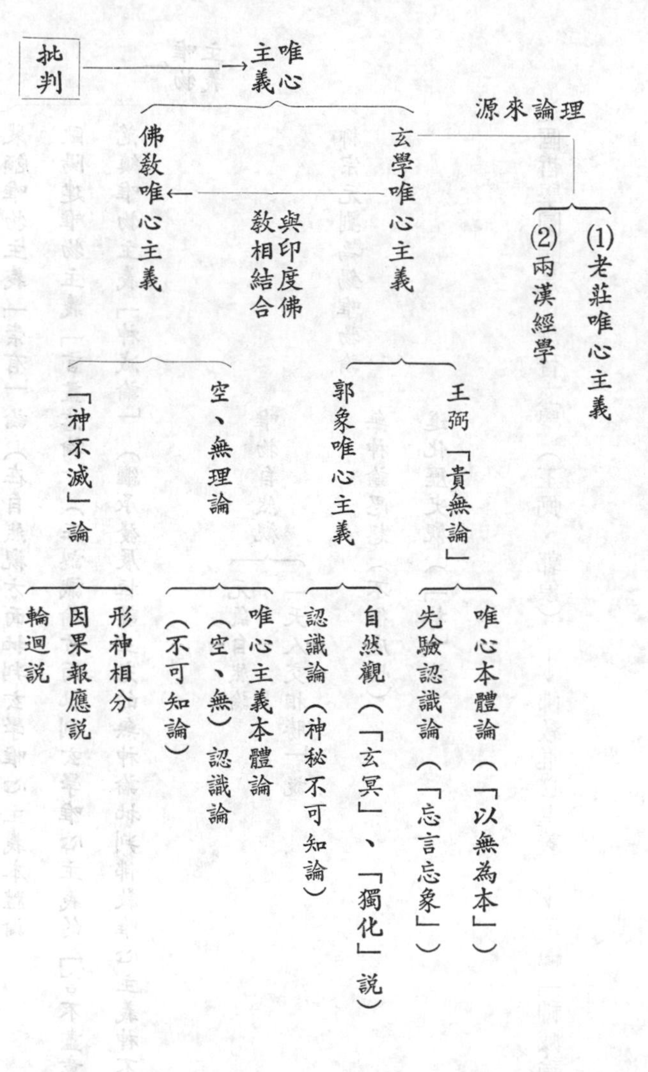

唯物主義←

裴頠唯物主義「崇有」論（在自然觀方面批判玄學唯心主義本體論）

歐陽建唯物主義「言盡意論」（在認識論方面批判玄學唯心主義的「言不盡意」論）

范縝唯物主義「神滅論」（繼承發展桓譚王充的無神論批判佛教唯心主義神不滅論）

柳宗元劉禹錫唯物論

唯物自然觀
- 元氣自然論
- 「天人交相勝」説

無神論思想（不徹底性）

進化歷史觀（「勢」論）

這個哲學圓圈是：魏晉玄學（王弼、郭象）──→佛教唯心主義──→范縝「神滅論」。

第四階段：宋元明清

唯心主義

- 程朱理學（客觀唯心主義）
  - 程顥、程頤
    - 宇宙觀（有理則有氣）
    - 認識論（窮理致知）
    - 倫理觀（無人欲卽皆天理）
  - 朱熹
    - 宇宙觀（理本氣末，道本器末）
    - 認識論（卽物窮理、知先行後）
    - 倫理觀（天命之性與氣質之性的區分，存天理滅人欲的說教）
- 陸王心學（主觀唯心主義）
  - 陸九淵
    - 宇宙觀（心卽理，宇宙便是吾心，吾心卽是宇宙）
    - 認識論（反省內求，體認本心）
    - 倫理觀（掃除物欲，保存天賦的善心）
  - 王守仁
    - 宇宙觀（心外無理，心外無物）
    - 認識論（致良知，知行合一）
    - 倫理觀（也主張存天理，去人欲）

張載 唯物主義

- 宇宙觀（太虛卽氣，氣聚為萬物，萬物散而歸於太虛）
- 辯證法（一物兩體）
- 認識論（「德性所知不萌於見聞」的唯心主義傾向）
- 倫理觀（所謂變化氣質之性而返回天地之性的唯心主義人性論）

唯物主義

- 陳亮、葉適 唯物主義
  - 宇宙觀（道在物中，物不依賴道而存在）
  - 認識論（因事作則，知不須臾離物）
  - 社會觀（注重實事實效的功利主義）
- 王廷相 唯物主義
  - 宇宙觀（理在氣中，元氣有聚散，無滅息）
  - 認識論（重「實歷」的唯物主義經驗論）
  - 倫理觀（人性有善有惡，但只有氣質之性）
- 方以智 唯物主義
  - 宇宙觀（早期的唯物主義元氣說與後期的唯心主義傾向）
  - 辯證法（提出隨、泯、統與交、輪、幾等新概念，其中有形而上學的雜質）
  - 論哲學與自然科學的關係（質測卽藏通幾）
- 王夫之 唯物主義
  - 宇宙觀（六合一氣，理卽氣之理，道卽器之道）
  - 辯證法（陰陽的對立統一，物極必反，世界的變化日新）
  - 認識論（能必副其所，先行後知，行可兼知）
  - 倫理觀（人性「日生日成」，天理人欲同行）
  - 歷史觀（理勢統一，歷史進化）
- 顏元 唯物主義
  - 宇宙觀（理氣融為一片）
  - 認識論（重習行的唯物主義經驗論）
  - 社會觀（主張「舉人材，正大經，興禮樂」，反對重文輕武）
- 戴震 唯物主義
  - 宇宙觀（氣化卽道）
  - 認識論（「耳目鼻口之官接於物，而心通其則」）
  - 倫理觀（人欲與天理統一，批判「存天理滅人欲」是以理殺人）

這個哲學圓圈是：張載元氣論→程朱理學、陸王心學→王夫之、戴震元氣本體論。

第五階段：近代（鴉片戰爭——五四運動前）

唯心主義

- 龔自珍主觀唯心主義
  - 我之「心力」造世界的唯心主義世界觀
  - 「以名合名」的唯心主義認識論
  - 「善惡非固有」的地主階級人性論
  - 社會改良思想（揭露封建末世弊病，主張變法、開發人才、復古改制）
- 魏源主觀唯心主義
  - 「以心為本」的唯心主義本體論
  - 「事必本乎心」的唯心主義認識論
  - 「天下物無獨必有對」的樸素辯證法
  - 社會改良和反侵略思想（提出「師夷之長技以制夷」的口號）
- 洪秀全主觀唯心主義
  - 反封建的農民革命理想（天下人人皆兄弟姐妹、有田同耕、無處不均勻的平等要求、用「皇上帝」反對封建皇權和禮教）
  - 神學唯心主義的世界觀（皇上帝是萬能主宰、基督教影響）

二元論形式的唯心主義 ———— 近代唯物主義

- 康有為二元論
  - 二元論的世界本原說（物質——「元氣」論；精神——「仁」的觀念）
  - 社會歷史觀
    - 庸俗進化論（今文經學的公羊三世說、「大同」說）
    - 資產階級改良主義（變法維新、君主立憲）
- 譚嗣同二元論
  - 世界本原說（「元氣」論、「道用器體」——唯物論傾向；「以太」說——物質與精神的混合體；「仁」的觀念——主觀精神）
  - 唯心主義認識論（從相對主義到神秘主義）
  - 「仁學」政治倫理學說（「沖決網羅」——反封建、反禮教；「仁——通——平等」思想；變法維新主張）
- 嚴復二元論
  - 「物競天擇」的進化論（進化論自然觀——唯物論；社會進化論——唯心論）
  - 唯物主義認識論——經驗主義方法論（培根邏輯歸納法）
  - 唯心主義「靈學」（西方靈學與中國封建主義、鬼神迷信的混合）
- 章炳麟唯物主義
  - 機械唯物主義的自然觀和認識論（《訄書》）
  - 近代無神論（從無神論到無神教）
  - 前期唯物論向後期唯心論的轉變（從《訄書》到《民報》時期）
  - 資產階級民主革命的政治學說
- 孫中山唯物主義
  - 唯物主義自然觀（「以太」說——唯物論；「生元」說——二元論傾向）
  - 唯物主義認識論（行先知後、知難行易）
  - 資產階級民主革命理論（三民主義、三大政策、民生史觀）

這個哲學圓圈是：龔自珍主觀唯心主義→康有爲二元論→孫中山近代唯物主義。「五四」運動後，發展到馬克思主義的辯證唯物主義和歷史唯物主義。

以上只是簡單粗糙的概括式圖解，它遠不能全面反映各個發展階段和各家學說之間的相互聯繫和交錯關係，更不能描述內容豐富多采的中哲史全貌。但我們從這一基本發展線索可以看出如下幾點：

⑴我國古代和近代的唯物主義和無神論思想既是對以往唯物主義傳統的繼承和發展，又是在批判、揚棄唯心主義的鬥爭中發展起來的；它既是時代的產物，具有本身的鮮明特點，又同以往的學說有著不可分割的歷史聯繫和理論淵源關係。例如王充的唯物主義「元氣自然」論，主要是兩漢時代生產力和自然科學發展的產物，又是對先秦、兩漢各家學說批判繼承的結果。從理論淵源看，它吸取了先秦荀況的唯物主義「天人相分」論，又改造和揚棄了先秦道家唯心主義理論體系下的「天道自然無爲」的唯物論因素，從而形成了自己的唯物主義自然觀。王夫之唯物主義理論的形成也有類似王充的複雜淵源關係，恕不詳述。

⑵唯物主義與唯心主義兩大陣營既有對立鬥爭的一面，也有相互影響、相互滲透、批判繼承的一面，而且，一個哲學家的理論往往不是那麼純而又純的，唯心主義的哲學理論體系中可能包含某些唯物論的因素（例如老子的「道法自然」、墨子的「三表」說、黃老道家的認識論等），唯物主義的哲學家也往往有不少唯心主義的思想成分（例如荀況的歷史觀、王充的命定論、孫中

山的生元說），我們應作具體分析，不可一概而論。

⑶唯心主義哲學體系和唯心主義哲學家的思想中往往包含著樸素辯證法的合理內核，例如《周易》、《老子》、魏源的哲學思想中都有樸素辯證法的合理內核。我們不能因爲它們體系上的唯心主義而對其哲學採取簡單否定的態度，而應當剔除其糟粕、肯定其合理的思想成分。

⑷唯心主義思想家不一定就是反動思想家，有些人，往往在哲學思想上是唯心主義的而其政治思想卻是進步的（卽在當時歷史條件下順應歷史潮流、符合歷史發展方向），例如孟子仁政學說、漢初黃老道家的積極無爲理論、董仲舒的王道理論、龔自珍、魏源的社會改革主張、洪秀全的農民革命理想、康有爲譚嗣同的變法維新理論等等，在歷史上都有進步作用的一面。因此我們不能將哲學思想與政治思想混爲一談，更不能在唯心主義與政治反動之間劃等號，那樣就會犯教條主義、簡單化的錯誤。

（本文係與李明友合撰，原載《實踐》，一九八二年第六期）

附一：「哲學的黨性」一說之弊

長期以來，我國哲學界遵奉著一條至高無上的原則，即「哲學的黨性」。這究竟是不是馬克思主義哲學所固有的最高原則？

一 「哲學的黨性」之說是誰首創的？

從我國現有文獻來看，「哲學的黨性」這一提法最早見於列寧的《唯物主義和經驗批判主義》一書中譯本。在馬克思主義哲學創始人那裏，本來沒有「哲學的黨性」一說。那麼，能否斷言，「哲學的黨性」之說是列寧首創的呢？在回答這個問題之前，先要弄清：通常所說的「哲學的黨性」，在列寧的原著中是怎樣表述的。

在《唯物主義和經驗批判主義》第六章第四節中，列寧詳盡地引證並反覆闡述了恩格斯關於哲學基本問題的理論，一再頌揚馬克思主義創始人旗幟鮮明地堅持唯物主義、反對形形色色的唯心主義派別的原則性立場，揭露了俄國馬赫主義者企圖用一些花樣翻新的名詞術語掩蓋自己的哲學傾向，從而取消哲學上兩條路線的根本對立和兩大派別的尖銳鬥爭的險惡用心。

用「哲學的黨性」這一提法來概括列寧在這裏所闡述的馬克思主義哲學原理，是不妥當的。在俄文中，партия一詞的基本含義有二：⑴黨、黨派、政黨；⑵派別、派系、一派。顯然，列寧在這裏是在派別的意義上使用партия一詞的。用「哲學的派別性」取代現行中譯本中的「哲學的黨性」，更符合列寧的原意❶。

二 「黨性」和「科學性」屬於完全不同的範疇

馬克思主義的根本特性，就在於它的科學性，或曰眞理性。「馬克思的學說所以萬能，就是因爲它正確」❷。因此，判定一種觀點或理論原則究竟是發展還是損害了馬克思主義，最好的辦法就是看它把馬克思主義的科學性推進了一步，還是破壞了馬克思主義的科學性。

❶ 這裏所指的主要地不是翻譯問題，而是理解問題。因爲曲解列寧這一思想的首先是蘇聯學者。他們不顧列寧關於把政治上的黨派同哲學上的學派加以區分的遺訓，極力混淆這一界限，並過分誇大階級鬥爭對哲學的影響（參閱羅森塔爾·尤金編的《簡明哲學辭典》「哲學的黨性」辭條）。由於歷史性的原因，我國哲學界不僅全盤因襲了蘇聯學者的這些有悖於列寧原意的觀點，而且還將之發展到把哲學派完全等同於政治黨派的地步。

❷ 《列寧選集》卷二，頁四四一。

馬克思主義哲學的科學性的第一要義在於把實踐作為認識論的基礎，把關於世界的客觀實在性的結論作爲自己的認識論根源。也就是說，堅持客觀主義的立場。而所謂「哲學的黨性」，按照《簡明哲學辭典》的解釋，「是與客觀主義不相容的」❸。這無異於挖掉馬克思主義哲學的根基。

就拿我國理論界的情況來說吧。在很長一段時間裏，人們極力強調哲學的黨性、階級性，忽視了哲學的科學性。林彪、四人幫一夥蟊賊利用這一點，肆無忌憚地糟蹋馬克思主義哲學。他們以強調哲學的黨性、階級性爲由，竟然明目張膽地反對從實際出發這一馬克思主義哲學的根本原理。姚文元公然宣稱：「從客觀實際出發」、「是就是、非就非」，這是「用抽象的『是非』來掩蓋人們看問題時的階級立場，是出賣靈魂的機會主義者的『共同』特性」。他還用「站在那一邊」的問題，取代認識論的基本前提。從這個極端的例子中我們可以看到，如果把黨性原則確立爲哲學乃至整個理論領域的根本原則，就會爲那種用政治運動的方法對待學術問題的做法提供口實。

馬克思主義哲學的科學性的又一個重要方面在於它同自然科學協調一致。可是，「哲學的黨性」則不然。當某種新的自然科學學說或學派出現的時候，按照「哲學的黨性」原則的要求，首

❸《簡明哲學辭典》，頁三八三，三聯書店版。

先不是考察該學說或學派是否擁有眞理，不是對這些新的科學成果進行哲學概括，以便使哲學與自然科學協調一致，而是首先考察科學成果的發現者、學派的創立者屬於那個階級，然後決定棄取。無論是在蘇聯還是在我國，都發生過批判自然科學學說、扼殺不同學派的蠢事。五十年代我國哲學界基本上是看蘇聯人的眼色行事。六十年代以來，蘇聯哲學界逐漸總結了經驗敎訓，對待自然科學方面的成果開始持愼重態度；可是，我國哲學界在六十、七十年代卻把「哲學的黨性」之說發展到極端，不僅完全割裂了哲學同自然科學的聯繫，而且對自然科學的一些學說亂批一氣，連愛因斯坦的相對論也不能幸免。一種哲學，發展到與自然科學相對立的地步，還有什麼科學性可言呢？

馬克思主義哲學的科學性還表現爲給全部人類思想史以科學的說明，並從中吸取優秀的成果。

所謂「哲學的黨性」卻要求哲學工作者首先考證每一個哲學家的階級立場、政治態度，並以此作爲解釋或評價其哲學思想的主要依據。這樣一來，就在哲學史的研究中形成了一種給古人定成分或作政治鑒定的風氣。對於唯物主義哲學家，總要千方百計地論證他政治上如何進步；對於唯心主義哲學家，則挖空心思爲他羅織一些政治上的罪名。對於有些連生平都無法考證的古人，也要從他的哲學傾向出發，進行反推，從而得出關於他的政治態度的結論，再反過來解釋他的思想。像這樣的循環論證不乏其例，比如對莊子的評價就是如此。從有關資料來看，莊子很可能是一位愛發牢騷的窮苦知識分子，並且政治態度上很有些人民性。但是，他的哲學傾向無疑是主觀唯心主義。這種現象，以馬克思主義哲學觀點來看並沒有什麼奇怪，因爲一種哲學思想，與其說是哲學家的階級立場和政治態度的簡單表現，不如說是哲學家對特定時代所擁有的思想資料的概括和總結。只有承認這一點，才能理解哲學史的發展爲什麼有自己特有的規律，以及爲什麼思想本身有繼承性。馬克思主義經典作家曾用思想的相對獨立性的道理來解釋這種現象。正因爲思想具有相對的獨立性，才使哲學史、思想史等學科成爲必要和可能。但是，對於那些執意要在哲學史領域中體現黨性的人來說，莊子的政治態度的進步性同他的哲學傾向的荒謬性是不相容的，排除這一對立的最簡便的方法，就是斷定他代表沒落奴隸主階級的利益。諸如這種隨意給古人確定階級屬性、亂貼階級標簽的做法，難道是科學的態度嗎？至於對現代西方哲學，曾一度以極端輕蔑的態度，一概拒之於國門之外。就這樣，把錯綜複雜的哲學史變成一部證明哲學的階級性和黨性的實例總滙；把非無產階級的哲學一概作爲反襯馬克思主義哲學黨性的垃圾；把豐富無比的馬克思主義哲學本身歸結爲所謂階級性、革命性、黨性等幾條簡單的原則。

也許有人說，上面說的固然是事實，但造成這些事實的不是黨性原則本身，而是對黨性原則的錯誤理解；正確理解的黨性原則，是與科學性相一致的。

這裏所謂對「哲學的黨性」原則的正確理解，指的是把這一原則理解爲堅持唯物主義和唯心主義兩大陣營、兩大學派的鬥爭，而排除了政治性的解釋。例如，四十年代延安整風時期就是這樣來理解的。在這裏，實際上把「黨性」理解爲「派別性」，因而符合列寧的原意。這種情況只能說明這樣的問題，卽只要不拘泥於個別提法，全面而深刻地理解馬克思主義經典作家所表述的理論觀點，那麼，像「哲學的黨性」之類不妥的提法，未必會釀成危害。然而，正像任何非科學的東西對人類終究沒有益處一樣，「哲學的黨性」之說在大多數情況下引出了許多荒謬的東西。

事實上，「黨性」與「科學性」各有其特定而不能隨意改變的含義。黨性的基本含義，不外乎是一定階級的願望、要求、意志等等的最集中的表現，它屬於主觀意識範疇，其基本要求就是本階級的利益；而科學性，卽眞理性，屬於認識論範疇，它的基本要求就是思想要正確地反映客觀事物及其規律。這樣兩種完全不同的範疇，怎麼能一致起來呢？至於說無產階級的黨性要求追尋眞理，因爲只有眞理才能引導它達到自己的目的，那是另外一個問題，卽對眞理的運用問題，這兩者是不容混淆的。

三 「哲學的黨性」之說妨礙對眞理的探索

馬克思主義是一門科學，它的根本使命就是探索眞理。妨礙這一探索的任何附加物都在拋棄之列。馬克思在嘲弄普魯士書報檢查令「嚴肅和謙遜」之類的說教時，有這樣一段精采的話：「這兩個規定（嚴肅和謙遜——引者注）所指的不是探索的內容，而是內容以外的某種東西。這些東西一開始就使探討脫離了眞理，並迫使它把注意力轉移到某種莫名其妙的第三者身上。可是，既然探討老是去注意法律賦予挑剔權的第三種因素，難道它不會失去眞理嗎？難道眞理探討者的首要任務不就是直奔眞理，而不要東張西望嗎？假如我首先必須記住用某種指定的形式來談論事物，難道這樣我就不會忘記事物的本質嗎？」❹

「黨性」也正是哲學探索的「內容以外的某種東西」。把這強加於哲學研究，就會不利於「直奔眞理」。

有人正是以「哲學的黨性」爲大棒，扼殺科學的哲學研究賴以生存的學術自由。在黨的第十一屆三中全會之前，「百家爭鳴」從來沒有得以認眞實行，只承認無產階級一家和資產階級一家，而「哲學的黨性」原則又要求「滅資興無」，於是百家止喙，一家獨鳴。一旦發現誰竟敢越出雷池一步，吐露一點有新意的思想或觀點，一些人就會以維護「哲學的黨性」的名義，來討伐「異端」。更有甚者，以黨中央的名義來裁決哲學上的爭論。在這方面，蘇聯首開其端，而且蘇聯哲學界曾把這種做法當作一種勳業來頌揚：「一九四七年黨中央委員會所主持的關於哲學問題的討論，在爲哲學的原則性和黨性而進行的鬥爭中起了重大作用。」❺在很長一段時間裏，這一

❹《馬克思恩格斯全集》卷一，頁六。

❺《簡明哲學辭典》，頁三八二。

做法在我國不僅被效尤，而且被發展到無以復加的地步，以至於對一些純屬學術問題的討論，也要黨的最高領導者來作結論，而且，將持不同學術觀點的哲學工作者當作政治上的「異端」而大張撻伐。

就這樣，隨著「哲學的黨性」之說的弘揚，科學的哲學研究實際上被取消了。被馬克思譽爲「時代精神的精華」的哲學，實際上變成了爲錯誤的政治尋找論據、對個別領導人的隻言片語作郢書燕說式發揮的辯護學。

（本文係由唐合儉、吳光合撰並以唐光筆名發表，原載《中國社會科學・未定稿》，一九八五年第九期）

附二：談「哲學的黨性」概念

列寧在《唯物主義和經驗批判主義》中談到「哲學的黨性」問題，是根據恩格斯《路德維希·費爾巴哈和德國古典哲學的終結》中關於對哲學基本問題的不同回答而分爲唯物主義和唯心主義「兩大陣營」的說法，指的是哲學上的兩大基本派別，指的是學派，不是黨派。列寧也是根據對哲學基本問題的看法如何，把馬赫主義劃入唯心主義哲學派別，而並非把他們作爲政治黨派。在政治黨派上，俄國的馬赫主義者卻分屬不同的黨派：波格丹諾夫、巴扎羅夫等人，如列寧所說「在黨派上是我們的同志而在哲學上是我們的反對派」，而切爾諾夫則是「民粹派分子、馬克思主義的死敵」。可見，列寧是將政治黨派和哲學學派加以區分的。因此，我建議根據恩格斯和列寧的原意，把「哲學上的黨派」、「黨派性」、「黨性」等，改譯爲「哲學上的派別」、「派別性」等，也許更確切些。

然而在列寧上書的個別地方，例如在結論部分第四條，講唯物主義和經驗批判主義的鬥爭「歸根到底表現著現代社會中敵對階級的傾向和思想體系。最新的哲學像在兩千年前一樣，也是有黨性的。」這句話容易使人把哲學鬥爭與階級鬥爭混淆起來，把哲學的派別區分簡單地等同於階級的政治區分。而由於教條主義的影響，我們過去在理解列寧關於「哲學的黨性」論述時，確實出了不少偏差，把哲學與政治、哲學鬥爭與政治鬥爭、哲學派別與政治黨派等等具有根本性區別的概念混淆或等同起來，並機械地認爲唯物主義和唯心主義從古到今都代表著各社會中「兩個敵對階級」的利益和要求。在這種思想指導下，就必然使哲學史研究偏離正確方向，走上非科學化的道路。

由於以上理由，我認爲應該停止使用「哲學的黨性」這個不確切的概念，而代之以「哲學的派別性」的概念。

（原載《光明日報》，一九八〇年十月一日）

唯有探索最可貴

——評《中國倫理學說史》上卷

沈善洪、王鳳賢合著的《中國倫理學說史》（浙江人民出版社，一九八五年四月出版上卷，下卷待出）以馬克思主義爲指導，以歷史文獻爲依據，探索了四千年來的中國倫理思想發展史，材料詳實，富有新見，具有較高的學術價值。本文評述的，主要是已經出版的上卷（由上古至唐代）。

一

一部學術專著，特別是體制較大的通史著作，應當有科學的指導思想和深刻的理論思維。《中國倫理學說史》的長處和特色，首先就在於理論專一，思想深刻。

本書〈導論〉一章，闡述了中國倫理思想史研究中的一系列理論問題。諸如：中國倫理思想史的研究對象是什麼？作爲人類社會意識形態的一個方面，倫理思想具有怎樣的特點？它與政治、哲學的關係如何？怎樣理解倫理思想的階級性及其社會作用？研究中國倫理思想史有那些現實意義等等。這些闡述，反映了作者的深刻的理論思考，對於深入開展這一領域的學術研究，有著普遍的方法論意義。

例如，本書將中國倫理思想史的研究對象，概括爲人性問題、道德的起源與本質、道德標準、道德修養、道德理想五大方面，這樣，就使它與一般的思想史、哲學史研究區別開來而有了自己的特色。儘管在歷史上並非每一種倫理學說都全面探討了這些問題，但從這五個方面去清理中國思想家留給後人的倫理思想遺產，對於揭示倫理思想發展的特殊規律，當可收到一定效果。

又如，書中對於中國歷史上延續最久、影響最大、發展最完備的封建倫理思想所起社會作用的分析，是很有說服力的。著者認爲，道德所起的社會作用，歸根到底要看它所維護的生產關係是促進還是阻礙生產力的發展。封建道德是爲鞏固封建制度服務的，固然有虛僞性、欺騙人民的一面，但在封建社會上升時期，它無疑起過進步的歷史作用，我們不能因爲它有虛僞一面而否認這一進步作用，也不能因爲它曾起過進步作用而將它美化爲「全民道德」。

封建道德的社會作用，除了表現在作爲統治階級對被統治者實行精神奴役的工具之外，還表現在調整統治階級內部關係、消弭不同階級和集團間的矛盾衝突方面。對這方面的作用需要作歷史的、具體的分析。例如儒家道德觀主張「大一統」、「三綱五常」，對於反對地方割據、豪強兼併、維護國家統一，有一定的積極意義；但在封建社會後期，封建倫理日益顯示出反動性，它不僅是被統治階級的精神枷鎖，而且也是統治階級中不滿現狀、主張放鬆封建束縛、追求個性解放的進步分子的桎梏，這些進步分子總是被封建衞道者視作「名教罪人」、「離經叛道」而遭到迫害。這是造成我國封建社會長期停滯的一個重要原因。

封建道德的社會作用，還表現在它曾經是團結和融合各族人民的紐帶，成爲抵抗外侮的重要精神力量。例如，在反對異族入侵和民族壓迫的鬥爭中，封建道德要求嚴守「夷夏之辨」、提倡「精忠報國」，這雖然包含了忠君、報效封建王朝的內容，但在實際上也起著保衞中華民族傳統文化使之不遭破壞和中斷的積極作用。

在分析這個問題時，著者正確地指出，應該將科學評價封建道德在封建社會中的作用與今天批判封建主義、肅清封建道德的影響區分開來。這正是歷史唯物主義的觀點和實事求是的辯證分析方法。它成爲通貫全書的理論指南，也是本書所以寫得成功的動力所在。

本書在理論上的深刻性，還表現在對研究中國倫理思想史的現實意義的闡明。現在有一些人，對建設社會主義精神文明的理解較偏頗，以爲只要作一般常識性的通俗宣傳就夠了，不必花大力氣從事高深的研究。有的甚至責難從事學術文化史研究的人「脫離實際」。有的青年人，由於不了解歷史，不考察國情，而盲目否定中國傳統文化等等。對這些人，要勸他們多讀點中國歷史書籍。

本書著者認爲，研究中國倫理思想史，至少有二點現實意義：第一，有助於深入洞察國情。我國歷史上形成的民族心理、習慣和道德傳統，今天還有形無形地影響著人們的行爲，這是「國情」之一面。掌握倫理思想史，「有助於我們正確區分歷史傳統中積極與消極、精華與糟粕的東西，去發展社會主義精神文明。例如，傳統的道德培植了一種對民族文化傳統的自豪感。這種感情到了封建社會後期，在一些人當中發展到故步自封、盲目排外的程度，自然成爲消極的東西。但是歷來極其珍視民族文化傳統，保持民族尊嚴，並對於崇洋媚外的無耻行徑進行道德上的譴責，這種傳統卻是應該加以發揚的」。第二，有助於正確認識道德的社會作用。在中國歷史上，出現過韓非單純依靠「法、術、勢」維護專制的非道德傾向和《列子・楊朱篇》的「縱慾主義」的非道德傾向，結果是加速了秦朝覆亡和魏晉腐朽風氣的泛濫。但有的儒家如宋明理學家，又過分誇大道德的作用，以爲只要維護了道德原則就可以解決一切社會問題，這又形成了反對社會變革的保守主義傳統，可見兩者都不足取。著者指出，不僅古代勞動人民的優秀道德值得繼承發揚，而且某些思想家提出的某些道德準則和修養方法(例如孟子說的「富貴不能淫，貧賤不能移，威武不能屈」的氣節；范仲淹的「先天下之憂而憂，後天下之樂而樂」的情操；儒家提倡的「愼獨」、「克己」修養方法)，也有其值得繼承的一面。

讀了這些論述，令人感到《中國倫理學說史》的理論見解確實能給人以啓迪。

二

本書另一個顯著的特點是把握總體，概括精煉，分析具體而微，材料豐富詳實。

著者認爲，中國倫理思想的發展，表現出以下特點：第一，倫理與政治密切結合。中國政治是倫理色彩的政治，中國倫理是以政治原則爲中心的倫理。例如儒家的「三綱五常」、「先王之道」、王霸義利之辨、「正心誠意修身齊家治國平天下」等等，都是政治與倫理合二而一的理論。第二，中國古代的倫理思想與宗教的關係並不密切。例如，先秦諸子的倫理學說都是作爲殷周宗教有神論的對立面出現的，都是以道德原則而不是以宗教感情來作維繫人們內心感情的精神力量。漢代的「天人感應」目的論，雖有宗教與道德相結合的傾向，但它在揚雄、王充的批判和魏晉玄學的衝擊下迅速破產了。宋明理學雖然從佛學吸取了思想資料，但卻堅決反對把倫理從屬於宗教。儒家的「禮教」有禁慾主義和蒙昧主義的內容，但本質上是道德理論而非宗教。佛教傳入中國後所走的路，是接受中國傳統思想的影響而走向世俗化，實際是對佛教的一種否定。總之，中國傳統的道德，除了漢代以外，是與宗教分離的。第三，中國倫理思想與中國哲學的關係，在古代有兩種類型：一是道家和玄學所代表的「由天道及人道」的倫理觀，即從宇宙觀推導出倫理政治原則；一種是儒家唯心主義者所代表的「由人道及天道」的倫理觀，即按照倫理政治原則進而構制其宇宙觀，其哲學是爲道德服務的，並以道德爲中介，反作用於封建經濟基礎。這種把哲學道德化又把道德哲學化的倫理型的唯心主義哲學，是中國封建社會占統治地位的意識形態，它對自然哲學、自然科學的發展是不幸的，而對倫理學或許是件幸事，因爲它幫助倫理學建立了一個相當精緻完備的理論體系。以上對中國傳統思想特點的理論概括，確實很有創見，是著者可貴的探索和創造性勞動的結晶。

在具體分析各個時期各家各派倫理學說的內容和特點時，本書善於運用比較分析方法，在比較分析中尋求規律。例如本書第二章至第九章對先秦儒墨道法諸家的倫理學說的比較分析就不落俗套，富有獨立見解。特別是對孔、孟、荀的比較以及管仲學派與儒家的比較尤見功力。著者認爲，孔子處在中國奴隸制向封建制過渡時期，是由奴隸主貴族向封建地主階級轉化的思想家。他創立的以「仁」爲核心的倫理學說，合乎時代新潮流；孟軻則「作爲地主階級右翼的思想代表登上歷史舞臺」，他的「以性善論爲基礎的倫理思想，屬於先驗主義的道德論」；荀況則屬於新興地主階級的激進派，他針對孟軻「性善」論提出的「性惡」論，則是「倫理學上的感覺論」，而以此爲基礎的「禮義」起源說，旨在把國家機器、等級制度和綱常倫理理想化和永恒化；獨立於儒、墨、法、道之外的管仲學派則創立了「以禮義爲中心的倫理思想」，它「與孔孟以仁義爲中心的倫理思想是不相同的。在孔孟那裏，是由『仁』及『禮』，即從個人的道德修養上升到對社會道德規範的自覺遵循，也就是由個人倫理到社會倫理。管仲學派則是由社會倫理到個人倫理，……爲荀子學派所繼承」。這些比較分析，建立在對大量史料爬梳精選的基礎上，反映了著者對諸子思想特點的總體把握和理論上的高度概括能力。

又如本書對魏晉至隋唐時期各家倫理學說的分析，並不墨守成說。魏晉南北朝隋唐時期，是中國社會從大動盪、民族大融合到國家大統一的時期，也是思想史上繼春秋戰國「百家爭鳴」以後又一次十分活躍的思想大辯論時期。當時學派林立，異端蜂起，道教、玄學、佛教相繼登上歷史舞臺，與儒學一起演出了思想鬥爭的新場面。在倫理領域討論的突出問題有：人生理想問題、才性問題、名教與自然的關係、人性（佛教稱「佛性」）與情慾的關係、道德與仁義的關係等等，出現了劉劭的德才關係說，何晏、王弼的「名教出於自然」說，阮籍、嵇康的「越名教任自然」說，向秀、郭象的「名教即自然」說，《列子》的縱慾主義與佛教的禁慾主義，葛洪、顏之推的道德修養論，韓愈、李翱的道統說和性情論等等。本書總結說：這種種理論的消長變化脈絡，是「從批判名教開始，中經玄學、佛學的倫理學說，最後以復歸到儒家的倫理綱常而告結束」這一結論，包含了著者多年辛勤探索的心血，能使人們從中獲得有益的啓示。

本書著者十分重視發掘前人注意不夠然而十分重要的倫理思想資料，加以系統的排比整理，從中概括提煉其重要的倫理範疇及其學說主旨。而要做到這一點是不很容易的，不但需要有對研究對象的總體把握，而且需要有敏銳的識見和高度的理論概括能力。如對《管子》、《呂氏春秋》、《禮記》和《淮南子》、《白虎通》、《太平經》等書，大家比較熟悉，前人的研究成果也不少，但很少能系統總結其倫理學說體系和抓住其最基本最核心的道德範疇加以具體分析的；如對《孝經》、《人物志》、《顏氏家訓》等書，前人或者因爲它提倡封建倫理而加以全盤否定，或者不承認它們在思想史上可占一席之地而置之不理，因而忽視了它們在倫理思想史上的地位和作用。然而《中國倫理學說史》的著者並不囿於前人偏見，對這些重要的倫理學著作的內容作了去粗取精、由表及裏的解剖，對他們在倫理思想史上的貢獻作了系統和精闢的總結，從而能發前人所未發，提出了許多創見。例如，通過對《管子》所論「國有四維」、「德有六興」、「義有七體」、「禮有八經」的分析，總結出《管子》倫理學說中最基本的道德規範是「禮」和「義」；通過對《孝經》的家族倫理觀念和《顏氏家訓》的家教思想的分析，揭示了封建倫理觀的演變軌跡和歷史作用等等。

三

本書優點很多，限於篇幅，不可能一一列舉。下面，再談幾點不足。

首先，現在是在「對外開放，對內搞活」的總形勢下從事學術研究的。在社會科學領域，凡非純學術的研究（如考古、考證、校勘等），就有一個適應新形勢、改革舊體制和舊方法以促進學術發展的問題，要求學者們（特別是理論工作者）展拓視野，學習和運用新方法，使研究方法多樣化。例如，現在在哲學史，文化史，倫理史的研究中，人們開始重視並採用中西比較分析法，卽把中國哲學、文化、倫理放到整個世界文化大系統中，進行比較的分析，探索其異同，尋求其發展的特點和規律，並且預測未來的發展方向和趨勢。而這一點，正是《中國倫理學說史》以及許多類似著作注意不夠，未能做到的。這樣，對中國倫理思想發展特點和規律的認識就可能是片面的，膚淺的，就可能影響到理論分析的深度和論斷的科學性。

其次，本書還存在篇幅滯重和在某些問題上前後矛盾之病。例如：〈導論〉文字過繁，後面的章節在具體論述各家倫理學說的內容和特點時又有一些不必要的重複。第七章討論管仲學派的倫理學說時，沒有能將《管子》書、春秋中葉的管仲與戰國中後期的「管仲學派」作出恰當的區分。書中說「管仲是我國新興地主階級早期很有作爲的政治代表」、實行了「解放奴隸，實行封建剝削制度的措施」，又說孔子（晚於管仲百餘年）「反映了新興地主階級反對奴隸制度的革命要求」，「替中下層奴隸主中間正在向新興地主階級轉化的那一部分人說話」，對這一觀點，卽使持「戰國封建論」也是值得商榷的。再如講荀子「性惡」論是「倫理學上的感覺論，具有唯物主義傾向」，但又說它同孟子「性善」論一樣，「都是離開人的社會性和階級性的抽象的人性論」，這就顯得自相矛盾了。

再次，作爲一部倫理學說史專著，雖然也應討論倫理與哲學的關係，但也毋需在論述每家倫理學說之前，都列一專節去分析評價其哲學思想。因爲那樣勢將沖淡主題，造成結構鬆散之病。這正是某些政治思想史或倫理思想史一類專史或通史體著作的通病，而本書著者也未能完全擺脫這種舊形式的局限。

當然，瑕不掩瑜，本書總的來說是部成功之作，是優秀的學術專著。我們相信，《中國倫理學說史》的出版，對於中國哲學和倫理學史的研究必將起到良好的推動作用，對於整個社會主義精神文明的建設也將有所裨益。

（原載《杭州大學學報》，一九八七年第一期）

東西方比較研究的方法論思考

近幾年來，我國理論界出現了一個幾乎波及所有學術領域的東西方比較研究熱，幾乎所有對理論問題有興趣的人們，包括那些博學的專家或熱心的青年，都程度不同地參加了對東西方（其實多數情況下是指中國和歐美）歷史與現狀的理論思考，從各個角度或側面——政治、經濟、科學、文化、哲學、宗教、倫理等等——去考察東西方社會制度和意識形態的異同，力圖從理論上說明那些東西是應當繼承、發揚和發展的，那些東西是應當批判、拋棄或必然滅亡的。那麼，應當怎樣分析和對待這一理論研究的新動向或新潮流呢？

首先應當看到，在中國現代化的進程中，出現這種或那種形式的東西方（或曰中西）比較研究熱是一種客觀趨勢和潮流。辯證法的常識告訴我們：任何事物都不是孤立存在的，都是與周圍世界相聯繫、與其他事物相比較而存在、相鬥爭而發展的。人們認識各種事物的本質與特點時就必然要作比較，有比較才有鑒別，有鑒別才有取捨。比較、鑒別、取捨，是人們認識世界、改造世界的過程。人類社會從它存在那一天起，就有不同的羣體，形成不同的氏族、部落、民族，生活在不同的區域，有著不同的語言、習俗、信仰和文化。在現代世界中，人類分屬於不同的階級、國家和民族，有先進的也有落後的，有強大的也有弱小的，有資本主義的、封建主義的，也有社會主義的，總之各各具有不同的特點。各部分之間相互聯繫、相互影響、相互競爭或相互敵對，相比較而存在，相鬥爭而發展。中國是一個還沒有完全擺脫落後因而亟需現代化的社會主義國家。而與中國相比較而存在的現代西方國家，則大多數是在科學技術、生產管理、生活水準等方面比中國先進、發達的資本主義國家。中國爲什麼還很落後？怎樣改變這種落後局面？西方爲什麼在一些方面比我們先進？怎樣學習西方先進的東西以彌補我們的不足？這只有通過比較才能看清楚，才能找到其中的原因並找到改進的辦法。當然，並不是中國一切都落後，西方一切都先進，但究竟那些先進、那些落後，那些需要繼承、發揚和發展，那些需要批判、剔除和拋棄？也只有通過比較才能作鑒別、才能決定其取捨。所以，對歷史的和現實的東西方進行科學的、具體的比較分析和研究，這是實現中國現代化的必然要求，也是歷史賦予一個中國人、特別是一個理論工作者的重要任務之一。

其次，我們也不能不看到，在東西方比較研究中，出現了一種錯誤的、形而上學的傾向。歷史本來是活潑潑地變動著的，有些人卻用靜止不變的觀點看問題，似乎自古至今，中國就是落後的，西方就是先進的。他們沒有看到或者忘記了，中國在殷周時代、在漢代、唐代、甚至在宋代，其物質文明程度都超過了當時的西方國家，中國在造紙術、印刷術、火藥、瓷器、絲織業、農耕技術等方面都曾經比西方國家遙遙領先，曾走在世界文明古國的最前列。也有一些人不了解或不想了解中國和西方歷史演變的全部過程，卻在妄談歷史，說什麼西方社會歷來是開放的、自由民主的社會，而中國幾千年都是封閉的、「超穩定的」專制社會。這些人似乎不了解，在西方歷史上曾有過十字軍的野蠻東征、中世紀教會的愚昧統治及其對科學的壓制，還有過殖民主義者的野蠻擴張和希特勒法西斯主義的血腥統治，而在中國，則曾有唐代的對外全面開放時期，也有明朝永樂時期對外貿易的開放、崇禎時期和清朝康熙時期對西方自然科學的開放等等，怎麼能簡單地用「封閉」或「開放」去籠統概括中國和西方幾千年的歷史發展特點呢？而所謂「超穩定」論，更是一種否定發展變化的形而上學理論。事實上，人類歷史上從來沒有絕對停步不前的時期，也沒有絕對停滯不變的國家、民族和社會，只不過變化的形式或發展的速度各不相同罷了。如果按照「超穩定」論者的觀點，中國封建社會時期農民戰爭的頻繁爆發、封建王朝的多次更替、封建社會由低級走向高級再走向衰落滅亡都不算發展，都只是「在超穩定系統內振盪」的話，那麼存在過千餘年的西方中世紀封建社會、存在了二百餘年的西方資本主義社會豈不也各自都是「超穩定」的系統了嗎？這種理論有什麼實際意義呢？

歷史本來是多層次、多側面地展現出來的，而有的人卻用片面的孤立的觀點看問題，喜歡用「以偏概全」的方法去比較東西方的長短優劣。例如，有人看到西方某些哲學家的抽象思辨特點較明顯，形式邏輯比較發達而中國哲學家比較注重於討論政治的、倫理的問題，便斷言中國沒有哲學而只有政治學或倫理學。這種人不懂得一個哲學家或思想家如果沒有一種系統的認識方法論作指導並以嚴密的邏輯思維作條件就不可能建立和架構任何有價値的理論體系的道理，也不了解歷史上任何一位哲學家或思想家從來沒有也不可能完全脫離政治、社會、人生的現實去單純進行抽象思辨的事實。事實上，像柏拉圖、亞里士多德、黑格爾這樣的西方理論思辨大師不是也有他們獨特的「理想國」、「倫理學」、「政治學」和「絕對精神」王國中的政治倫理學說嗎？而像中國的老子、莊子、荀子、王充、朱熹、王陽明不也是一些出色的理論思辨大師嗎？所以，說中國沒有哲學或沒有思辨哲學是十分片面的和幼稚可笑的。又如，有人竭力宣傳西方不但有科學而且有科學理論而中國只有技術而沒有科學和科學理論。這是又一種片面的形而上學觀點。我們並不否認西方近現代科學技術的發展水平及其理論水平一般都勝於中國，但絕不是一切方面都高於中國。而從總體上說，中國的落後和西方的進步主要是十四世紀（明代中葉）以後的事，這主要不應從科學形態本身去找原因，而應當從更廣闊的時代歷史背景、特別是從政治經濟制度、文化傳統等方面去找原因。從比較的方法來說，也不應拿近現代的西方科學與古代的中國科學作比較，而只能在同樣的歷史水準上、把它們放在大體相同的歷史時期內去比較中西科學的異同。從科學發展史看，無論在中國在西方，也無論它們在不同的歷史時期發展的速度和成就如何不同，科學總是伴隨著技術的進步而進步的，科學的門類和科學的理論也總是從不完善到逐步完善、從少數領域擴大到衆多領域、從低級形態發展到高級形態的。怎麼可能出現單有實用技術的進步而沒有科學理論相應發展的情況呢？事實上，如果我們拿古代的歐洲城邦國家或海島國家與古代的農業國家中國相比較的話，恐怕可以說西方的實證物理科學、幾何學、醫學中的解剖科學獲得了比較充分的發展，而中國的天文學、算學、曆數學、醫學中的整體科學、病理學獲得了較高水平的發展。但這只能說明中西科學形態的不同，而不能證明「中國只有技術、沒有科學」的謬說。我們還可以列舉中國科技史上的許多實例反駁這種謬說。例如，中國古代的《九章算術》、《黃帝內經》、《傷寒雜病論》、《授時曆》、《本草綱目》等書難道不是當時的科學理論著作嗎？難道張衡的地動儀不是在「元氣」學說指導下製造出來的嗎？難道祖沖之的圓周率數據、郭守敬的球面直角三角形解法不是中國古代相當精確的數學、理論知識的結晶嗎？

由上可見，在東西方比較研究中得出了錯誤認識的同志在思想方法上犯了靜止、片面、孤立地看問題的形而上學錯誤。而按照他們的錯誤方法和邏輯去比較中國與西方的優劣短長，就可能走向全盤否定中國傳統、鼓吹「全盤西化」的歸宿。

對於我們從事社會科學研究特別是從事哲學、史學研究的人來說，進行東西方的比較研究是需要的，但是必須學會正確的、科學的比較分析方法，即學會運用馬克思主義哲學的辯證法，歷史地、發展地、全面地、實事求是地分析東西方的歷史與現狀。而比較的目的，絕不是爲了拿西方的文明否定東方，或者拿東方的文明否定西方，而是爲了從比較中總結東西方文明發展歷史上的經驗教訓，爲了促進中國的社會主義現代化建設，使我們能從西方文明中借鑒有益的經驗，並繼承、發揚和發展中國傳統文明中的優秀內容，以建設合於中國國情、具有中國特點的社會主義精神文明和現代物質文明。在東西方比較研究中，那種以偏概全的思維方法，那種靜止地、孤立地、絕對地看問題的形而上學比較法，是應當批評和摒棄的。

（原載《浙江學刊》，一九八七年第四期）

民族傳統與文明出路的誤導性反省

——對《河殤》的批評性反思

電視系列片《河殤》在中國大陸、香港、臺灣、新加坡等地播映以後，在華人文化圈引起了強烈回響，也出現了種種不同意見。這些不同意見的出現本來是正常現象，是不應該也無法強求一致的。但是，在中國當權者中，確有一部分政治保守主義者，按照其僵化的思維方法，視之爲洪水猛獸，從而把它打入文化冷宮，禁止播映。然而，「防民之口，猶防川也」，官僚們用政治權力禁止它，反而使它身價倍增，流傳更廣。於是，片中宣傳的一套錯誤觀點似乎成了「眞理」而爲人們傳頌擁護。這又一次顯示了文化專制的愚蠢與無能。

然而，無論是禁止上映還是盲目歌頌，都不能代替嚴肅的學術討論。而理論是非只有通過嚴肅認眞的討論才有可能逐步得到澄淸。本文試圖響應《河殤》作者的呼喚，對它的主題及其依據的理論，進行批評性的反思，是非曲直，訴諸公論。

一、誤導之一：西方文明中心論與全盤西化論的再現

毋庸置疑，《河殤》所要反省的對象是中國的過去、現狀和未來，是中華民族的歷史命運。正如其總撰稿蘇曉康在介紹本片構想的文章——〈呼喚全民族反省意識〉（以下簡稱「呼喚」❶）中說的：「在目前改革開放的大形勢下推出黃河，就必須賦予這個題目以鮮明強烈的時代特點……使這一電視片的播出，成爲一次對民族歷史、文明、命運的全面思考。」這個「呼喚全民族反省意識」的主觀動機是誰也不應當非議的。而《河殤》放映的結果，縱然沒有能按照他們的設計喚起全民族的「反省意識」，至少已引起了許多當政者和知識分子的重視，引起了思想文化界的討論，從這個意義上說，它是成功的。

然而，《河殤》作者所呼喚的反省意識究竟是什麼？它「反省」的結果會將人們導向什麼出路呢？

《河殤》的作者宣稱，拍攝該片的構想之一是要打破以往風光旅遊片中的「國土崇拜、歷史

---

❶ 蘇曉康，〈呼喚全民族反省意識——電視系列片「河殤」構想淺談〉，載《河殤》（解說詞）卷首，北京現代出版社，一九八八年六月版，下引《河殤》解說詞及金觀濤等人觀點均出此書，不另注。

崇拜、祖先崇拜的老觀念、老模式」。該片第一集「尋夢」便率先實踐、批評了一些中國人在黃河漂流、體育競賽、出國歸國一類事情上的表現，從而得出「文明衰落了」的結論。作者力圖讓人們相信：黃河、黃土孕育的中國古代文明是「一個典型的大河民族的夢」，這個舊夢的破滅是歷史的必然，猶如作者用詩一般優美的語言所表達的結論中說的：「龍的傳人呵，黃河能給予我們的，早就給了我們的祖先。我們的祖先已經創造了的文明，黃河不能再孕育一次。需要我們創造的，是嶄新的文明。它不可能再從黃河裏流淌出來。」

我們並不否定《河殤》作者對中國歷史上的醜惡現象——自以爲是龍的化身的封建統治者深惡痛絕的情感的合理性，我們也不否認作者由中國落後現狀所激起的對民族前途命運深切擔憂的激情的崇高性。然而我們要問：反省歷史的目的是什麼？是要把中國古代文明說得一文不值呢？還是應當既找出其弊端加以分析批判又找出優秀傳統加以繼承發揚？是要人們從中汲取奮進的力量還是對自身文明傳統自暴自棄、自怨自艾而對西方文明盲目推崇、頂禮膜拜？

況且，中華民族的文明史眞的像一場虛無縹緲的「大河民族的夢」嗎？不！

我們中華民族在悠久的文明發展史中，儘管遭受了深重的苦難和災禍，存在著野蠻的爭戰和血腥的屠殺；但畢竟創造了多姿多采、燦爛輝煌的物質文明和精神文明。誰也不能否認，直至公元十五世紀（明朝中葉）以前，中國文明在世界上還是先進的，中國在經濟、文化、科技等許多領域中是居於領先地位的。至於在政治、經濟制度和科學文化的具體形態方面，歷史的中國與歷史的西方本就屬於不同的類型和系統，可以進行比較，但很難判定優劣。難道古希臘時代的哲學一定優於百家爭鳴時代的中國諸子學嗎？難道古代西方的「蔚藍色」海洋文明一定優於中國古代的「黃色」內陸文明嗎？難道西方中世紀的黑暗制度一定優於中國封建時代的君主專制制度嗎？如果眞是那樣，則古老的中國文明從誕生伊始就落後於古希臘以來的西方文明傳統了，還有什麼優秀和偉大可言！但這種觀點不正是典型的「西方文明中心論」或「歐洲中心論」嗎？

《河殤》的作者在「尋夢」中把整個中國文明歸結爲「黃河文明」，把英國史學家湯因比所謂世界其他文明已經絕跡或衰朽而「只有古希臘文明轉化成了工業文明」的說法當作「應當勇敢地正視」的「歷史」❷；又在「蔚藍色」中把中國古代史看作是「內陸文明」征服「海洋文明」的歷史，說什麼「蔚藍色的隱退，埋伏下一個民族和一種文明日後衰敗的命運」，中國近代史也似乎是崛起於地中海的「海洋文明」戰勝了代表「內陸文明」的「黃河之神」的歷史。按照他們的邏輯，就只能得出如下的結論：卽所謂「海洋文明」優於「內陸文明」的命運早在幾千年前就已經決定。既然如此，那麼華夏文明還有什麼値得肯定的地方呢？靈魂早已渾濁，精神早已僵

❷這裏，《河殤》作者實際上斷章取義地曲解了湯因比（A. Toynbee）的史學觀點。因爲湯氏並沒有認爲中國文化、印度文化、回教文化、俄國文化正在衰朽，而是認爲他們當時仍然活躍，而且湯氏也分析了希臘羅馬文明衰落的歷史（參見其所著《史學研究》和《文化在試煉中》二書），本文非討論湯氏歷史觀之是非，故不詳論。

死，所剩不過是幾堆閃光的「千年珍奇」罷了。由此我們可以看到，《河殤》的功能之一，是可能將人們導向「西方文明中心論」的歧路。一些力主改革、熱情「呼喚全民族反省意識」的年輕人，竟然拾起半個世紀前就被人唾棄的陳腐觀點來作呼喚，豈不也是歷史的悲劇！對於一個中國人來說，西方文明中心論的邏輯結論是全盤西化。《河殤》作者儘管在解說詞中表示既反對「全盤西化的一派幻想」，又反對「儒家文明第三繁榮期的一廂情願」，但作爲全片的中心和重點，它所批判的是所謂「黃色的」黃河文明、內陸文明，它指給人們的出路是所謂「蔚藍色」的海洋文明即西方文明。他們的看法是：中國文明中沒有也生不出科學的傳統，沒有也生不出民主的傳統，而西方卻有。因此，中國文明已經也應該衰落了，而出路只能在西方。這種非此即彼的思維方法，必然造成一種「全盤反傳統主義」（林毓生語）的誤導，而全盤反傳統主義的歸宿又必然是「全盤西化」論的泛濫，其誤導的荒謬性和危害性已由「五四」以來的全盤反傳統主義的弊端所證明❸。

---

❸ 關於「全盤性反傳統主義」產生的根源及其在中國現代史上發展演變的線索，以及它與「全盤西化論」的內在邏輯聯繫，美國威斯康辛大學歷史系的林毓生教授在其《中國意識的危機——五四時期激烈的反傳統主義》（貴州人民出版社，一九八八年版中譯本）一書中作了十分精采、深刻的揭示。用它來分析《河殤》的理論錯誤是非常合適的。下文提到的「中國傳統的創造性轉化」觀點也係林先生首先提出。請讀者參考原著。

的作者也有他們的獨特見解。

二、誤導之二：把中國落後原因歸咎於傳統和儒家

人們常常在問：造成中國近百年來落後局面的原因何在？造成近三十年中國與西方以及亞洲五龍之間經濟發展差距日益擴大的原因又是什麼？對此，存在著許多截然不同的解釋。《河殤》的作者也有他們的獨特見解。

客觀地說，《河殤》解說詞中某些片斷，例如「靈光」、「新紀元」、「憂患」諸集的許多段落，就寫得相當深刻和精采，且一再觸及問題的本質，透露了作者們對現實政治經濟制度的批判立場。但他們沒有、或許還不敢把批判現實的話講得明白些、徹底些。他們寧願多談傳統、談文化。結果，就陷入了自己設置的理論困境，陷入了「文化決定論」、「思想萬能論」的理論迷宮。在更多的地方，或者從總體上說，《河殤》對上述問題的反省是誤導性的。他們把落後的原因歸咎於一個民族對國土、歷史、祖先的「崇拜」，歸咎於由這些崇拜所陶鑄成的所謂封閉的、保守的「民族文化心態」，歸咎於中華民族「偏偏選擇了儒家這樣的文化設計」（〈呼喚〉）。他們甚至以異常憤怒的語言批判說：「儒家文化……幾千年來偏偏造就不出一個民族的進取精神，一個國家的法治秩序、一種文化的更新機制；相反，它在走向衰落之中，形成了一種可怕的自殺機制，不斷摧殘自己的菁華，殺死自己內部有生命力的因素，窒息這個民族的一代又一代菁

英。」（「蔚藍色」）這個儒家簡直是罪惡滔天！

但這未免太簡單、太片面、太不公正了，未免過分誇大了儒家思想與文化傳統的功能和作用了。

我們無法在一篇短短的評論文章中詳細討論「傳統」的多層面意義和「文化」的定義，也不可能在一篇短文中講清幾千年的中國古代史、近百年的中國近代史以及近幾十年的中國現代史中由以構成「傳統」的每一個方面的情況及其相互影響的運轉機制，而只想講明一個簡單道理：構成「傳統」的因素是複雜的、多元的、隨著時代的變化而變化的。其間有政治、經濟、文化的區別；文化（主要指觀念形態的文化）中又有宗教、哲學、道德、文學、藝術等等的區別，而宗敎、哲學、道德等等又有各派各家的分野和時代特點的不同，因此，我們不能不分青紅皂白地把「傳統」作爲一個整體或一個系統加以全盤肯定或全盤否定。再者，從思想文化與現實的政治經濟制度的關係而言，思想文化固然對於某種制度的建立具有導引的、輔助的作用，但對社會變化起決定性作用的不是思想而是制度。

構成中國文明傳統的因素是複雜的，在近代西方文明介入以前，有君主專制、中央集權的官僚政治制度和宗法制度，有以農業爲主體、商業和手工業爲輔助的經濟結構，有以儒家爲主體、輔之以法家、道家、佛敎、回敎的多元文化結構，還有漢族和各個少數民族的民間習俗、宗敎崇拜，如此等等，各種因素在不同時期此消彼長，互相影響，造就了中華民族的古老文明傳統。這個文明傳統的運轉機制儘管經常出現嚴重的弊端和混亂，但至少到公元十三世紀元帝國建立以前還是靈活的、有巨大創造力的。

但自從公元十六世紀人類文明史上出現資本主義生產方式、社會制度和科學技術長足進步以後，中國古老的文明傳統在激發創造力、推動經濟和科技發展方面確實顯得落後了。但這種「落後」是相對於西方資本主義世界而言的，並不是絕對的、全面的，也並不預示著一個文明傳統必然衰朽、滅亡的命運。而在這個落後的過程中，從中國內部機制來檢討，儒家思想的教條化、凝固化固難辭其咎，但主要原因不能歸之於儒家。較之儒家文化力量更大得多的社會力量，是元、明、清三朝封建君主專制制度既腐敗又酷烈的統治（這個專制傳統並非單由儒家造成的，其陰謀權術、嚴刑苛法主要來自於道家和法家），是元、清兩朝遠比中原漢族後進的北方少數民族的野蠻軍事力量對中國社會經濟的摧殘和破壞，還有賴以產生官僚統治集團的科舉制度的日益僵化和腐朽（這個人才選拔制度在唐宋兩代還是很有活力的）。人們怎麼能把一切罪責歸之於中華民族「偏偏選擇了儒家這樣的文化設計」呢？

至於近一百多年造成中國落後的原因，除了承接著上述弊端之外，比儒家文化力量更大得多的力量，是自鴉片戰爭至日本侵華戰爭的帝國主義、殖民主義勢力對中國的侵略、分割和掠奪，是國民黨統治大陸期間的治國無方和個人專制，是共產黨執政以後西方國家對中國的長期經濟封鎖，是五十年代後期開始的毛澤東和中國共產黨本身的錯誤政策，以及按照蘇聯模式建立起來的高度集權的專制政治制度和缺少競爭機制的計畫經濟制度。如果從思想文化角度檢討近幾十年來中國大陸的落後原因，則既有由儒家倫理本位主義衍生的家長制思想作風對中國共產黨人的深層心理影響，更有馬列主義的階級鬥爭和無產階級專政學說以及土洋結合的社會平均主義思想對共產黨人思想的主宰作用。這都是不能一古腦兒地歸咎於「黃色」文明傳統和儒家文化設計的。而《河殤》的作者卻主要地從古老文明傳統和儒家思想中尋找中國落後的原因，豈不是捨近求遠、隔山打牛嗎！

三、《河殤》的理論謬誤與中國文明的出路

如上所述，《河殤》對中國傳統文明的評價是非常片面和不公正的。它不但要打破蘊涵著中華民族的愛國主義精神的「國土崇拜」、「歷史崇拜」、「祖先崇拜」的「老觀念、老模式」，而且對象徵中華文明傳統的黃河、長城、龍圖騰乃至四大發明、人文科學、儒家思想等等都作了嚴厲的批判。他們賴以立論的理論依據是所謂「中國封建社會是個超穩定系統的假說」（金觀濤語）。這種理論看似新鮮，實際上是西方科學主義、結構主義方法論與中國「五四」以來的「全盤反傳統主義」方法論結合的產物，既不新鮮，也不科學。

事實上，無論是中國古代社會還是歷史傳統，都是一種多元化的結構。當這個社會、這個傳

統解體以後，其構成原有結構的各元因素有些已失去繼續存在的根據和價值，有的則仍有存在的價値。猶如一個萬花筒，當舊的筒體破碎以後，其中有些材料是可以與新材料一起來組合新的萬花筒的。中國古代社會和傳統文明也像一個萬花筒，它經過帝國主義侵略、變法維新、辛亥革命、五四運動、共產主義革命以後，原有結構確實解體了，但其中不少原材料諸如歷史文物、科技成果、哲學宗教等等，並沒有隨著舊社會的瓦解而被粉碎、被消滅，而是繼續存在並在新的社會中發揮作用。當然其中有些因素可能在新社會中起消極作用，而有些因素則會起積極作用。所謂「與傳統徹底決裂」的號召，是在任何社會、任何歷史時期都不必要也不可能的，它只是社會空想主義者的理論神話罷了。試看中國自「五四」以來，以民主、科學爲口號批判舊傳統，打倒孔家店，以民族民主革命、共產主義革命爲手段打倒舊社會，結果，孔家店和舊社會從形式上確被打倒、被瓦解了，但由孔子創立的儒家哲學並沒有被打倒，舊社會中包含的中華民族的悠久文明傳統也並沒有被「徹底」廢棄，不是主觀上不想廢棄，而是客觀上廢棄不了。這就證明了「全盤」或「徹底」反傳統理論的破產。

但「全盤反傳統主義」理論的破產是否意味著中國社會、中國文明傳統是一個「超穩定的系統」呢？不然。因爲構成這個社會、這個傳統的因素是多元的，其內容也是「日新日新」的，並不像「超穩定假說」的理論家描繪的那樣只呈現「週期性」的震盪、瓦解與復合。卽便是「千年封建社會」時期也如此。請問魏晉風度與秦漢特色一樣嗎？明清風格與唐宋氣象一樣嗎？當然大不一樣。即便是儒學，儘管它有穩定的、不變的一面，但也有著變化日新的一面，絕不是只有週而復始的循環和沒有內容更新的「超穩定」的週期性震盪，因為從孔孟儒學、兩漢經學到宋明理學和當代新儒學，都有著各自的時代特色和新鮮內容。可見，用「超穩定系統」論去解說中國歷史文明傳統，是講不通的、荒謬的。然而，《河殤》的作者卻用黃河的泛濫去比附中國歷史上的「動亂」，要人們相信「超穩定系統」假說的科學性。他們用以批判「封閉」、「保守」傳統的思想方法本身就是異常封閉的、缺乏多元視野和辯證觀點的，是一種「整體一元觀」式的形而上學方法。在這種思想方法指導下，他們實際上不自覺地重蹈了從「五四」到「文革」的「全盤反傳統主義」或「全盤西化」論者的理論覆轍。我們今天再也不應當用這種簡單化的、形而上學的思想方法去「反省」中華文明的歷史、現狀和未來的問題了。

那麼，中國文明的出路何在呢？這是一個十分重大、複雜的問題，不是一部電視劇或一篇學術論文能夠作出解答的，而是需要進行大量的長期的觀察和理論研究，更需要進行長期的、反覆的實踐。但《河殤》已經發出了呼喚，也作出了簡略的回答，我們也不妨回應其呼喚，作一番個人的反省與探索。

首先我認為，所謂中國文明的出路並不是一個簡單的文明類型的棄取問題，而是既包括對中國傳統文明的批判性揚棄、創造性轉化，又包括對中國以外的文明類型（今天主要指西方文明）的接觸、學習、選擇、消化和吸收的問題。由中國數千年歷史累積起來的文明傳統是一個客觀存在的事實，每一個生在現代的中國人和海外華人都不可能無視它的存在和完全擺脫其影響，而只能正視它、理解它、自覺地揭示出構成這一文明傳統的各個層次、各個方面、各種因素的眞實面目、相互關係和活動機制，分析其在歷史上、現實中存在的意義、價值和利弊，從而肯定、繼承和發揚那些有利於民族生存、發展和興旺的有價值的東西，批判否定和放棄那些阻礙民族發展與旺的已喪失其存在價值的東西、轉化那些一度失去活力但經過新的解釋和認同仍有意義和價值的東西，在對待傳統文明的問題上，不加批判的全盤肯定和保留的態度是錯誤的，不作分析的全盤否定和拋棄的態度也是錯誤的。對待西方文明傳統的態度也是這樣。在現代世界上，東西方文明的接觸、衝突、滲透和融合早已是歷史的事實。作爲一個東方民族，我們既不能拋棄或擺脫自己的文明傳統，又不能無視或排拒西方文明的影響，因此，唯一正確可行的態度，就是正視它、理解它、分析它、選擇和接受那些對我們有意義、有價值又有可能爲我們所吸收消化的東西，批判和拒絕那些有可能危害我們民族的生存發展甚至可能危害全人類生存發展的東西。在這裏，全盤接受或全盤排拒西方文明的態度都是不明智的，也是不現實的。只有在既能正確認識和對待本身文明傳統又能正確認識和對待西方文明傳統的情況下，我們才談得上「創造新文明」的問題，才有可能展望「東西方文明的融合」和所謂「世界大同」（假設「大同」是可能的話）之類的遙遠的未來問題。生活在國家林立、民族長存的現代的中國人，恐怕還只能站在國家民族的立場上討論「中國傳統文明的創造性轉化」和「批判性地吸收消化西方文明成果」的問題。用一句通俗的話來表達，就是「西學中用，中學新用」。而要做到這一點，就必須摒棄「非此卽彼」的一點論和「有此卽有彼」的兩點論（或曰矛盾論、對偶論）的常規思維方法，而以開放的心態、多元的視角對中西文明進行具體的、比較性的分析和創造性的綜合，只有這樣，才能保證用得對路、用得適當。

其次，我們應當正視中國社會的現實：一方面，中國傳統文明的載體——君主專制的封建社會——經過若干次中外戰爭和國內革命，已經全面解體了，這種解體本來是歷史的進步，是無須惋惜也無可挽回的。但舊社會的解體不等於傳統文明的滅亡。傳統文明中那些獨立於政治、經濟制度之外的因素，如科學技術和宗教、哲學、道德、文學、藝術等等仍在新社會中存在並發揮作用。我們還記得，大肆宣稱「破四舊」、「與傳統徹底決裂」的「文化大革命」，卻是傳統文化中那些最保守腐朽的東西如法家陰謀權術、封建專制主義和忠君思想最泛濫的時期；「文革」以後，學者們重新評價孔子、評價儒家、評價中國的文化傳統，用「仁政」思想批判專制政治、用黃老無爲思想反對好大喜功，用「中庸之道」反對「鬥爭哲學」，這一切都證明了傳統文明的力量，也證明了「傳統的創造性轉化」的必要性和可能性。

另一方面，當代中國社會是分裂的、多元的社會，是大陸的社會主義制度和臺灣、香港的不同類型的自由資本主義制度同時並存、和平競爭的時期。這種多元社會制度長期競爭的局面，顯示出社會主義制度在政治上、軍事上力量的強大和經濟制度上的落後，也顯示了西方民主政治制度和自由經濟制度為我所用及其與中國傳統文化良性結合的可能性。然而，社會主義的政治經濟制度一旦建立起來，即便有許多不合理的、腐朽落後的弊病（這些弊病又是與中國傳統文明的落後因素如專制政治、小農經濟結合在一起發揮作用的），就有著很強的生命力或運轉的慣性，不可能用思想文化的力量或道德的說敎使之根本改變，也不可能採取「武裝革命」的手段使之瓦解（因為現代的世界已不再是用武力解決制度衝突的時代了）。因此，中國文明或中國現代化的唯一出路，便是在承認多元化社會制度的前提下進行政治、經濟、文化的全面改革。這個改革大體將沿著政治民主化、社會法制化、經濟自由化、文化多元化的方向進行，改革的過程將是長期的、複雜的、曲折的、艱難的、痛苦的，但每個希望中國既富且強的中國人都應當勇敢地、冷靜地面對這個現實，作好長期改革的精神準備。在改革過程中，中國的傳統文明，西方的民主、科學和法制，中國現存的社會主義制度和資本主義制度以及各種意識形態，都將在這片黃色土地上進行試驗，經受考驗並發生「創造性的轉化」，從而出現一個民主的、多元開放的現代化社會結構。我想，提出這樣的社會改革理想，或許比那種奢談「超穩定系統」和「蔚藍色文明」的全盤反傳統主義或全盤西化論要現實一些、理智一些吧！

（原載臺灣《中國論壇》，一九八九年第三二一期）

反思、轉化與創新

——我對九十年代中國文化趨勢的展望

興起於八十年代初期的中國「文化熱」，自從挨了「六・四」天安門事件一瓢冷水之後，似乎冷卻沉寂下去了。現在，許多中國人，特別是嗜好思考中國之過去與未來的知識分子，是帶著一種愁悵不安的憂患意識走進九十年代的。中國向何處去？中國文化向何處去？這對深具憂國愛民情感的中國知識分子來說，似乎是永恒的主題。

說實話，我對八十年代的「文化熱」並沒有做出什麼引人注目的貢獻，更沒有去趁熱打鐵。除了關在書齋裏整理一些故紙堆、寫了幾篇有關中國歷史和哲學史的文章或小冊子之外，對於那股洶湧澎湃於一時的「文化熱」及隱藏在其深層的各種新見解、新觀點，在多數情況下是採取旁觀與心儀兼而有之的態度。最後的表現，便是在八八年底寫了一篇批評《河殤》的誤導性反省的文章，在八九年中又寫了幾篇妄論中國政治改革的文章和一本研究儒學史和儒學特點的小書。這裏面，自然展示了我的文化觀、歷史觀和政治觀，至於觀得是否正確，則非己所能斷，只能聽諸歷史的裁判了。

當此中國「文化熱」趨於冷卻沉寂之時，香港法住文化學院院長霍韜晦先生主持的《法言》雜誌，卻以高度自覺的文化擔當精神組織九十年代的文化展望專輯，並約我寫一篇文字。我對九十年代的文化展望雖不免有愁悵之情，但卻並不悲觀、失望或者頹廢。既爲文人，便不能不寫文章。故借此機會，寫幾點不成熟的意見。

我的第一點「展望」是反思，再反思。八十年代的文化熱，儘管有種種的缺陷、模糊和幼稚，卻並非空穴來風，而是中國改革開放和現代化歷史進程中理論反思的產物。

從七十年代末粉碎「四人幫」以後，中國共產黨在鄧小平、胡耀邦、趙紫陽等人領導下，推行了一條以「社會主義現代化」爲中心的改革開放路線。隨著對外開放領域的擴大和中外文化交流活動的增加，大大開拓了中國知識分子特別是年輕一代知識分子的視野，也充實了他們的思想。中國人驚奇地發現：原來山外有山，天外有天。社會主義的中國才剛剛提出現代化的口號，而向來被視爲「腐朽、垂死」的資本主義先進國早已進入了電子化、信息化的時代。在生產力、科學技術等方面不僅遙遙領先於中國，而且領先於社會主義的蘇聯。中國要想趕上或超過現代西方的資本主義先進國，至少需要半個世紀甚至一個世紀以上，我們比美、日、歐等國至少落後了五十年或者一百年。這就迫使任何不甘落後而且有民族自尊心的中國人認眞思考一些嚴肅的問題：中國落後的原因是什麼？現代資本主義國家領先的原因又是什麼？社會主義的中國怎樣才能趕上資本主義的西方？在回答這些重大問題時，一些政治家不願從政治上而是從純粹的經濟管理方法或科學技術上找原因，一些知識分子則不敢從政治上、體制上而是從文化上、歷史傳統上去找原因。於是，在知識界出現了一股文化反思思潮，即所謂文化熱。在這個文化熱中又出現了兩股方向不同的思潮，一股是以電視連續劇《河殤》爲代表的全盤反傳統或曰全盤西化思潮，把原因歸之於黃色內陸文化和蔚藍色海洋文化傳統的差異，實際上是主張拋棄數千年來的中華文化傳統而採納西方的文化傳統和現代文明；另一股是以美國華裔學者杜維明爲代表的現代新儒家思潮，提出「儒學第三期發展的前景」問題，實際上是通過復興和發展儒學以解決中國現代化的問題。這兩股思潮的主觀目的都是爲了中國現代化，只不過在理論方向上截然不同罷了。然而，這股文化熱所提供的理論方向在當代的中國是否行得通呢？是否眞能解決中國現代化的全部或部分問題呢？我們不必遽下斷論，而應當進行更深刻、更精緻的反思，這是對八十年代理論反思的再反思，是對艱難曲折的中國現代化道路的再探索。只有進行更深刻的反思，才談得上對未來的切合實際的展望；只有進行艱鉅的理論探索，才能找出眞正適合中國國情的行之有效的現代化道路。我覺得，每一個活著進入九十年代而且企求中國現代化的中國知識分子，都不應當逃避而是應當勇於承擔這一艱鉅的理論反思和理論探索，這也許是歷史賦予九十年代中國知識界、文化界的一項重要任務吧！

第三點「展望」是文化的轉化。自從清朝末年有人提出「中學爲體，西學爲用」的口號以來，人們在中西體用問題上爭論了一百多年，雖然沒有爭出個是非分明，卻並不是毫無意義的打筆仗，而是關係著和影響著中國走什麼道路的問題。在前幾年的文化熱中，這一爭論又重新開展起來，主張「中體西用」者有之（如某些新儒家），主張「西體中用」者亦有之（如李澤厚），也有批判「中體西用」和「西體中用」者（如方克立），及主張「中西互爲體用」者（如傅偉勳）。此外，還有撇開中西體用的糾纏而主張「傳統的創造性轉化」的（如林毓生、劉述先等）。我往往傾向於某種理論折衷的立場，故在批評《河殤》的文章中，既接受「創造性轉化」的提法，又「標新立異」地提出了「西學中用，中學新用」的主張，居然也引起一些人的共鳴而有幾家報刊編輯來約稿。但我一直未能撰寫專文闡明己見，故特在本文略作說明以塞文責。其實，我提出這一口號的涵義十分簡單而明白，並沒有多麼深奧的哲理。我認爲，若從本體與作用的關係而論，則「體用一源，顯微無間」，二者本是同一事物的兩面，不可分割，也非互相對立者。正如嚴復當年所說，牛、馬各有體用，不能以牛之體行馬之用。故無論是「中體西用」還是「西體中用」抑或「中西互爲體用」，都是將兩種不同的體用混爲一談，在理論上是講不通的。若說體用關係是主輔關係，則三種說法在理論上皆可成立，但在實踐中易走極端而忽視「用」這一面。故我以爲，還是撇開體用關係去談中西之學在中國現代化進程中的作用更加合適一些。

我所謂的「西學中用，中學新用」，其「學」不單指純粹的學術或科學，而是指歷史傳統和現實生活中一切有價值而又能在中國現代化過程中發揮促進作用的東西，既包括科學技術，又包括思想、文化和制度，其「用」即指應用、運用和利用。「西」不單指西方，也包括了日本、新加坡等東方先進國及蘇聯、東歐國家，但主要是指美國、日本和西歐，「中」自然包括中國大陸、臺灣和香港，但主要是指歷史的中國和現實的中國大陸。所謂「中用」和「新用」，其中蘊涵著兩個「創造性的轉化」：一是將西方的、外國的有價值的東西學過來或搬過來，結合中國自己的國情加以創造性的分析綜合，使之轉化爲能爲中國所用、能促進中國現代化的東西，諸如科學、技術、管理經驗乃至民主、自由、人權等等，都需要一個創造性轉化的過程，而這個轉化過程是複雜的、長期的；一是將中國本身固有的歷史文化傳統加以創造性的分析、改造和綜合，「吸取其精華，剔除其糟粕」，使之轉化爲適應新時代、新形勢需要的，有利於加速現代化進程的東西。

「西學中用，中學新用」的提法除了蘊涵著兩個創造性轉化的思想之外，還蘊涵著「多元社會、多元文化共存並進」的思想。現代的世界是一個多元世界，現代的中國也是一個多元世界，社會是多元共存的結構，文化也是多元共存的結構。在這多元結構中，各個主要的元都有自己的歷史傳統和長期存在的價值，各元之間會有競爭、有消長，但多元傾向是不會消失的，誰也不可能消滅其他所有的元而統一於一元。即便將來作爲一個民族文化共同體的國家實現了統一，但其內部的社會、文化仍將是多元共存的。這既是歷史存在的事實，也是歷史發展的趨勢。人們只能覺樹立多元社會觀和多元文化觀，從而創造美好的未來。因此，生在現代世界的現代中國人，應當自承認並順應這一趨勢，而不可能憑主觀意願改變它。

第三點「展望」，是創新。其實，創新並不新鮮，每個時代都有創新，否則，人類智慧早就窒息了，文化之火早就熄滅了。但每個時代的創新成果是各不相同的，有的時代發展慢些，新成果便少些；有的時代經濟、科學成果多些，而哲學、文化成果反而少些。從歷史上看，在社會穩定時期，科技成果就多些，在社會變革期和轉折期，思想成果就顯得突出些、燦爛些。可以預見，在二十世紀最後十年中，中國社會將出現比八十年代更加廣泛、更加深刻的社會變革，將是一個承上啓下的歷史轉折時期。在這個變革轉折的時期，富有悠久文化傳統和高度智慧的中華民族將會創造出足可傲立於世界民族之林的豐功偉績，必將造就出享譽世界並可永垂史册的偉大而不朽的思想家、科學家和政治家。但偉人不是空中樓閣，他是偉然卓立於人羣之中、集合了千千萬萬凡人的聰明智慧的基礎上誕生的。我們這些凡夫俗子，雖然毋需好高騖遠企求去當偉人，但也不必自慚形穢，甘居末席，而應「各盡所能」，竭盡自己的智慧和能力去做創造性的工作，以爲中國現代化的早日實現，爲中華文化的繁榮復興而貢獻自己的一份力量。

在進入九十年代之際，謹以此空言奉獻於國人——但願這不是毫無事實根據的囈語夢言！

（原載香港《法言》，一九九〇年卷二第一期）

後記

本書承蒙韋政通先生推薦並惠賜大序，又蒙東大圖書公司董事長劉振強先生支持並接收出版，特致謝忱！同時，謹向書稿審校、編排作業人員表示由衷的謝意。

吳　光　謹記於一九九四年六月二十五日

邁向未來的哲學思考　項退結 著
逍遙的莊子　吳怡 著
莊子新注（內篇）　陳冠學 著
莊子的生命哲學　葉海煙 著
墨子的哲學方法　鍾友聯 著
韓非子析論　謝雲飛 著
韓非子的哲學　王邦雄 著
法家哲學　姚蒸民 著
中國法家哲學　王讚源 著
二程學管見　張永儁 著
王陽明——中國十六世紀的唯心主義哲學家　張君勱著、江日新譯
王船山人性史哲學之研究　林安梧 著
西洋百位哲學家　鄔昆如 著
西洋哲學十二講　鄔昆如 著
希臘哲學趣談　鄔昆如 著
中世哲學趣談　鄔昆如 著
近代哲學趣談　鄔昆如 著
現代哲學趣談　鄔昆如 著
現代哲學述評㈠　傅佩榮 編譯
中國十九世紀思想史(上)(下)　韋政通 著
存有・意識與實踐——熊十力體用哲學之詮釋與重建　林安梧 著
先秦諸子論叢　唐端正 著
先秦諸子論叢(續編)　唐端正 著
周易與儒道墨　張立文 著
孔學漫談　余家菊 著
中國近代新學的展開　張立文 著
哲學與思想——胡秋原選集第二卷　胡秋原 著
從哲學的觀點看　關子尹 著
中國死亡智慧　鄭曉江 著

宗教類

天人之際　李杏邨 著
佛學研究　周中一 著
佛學思想新論　楊惠南 著

現代佛學原理	鄭金德 著
絕對與圓融——佛教思想論集	霍韜晦 著
佛學研究指南	關世謙 譯
當代學人談佛教	楊惠南編著
從傳統到現代——佛教倫理與現代社會	傅偉勳主編
簡明佛學概論	于凌波 著
修多羅頌歌	陳慧劍譯著
禪話	周中一 著
佛家哲理通析	陳沛然 著
唯識三論今詮	于凌波 著

自然科學類

異時空裡的知識追逐——科學史與科學哲學論文集	傅大為 著

應用科學類

壽而康講座	胡佩鏘 著

社會科學類

中國古代游藝史——樂舞百戲與社會生活之研究	李建民 著
憲法論叢	鄭彥棻 著
憲法論集	林紀東 著
國家論	薩孟武 譯
中國歷代政治得失	錢穆 著
先秦政治思想史	梁啓超原著、賈馥茗標點
當代中國與民主	周陽山 著
釣魚政治學	鄭赤琰 著
政治與文化	吳俊才 著
世界局勢與中國文化	錢穆 著
海峽兩岸社會之比較	蔡文輝 著
印度文化十八篇	糜文開 著
美國的公民教育	陳光輝 譯
美國社會與美國華僑	蔡文輝 著
文化與教育	錢穆 著
開放社會的教育	葉學志 著

大眾傳播的挑戰　石永貴 著
傳播研究補白　彭家發 著
「時代」的經驗　汪琪、彭家發 著
書法心理學　高尚仁 著
清代科舉　劉兆璸 著
排外與中國政治　廖光生 著
中國文化路向問題的新檢討　勞思光 著
立足臺灣，關懷大陸　韋政通 著
開放的多元化社會　楊國樞 著
臺灣人口與社會發展　李文朗 著
財經文存　王作榮 著
財經時論　楊道淮 著

史地類

古史地理論叢　錢 穆 著
歷史與文化論叢　錢 穆 著
中國史學發微　錢 穆 著
中國歷史研究法　錢 穆 著
中國歷史精神　錢 穆 著
憂患與史學　杜維運 著
與西方史家論中國史學　杜維運 著
清代史學與史家　杜維運 著
中西古代史學比較　杜維運 著
歷史與人物　吳相湘 著
共產國際與中國革命　郭恒鈺 著
抗日戰史論集　劉鳳翰 著
盧溝橋事變　李雲漢 著
歷史講演集　張玉法 著
老臺灣　陳冠學 著
臺灣史與臺灣人　王曉波 著
變調的馬賽曲　蔡百銓 譯
黃　帝　錢 穆 著
孔子傳　錢 穆 著
宋儒風範　董金裕 著
增訂弘一大師年譜　林子青 著
精忠岳飛傳　李 安 著

唐玄奘三藏傳史彙編	釋　光　中　編
一顆永不殞落的巨星	釋　光　中　著
新亞遺鐸	錢　　　穆　著
困勉強狷八十年	陶　百　川　著
我的創造・倡建與服務	陳　立　夫　著
我生之旅	方　　　治　著

語文類

文學與音律	謝　雲　飛　著
中國文字學	潘　重　規　著
中國聲韻學	潘重規、陳紹棠　著
詩經研讀指導	裴　普　賢　著
莊子及其文學	黃　錦　鋐　著
離騷九歌九章淺釋	繆　天　華　著
陶淵明評論	李　辰　冬　著
鍾嶸詩歌美學	羅　立　乾　著
杜甫作品繫年	李　辰　冬　著
唐宋詩詞選——詩選之部	巴　壺　天　編
唐宋詩詞選——詞選之部	巴　壺　天　編
清眞詞研究	王　支　洪　著
苕華詞與人間詞話述評	王　宗　樂　著
元曲六大家	應裕康、王忠林　著
四說論叢	羅　　　盤　著
紅樓夢的文學價值	羅　德　湛　著
紅樓夢與中華文化	周　汝　昌　著
紅樓夢研究	王　關　仕　著
中國文學論叢	錢　　　穆　著
牛李黨爭與唐代文學	傅　錫　壬　著
迦陵談詩二集	葉　嘉　瑩　著
西洋兒童文學史	葉　詠　琍　著
一九八四	George Orwell原著、劉紹銘　譯
文學原理	趙　滋　蕃　著
文學新論	李　辰　冬　著
分析文學	陳　啓　佑　著
解讀現代・後現代——文化空間與生活空間的思索	葉　維　廉　著

中西文學關係研究	王潤華 著
魯迅小說新論	王潤華 著
比較文學的墾拓在臺灣	古添洪、陳慧樺主編
從比較神話到文學	古添洪、陳慧樺主編
神話即文學	陳炳良等譯
現代文學評論	亞菁 著
現代散文新風貌	楊昌年 著
現代散文欣賞	鄭明娳 著
實用文纂	姜超嶽 著
增訂江皋集	吳俊升 著
孟武自選文集	薩孟武 著
藍天白雲集	梁容若 著
野草詞	韋瀚章 著
野草詞總集	韋瀚章 著
李韶歌詞集	李韶 著
石頭的研究	戴天 著
留不住的航渡	葉維廉 著
三十年詩	葉維廉 著
寫作是藝術	張秀亞 著
讀書與生活	琦君 著
文開隨筆	糜文開 著
印度文學歷代名著選(上)(下)	糜文開編譯
城市筆記	也斯 著
歐羅巴的蘆笛	葉維廉 著
移向成熟的年齡——1987～1992詩	葉維廉 著
一個中國的海	葉維廉 著
尋索：藝術與人生	葉維廉 著
山外有山	李英豪 著
知識之劍	陳鼎環 著
還鄉夢的幻滅	賴景瑚 著
葫蘆・再見	鄭明娳 著
大地之歌	大地詩社 編
往日旋律	幼柏 著
鼓瑟集	幼柏 著
耕心散文集	耕心 著
女兵自傳	謝冰瑩 著

抗戰日記	謝冰瑩 著
給青年朋友的信(上)(下)	謝冰瑩 著
冰瑩書柬	謝冰瑩 著
我在日本	謝冰瑩 著
大漢心聲	張起鈞 著
人生小語㈠～㈥	何秀煌 著
記憶裏有一個小窗	何秀煌 著
回首叫雲飛起	羊令野 著
康莊有待	向　陽 著
湍流偶拾	繆天華 著
文學之旅	蕭傳文 著
文學邊緣	周玉山 著
文學徘徊	周玉山 著
種子落地	葉海煙 著
向未來交卷	葉海煙 著
不拿耳朵當眼睛	王讚源 著
古厝懷思	張文貫 著
材與不材之間	王邦雄 著
忘機隨筆——卷一・卷二	王覺源 著
詩情畫意——明代題畫詩的詩畫對應內涵	鄭文惠 著
文學與政治之間——魯迅・新月・文學史	王宏志 著
洛夫與中國現代詩	費　勇 著

美術類

音樂人生	黃友棣 著
樂圃長春	黃友棣 著
樂苑春回	黃友棣 著
樂風泱泱	黃友棣 著
樂境花開	黃友棣 著
音樂伴我遊	趙　琴 著
談音論樂	林聲翕 著
戲劇編寫法	方　寸 著
戲劇藝術之發展及其原理	趙如琳 譯著
與當代藝術家的對話	葉維廉 著
藝術的興味	吳道文 著
根源之美	莊　申 著

扇子與中國文化	莊　申　著
水彩技巧與創作	劉其偉　著
繪畫隨筆	陳景容　著
素描的技法	陳景容　著
建築鋼屋架結構設計	王萬雄　著
建築基本畫	陳榮美、楊麗黛　著
中國的建築藝術	張紹載　著
室內環境設計	李琬琬　著
雕塑技法	何恆雄　著
生命的倒影	侯淑姿　著
文物之美——與專業攝影技術	林傑人　著

滄海美術叢書

儺ㄋㄨㄛˊ史——中國儺文化概論	林　河　著
挫萬物於筆端——藝術史與藝術批評文集	郭繼生　著
貓・蝶・圖——黃智溶談藝錄	黃智溶　著